GÖTTINGER ORIENTFORSCHUNGEN
I. REIHE: SYRIACA

Herausgegeben von
Martin Tamcke

Band 68

2023
Harrassowitz Verlag · Wiesbaden

Wolfgang Martin Gerhardt

Die Bedeutung christlicher Poesie für das Leben der syrisch-orthodoxen Kirche

aufgezeigt am Beispiel
des Stundengebets für die Wochentage
ŠḤIMO

2023
Harrassowitz Verlag · Wiesbaden

Bibliografische Information der Deutschen Nationalbibliothek
Die Deutsche Nationalbibliothek verzeichnet diese Publikation in der Deutschen Nationalbibliografie; detaillierte bibliografische Daten sind im Internet über https://dnb.de abrufbar.

Bibliographic information published by the Deutsche Nationalbibliothek
The Deutsche Nationalbibliothek lists this publication in the Deutsche Nationalbibliografie; detailed bibliographic data are available in the internet at https://dnb.de.

Informationen zum Verlagsprogramm finden Sie unter
https://www.harrassowitz-verlag.de

Gedruckt auf alterungsbeständigem Papier.
Druck und Verarbeitung: docupoint GmbH
Printed in Germany

ISSN 0340-6326 eISSN 2749-3288
ISBN 978-3-447-12140-8 eISBN 978-3-447-39490-1

Inhalt

Vorwort

Das Stundengebet der syrisch-orthodoxen Kirche wird *Šḥimo* – ‚das Einfache' – genannt. Dieses unscheinbare kleine Gebetbuch spielt für das geistliche Leben aramäischer Christ*innen eine wichtige Rolle. Ziel dieser wissenschaftlichen Arbeit ist es, das *Šḥimo* nicht nur als geschriebenen Text, sondern auch als klingende Praxis in seiner Bedeutung für das Leben dieser Kirche in der Diaspora wahrzunehmen. In ihrer vorwiegend konfessionskundlichen Ausrichtung bewegt sich diese Arbeit im Bereich der Ostkirchenkunde und somit der Kirchengeschichte, als liturgiewissenschaftliche Untersuchung hat sie aber auch eine praktisch-theologische Ausrichtung: Mit welchen poetisch-musikalischen Mitteln werden hier geistliche Texte kommenden Generationen überliefert? Von den Ergebnissen dieser Arbeit gehen im Sinne einer ökumenisch ausgerichteten Theologie Impulse in zwei verschiedene Richtungen aus:

- in Richtung auf die syrisch-orthodoxe Kirche selbst, indem ihr gezeigt wird, mit welchen poetisch-musikalischen Mitteln die ihnen vertraute emotionale Wirkung ihrer Hymnen zustande kommt;
- in Richtung auf die westlichen Kirchen als ihr ökumenisches Gegenüber, indem ihnen die Wertschätzung und die bewusste Gestaltung ihrer poetisch geformten geistlichen Texte im Blick auf ihre geistliche Wirkung anempfohlen wird.

Die poetische Gestaltung von Gebetstexten ist nicht nur in liturgischen, sondern auch in katechetischen und poimenischen Kontexten von Bedeutung. Diese Arbeit kann als Anregung für Kirche und Theologie verstanden werden, gelungene Beispiele poetischer Gestaltung von geistlichen Texten in der eignen und in anderen Traditionen wahrzunehmen und dies als praktisch-theologische Aufgabe für die Zukunft der einen Kirche Jesu Christi zu begreifen.

Diese wissenschaftliche Arbeit wurde als Dissertation am Fachbereich Evangelische Theologie der Philipps-Universität zu Marburg / Lahn angenommen und dort erfolgreich verteidigt. Mein persönlicher Dank gilt an erster Stelle meinem Doktorvater Prof. Dr. Karl Pinggéra, Fachgebiet Kirchengeschichte mit Schwerpunkt Ostkirchenkunde an der Universität Marburg. Seinen hilfreichen Anregungen verdanke ich den Gegenstand meiner Dissertation – das Stundengebet für die Wochentage der syrisch-orthodoxen Kirche *Šḥimo* – sowie zahlreiche Hinweise auf Literatur, insbesondere aus dem Bereich der Liturgiewissenschaft. Bei unseren Gesprächen im Café Vetter in der Marburger Oberstadt ist nach und nach ein sinnvolles Gedankengerüst entstanden, das ich durch die Verarbeitung und Verknüpfung der Impulse aus der Literatur sinnvoll füllen konnte. Die beiderseitige Offenheit für neue Gedanken und Vorgehensweisen war dafür eine wichtige Voraussetzung. An zweiter Stelle möchte ich dem Vorgänger meines Doktorvaters, Prof. em. Dr. Wolfgang Hage, meinen Dank aussprechen für die Zeit, in der ich mit ihm und Jens Frömming in einer kleinen Dachstube der Alten Universität die Altsyrische Sprache lernen durfte. Das beständige Wiederholen von Verb-Paradigmen und die geduldige Unterstützung beim Übersetzen von Texten hat mich in die Lage versetzt, altsyrische Gebetstexte zu lesen und zu verstehen. Ohne diese Fähigkeit hätte ich mich diesem Thema nicht widmen können. Herrn Pfarrer Dr. Matthias Binder danke ich für die Hinweise, die für eine in sich stimmige Transliteration der syrischen Texte hilfreich waren (s.u.).

Entscheidende Impulse zu meiner Doktorarbeit kamen aber auch aus der syrisch-orthodoxen Kirche selbst: An erster Stelle möchte ich den Metropoliten des syrisch-orthodoxen Klosters Mor Aphrem in Glane/Losser in den Niederlanden, Bischof Mor Polycarpus, nennen: Er hat mich gleich zu Beginn meiner Forschungsarbeit im Kloster gastfreundlich empfangen, mir trotz anderer dienstlicher Verpflichtungen geduldig zugehört und mir durch interessierte Fragen und hilfreiche Hinweise wichtige Impulse gegeben. An zweiter Stelle gilt mein Dank dem Pfarrer der syrisch-orthodoxen Gemeinde in Gießen Lahdo Aydin, den ich über die Mitarbeit in der ACK Gießen-Wetzlar kennenlernen und mehrfach bei Abendgebeten und Messen in der neu gebauten Kirche Mor Aphrem und Mor Theodoros in Gießen besuchen durfte. Er und sein Sohn Aphrem Aydin stellten mir unter anderem selbst erstellte Aufnahmen von syrischen Hymnen zur Verfügung, die ich im Rahmen meiner Arbeit transkribieren und auswerten durfte. Die Gespräche mit ihm haben mich unter anderem auch in den Gebrauch und den unterschiedlichen Charakter der acht syrischen Kirchentöne eingeführt. Als eine besondere Ehre habe ich es empfunden, dass meine Dissertation von einem syrisch-orthodoxen Theologen, PD Dr. Aho Shemunkasho aus Salzburg in Österreich als Zweitkorrektor begleitet wurde. Seine Stellungnahme war mir aufgrund ihrer ‚Innenperspektive' besonders wichtig und wertvoll, und seine Beiträge zur Disputation waren sehr konstruktiv und ermutigend.

Mein Dank gilt auch den Hochschullehrer*innen, die sich im Zusammenhang mit der Disputation über meine Doktorarbeit auf ein so ungewöhnliches, im Bereich der evangelischen Theologie eher abseitiges Thema eingelassen haben: Prof. Dr. Malte Krüger (Systematische Theologie), Prof. Dr. Alexandra Grund-Wittenberg (Altes Testament) und Prof. Dr. Maike Schult (Praktische Theologie). Die Vorgespräche mit ihnen waren wohlwollend und hilfreich, sodass ich mithilfe von Thesen sinnvolle Bezüge zu den anderen theologischen Disziplinen und zu gegenwartsbezogenen Fragestellungen der Theologie herstellen konnte. Mein Dank gilt auch Frau Daniela Linke für die gute Organisation des Promotionsverfahrens. Außerdem bin ich dem Fachbereich der Orientwissenschaften an der Universität Marburg dankbar für die hervorragende Ausstattung mit Literatur, die in der neuen Universitätsbibliothek gut zugänglich ist. Herrn Prof. em. Dr. Dr. hc mult. Martin Tamcke von der Universität Göttingen danke ich für die Aufnahme dieser Arbeit in die Schriftenreihe ‚Syriaca' der Göttinger Syrischen Studien, dem Harrassowitz Verlag in Wiesbaden für die drucktechnische Bearbeitung und Veröffentlichung, und meiner Landeskirche, der Evangelischen Kirche von Kurhessen-Waldeck, danke ich für die Bewilligung eines Zuschusses zu den Druckkosten.

Nicht zuletzt danke ich meiner Frau Sabine, die sich nie darüber beklagt hat, wenn ich zum Schreiben und Korrigieren meiner Dissertation oft bis spätabends am PC gesessen habe. Sie hat mich von Anfang an darin bestärkt und dazu ermutigt, dieses Projekt neben meinem Beruf als Gemeindepfarrer weiter- und zuendezuführen. Meinem Sohn Joel verdanke ich so manche kritische Anmerkung aus einer Außenperspektive, die mich auf einzelne Ungereimtheiten aufmerksam gemacht hat. Und Gespräche mit interessierten Freunden und Bekannten haben mit dazu geführt, dass sich im Laufe der Zeit ein klarer Gedankengang für diese wissenschaftliche Arbeit herausgebildet hat.

Als evangelischer Pfarrer mit kirchenmusikalischen, spirituellen und ökumenischen Ambitionen ist es mir ein persönliches Anliegen, dass der ‚Schatz des Evangeliums' in den ‚irdenen Gefäßen‘ der poetisch geformten und musikalisch erklingenden Sprache von Mensch zu Mensch in einem möglichst weiten ökumenischen Horizont weitergegeben wird. Möge diese wissenschaftliche Arbeit ihren bescheidenen Beitrag dazu leisten!

Hinsichtlich der Transliteration der syrischen Texte ist anzumerken, dass sie nicht den Regeln der klassischen syrischen Sprache entspricht. Stattdessen wurden als Kriterien zum einen die gegenwärtige Aussprache im liturgischen Gebrauch und zum anderen die Lesbarkeit für die Leser*innen angewandt, die der altsyrischen Sprache nicht mächtig sind. Konkret heißt das, dass hinsichtlich der Vokale auf die Kennzeichnung von Längen (ā, ē, ī, ō, ū) verzichtet wurde. Hinsichtlich der Konsonanten *b-g-d-k-f-t* wurde auf die klassische Verdoppelung verzichtet, und die Spirantisierung wurde – wie es der gegenwärtigen Aussprache entspricht –nur für die Konsonanten *ḇ (w), ḵ (ch),* und *ṯ (th)* gekennzeichnet. Ein *p* im Anlaut eines Wortes wurde in der Regel als *f* geschrieben, und *d* und *g* blieben unspirantisiert.

Diese Vereinfachung in der Schreibweise entspricht der Orientierung dieser wissenschaftlichen Arbeit an der gegenwärtigen liturgischen Praxis, auch wenn diese auf überlieferten Texten beruht. Die kirchliche Praxis der syrisch-orthodoxen Kirche legt es nahe, die Aufmerksamkeit bei der wissenschaftlichen Beschäftigung mit ihrem liturgischen Erbe auf die mündlich überlieferten, poetisch geformten und musikalisch erklingenden anstatt auf die schriftlich überlieferten Texte zu richten. Wissenschaftliche Erkenntnis kommt hier nicht nur aus dem Lesen, sondern vor allem aus dem Hören.

1 Einleitung

1.1 Das Thema

Eine wissenschaftliche Arbeit über das *Šḥimo* erfordert eine konfessionskundliche Einführung zur syrisch-orthodoxen Kirche und eine Begründung für die Fokussierung auf dieses eine, eher unscheinbare Element aus dem umfangreichen liturgischen Repertoire dieser kirchlichen Tradition.

Viele Mitglieder der syrisch-orthodoxen Kirche sind mittlerweile aus ihrem Herkunftsgebiet nach Mittel- und Nordeuropa, aber auch in andere Teile der Welt ausgewandert. Die Heimat der meisten von ihnen ist der ‚Ṭur Abdin' (Berg der Knechte [Gottes]), eine Hochebene zwischen den oberen Flussläufen von Euphrat und Tigris im Südosten der Türkei. Die Migration aus diesem Gebiet, in dem die sogenannten ‚Aramäer' jahrhundertelang gelebt hatten, begann Ende des 19. Jahrhunderts noch zu Zeiten des Osmanischen Reiches. Im Jahr 1915 verloren dann viele von ihnen zusammen mit den Armeniern durch systematische Vertreibung und Ermordung ihr Leben. Bis in die zweite Hälfte des 20. Jahrhunderts hinein waren sie schließlich den Repressionen sowohl der türkischen Regierung als auch der kurdischen Aufständischen ausgesetzt, was ab den 60er Jahren zu einer verstärkten Migration nach Mittel- und Nordeuropa führte[1]. Dort haben sie sich schwerpunktmäßig in Schweden, den Niederlanden und in Deutschland[2] und dort vor allem in Westfalen (Gütersloh), Württemberg (Göppingen), Bayern (Augsburg) und Hessen (Gießen) angesiedelt. Im ‚Ṭur Abdin' leben heute nur noch ein paar tausend syrisch-orthodoxe Christen; die dortigen Klöster spielen jedoch für die emigrierten Aramäer als geistliche Zentren nach wie vor eine wichtige Rolle[3].

‚Aramäer' nennen sich viele syrisch-orthodoxe Christen aufgrund ihrer aramäischen Sprache. Ihrem Selbstverständnis nach ist es die ‚Sprache Jesu'. Es handelt sich dabei um einen ostaramäischen Dialekt, der – ausgehend von Edessa in Obermesopotamien – „zur Bibel-, Literatur- und Liturgiesprache der aramäisch-sprachigen Christenheit allgemein wurde und […] zwar mit dem west-aramäischen Dialekt Jesu nicht identisch ist, diesem aber nähersteht als alle anderen Liturgiesprachen in der Christenheit"[4]. Die Bedeutung der aramäischen Sprache für das Selbstverständnis der syrisch-orthodoxen Christen geht so weit, dass sie sich aufgrund ihrer Sprache nicht nur als eine Konfession, sondern auch als ein eigenes Volk ver-

---

1 Lange/Pinggéra, Kirchen, 86.

2 Vgl. Vogt, Christen, 114. Das Anwerben türkischer Arbeitskräfte durch die BRD war dabei ein wichtiger Faktor.

3 Vgl. Önder, Christen, 35. Das Kloster Mor Gabriel sei „das geistliche Zentrum der syrisch-orthodoxen Kirche".

4 Hage, Christentum, 165.

stehen[5]. Dementsprechend groß sind auch ihre Bemühungen um den Erhalt ihrer Sprache in der Diaspora[6].

Die syrisch-orthodoxe Kirche gehört zusammen mit der äthiopisch-, der armenisch-, der eritreisch-, der koptisch- und der malankara-orthodoxen Kirche zur orientalisch-orthodoxen Kirchenfamilie[7]. Diese entstand aus der Ablehnung der ‚Zweinaturenlehre', mit deren Hilfe das Verhältnis von Gottheit und Menschheit Jesu Christi auf dem Konzil von Chalkedon im Jahr 451 bestimmt worden war. Die Anhänger der ‚miaphysitischen' Lehre beriefen sich auf Bischof Kyrill von Alexandrien (412-444) und bestanden darauf, dass sich die göttliche und die menschliche Natur Christi zu einer ‚gottmenschlichen' Natur vereinigt hätten[8]. Diese miaphysitische Christologie stand in noch größerem Gegensatz zu einer sich von ihr abgrenzenden dyophysitischen Christologie, die die jeweils eigenständige Existenz der göttlichen und der menschlichen Natur Jesu Christi betonte; sie ging zurück auf Theodor von Mopsuestia (ca. 350-429)[9]. So entstand neben der byzantinisch- und der orientalisch-orthodoxen Kirchenfamilie eine weitere Kirche: die „Heilige und Apostolische Katholische Kirche des Ostens der Assyrer"[10]. Die Versuche römisch-byzantinischer Kaiser, die dogmatischen Gegensätze miteinander zu versöhnen, führten schließlich zur Entstehung einer weiteren Konfession: Die Maroniten grenzten sich von der römisch-byzantinischen Lehre vom zweifachen (göttlichen und menschlichen) Willen Christi ab, vereinigten sich aber schon im 12./13. Jahrhundert mit der römisch-katholischen Kirche[11]. So hatten sich bis zur Eroberung des Orients durch die muslimischen Araber im 7. Jahrhundert vier unterschiedliche Konfessionen gebildet: die orientalisch-orthodoxen Kirchen, die apostolische Kirche des Ostens, die byzantinischen Kirchen und die maronitische Kirche[12]. Aufgrund der Zuwanderung ihrer Mitglieder sind sie alle „heute als Teil ihrer weltweiten Diaspora in den Staaten des deutschen Sprachraums vertreten"[13].

Ihren Gottesdienst feiert die syrisch-orthodoxe Kirche ebenso wie die maronitische nach dem syrisch-antiochenischen Ritus, der zur westsyrischen Ausprägung der antiochenischen Liturgiefamilie gehört[14]. Neben der ‚Jakobusliturgie', die diese Kirchen „in ihrer traditionellen syrisch-aramäischen Kirchensprache im westsyrischen Dialekt"[15] feiern, sind auch andere Liturgien in Gebrauch, die nach bekannten Persönlichkeiten der Alten Kirche benannt sind[16]. Im engeren Sinne bezeichnen sie einen Teil des Eucharistiegebets, die ‚Anaphora'. In der syrisch-antiochenischen Tradition sind ca. 70 verschiedene Anaphoren bekannt. Davon sind außer der Jakobus-Anaphora, die an hohen Feiertagen gefeiert wird, ca. 12 weitere in

5 Mittlerweile ist das neuaramäische Turoyo anstelle des altaramäischen Ktobonoyo zur Muttersprache der aramäischen Christen des Ṭur Abdin geworden. Aber auch die Kenntnis dieser Sprache lässt nach; vgl. Önder, Christen, 24.

6 Vgl. Hage, Christentum, 166.

7 Vgl. Lange/Pinggéra, Kirchen, Einleitung, XI.

8 Ebd., 7.

9 Ebd., 6.

10 Hage, Christentum, 269.

11 Vgl. ebd., 385.

12 Vgl. ebd., 41.

13 Lange/Pinggéra, Kirchen, Einleitung, X.

14 Vgl. die Übersicht über die östlichen Liturgien bei Lange/Pinggéra, Kirchen, Einleitung, XIV.

15 Hage, Christentum, 131.

16 Vgl. Renhart, Liturgie, in: Lange/Pinggéra, Kirchen, 124.

Gebrauch[17]. Kennzeichnend für die syrische Liturgie ist ein „großer Reichtum an Hymnen und liturgischer Dichtung“[18]. Dazu hat Ephräm der Syrer (um 306-373) wesentlich beigetragen: Zunächst in Nisibis und dann in Edessa, dem zentralen Ort des aramäischen Christentums[19], dichtete er zahlreiche Hymnen. Mit ihnen trat er Häretikern entgegen, die ihre Lehren durch hymnische Dichtungen verbreiteten. Seine Hymnen wurden schließlich in andere Sprachen übersetzt, und so wurde Ephräm „zum ersten großen Repräsentanten der frühen christlichen Literatur der Syrer und zum Kirchenvater über die späteren Konfessionsgrenzen hinweg“[20]. Nicht umsonst wurde und wird Ephräm der Syrer als die ‚Harfe des Geistes‘ bezeichnet[21]. Seine Dichtung ist ein wesentlicher Grund für den Stolz aramäischer Christen auf ihre hymnische Tradition.

Ein Teil dieser Hymnen ist bis heute in den liturgischen Texten der syrischsprachigen Kirchen überliefert. Noch zahlreicher als in den oben genannten Anaphoren sind sie aber in deren Stundengebeten enthalten. Das Stundengebet ist – wie auch in anderen Kirchen – eine selbständige Gottesdienstform neben der Feier der Eucharistie, in der die christliche Gemeinde sich „in der fortwährenden Anbetung, im immerwährenden Gottesdienst, stellvertretend für die ganze Welt“ übt[22]. Während die Eucharistie immer an Sonn- und Festtagen gefeiert wurde, war das Stundengebet „in der Antike die Normalform des täglichen Gemeindegottesdienstes“[23]. Zeitlich ist es sowohl nach dem schöpfungsgemäßen Rhythmus von Tag und Nacht als auch nach den Ereignissen um die Kreuzigung und Auferstehung Jesu gegliedert[24]: Das tägliche Morgen- und Abendgebet wird ergänzt um die dritte, sechste und neunte Stunde nach Markus 15. Hinzu treten das nächtliche Gebet in Erwartung der Wiederkunft Christi und das abendliche Gebet um Gottes Schutz in der Nacht[25]. Diese täglich wiederkehrenden Gebete bestehen entsprechend der Aufzählung in Epheser 5,19 und Kolosser 3,16 (Psalmen, Lobgesänge und geistliche Lieder) im Wesentlichen aus alttestamentlichen Psalmen, neutestamentlichen Cantica (vor allem dem ‚Benedictus‘, dem ‚Magnificat‘ und dem ‚Nunc dimittis‘ aus Lukas 1 und 2) und aus frei gedichteten christlichen Hymnen[26]. Die Anordnung dieser Bestandteile unterscheidet sich je nach kirchlicher Tradition. Dabei spielt eine wesentliche Rolle, welcher Typus von Stundengebet sich in der jeweiligen Tradition ausgebildet hat: Die oben genannten Bestandteile finden sich vor allem in der ‚kathedralen‘ Ausprägung des Stundengebets. Dieser Typus ist „in den Bischofskirchen der größeren Städte und christlichen Gemeinden der ersten Jahrhunderte“[27] als „ein öffentliches Angebot zum gemeinsamen Beten“[28] entstanden. Seine liturgischen Bestandteile sind der jeweiligen Tageszeit entsprechend ausgewählt[29] und wiederholen sich so von Tag zu Tag. Die ‚monastische‘ Ausprä-

17 Heinz, Feste und Feiern, 47.
18 Ebd., 125.
19 Vgl. Hage, Christentum, 22.
20 Hage, Christentum, 27.
21 Vgl. Brock, The Harp, 21.
22 Vogel, Stundengebet, in: Schmidt-Lauber/Bieritz, Handbuch, 271.
23 Lumma, Liturgie, 11.
24 Vgl. Vogel, Stundengebet, 274.
25 Vgl. Lumma, Liturgie, 96/97.
26 Vgl. Vogel, Stundengebet, 274.
27 Lumma, Liturgie, 31.
28 Vogel, Stundengebet, 275.
29 Taft, Liturgy of the Hours, 212.

gung des Stundengebets hat ihren Ursprung im ägyptischen Mönchtum. Kennzeichnend für sie ist das fortlaufende Rezitieren der biblischen Psalmen, das von persönlichen Gebeten der Mönche unterbrochen und von einem Gebet des Vorbeters beschlossen wird[30]. Die Ausprägung der Stundengebete der verschiedenen christlichen Traditionen ist in der Regel eine Mischung zwischen dem kathedralen und dem monastischen Typus. In der Tradition der syrisch-orthodoxen Kirche, die vor allem dem kathedralen Typus entspricht, gibt es darüber hinaus zwei verschiedene Ausgaben des Stundengebets: das *Fenqiṯo* und das *Šḥimo*. Das erstere enthält die Stundengebete aller Sonn- und Feiertage des Jahres und ist von dementsprechend großem Umfang (3 bzw. 7 Bände je nach Ausgabe[31]). Das letztere enthält die sich wöchentlich wiederholenden Gebete für die übrigen Tage der Woche und umfasst nur ein kleines Buch, das jeder Gläubige stets bei sich tragen kann[32]. Seine Bezeichnung *Šḥimo* heißt übersetzt ‚das Einfache'. Nach dem Selbstverständnis der syrischen Tradition ist es für den alltäglichen Gebrauch gedacht und soll das Leben der Christen im Alltag prägen. Dieser Bezug zum alltäglichen Leben macht es für eine liturgiewissenschaftliche Untersuchung besonders interessant: Was macht die prägende Kraft des *Šḥimo* aus, und welche Rolle spielt dabei die aramäische Sprache, an der die syrisch-orthodoxen Christen so auffallend festhalten? Welche besonderen Eigenschaften hat das *Šḥimo* im Vergleich zu den Stundengebeten anderer christlicher Kirchen? Und gibt es darunter auch Eigenschaften, die für das christliche Leben der anderen Kirchen von Bedeutung sein können? Das Kennenlernen einer Gebetsweise aus dem semitischen Sprachraum mit einer reichen hymnischen Tradition könnte für das geistliche Leben der anderen christlichen Kirchen in Europa und darüber hinaus eine Bereicherung darstellen.

1.2 Die Forschungsgeschichte

Das *Šḥimo* wurde in der Wissenschaft bisher von nur wenigen Autoren beachtet, und wo es Gegenstand einer Untersuchung war, geschah dies immer nur aus einer ganz bestimmten Perspektive: Von der Orientalistik wurde es zunächst in groben Zügen[33] und dann auch im Detail[34] im Ablauf seiner Gattungen beschrieben. In der Zeit dazwischen findet sich ein Vergleich des syrischen mit dem römischen Stundengebet hinsichtlich seiner Struktur und seines Inhalts, der aber die Gebetsgattungen nicht genauer differenziert[35]. Darstellungen der syrischen Literaturgeschichte erwähnen das *Šḥimo* – wenn überhaupt – mit einer Ausnahme nur am Rande[36]. Im Bereich der Liturgiewissenschaft wird das syrische Stundengebet im Rahmen

30 Ebd., 211.

31 Vgl. die Literaturangaben bei Brock, Liturgy, in: GEDSH, 250. Ausgabe von Mossul (1886-96): 7 Bände, Ausgabe von Pampakuda (1962-63): 3 Bände.

32 Vgl. die Taschenausgabe ܟܬܒܐ ܕܫܚܝܡܐ - *ktoḇo da-šḥimo* von 2016.

33 Gustavus Bickell, Conspectus, 87-104.

34 Anton Baumstark, Ferialbrevier, in: Der Katholik (1902), 401-427.538-550 und (1903), 43-54.

35 James A. Corcoran, Ferial Office, in: The American Catholic Quarterly Review Vol.3, Philadelphia 1878, 427-454.

36 Joseph Simon Assemani erläutert in der ‚Bibliotheca Orientalis' die Praxis des Stundengebets anhand von Zitaten klassisch-syrischer Autoren und nennt im Quellenverzeichnis Handschriften, die Teile des Stundengebets enthalten (Assemanus, Bibliotheca II, 488). In Teil I nennt er eine vollständige Ausgabe des

einer Untersuchung des Jerusalemer Kathedraloffiziums als ein typisches Beispiel eines kathedralen Stundengebets erwähnt[37], und es gibt eine genaue Beschreibung seiner liturgischen und rituellen Abfolge[38]. Von der Musikwissenschaft wurde das *Šḥimo* hinsichtlich seiner poetischen Gattungen[39] und seiner metrischen Struktur[40] untersucht. Aus neuerer Zeit gibt es eine theologische Abhandlung, die den Inhalt des *Šḥimo* systematisch darstellt[41]. Eine vergleichend-liturgiewissenschaftliche Darstellung des Stundengebets in den östlichen und westlichen Kirchen[42], eine Übersicht über die theologische Bedeutung der Gebetszeiten in verschiedenen kirchlichen Traditionen[43], eine Abhandlung über die Entstehung der syrischen Liturgie – insbesondere ihrer sprachlichen Gattungen[44] – sowie eine Darstellung der textlichen und performativen Grundstruktur des *Šḥimo*[45] ergänzen diese recht bescheidene Basis einer Forschungsgeschichte des syrisch-orthodoxen Stundengebets.

Die wissenschaftliche Erforschung des syrischen Stundengebets hat ihre Wurzeln in der syrischen Tradition selbst[46]. Sie beginnt mit Jakob von Edessa an der Wende vom 7. zum 8.

Šḥīmō: „*Officium feriale* septem dierum hebdomadae" (Ders., Bibliotheca I, 614). Rubens Duval verzichtet in seiner Geschichte der syrischen Literatur explizit auf die Darstellung liturgischer Bücher einschließlich des Stundengebets (Duval, Littérature, Vorwort zur 1. Ausgabe, X) und verweist seine Kritiker auf Gustav Bickell (Duval, Littérature, Vorwort zur 2. Ausgabe, XVI). Jean Baptiste Chabot (Chabot, Littérature, 155) verweist hinsichtlich des Stundengebets so wie auch William Wright (Wright, History, 27/28) ebenfalls auf Gustav Bickell (Bickell, Conspectus). Auch Carl Brockelmann erwähnt das syrische Stundengebet nicht (Brockelmann, Litteraturen), und Anton Baumstark erwähnt in seinen Ausführungen zur syrischen Literaturgeschichte lediglich, dass Gattungen syrischer Poesie darin enthalten sind: die aus der griechischen Tradition übernommenen „Kanones" (Baumstark, Literaturen, 59) und die genuin syrischen Hymnen (ders., Geschichte, 47 und 51). Baumstark gibt einen kurzen Hinweis auf eine mögliche redaktionelle Bearbeitung des *Šḥimo* durch Jakob von Edessa (vgl. ebd., 253). Nur im Zuge der Verneinung der Vertrauenswürdigkeit solcher traditionellen Zuschreibungen liturgischer Bücher an Jakob von Edessa wird das *Šḥimo* in der ‚Patrologia Syriaca' des Ignatius Ortiz de Urbina kurz erwähnt (ebd., 180). Mor Aphrem I Barsaum beschreibt knapp die Themen und Tagzeiten des *Šḥimo* und macht Angaben zu seiner Verfasserschaft, Überlieferung und seiner Entstehung als gedrucktes Buch (Barsaum, Geschichte, 40/41). Sebastian Brock erwähnt die ihm bekannten gedruckten Ausgaben des *Šḥimo* ab der von Jerusalem 1936 (vgl. ders., Liturgy, in: GEDSH, 250) sowie die englischen Übersetzungen der syrisch-malabarischen Fassung des *Šḥimo* durch Bede Griffiths und Francis Acharya (vgl. ders., Brief Outline, 98). In neueren Darstellungen der syrischen Literaturgeschichte findet sich kein Hinweis auf die Existenz des *Šḥimo*: Die Darstellung durch Micheline Albert gibt nur allgemeine Hinweise zum Inhalt des west-syrischen Offiziums. Dabei differenziert sie nicht zwischen der sonn- und der alltäglichen Fassung des syrisch-orthodoxen Stundengebets (vgl. Dies., Langue, 336). Die Darstellung von Paolo Bettiolo (Ders., Syriac Literature) orientiert sich ausschließlich an den Autoren der syrischen Tradition, ohne einzelne liturgische Bücher zu nennen.

37 Vgl. Zerfass, Kathedraloffizium, 109 unter Bezug auf Anton Baumstark. Vgl. dessen Betonung der liturgiegeschichtlichen Nähe des syrisch-orthodoxen zum kathedralen Offizium Jerusalems in: ders., Festbrevier, 119/120, 136 u. 158.

38 Aelred Cody OSB, L'office divin chez les Syriens Jacobites, 1969.

39 Heinrich Husmann, Die Melodien der Jakobitischen Kirche 1969.

40 Ulrike Rebekka Nieten, Struktur und Metrum in den syrisch-aramäischen Psalmen und Hymnen, 2013.

41 Menzer Habil, La Théologie du Salut Selon le Cycle Hebdomadaire Syro-Antiochien, 2013.

42 Robert Taft SJ, The Liturgy of the Hours in East and West, 1993.

43 Gregory W. Woolfenden, Daily liturgical prayer, 2016.

44 Baby Varghese, The Early History of the Syriac Liturgy, 2021.

45 George A. Kiraz, Schema of the Syriac Šḥimo, in: Hugoye. Journal of Syriac Studies 25.2 (2022), 455-483.

46 Vgl. hierzu das Geleitwort von Kaufhold, in: Barsaum, Geschichte, XVII f.

Jahrhundert, der nach Überzeugung der syrischen Tradition an der Entstehung des Stundengebetes selbst beteiligt war[47]. Im Jahr 1871 wurde das syrisch-orthodoxe Stundengebet durch den Orientalisten Gustav Bickell aus europäischer Sicht zum ersten Mal inhaltlich beschrieben[48]. Dabei hob er besonders die Gemeinsamkeiten mit dem maronitischen Stundengebet hervor[49]. Wenige Jahre später stellte der nordamerikanische römisch-katholische Theologe James A. Corcoran[50] das syrische Stundengebet dem römischen als Beispiel einer tiefgehenden Spiritualität gegenüber. Dabei beschrieb er es in seiner Gliederung, seinen Themen, Autoren und Gattungen, bezeichnete letztere aber lediglich allgemein als „canticles, prayers, and hymns“[51], ohne sie genauer zu differenzieren. Seine Beschreibung bezieht sich in erster Linie auf eine Ausgabe der maronitischen Kirche aus dem Jahre 1830 und eine Ausgabe der syrisch-katholischen Kirche aus dem Jahre 1853[52]; er zeigt sich aber davon überzeugt, dass die Stundengebete der verschiedenen syrischsprachigen Kirchen abgesehen von „heretical interpolations or additions“ inhaltlich miteinander übereinstimmen[53]. Corcoran behauptet, dass das syrische Stundengebet in seiner Substanz apostolischen Ursprung sei und begründet dies mit der ebenfalls auf bestimmte Tageszeiten festgelegten Psalmodie der frühen Kirche[54]. Er benennt bereits das Phänomen der reduzierten Anzahl der im syrischen Stundengebet rezitierten Psalmen und sieht dies als eine nachträgliche Veränderung gegenüber dem Ursprung an. Auch beschreibt er die Ergänzung der rezitierten Psalmen durch die reichhaltige hymnische Dichtung, allerdings ohne dies gattungsgeschichtlich genauer einzuordnen[55].

Eine liturgiegeschichtliche Untersuchung des syrischen Stundengebets, die ihre Gattungen präzise benennt und differenziert, erfolgte Anfang des 20. Jahrhunderts durch Anton Baumstark; allerdings bezieht sie sich auf das ‚Festbrevier‘ – das *Fenqiṯo*. Dem ‚Ferialbrevier‘ – dem *Šḥimo* – widmete er einen dreiteiligen Aufsatz, in dem er die Abfolge der Gebetsgattungen beschreibt[56]. Dabei lagen ihm zwar Ausgaben der syrisch-katholischen Kirche vor[57], die aber seinen Angaben zufolge aus der Tradition der syrisch-orthodoxen Kirche

47 „Dieses Stundenbuch wurde wahrscheinlich Ende des 7. Jahrhunderts durch die Bemühungen von Mor Jaᶜqub von Edessa gesammelt und geordnet, gemäß einer in der Pariser Nationalbibliothek aufbewahrten Handschrift aus dem 15. Jahrhundert.“; Barsaum, Geschichte, 41.

48 Bickell, Conspectus, S. 87: „officia Syrorum hucusque rerum liturgicarum studiosis fere ignota remanserunt. Nihil enim omnino de divinis Syrorum officiis hucusque scriptum est”.

49 Ebd., 94: „Ab officio nestoriano omnino differt jacobiticum, cum quo maroniticum plerumque concordat.“.

50 James Andrew Corcoran (1820-1889) war als katholischer Priester in den USA und promovierter Theologe mit Kenntnissen der altsyrischen Sprache Herausgeber der römisch-katholischen Zeitschriften *United States Catholic Miscellany* und *American Catholic Quarterly Review.* Er lehrte römisch-katholische Theologie an einem Priesterseminar bei Philadelphia und an der Catholic University of America in Washington. Als theologischer Delegierter für die USA nahm er am Ersten Vatikanischen Konzil teil; vgl. https://en.wikipedia.org/wiki/James_Andrew_Corcoran vom 06.07.2022, zuletzt abgerufen am 07.07.2023.

51 Corcoran, Ferial Office, 437.

52 Vgl. ebd., 427.

53 Vgl. ebd., 448.

54 Vgl. ebd., 448/449.

55 Vgl. Corcoran, Ferial Office, 450.

56 Anton Baumstark, Das „syrisch-antiochenische“ Ferialbrevier 1902 und 1903.

57 Als „Festbrevier“ stand ihm die siebenbändige Ausgabe der Dominikaner in Mossul aus den Jahren 1886-1898 zur Verfügung, als „Ferialbrevier“ die damals neue Ausgabe des syrisch-katholischen Patriarchen Ignatius Ephräm II. Rahmani in Scharfa im Libanon aus dem Jahre 1902; vgl. Baumstark, Festbrevier, 26/27.

übernommen wurden[58]. In einer aus seinem Nachlass herausgegebenen Abhandlung wird das Nachtgebet der westsyrischen Kirchen im Vergleich mit anderen ost- und westkirchlichen Nachtgebeten hinsichtlich seiner Bestandteile dargestellt; allerdings bezieht sich auch dieser Vergleich auf das Stundengebet für die Sonn- und Feiertage bzw. auf das der syrisch-katholischen Kirche und nicht auf das syrisch-orthodoxe *Šḥimo*[59].

Noch zu Lebzeiten Anton Baumstarks (1872-1948) verfasste der damalige Patriarch der syrisch-orthodoxen Kirche Mor Ignatius Aphrem I. Barsaum im Jahr 1943 auf Arabisch eine umfassende „Geschichte der Syrischen Wissenschaften und Literatur", deren 2. Auflage aus dem Jahre 1956 mittlerweile in deutscher Übersetzung erschienen ist[60]. Er sah es als gelehrter Patriarch der syrisch-orthodoxen Kirche als seine Aufgabe an, die schriftlich überlieferten Werke der syrischen Tradition vollständig zu erfassen und im Überblick darzustellen[61]. In seiner Darstellung der „Kirchliche[n] Liturgien" beschreibt er die Entstehung kirchlicher Dichtung in groben Zügen, angefangen von der Aufnahme der biblischen Psalmen über die Hymnen der Kirchenväter des 4. Jahrhunderts und ihre „Prosagebete, die bis zum Ende des 7. Jahrhunderts zusammen mit allen liturgischen Gebeten ihre endgültige Form erhielten. Im Laufe der darauffolgenden Jahrhunderte kamen weitere Gebete hinzu."[62] Das *Šḥimo* sei „wahrscheinlich Ende des 7. Jahrhunderts durch die Bemühungen von Mor Yaʿqub von Edessa gesammelt und geordnet" worden[63]. Nur vereinzelt macht Mor Aphrem Barsaum Angaben über literarische Quellen. Als Quellen des *Šḥimo* nennt er die Autoren, denen die syrischen Dichtungen traditionell zugeschrieben werden[64]. Hinsichtlich der Entstehung des *Šḥimo* als Buch betont er, dass die aktuellen Ausgaben mit dem ältesten gefundenen

58 Baumstark, Ferialbrevier 1902, 401. Hinsichtlich des Festbreviers hatte Baumstark Gelegenheit, zum Vergleich in Ausgaben des syrisch-orthodoxen Markus-Klosters in Jerusalem Einsicht zu nehmen; vgl. ders., Festbrevier, 98.
Die Unterschiede sind zwar nicht bedeutend, aber erwähnenswert: In der syrisch-katholischen Fassung des *Šḥimo* werden mehr Psalmen rezitiert (Psalm 4 zu Beginn der Komplet (vgl. ders., Ferialbrevier 1903, 50) und Psalm 148 als zusätzlicher Morgenpsalm (vgl. ders., Ferialbrevier 1902, 418/419). Zudem ist in der syrisch-katholischen wie auch in der maronitischen Fassung (vgl. Taft, Liturgy of the Hours, 242; ihm zufolge ohne Unterschied zur syrisch-orthodoxen Fassung) ein Weihrauchgebet fester Bestandteil des Abendgebets (vgl. Baumstark, Ferialbrevier 1902, 420).

59 Baumstark, Nocturna Laus, 87.

60 Mor Aphrem I. Barsaum, Geschichte der syrischen Wissenschaften und Literatur, 2012. Es gibt davon eine syrische Übersetzung; vgl. ebd., Vorwort der Übersetzer, XX, Anm. 1. Auf sie bezieht sich ein Aufsatz in einer Zeitschrift der syrisch-orthodoxen Kirche, der in Anlehnung an Aphrem Barsaum die syrischen Kirchenväter als Quellen, Jakob von Edessa als Redaktor und Mor Aphrem Barsaum als Überarbeiter und Herausgeber des *Šḥimo* benennt. Außerdem beschreibt er in groben Zügen die Unterschiede zwischen den Ausgaben der syrisch-orthodoxen, der syro-malankarischen, der syrisch-katholischen und der maronitischen Kirche. Hinzu treten Aufzählungen der vorhandenen Übersetzungen des *Šḥimo* (Englisch, Französisch, Deutsch, Malayalam und Arabisch) und von Notenausgaben der Gesänge des *Šḥimo*, insbesondere von Heinrich Husmann (vgl. Aydin, *Šḥimo*, 46-35).

61 „Wir haben festgestellt, dass die syrischen Wissenschaften und die syrische Literatur uns in ihrer gegenwärtigen Situation dazu aufrufen, ihre Geschichte in der Welt des Orients und der arabischen Sprache hervorzuheben, und ihre Vorzüge jedem, der Herz und Einsicht hat, aufzuzeigen." Mor Aphrem Barsaum, Geschichte, Vorwort 1.

62 Ebd, 37.

63 Ebd., 41.

64 „Die Verfasser sind Mor Aphrem, Mor Jaᶜqub von Srugh, Isḥoq, Balai, der Bischof von Balš (Barbalios) und Šemᶜun der Töpfer. Es ist nicht ausgeschlossen, dass Jaᶜqub von Edessa auch daran beteiligt war"; ebd.

Exemplar, einem Fragment aus dem 8. Jahrhundert, inhaltlich übereinstimmen. Auch wenn die assertorische Argumentationsweise Mor Aphrem Barsaums historisch-kritischen Maßstäben europäisch geprägter Geisteswissenschaften sicher nicht entspricht, ist er doch aufgrund seiner redaktionellen Tätigkeit, seiner sprachlichen Kompetenz und seiner Kenntnis altsyrischer Handschriften eine wichtige Quelle zur Erforschung des syrischen Stundengebets.

Anknüpfend an das Werk Anton Baumstarks hat der Benediktinermönch Aelred Cody den rituellen Ablauf des Stundengebets detailliert beschrieben. Damit füllt er aus seiner Sicht eine Lücke, die nach der vorwiegend gattungsbezogenen Beschreibung Baumstarks geblieben war[65]. Er betont außerdem, dass eine bereits vorliegende Abhandlung über das Nacht- und Morgengebet dreier orientalischer Kirchen nur das Stundengebet der syrisch-katholischen Kirche zur Grundlage habe, das sich stellenweise vom syrisch-orthodoxen Stundengebet unterscheide[66]. In diesem Zusammenhang listet er die Bestandteile der sieben Gebetszeiten detailliert auf[67]. Seine liturgiewissenschaftliche Darstellung des Stundengebets beruht auf Beobachtungen, die er im syrisch-orthodoxen St. Markus-Kloster zu Jerusalem gemacht hat[68]. Er schildert die Zeiteinteilung, die Position der Beter im Kirchenraum und ihre Aufgabenverteilung beim Singen des Stundengebets[69].

Eine musikwissenschaftliche Untersuchung des *Šḥimo* hat im Jahr 1969 Heinrich Husmann vorgelegt[70]. In seinem Vorwort verweist er auf die Bemühungen der Liturgiewissenschaft, „den lateinischen Gottesdienst in seinen Wurzeln mit der byzantinischen, besonders aber der syrischen Liturgie [zu] vergleichen und so vieles heute nicht mehr aus seiner europäischen Geschichte Ableitbare zum Verständnis [zu] bringen“[71]. Dementsprechende Bemühungen der Musikwissenschaft seien noch ein Desiderat – abgesehen von einer „Ausgabe der syrisch-unierten Melodien nach der Tradition des libanesischen Priesterseminars Sharfeh“ aus den Jahren 1925-1928 durch J. Jeannin[72]. Darin zeigten sich große Unterschiede gegenüber den Melodien der syrisch-orthodoxen Kirche, und deshalb sei eine Herausgabe der liturgischen Melodien dieser Tradition eine dringende Aufgabe[73]. Als eine wichtige Vorarbeit nennt Husmann die „Syrische Verslehre“ des Leipziger Semitisten Gustav Hölscher, der zufolge die syrischen Melodien aufgrund ihrer Betonung noch „vor der syrischen Akzentverschiebung“ entstanden sein müssen[74], die sich dem Semitisten Carl Brockelmann zufolge im 7. und 8. Jahrhundert vollzogen hat[75]. Das Werk Husmanns bietet sämtliche gesungenen Bestandteile des *Šḥimo* entsprechend seiner Gliederung nach Tagzeiten unter genauer Bezeichnung der jeweils vorliegenden Gattung und des zu singenden Kirchentons. Die Melodien wurden nach dem Gesang zweier syrisch-orthodoxer Bischöfe aufgezeichnet und in Notenschrift übertra-

65 Vgl. Cody, l'office divin, 293.
66 Juan Mateos, Les Matines Chaldéennes, Maronites et Syriennes, in: OCP 26, 51-73. Vgl. Cody, ebd., 300/301.
67 Vgl. Cody, l'office divin., 300-306.
68 Vgl. ebd., 298. Auf eine gedruckte Ausgabe des *Šḥimo* bezieht sich Cody dagegen nicht.
69 Vgl. ebd., 306-314.
70 Heinrich Husmann, Die Melodien der Jakobitischen Kirche. Die Melodien des Wochenbreviers (Šḥīmtā), 1969.
71 Ebd., Vorwort, V.
72 Ebd.; siehe Jeannin, Mélodies liturgiques syriennes.
73 Vgl. Husmann, Melodien 1969, Vorwort, V.
74 Ebd.; mit Verweis auf Hölscher, Syrische Verskunst; siehe dort, 192.
75 Husmann, Melodien 1969, Vorwort, V; mit Verweis auf Brockelmann, Syrische Grammatik; siehe dort, 46.

gen[76]. Das Werk Husmanns bietet detaillierte Informationen zur gesungenen Vortragsweise des *Šḥimo*, die für die Kenntnis der praktischen Durchführung des Stundengebets durchaus von Interesse sind.

Aus liturgiewissenschaftlicher Perspektive hat sich Robert F. Taft in einer Studie über das Stundengebet der christlichen Kirchen aus dem Jahr 1993 unter anderem auch mit dem Stundengebet der syrisch-orthodoxen Kirche befasst[77]. Im Anschluss an seinen Lehrer Juan Mateos entfaltet er eine Typologie des christlichen Stundengebets, nach der es zunächst parallel zueinander einen ‚kathedralen' und einen ‚monastischen' Typus des Stundengebets gegeben hat, aus deren Kombination dann ein ‚urban-monastischer' Typus entstanden ist. Die Unterscheidung der beiden Grundtypen geht zurück auf Anton Baumstark[78]. Die Entstehung des syrisch-orthodoxen Stundengebets beschreibt Taft in groben Zügen so, dass es eine Synthese sei aus genuin syrischen Texten und solchen, die in der Umgebung von Jerusalem und Antiochia aus griechischen liturgischen Texten übernommen wurden[79]. Taft differenziert nicht zwischen dem *Fenqiṯo* und dem *Šḥimo*, erwähnt aber das auffällige Phänomen, dass im syrisch-orthodoxen Stundengebet die Psalmodie abgesehen von den feststehenden Psalmen im Morgen- und Abendgebet durch kirchliche Poesie ersetzt worden sei[80]. Außerdem hebt er den Weihrauch-Ritus als charakteristisches Element des syrisch-orthodoxen und des nah verwandten maronitischen Ritus hervor[81]. Durch seine vergleichende Darstellung des Stundengebets der christlichen Kirchen stellt Taft das syrisch-orthodoxe Stundengebet in einen größeren Zusammenhang und macht es so in seinen Konturen deutlich erkennbar. Der auffällig reduzierte Gebrauch der Psalmen wird dabei zwar sichtbar, aber eine Erklärung dafür findet sich bei Taft nicht. Angesichts der Tatsache, dass noch im zweiten und dritten Jahrhundert biblische Psalmen und Cantica frei gedichteten Hymnen zum Zweck der Abgrenzung gegenüber Häretikern vorgezogen wurden[82], ist dieser freie Umgang mit biblischen Texten im Stundengebet der syrisch-orthodoxen Kirche aber ein erklärungsbedürftiger Umstand.

Die Ansätze von Robert F. Taft zu einer allgemeinen Theologie des Stundengebets[83] wurden von Gregory W. Woolfenden aufgenommen, um unter Berücksichtigung der ost- und westkirchlichen Traditionen den theologischen Gehalt der Stundengebete zu erfassen[84]. Er geht davon aus, dass der rituelle Ablauf der Abend- und Morgengebete den Zeiten des Sonnenunter- und -aufgangs eine quasi-sakramentale Bedeutung gibt. Dabei geht es, ausgehend vom Nachtgebet, grundsätzlich um die gläubige Erwartung des wiederkommenden Christus[85]. Das Abendgebet ist thematisch auf die Buße für begangene Schuld und die Bitte um

---

76 Husmann, Melodien 1969, Vorwort, VI.

77 Robert Taft SJ, The Liturgy of the Hours in East and West, 1993.

78 Vgl. ebd., 32.

79 Ebd., 239: „This synthesis was the work of Syriac, non-Chalcedonian monastic communities in the Syriac-speaking hinterlands of Syria, Palestine, and parts of Mesopotamia, beyond the Greek cities of the Mediterranean littoral.“.

80 Vgl. ebd., 240.

81 Vgl. ebd., 242. Dass der Weihrauch-Ritus nur Teil des *Fenqiṯo*, nicht aber des *Šḥimo* ist, erwähnt Taft nicht.

82 Vgl. ebd., 28.

83 Vgl. Taft, Liturgy, 331 ff.

84 Vgl. Woolfenden, Prayer, Vorwort, xi.

85 Vgl. ebd., 7.

Gottes Schutz, das Morgengebet auf die Sehnsucht nach Gott und den Dank für die Gegenwart des auferstandenen Christus hin ausgerichtet[86]. Auch die kleinen Gebetszeiten des Tages haben jeweils ihre eigene theologische Bedeutung: die dritte Stunde steht für die Austeilung des Heiligen Geistes, die sechste für die Kreuzigung Jesu und die neunte für seinen Tod am Kreuz[87]. In der westsyrischen Tradition kommt eine stark an Buße und eschatologischer Erneuerung orientierte inhaltliche Ausrichtung hinzu[88]. Zur Unterstützung dieses Anliegens werden die Heiligen und insbesondere die Gottesmutter um Beistand angerufen. Auch das Gedenken der verstorbenen Gläubigen spielt eine wichtige Rolle. Die klassischen Themen der kleinen Gebetszeiten (s.o.) kommen in dieser Tradition nicht vor[89]. Als Quelle seiner Ausführungen benutzt Gregory Woolfenden die englische Übersetzung der indischen Fassung des syrischen Stundengebets[90]. Sie weicht im Ablauf vereinzelt von der syrisch-orthodoxen Fassung ab[91], ist mit ihr aber inhaltlich weitgehend identisch.

Eine weitere musikwissenschaftliche Untersuchung hat Ulrike Rebekka Nieten im Jahr 2013 vorgelegt. Sie befasst sich zwar nicht explizit mit dem *Šḥimo*, aber mit der metrischen Struktur seiner Textgattungen[92]. Ihr Ziel ist die Erforschung der „Gesetzmäßigkeiten der syrisch aramäischen Rezitation und Kantillation“ und die Klärung von „offenen Fragen hinsichtlich der Textstrukturierung und der Metrik“[93]. Damit bezieht sie sich kritisch auf den Semitisten Gustav Hölscher, der den Wechsel von betonten und unbetonten Silben unterschiedlicher Anzahl zum Grundprinzip der syrischen Metrik erklärt hatte[94]. Dagegen betont Nieten, dass für ein Verstehen der syrischen Metrik die „Wechselbeziehungen zwischen Wort und Ton“ zu berücksichtigen seien. Dies sei nur durch eine interdisziplinäre Untersuchung möglich, die „musikwissenschaftlicher und sprachwissenschaftlicher Art sein muss“. Dann erst komme auch der „Einfluss von Akzentuation und Metrum auf die Textstruktur und Melodiegestalt“ in den Blick[95]. Nieten vertritt die These, dass sich in der mündlich überlieferten Singweise der syrischen Hymnen Teile des syrischen Akzentsystems erhalten haben[96]. Die syrischen Akzente hätten die Funktion gehabt, poetische Texte syntaktisch zu gliedern und ihren emotionalen Gehalt zu veranschaulichen[97]. Seit dem 13. Jahrhundert seien sie nicht

86 Vgl. ebd., 24.
87 Vgl. ebd., 115.
88 Vgl. ebd., 168.
89 Vgl. ebd., 170.
90 Vgl. ebd., 149. Es handelt sich um Bede Griffiths, The Book of Common Prayer of the Syrian Church.
91 Die Abweichungen bestehen vor allem darin, dass die syro-malankarische (ebenso wie die syrisch-katholische und die maronitische) Fassung ein Weihrauchgebet enthält (vgl. Griffiths, Common Prayer, 6/7 und 25) und dass ihr Nachtgebet durch einen Engel-Hymnus abgeschlossen wird (vgl. ebd., 20/21). In den Ausgaben des *Šḥimo* findet sich dieser Engel-Hymnus nicht, aber nach Mor Aphrem Barsaum ist er Teil des syr.-orth. Nachtgebets (vgl. ders., Gebete, 38).
92 Ulrike Rebekka Nieten, Struktur und Metrum in den syrisch-aramäischen Psalmen und Hymnen, 2013.
93 Ebd., 1.
94 Ebd., 13; vgl. Hölscher, Verskunst, 193: „Die Alternation einsilbiger Senkungen und Hebungen ist in der Tat die grundlegende Eigenschaft des syrischen Verses. Die Menge der glatt alternierenden Verse von fünf bis dreizehn Silben beherrscht den weitaus größten Teil aller syrischen Poesie.“.
95 Nieten, Metrum, S. 2.
96 Vgl. ebd., 41.
97 Vgl. ebd., 69.

mehr schriftlich festgehalten worden, aber „in der musikalischen Vortragsmanier bis heute Teil der mündlichen Überlieferung“[98].

Diese mündliche Form der Überlieferung ist dem syrischen Gelehrten Gregor Barhebräus (1225-1286) zufolge allerdings kein Mangel, sondern sogar notwendig, da der Sinngehalt der poetischen Texte nur so angemessen vermittelt werden könne[99]. Eine Zuordnung der syrischen Akzente zu bestimmten Emotionen wie Erstaunen, Hoffnungslosigkeit, Scham und Furcht hat bereits Elias von Ṭirhan (gest. 1049) vorgenommen[100]. „Diese Zuordnung“ im Sinne einer „musikalischen Ethoslehre“ hätte „in den acht Tönen des *Oktoechos* ihren Niederschlag“ gefunden[101]. Dabei handelt es sich um ein System von acht Singweisen, die den abendländischen Kirchentonarten vergleichbar seien[102]. Seine byzantinische Ausprägung hat ihren Ursprung bei Johannes von Damaskus (650-750). Die Hymnen, die durch den Patriarchen Severus von Antiochia (465-538) „zwischen 512 und 519... in griechischer Sprache“ gesammelt wurden, sind im Jahre 619 „von Paulos von Edessa (ins Syrische) übersetzt“ worden. Jakob von Edessa (gest. 708) hat dann diese syrischen Hymnen in das System des Oktoechos eingegliedert und so „den achtwöchigen Festkreisen des Jahres... zugeordnet“[103]. Nach diesen acht Kirchentönen werden die Hymnen der syrisch-orthodoxen Kirche bis heute gesungen. Der Sinngehalt dieser Gesangsmodi kommt Nieten zufolge aber nicht durch bestimmte Melodien[104], sondern durch Kombination von melodischen und rhythmischen Formeln zum Ausdruck[105]. Melodische Unterschiede zwischen den acht Kirchentönen gäbe es zwar auch[106], aber sie spielten eine untergeordnete Rolle. Zusammenfassend lässt sich Ulrike Nieten zufolge also feststellen: Die hermeneutische Funktion der syrischen Akzente ist auf mündlichem Wege auf die rhythmisch differenzierten acht Kirchentöne übergegangen, und diese Gesangsmodi vermitteln bis heute durch ihre musikalische Ausführung sowohl die inhaltliche Bedeutung als auch den emotionalen Gehalt der syrischen Hymnen. Dies gilt auch für die Hymnen im syrischen Stundengebet. Dessen Bestandteile werden allerdings zum Teil auch nach gleichbleibenden Melodien gesungen[107]. Hinsichtlich der Psalmen stellt Ulrike Nieten fest, dass sie im syrischen Stundengebet nur eine untergeordnete Rolle spielen. Sie

---

98 Ebd., 2.

99 Vgl. das Zitat von ihm bei Nieten, Metrum, 68: „Und da diese Akzente eine Art musikalische Modulationen sind, kann man außer durch Hören und durch Überlieferung des Lehrers zum Schüler von Zunge zu Ohr ihre Art nicht finden noch einen Weg sie sich anzueignen.“; nach Moberg, Das Buch der Strahlen, 109.

100 Nieten, Metrum, 60.

101 Vgl. ebd., 65.

102 Vgl. ebd., 268.

103 Vgl. ebd., 269.

104 Husmann versucht, die Unterschiede der syrischen und der griechischen Kirchentöne durch Vergleich der jeweiligen Melodien aufzuzeigen, was ihm aber nur sehr begrenzt gelingt. Dabei kommt er zu dem Urteil, dass der syrische Sänger beim Rezitieren der griechischen Melodie auf einem gleichen Ton „stottert“ (vgl. ders., Oktoechos, 68/69).

105 Vgl. Nieten, Metrum, 272.

106 Vgl. ebd., 284.

107 Vgl. ebd., 275/276. Demnach sind den Wochentagen jeweils feststehende Kirchentöne zugeordnet: „*Ramšā* und *Suttārā*: Montag (6. Ton); Dienstag (6. Ton); Mittwoch (7. Ton); Donnerstag (5. Ton); Freitag (1. Ton); Samstag (1. Ton). *Ṣaprā*: Montag (2. Ton); Dienstag (8. Ton); Mittwoch (7. Ton); Donnerstag (1. Ton); Freitag (6. Ton); Samstag (8. Ton).“; vgl. ebd., 276, Anm. 637.

bringt dies „mit der Ausbreitung der Hymnen in Verbindung, denen man einen großen Platz einräumte“[108]. Einen Grund dafür nennt sie allerdings nicht.

Eine theologische Interpretation des *Šḥimo* hat ebenfalls im Jahr 2013 Menzer Habil in französischer Sprache vorgelegt[109]. Er geht aus von der These, dass das *Šḥimo* in der syrischen Tradition den Gläubigen das Heil in Christus vergegenwärtigt. Wie dies durch die Eucharistie an Sonn- und Feiertagen geschehe, so geschehe es im Laufe der Woche durch das *Šḥimo*[110]. Nach einem ersten historischen Teil mit Angaben über die inhaltliche Gliederung und die geschichtliche Entstehung des *Šḥimo* bis zu seiner aktuellen Fassung folgt ein zweiter theologischer Teil mit einer systematischen Darstellung seiner Heilslehre[111]. Im historischen Teil belegt Habil die Autorschaft des Jakob von Edessa (640-708) mit Notizen in alten Manuskripten des *Šḥimo*, die auch schon von Anton Baumstark genannt werden[112]. Der Bischof von Edessa hätte kraft seines Amtes gebräuchliche Gebetstexte der syrischen Tradition nach einer bestimmten liturgischen Ordnung als verbindliche Grundlage für das wöchentliche Gebet der syrischen Kirche zusammengestellt[113]. Dabei habe er eine vereinfachende Auswahl aus dem reichen Fundus des *Beṯ Gazo* für den liturgischen Gebrauch durch die Diakone getroffen und diese *Šḥimo* (‚das Einfache‘) genannt[114]. Nach Einschätzung Habils muss das *Šḥimo* in seinem heutigen Umfang schon sehr früh in der syrischen Tradition verbreitet gewesen sein; das schließt er aus den apologetischen Äußerungen des Dionysios Bar Salibi, eines Bischofs von Amid im 12. Jahrhundert: In einer Antwort an Rabban Ishoᶜ, der die Überlegenheit des byzantinischen Ritus gegenüber dem syrischen aufgrund seiner liturgischen Ordnung behauptet hatte, beschreibt Bar Salibi die Zuordnung von Themen zu bestimmten Melodien im Laufe einer Woche[115]. Darin sei Habil zufolge bereits der heutige Aufbau des *Šḥimo* zu erkennen[116]. Außerdem rühmt Bar Salibi bereits die weite Verbreitung des Stundengebets, die er auf dessen einfache, den Bedürfnissen des gläubigen Volkes und

108 Ebd., 276.

109 Habil, La Théologie du Salut Selon le Cycle Hebdomadaire Syro-Antiochien, 2013.

110 Vgl. ebd., 20.

111 Vgl. ebd., 21.

112 Vgl. ebd., 28. Dort zitiert Habil aus dem Manuskript Add. 14.704 (Britisches Museum London, 13. Jahrhundert):
ܥܠ ܚܝܠܐ ܕܬܠܝܬܝܘܬܐ ܩܕܝܫܬܐ ܡܫܪܝܢܢ ܕܢܟܬܘܒ ܬܫܡܫܬܐ ܫܚܝܡܬܐ ܕܡܪܝ, ܝܥܩܘܒ ܐܘܪܗܝܐ - *ᶜal ḥaylo da-ṯliṯoyuṯo qadišto mšarinan d-neḵtoḇ tešmešto šḥimto d-mor yaᶜquḇ urhoyo* (Durch die Kraft der heiligen Dreieinigkeit haben wir begonnen, den einfachen Gottesdienst des Mor Jakob von Edessa aufzuschreiben.)
Aus dem Manuskript 150 (Französische Nationalbibliothek Paris, 16. Jahrhundert) zitiert Habil:
ܡܫܪܐ ܥܒܕܟ ܕܘܝܐ ܡܢ ܟܠ ܠܡܟܬܒ ܬܫܡܫܬܐ ܫܚܝܡܬܐ ܓܘܢܝܬܐ ܕܘܗ ܡܬܕܪܫ ܟܠ ܐܟ ܛܘܟܣܐ ܚܬܝܬܐ ܕܝܥܩܘܒ ܐܘܪܗܝܐ – *mšare ᶜaḇdeḵ dwe men kul l-meḵtaḇ tešmešto šḥimto gawonoyṯo d-wah meṯdaraš kul aḵ ṭukoso ḥaṯiṯo d-yaᶜquḇ urhoyo* (Es beginnt der ärmste Knecht von allen, den einfachen allgemeinen Gottesdienst, in dem jeder geübt ist, nach der genauen Ordnung des Jakob von Edessa aufzuschreiben.).
Es handelt sich hier also um frühe Zuschreibungen des *Šḥimo* an Jakob von Edessa als Autor und um keine historisch stichhaltigen Beweise für seine Autorschaft.
Vgl. auch die Angaben von Baumstark, Geschichte, 253, Anm. 6: „BrM 393 (Add 14704…)... Pr 150 (Anc fonds 73…)“.

113 Vgl. Habil, théologie du salut, 29.

114 Vgl. ebd., 32/33.

115 Vgl. ebd., 34-36; siehe Bar Salibi, Traktat gegen Rabban Ishoᶜ, hg. und übersetzt von A. Mingana, 33 und 73.

116 Vgl. Habil, théologie du salut., 36.

der Nonnen entsprechende Gestaltung zurückführt[117]. Letzte Überarbeitungen des *Šḥimo* seien dann Ende des 19. Jahrhunderts von Mor Aphrem I. Barsaum durchgeführt worden[118], der für die ersten drei gedruckten Ausgaben gleichermaßen verantwortlich war[119]. Weitere Änderungen am Umfang des *Šḥimo* seien nicht mehr vorgenommen worden[120].

Im ersten Teil seines Buches beschreibt Habil grundsätzliche Merkmale des *Šḥimo* sowie die Quellen, aus denen es zusammengestellt wurde: Seine vornehmlich biblischen Inhalte seien auf der Grundlage der geistlichen Erfahrung und der Exegese der Kirchenväter für das geistliche Leben der Gläubigen ausgewählt und aktualisiert worden[121]. Dieser durchgehend eklektische und aktualisierende Charakter des *Šḥimo* zeige sich darin, dass die Texte aus biblischen, apokryphen und patristischen Quellen den spirituellen Bedürfnissen der Gläubigen entsprechend ausgewählt und an den liturgischen Gebrauch angepasst worden seien[122]. Das betende Singen der poetischen Texte diene der persönlichen Identifikation mit ihrem Inhalt und so der Vergegenwärtigung ihrer spirituellen Bedeutung im eigenen Leben[123].

Die Psalmen sind Habil zufolge als konstitutives Element der syrischen Liturgie eine Hauptquelle für das syrische Stundengebet; allerdings nicht als Lesung, sondern in Gestalt bestimmter poetischer Gattungen[124]. Habil macht darauf aufmerksam, dass die Sprache der Psalmen in die Texte des Stundengebets eingegangen ist. Der reduzierte Gebrauch der Psalmen und das Übergewicht der Hymnen im syrischen Stundengebet bleiben in seinen Ausführungen allerdings unbeachtet. Auch seine Charakterisierung des syrischen Stundengebets aufgrund der inhaltlichen Betonung der Buße als vor allem monastisch[125] blendet das kathedral geprägte Übergewicht der Hymnen gegenüber den Psalmen offensichtlich aus.

Im zweiten Teil des Buches werden die inhaltlichen Aussagen des *Šḥimo* systematisch dargestellt. Theologische Kategorien sind dabei die Erschaffung der Welt durch die göttliche Trinität (243ff), die Inkarnation des göttlichen Wortes (293ff), die Verwirklichung des Heils im Kreuz Christi (397ff) und die Erwartung der Wiederkunft Christi durch die Kirche (476ff). Diese Heilsereignisse würden durch poetische Sprache in Verbindung mit ihrer musikalisch-rhythmischen Ausführung im Leben der Gläubigen vergegenwärtigt[126].

Die Ausführungen Habils machen den ‚katechetischen' Charakter des *Šḥimo* deutlich. Sie zeigen, dass es sich bei dieser Form des Stundengebets gewissermaßen um einen ‚gesungenen Katechismus für einfache Leute' handelt. Inwiefern die geistlichen Inhalte allerdings durch ihre poetisch-musikalische Form vermittelt werden, bleibt in den Ausführungen Habils eine offene Frage. Sie bleiben auf der rein inhaltlichen Ebene und gehen nicht auf die poetisch-musikalische Gestalt der Texte ein.

Einen genauen Blick auf die Entstehungsgeschichte der Gattungen des syrischen Stundengebets wirft der indisch-orthodoxe Syrologe Baby Varghese: Er beschreibt das Stunden-

117 Vgl. ebd., 38/39; siehe Bar Salibi, Traktat gegen Rabban Ishoᶜ, 74.
118 Vgl. Habil, théologie du salut, 40.
119 Vgl. ebd., 40 und 45.
120 Vgl. ebd., 47.
121 Vgl. ebd., 149/150.
122 Vgl. ebd., 157.
123 Vgl. ebd., 183/184.
124 Vgl. ebd., 66.
125 Vgl. ebd., 562.
126 Vgl. ebd., 552.

gebet der syrisch-orthodoxen Kirche als „compilation of elements of various elements and therefore in a sense an example of contextualisation (‚inculturation')"[127]. Er betont die Inhomogenität der Überlieferung des syrischen Stundengebets: Elemente der syrischen und der griechischen liturgischen Traditionen seien je nach bischöflichem bzw. klösterlichem Interesse der verschiedenen Regionen unterschiedlich miteinander kombiniert worden. Eine liturgische Einheitlichkeit sei erst durch die gedruckten Ausgaben ab dem Ende des 19. Jahrhunderts erreicht worden[128]. Der Autor dieser Druckausgaben, Mor Aphrem I. Barsaum, habe die bis dahin bestehende Unterschiedlichkeit selber ausdrücklich herausgestellt[129]. In diesem Zusammenhang erwähnt Baby Varghese die zweifache Gestalt des syrischen Stundengebets als sonn- und feiertägliches *Fenqiṯo* und als wochentägliches *Šḥimo*. Gegenstand seiner Untersuchung ist allerdings schwerpunktmäßig das *Fenqiṯo*. Dabei beleuchtet er die Herkunft und die Entwicklung der Gebetsgattungen, die sowohl im *Fenqiṯo* als auch im *Šḥimo* vorkommen.

Die jüngste Veröffentlichung zum syrisch-orthodoxen Stundengebet ist eine digital veröffentlichte Abhandlung von George A. Kiraz über die bleibende Grundstruktur des *Šḥimo*[130]. Darin vergleicht er die aktuellen Druckausgaben des *Šḥimo* mit einigen spätmittelalterlichen Handschriften und kommt zu dem Ergebnis, dass sich trotz vorhandener Textvarianten die textliche und die liturgisch-performative Grundstruktur des *Šḥimo* im Laufe der Jahrhunderte im Grunde nicht verändert hat. Diese Struktur des *Šḥimo* führt er aufgrund der vorhandenen Textzeugen auf die Zeit zu Beginn des zweiten Jahrtausends nach Christus zurück. Außerdem macht er auf die ausschließlich mündlich überlieferten Bestandteile des Stundengebets wie z.B. bekannte Psalmtexte und gängige liturgische Formulierungen aufmerksam, die zwar in keiner Ausgabe abgedruckt sind, aber dennoch durch die Zeiten hindurch überliefert und liturgisch praktiziert wurden und werden. Dazu gehört nicht zuletzt das Einhalten einer Stille, um die Gebetszeiten nonverbal voneinander abzugrenzen.

Das einfache Stundengebet für die Wochentage aus der Tradition der syrisch-orthodoxen Kirche wurde also im Vergleich zu anderen liturgischen Texten relativ spät von der europäischen Wissenschaft entdeckt und nur wenig behandelt. Die syrisch-orthodoxen Christen, die es als Teil ihres liturgischen Erbes im Zuge der Migration aus ihren ursprünglichen Siedlungsgebieten mitgebracht haben, werden in der Öffentlichkeit erst allmählich als kirchliche Gemeinschaft wahrgenommen. Eine eingehende Untersuchung eines wissenschaftlich nur wenig beachteten Bestandteils einer öffentlich nur wenig bekannten kirchlichen Tradition erscheint schon allein deswegen als eine reizvolle und notwendige Aufgabe. Wo das *Šḥimo* vereinzelt Gegenstand einer wissenschaftlichen Untersuchung war, geschah dies immer nur unter ganz bestimmten Perspektiven (gattungsspezifisch durch Bickell, Baumstark und Varghese, im Vergleich zum römischen Offizium durch Corcoran, musikwissenschaftlich durch Husmann, liturgiegeschichtlich durch Taft), zum Teil auch in Kombination zweier ver-

127 Varghese, Early History, 75.

128 Vgl. ebd..

129 Vgl. ebd., 75/76. Mor Aphrem Barsaum betont zwar bzgl. seiner Ausgabe des *Šḥimo* die geringen Abweichungen von den ältesten erhaltenen Handschriften (vgl. ders., Geschichte, 41), aber seiner neu gedruckten Ausgabe ging seinen Angaben zufolge auch eine uneinheitliche liturgische Überlieferung voraus (vgl. ders., *ktoḇo da-šḥimo*, 8).

130 George A. Kiraz, Schema of the Syriac Šḥimo, in: Hugoye. Journal of Syriac Studies 25.2 (2022), 455-483.

schiedener Perspektiven (philologisch und musikwissenschaftlich durch Nieten, philologisch und theologisch durch Habil). Daneben steht die persönlich-spirituelle Sichtweise derer, für die das *Šḥimo* Teil ihrer kirchlichen Tradition und ihres geistlichen Lebens ist (Vertreter der syrisch-orthodoxen Kirche wie Mor Aphrem I. Barsaum, Baby Varghese und George Anton Kiraz). Diese unterschiedlichen Perspektiven lassen erahnen, dass von einer wissenschaftlichen Betrachtung des *Šḥimo*, die diese miteinander kombiniert, ein breites Spektrum von Erkenntnissen zu erwarten ist: Aus liturgiegeschichtlicher Perspektive ist deutlich geworden, dass es in der syrischen Tradition schon seit Jahrhunderten ein Gebetbuch für das einfache Volk gibt, das aus den hymnischen Quellen der Anfangszeit des Christentums schöpft. Die Tatsache, dass im Vergleich zu anderen Stundengebeten selbst gedichtete Hymnen oftmals an Stelle der biblischen Psalmen gesungen werden, gibt dem *Šḥimo* sein eigenes Profil. Die Gründe dafür wurden in der Forschung bisher nicht genannt und müssen erst noch gefunden werden. Aus musikwissenschaftlicher Perspektive ist deutlich geworden, dass der Inhalt der syrischen Hymnen nicht nur als gesprochenes, sondern auch als gedichtetes Wort, nicht nur in Gestalt gesungener Klänge, sondern auch in bestimmten Rhythmen überliefert wird. Der poetischen Sprache und der musikalisch-rhythmischen Ausführung kommt offensichtlich eine besondere Bedeutung für die Vermittlung des theologischen Inhalts zu. Worin genau besteht dieser Zusammenhang zwischen Form und Inhalt? Wie wird hier dem Wort durch Klang und Rhythmus Bedeutung verliehen? In dieser Singweise lassen sich möglicherweise hermeneutische Zusammenhänge entdecken, die der europäischen Kultur bisher noch fremd geblieben sind. Aus theologischer Perspektive ist deutlich geworden, dass in der gesungenen Gebetspraxis des *Šḥimo* der christliche Glaube in einer umfassenden Weise in biblisch geprägter Sprache, angereichert mit der geistlichen Erfahrung syrischer Kirchenväter und ergänzt durch apokryphe christliche Legenden von Generation zu Generation weitergegeben wird. Das *Šḥimo* ist offensichtlich eine Art ‚gesungener Katechismus für die einfachen Leute'. Die Verbindung der theologischen mit der musikwissenschaftlichen Perspektive könnte zeigen, welcher Inhalt des christlichen Glaubens mit welchen poetisch-musikalischen Mitteln vermittelt wird. Und eine Öffnung hin zu einer praktisch-theologischen Perspektive könnte Möglichkeiten und Grenzen einer solchen Vermittlung des christlichen Glaubens in katechetischen und liturgischen Zusammenhängen aufzeigen. Welche Bedeutung den vereinzelten Bemühungen um eine Übersetzung des *Šḥimo* in moderne europäische Sprachen für die Diaspora der syrisch-orthodoxen Kirche zukommt, soll ebenfalls im praktisch-theologischen Teil dieser Arbeit reflektiert werden. Da es sich beim *Šḥimo* aber auch um eine spirituelle Praxis in einem immer weiter werdenden ökumenischen Horizont handelt, können von einer solchen Perspektive auch Impulse für das gemeinsame Gebet in anderen Kirchen und das gemeinsame Gebet der Kirchen miteinander ausgehen.

1.3 Die Methode

Für den erforderlichen ‚multiperspektivischen Zugang' zum *Šḥimo* als liturgisch-poetischem Text und als musikalisch-rhythmischer Gebetspraxis bieten sich als wissenschaftliches Instrumentarium die Methoden der Liturgiewissenschaft an. Im Bereich der römisch-katholischen Theologie hat sie sich als eigenständige Disziplin etabliert, „die sich mit dem Ausdruck des christlichen Glaubens in den unterschiedlichen Traditionen und Formen des Gottesdienstes beschäftigt". Die Liturgiewissenschaft betrachtet ihren Gegenstand als ein „Handlungsgeschehen" und befasst sich nicht nur mit Sprache, „sondern ebenso mit Zeichen und Zeichenhandlungen bis hin zu Raum, Gewändern, Klang, Farbe usw."[131]. Als eigenständige Disziplin entwickelte sich die Liturgiewissenschaft aber erst zu Beginn des 20. Jahrhunderts. Dabei wurden zunächst drei verschiedene Perspektiven ganz unabhängig voneinander wahrgenommen: eine liturgiegeschichtliche, eine systematisch-theologische und eine praktisch-theologische. Für die liturgiegeschichtliche Perspektive steht unter anderem Anton Baumstark, der Liturgiewissenschaft als „vergleichende Liturgiegeschichtsforschung" betrieb[132]. Die systematisch-theologische Perspektive wurde von Romano Guardini eingenommen, der die betende und feiernde Kirche als Quelle theologischer Erkenntnis ansah[133]. Aus praktisch-theologischer Perspektive wurde die Liturgiewissenschaft von Athanasius Wintersig (1900-1942) als „Pastoralliturgik" betrieben, die nach der seelsorglichen Bedeutung der Liturgie für die christliche Gemeinde fragte[134]. Mittlerweile wird die Liturgiewissenschaft als eine einheitliche theologische Disziplin angesehen, in der diese drei verschiedenen Perspektiven zusammengehören[135].

In der Evangelischen Theologie ist das gottesdienstliche Geschehen Gegenstand der Liturgik; diese gilt nicht als eine eigenständige Disziplin, sondern als ein Bestandteil der Praktischen Theologie. Sie wird als „Theorie der Gestaltung der Liturgie bzw. des Gottesdienstes"[136] verstanden. Die historische Erforschung des Gottesdienstes ist in der evangelischen Liturgik Teil der empirisch ausgerichteten Wahrnehmung seiner vorfindlichen Gestalt und dient letztlich der situationsgerechten Gestaltung des Gottesdienstes[137]. Mittlerweile spricht man sich aber auch in der Evangelischen Theologie für „eine möglichst umfassende Definition von Liturgiewissenschaft" aus, in der systematische, historische, empirische und gestaltungsorientierte Methoden gleichermaßen zur Anwendung kommen[138]. Von katholischer Seite wiederum wird mittlerweile die ökumenische Ausrichtung der Liturgiewissenschaft betont[139]. Es erscheint also als sinnvoll, dass sich beide Seiten gemeinsam des methodischen Instrumentariums bedienen, das von ihnen zur Untersuchung gottesdienstlicher Liturgie entwickelt wurde. Theologische Unterschiede, die vor allem in systematisch-theologischer Hinsicht bestehen dürften, sprechen nicht gegen die Anwendung einer gemeinsamen Methode.

131 Gerhards / Kranemann, Einführung, 24.
132 Ebd., 37.
133 Ebd., 39.
134 Vgl. ebd., 40.
135 Vgl. ebd., 45.
136 Grethlein, Abriss, 11.
137 Vgl. ebd., 13/14.
138 Schmidt-Lauber, Begriff, 17/18; vgl. auch Taft, Comparative Liturgy, 232: „the "practical" and the "historical" or "theoretical" dimensions… of liturgy… are inseparable: origins, meaning, practice go hand in hand. The ultimate purpose of any study of liturgy is threefold: [1] understanding, [2] based on knowledge, [3] with a view to application.".
Karl-Heinrich Bieritz übernimmt die dreifache Ausrichtung der Liturgiewissenschaft, betont aber im Rahmen ihrer systematischen Ausrichtung die anthropologische Perspektive und im Rahmen ihrer praktisch-theologischen Ausrichtung ihre Eigenschaft als theoretische „Wahrnehmungslehre" (Begriff von Reinhard Meßner). Ausgangspunkt ist für ihn die liturgische Praxis als Phänomen, das historisch und systematisch zu interpretieren ist; vgl. ders., Liturgik, 14/15.
139 Vgl. Gerhards/Kranemann, Einführung, 51.

Eine ökumenisch ausgerichtete vergleichende Liturgiewissenschaft unter den drei genannten Perspektiven vertritt der römisch-katholische Theologe Reinhard Meßner. Er plädiert „für eine historisch-systematische Grundausrichtung der Liturgiewissenschaft..., die das Anliegen der praktisch-theologischen Liturgiewissenschaft im Sinn einer kritischen Funktion des Faches gegenüber der gottesdienstlichen Realität in den Kirchen zu integrieren versucht"[140]. Die ‚historische Liturgiewissenschaft' soll „die gottesdienstlichen Traditionen von den Anfängen bis zur Gegenwart" erschließen. Dabei berücksichtigt sie „alle Ausdrucksformen liturgischen Lebens, also nicht nur die liturgischen Texte..., sondern auch die rituellen Handlungen, die Klanggestalt der Liturgie (Musik und Gesang)."[141] Auf dieser Grundlage fragt die systematische Liturgiewissenschaft „nach der Bedeutung der liturgischen Handlungen"[142]. Sie „sucht in und unter den einzelnen gottesdienstlichen Überlieferungen durch die Zeiten und in den verschiedenen kulturellen und kirchlichen Kontexten die eine Überlieferung des Evangeliums im Medium der Liturgie aufzuschließen."[143] Das systematische Ergebnis dient wiederum der kritischen Liturgiewissenschaft als Maßstab zur Aufstellung einer „Kriteriologie für die je zeit- und situationsgemäße Gestaltung des Gottesdienstes"[144]. Insgesamt ist die Liturgiewissenschaft als eine komparative Disziplin zu konzipieren, die mit historischen, philologischen und empirischen, aber auch mit musik- und kulturwissenschaftlichen Methoden arbeitet[145]. Anknüpfend an Anton Baumstark, der in seiner ‚vergleichenden Liturgiewissenschaft' die Liturgie der reformatorischen Kirchen noch unberücksichtigt gelassen hatte, betont Reinhard Meßner die ökumenische Ausrichtung der Liturgiewissenschaft, die „alle gottesdienstlichen Überlieferungen in Ost und West"[146] miteinschließt. Als konkretes methodisches Instrument nennt er den „Kommentar", der den gottesdienstlichen Vollzug Schritt für Schritt reflektiert.[147] Eine solche kommentierende Interpretation betrachtet ihren Gegenstand unter verschiedenen Aspekten[148]: Da es sich um einen überlieferten Text handelt, wird mit den Methoden der Philologie nach Wortbedeutung, literarischer Gattung, Bedeutung und Rezeption der Quelle gefragt. Unter historischem Aspekt geht es um die Zeit, den Ort, den historischen und theologischen Hintergrund des liturgischen Textes. Und da es sich bei einer Liturgie immer auch um einen praktischen Vollzug handelt, ist sie auch unter performativem Aspekt als Ritual zu betrachten: Welche Personen sind beteiligt, welche Gesten und Haltungen spielen eine Rolle, welcher Ort im Kirchenraum wird eingenommen? Auch das kirchliche und gesellschaftliche Umfeld fließt ein in die Interpretation des liturgischen Gegenstandes.

140 Meßner, Einführung, 23.

141 Ebd., 25. Bieritz definiert auch diese unterschiedlichen Ausdrucksformen als Sprachen der Liturgie (Wort-, Körper-, Klang-, Objekt- und soziale Sprachen); vgl. ders., Liturgik, 45/46.

142 Meßner, Einführung, 20.

143 Ebd., 25.

144 Ebd., 26.

145 Vgl. ebd., 30/31.

146 Ebd., 30.

147 Vgl. ebd., 33.

148 Vgl. zum Folgenden Gerhards / Kranemann, Einführung, 54-56.

1.4 Der Inhalt

Die kommentierende Interpretation ausgesuchter Texte des *Šḥimo* unter den oben genannten Aspekten ist ein zentraler Bestandteil der folgenden Untersuchung. Eine liturgiewissenschaftliche Vorgehensweise beschränkt sich jedoch nicht auf die Interpretation liturgischer Texte. Mit ihrer historisch-systematisch-pragmatischen Ausrichtung bietet sie die Möglichkeit, auch die offenen Fragen zu behandeln, die sich aus der Forschungsgeschichte des *Šḥimo* ergeben haben: Was macht im Vergleich zu anderen Stundengebeten das Profil des *Šḥimo* aus, und wie ist es dazu gekommen? Wie zeigt sich dieses Profil in den liturgischen Texten und ihrem praktischen Vollzug, und welche theologische Erkenntnis kann daraus gewonnen werden? Welche Perspektiven für die liturgische, katechetische und spirituelle Praxis in der syrisch-orthodoxen Kirche und den anderen christlichen Kirchen zeigt dieses Profil auf? Die folgende Untersuchung des *Šḥimo* ist dementsprechend dreifach gegliedert: Die Entstehung seines liturgischen Profils soll im Kontext der Liturgiegeschichte historisch nachvollzogen, seine Eigenschaften sollen an ausgesuchten liturgischen Texten und ihrem praktischen Vollzug aufgezeigt, und diese Merkmale sollen schließlich mit der gegenwärtigen Praxis dieser Kirche, aber auch mit der Praxis der anderen christlichen Kirchen kritisch-konstruktiv konfrontiert werden. Zunächst soll das *Šḥimo* aber im Sinne einer konfessionskundlichen Beschreibung dargestellt werden: Welche Inhalte sind wie gegliedert, und wer singt was auf welche Weise?

2 Das *Šḥimo* in seiner poetischen Gestalt

2.1 Aufbau und Inhalt

Die folgenden Ausführungen orientieren sich an der neuesten Ausgabe des *Šḥimo* durch den Bar-Hebräus-Verlag im syrisch-orthodoxen Kloster Mor Aphrem in Glane in den Niederlanden aus dem Jahre 2016. Aus den Vorworten dieser Ausgabe geht hervor, dass sich Inhalt und Abfolge des syrisch-orthodoxen Stundengebets seit seiner letzten Revision im Jahre 1936 durch den damaligen Patriarchen Mor Aphrem I. Barsaum nicht mehr verändert haben[1]. Demzufolge besitzen sie auch für die mittlerweile weltweit entstandenen Diaspora-Gemeinden Allgemeingültigkeit und finden sich so in der vorliegenden Ausgabe wieder.

Das *Šḥimo* enthält die Stundengebete für die Wochentage außer denen für die Sonn- und Feiertage; diese sind Inhalt des *Fenqito*. Trotz dieser Trennung von sonn- und alltäglichem Stundengebet beginnt das *Šḥimo* zur neunten Stunde des ersten Tages der Woche (ܕܬܫܥܫܥܝܢ ܕܚܕ ܒܫܒܐ – *da-tšaʿšoʿin d-ḥad b-šabo*), also am Sonntagnachmittag. Daran und an der Bezeichnung wird deutlich, dass in der syrischen Tradition nicht nur in der Abfolge, sondern auch in der Benennung an der biblischen Stunden- und Tageszählung festgehalten wird: Der Tag beginnt mit Einbruch der Nacht am Abend des vorhergehenden Tages[2], und der Sonntag ist der erste Tag der Woche. Das Gebet zur neunten Stunde wird aus ökonomischen Gründen mit dem Abendgebet zusammen gehalten; deshalb beginnt das *Šḥimo* mit dem Nachmittagsgebet des ersten und dem Abendgebet des zweiten Tages (ܢܓܗ ܕܬܪܝܢ ܒܫܒܐ – *nogah da-tren b-šabo*: „Dämmerung des zweiten (Tages) der Woche"). Die Bezeichnung der Wochentage richtet sich zunächst weiter nach ihrer Zählung (Montag der zweite, Dienstag der dritte, Mittwoch der vierte und Donnerstag der fünfte Tag). Der Freitag wird dann allerdings als ܥܪܘܒܬܐ – *ʿRuwto*: „Rüsttag" bezeichnet – offensichtlich in Entsprechung zu seiner jüdischen Bezeichnung im Neuen Testament (vgl. Mk. 15, 42). Der Samstag heißt – nach biblisch-jüdischer Tradition – ܫܒܬܐ - *Šabto:* „Sabbat", und der Sonntag ist der „erste Tag" (ܚܕ ܒܫܒܐ - *ḥad b-šabo*).

ܚܕ ܒܫܒܐ *ḥad b-šabo* „Erster in der Woche" (Sonntag)	ܬܪܝܢ ܒܫܒܐ *tren b-šabo* „Zweiter in der Woche" (Montag)	ܬܠܬܐ ܒܫܒܐ *tlōṯō b-šabo* „Dritter in der Woche" (Dienstag)	ܐܪܒܥܐ ܒܫܒܐ *arbʿo b-šabo* „Vierter in der Woche" (Mittwoch)	ܚܡܫܐ ܒܫܒܐ *ḥamšo b-šabo* „Fünfter in der Woche" (Donnerstag)	ܥܪܘܒܬܐ *ʿruwto* „Rüsttag" (Freitag)	ܫܒܬܐ *šabto* „Sabbat" (Samstag)

Die Stundengebete für die einzelnen Wochentage entsprechen in Anzahl und Zeitpunkt denen der anderen ost- und westkirchlichen Traditionen. Da die lateinischen Begriffe der benedik-

1 Vgl. die Auflistung der Druckausgaben (ܟܬܒܐ ܕܫܚܝܡܐ - *ktobo da-šḥimo*: „Buch des *Šḥimo*", 2016, 2) und die erneut abgedruckten Vorworte der Ausgaben von 1981 und 1936 einschließlich der Vorrede Mor Aphrem Barsaums zur Erläuterung seiner redaktionellen Maßnahmen, ebd., 3-12; vgl. auch Habil, Théologie, 47.

2 Vgl. Mor Aphrem Barsaum, Die Kanonischen Gebete, S. 21.

tinischen Tradition allgemein geläufig sind, werden sie hier verwendet: Zu den ‚großen' Gebetszeiten des Abend- (Vesper) und des Morgengebets (Laudes) treten die ‚kleinen' Gebetszeiten des Vormittags- (Terz), des Mittags- (Sext) und des Nachmittagsgebets (Non), außerdem die Gebetszeit vor dem Schlafengehen (Komplet) und das Nachtgebet (Nocturn). Es handelt sich also um täglich sieben Gebetszeiten. Die Vesper wird als ܢܘܓܗ – *Nogah:* „Dämmerung" bezeichnet und benennt damit den Übergang vom vorhergehenden Tag zur Nacht des beginnenden Tages. Die Komplet heißt ܣܘܬܪܐ - *sutoro*, was so viel wie „Schutz (-gebet)" bedeutet (in Anspielung auf Psalm 91,1). Die Nokturn wird ihrer Zeit entsprechend ܠܠܝܐ - *lilyo*: „Nacht" genannt. Der Name für die Laudes ist ܨܦܪܐ - *ṣafro*: „Tagesanbruch"; er bezeichnet wie die Vesper den Übergang der Lichtverhältnisse. Die verbleibenden Gebetszeiten tragen eher schlichte Namen: Während die Terz (ܕܬܠܬܫܥܝܢ – *da-ṯloṯšōʿin*: „der dritten Stunde") und die Non (ܕܬܫܥܫܥܝܢ – *da-ṯšaʿšoʿin*: „der neunten Stunde") nach der Stundenzahl genannt werden, benennt die Sext (ܕܦܠܓܗ ܕܝܘܡܐ – *d-felgeh d-yawmo*) ihren Platz in der „Mitte des Tages"[3].

ܢܘܓܗ *nogah* „Dämmerung" (Vesper)	ܣܘܬܪܐ *sutoro* „Schutz (-gebet)" (Komplet)	ܠܠܝܐ *lilyo* „Nacht (-gebet)" (Vigil)	ܨܦܪܐ *ṣafro* „(Tages-) Anbruch" (Laudes)	ܕܬܠܬܫܥܝܢ *da-ṯloṯšoʿin* „der dritten Stunde" (Terz)	ܕܦܠܓܗ ܕܝܘܡܐ *d-felgeh* *d-yawmo* „der Mitte des Tages" (Sext)	ܕܬܫܥܫܥܝܢ *da-ṯšaʿšoʿin* „der neunten Stunde" (Non)

Am ***Beginn aller Gebetszeiten*** steht eine festgelegte Abfolge liturgischer Formeln[4]. In den kirchlichen Ausgaben des *Šḥimo* werden sie nicht extra aufgeführt, weil sie syrisch-orthodoxen Christen geläufig sind. Zu einem solchen „Dienst" (ܬܫܡܫܬܐ - *tešmešto*) gehören folgende Texte[5]:

a. das trinitarische Votum „im Namen des Vaters und des Sohnes und des Heiligen Geistes", ergänzt um: „ein wahrer Gott. Amen", stets verbunden mit der Geste des Sich-Bekreuzigens[6];
b. das Sanctus in der Kombination aus Jes. 6,3[7] und Mt. 21,9[8]. Die Aussage „der da kommt im Namen des HERRN" wird differenziert in „der gekommen ist und der kommen wird im Namen des HERRN";
c. der Trishagion-Hymnus mit der dreifachen Anrufung Gottes und der Bitte um sein Erbarmen: „Heilig bist du, Gott. Heilig bist du, Allmächtiger. Heilig bist du, Unsterblicher, der du für uns gekreuzigt worden bist[9], vergib uns" (wörtlich: „erbarme dich unser"); er wird dreimal hintereinander gesprochen;

3 Mor Aphrem Barsaum nennt das Mittagsgebet „Gottesdienst der sechsten Stunde"; vgl. ders., Gebete, 21.

4 Dies gilt, soweit keine andere Gebetszeit unmittelbar vorangegangen ist; vgl. Husmann, Melodien 1969, 1.

5 Zitiert nach Önder, Gebetszeiten, 167-169, vgl. aber auch Madey, Stundenlob, 9/10.

6 Der Grund für diese Ergänzung des trinitarischen Votums ist offensichtlich im miaphysitischen Bekenntnis zu suchen; vgl. Mor Aphrem Barsaum, Gebete, 27: „Wir vollführen das Bekreuzigen mit einem Finger. Das ist ein Zeichen dafür, dass der Herr Jesus Christus, der für uns gekreuzigt wurde, eins ist."

7 Statt „HERR Zebaoth" heißt es hier ܡܪܝܐ ܚܝܠܬܢܐ - *moryo ḥayltono*: „mächtiger HERR".

8 Statt „Hosianna" heißt es hier ܬܫܒܘܚܬܐ - *tešbuḥto*: „Lobpreis".

9 Die Worte „der du für uns gekreuzigt worden bist" sind den Worten des byzantinischen Hymnus hinzugefügt. Dabei handelt es sich um den sogenannten „theopaschitischen Zusatz", durch den in der syrischen Tradition Christus im Sinne des miaphysitischen Bekenntnisses als der Angebetete hervorgehoben wird; vgl. Louth, Trishagion, 123. Vgl. auch Mor Aphrem Barsaum, Gebete, 24: „Es muß darauf hingewiesen

d. ein dreifacher Kyrie-Ruf: „Unser Herr, vergib uns. Unser Herr, hab Erbarmen und vergib uns. Unser Herr, nimm unseren Dienst und unsere Gebete an und vergib uns“[10];
e. ein dreifaches Gloria, verbunden mit der Bitte um Segen: „Ehre sei Dir, Gott. Ehre sei Dir, Schöpfer. Ehre sei Dir, Christus, König, der Mitleid mit den sündigen Dienern hat. Barekhmor[11]“;
f. das Vaterunser in seiner vollständigen Fassung mit Schlussdoxologie nach Matthäus 6,9-13.

Zu Beginn der Vesper, der Laudes und der Nocturn folgt darauf noch ein durch den Priester zitiertes Eingangsgebet (ܨܠܘܬܐ ܕܫܘܪܝܐ - *ṣluṯo d-šuroyo*: „Gebet des Anfangs“)[12]. Erst nach diesen vorangestellten Gebeten beginnen die Gebetszeiten in der Abfolge, wie sie in der *Šḥimo*-Ausgabe jeweils angegeben ist[13].

Aufgrund ihrer Eigenschaften lassen sich die Gebetszeiten in zwei Gruppen einteilen: Die ‚großen‘ (Vesper und Laudes) und die ‚kleinen Gebetszeiten‘ (Terz, Sext, Non und Komplet); sie haben jeweils einen fast gleichen Umfang und Ablauf. Die Nocturn steht in ihren Eigenschaften für sich; sie ist von größerem Umfang als alle anderen Gebetszeiten und setzt sich aus bestimmten Elementen dieser beiden Gruppen zusammen.

Die ‚großen Gebetszeiten‘ Vesper und Laudes haben stets dieselbe Abfolge von biblischen Psalmen und kirchlichen Hymnen, aber mit unterschiedlichem Inhalt. Biblische Schriftlesungen sind nicht Bestandteil des *Šḥimo*, sondern nur – dem jeweiligen Anlass des Kirchenjahrs entsprechend – des *Fenqiṯo*. Dies entspricht der Grundstruktur des kathedralen Stundengebets[14]. Zu Beginn von Vesper und Laudes wird jeweils eine feststehende Auswahl biblischer Psalmen rezitiert. Diese Psalmodie (ܡܙܡܘܪܐ – *Mazmuro*) besteht in der Vesper aus den Psalmen 141, 142, 119, Verse 105-112 und Psalm 117, in der Laudes aus den Psalmen 51, 63 und 113. Die Zählung der Psalmen orientiert sich hier am masoretischen Text[15]. Die Psalmen werden vollständig zitiert; die Abendpsalmen werden allerdings nur beim ersten Mal aufgeführt. An den folgenden Wochentagen erfolgt nur ein kurzer Hinweis, dass die „erste Psalmodie“ zu singen sei. Es wird demnach vorausgesetzt, dass die Beter diese Psalmen auswendig können. Bei der Morgenpsalmodie verhält es sich anders: Dort wechseln die Psalmverse des zweiten Psalms (Ps. 63) mit Versen hymnischer Dichtung, einem sogenannten ܥܢܝܢܐ - *ʿEnyono*: Ant-

werden, daß das Gebet „Heilig bist Du, o Gott“, also das Trishagion, an den Herrn Jesus – die zweite Person der heiligen Trinität – gerichtet wird.“.

10 Meines Erachtens ist auch hier statt „vergib uns“ zu übersetzen: „erbarme dich unser“.

11 Das Wort ܒܪܟܡܪ - *Barekmor* bedeutet „Segne, mein Herr!“ und ist ein häufiger Ausruf in der syrischen Liturgie.

12 Vgl. Husmann, Melodien 1969, 180.

13 Nach Johannes Madey, der sich auf die syro-malankarische Fassung bezieht, folgt an dieser Stelle das Avemaria (vgl. ders., Stundenlob, 10). Nach der gekürzten syrisch-orthodoxen Fassung von Josef Önder folgt dieses aber zusammen mit dem nizänischen Credo nur am Ende einer jeden Gebetszeit (vgl. ders., Gebetszeiten, z.B. 177/178).

14 Vgl. Taft, Liturgy of the Hours, 32/33. Vgl. Zerfass, Kathedraloffizium, der „das lesungsfreie Offizium nicht als die Ausnahme, sondern als den Regelfall der altchristlichen Kirchen des Vorderen Orients“ beschreibt; vgl. ebd., 40.

15 Die syrische Psalmenzählung entspricht bei den Abendpsalmen der LXX und bei den Morgenpsalmen dem masoretischen Text. Vgl. das Gebetbuch ܫܒܝܬܐ ܕܕܝܪܝܐ - *šwiṯo d-dayroyo*: „Gefangenschaft des Mönchs“. Vgl. auch Burkitt, Lectionary System, 5: „The Syriac Psalter agrees with the Hebrew and English, except that Psalms 114 and 115 (Heb. and Engl.) make up Psalm 114 (Syriac), and Psalm 147, *vv.* 12-20 (Heb. and Engl.) is reckoned a separate Psalm.“.

wortgesang, und bei jedem Morgengebet handelt es sich um andere Verse[16]. Deshalb ist der zweite Morgenpsalm an jedem Wochentag vollständig aufgeführt. Es folgt ein Hinweis mit dem Wortlaut: ܡܙܡܘܪܐ (ܘܡܩܦܝܢ) – *(w-maqfin) mazmuro*: „(und man ergänzt) eine Psalmodie", der zeigt, dass hier weitere Psalmen eingefügt werden. Nach einem Zwischenruf (ܫܘܒܚܐ ܠܒܪܘܝܗ ܕܢܘܗܪܐ - *šubḥo l-boruyeh d-nuhro*: „Ehre dem Schöpfer des Lichts") wird die Psalmodie mit Psalm 113 beendet. Abgeschlossen wird sie sowohl in der Vesper als auch in der Laudes mit einem kurzen Schlussvers (ܥܩܒܐ - *ʿEqbo*). Die Worte ܫܘܒܚܐ ܘܡܢܥܠܡ - *šubḥo w-menʿolam*: „Ehre und von Ewigkeit" weisen darauf hin, dass zuvor noch die trinitarische Doxologie „Ehre sei dem Vater… von Ewigkeit zu Ewigkeit" rezitiert wird. Nach dem Schlussvers folgt eine liturgische Formel, die der byzantinischen Liturgie entlehnt ist: ܣܛܘܡܢܩܠܘܣ ܩܘܪܝܠܝܣܘܢ - *sṭawmenqalus quryelayson* (vgl. Griechisch: στῶμεν καλῶς, κύριε ἐλέησον – „Lasst uns aufrecht stehen; Herr, erbarme Dich!"). Ein *ʿEqbo* ist stets von diesem liturgischen Zwischenruf begleitet und bildet auf diese Weise eine Zäsur, die gliedernde Funktion hat. Er ist von daher mit einem ‚Kollektengebet' vergleichbar. Die Gebetszeiten Vesper und Laudes werden so in drei Teile gegliedert.

Der zweite Teil von Vesper und Laudes beginnt mit einem Gebet, das ܣܕܪܐ – *Sedro*: „Ordnung" genannt wird. Es kommt in jeder Gebetszeit vor und hat offensichtlich eine hinführende Funktion. Der Text ist im Ablauf der Gebetszeiten nicht aufgeführt, sondern im Anhang abgedruckt. Es erscheint jeweils nur ein Hinweis auf den *Sedro* und sein Thema. An dieser Stelle handelt es sich um einen ܣܕܪܐ ܓܘܢܝܐ - *Sedro gawonoyo:* „allgemeine Ordnung". Ein *Sedro* gliedert sich in zwei Teile: der ܦܪܘܡܝܘܢ – *Prumyun*: „Vorwort" (vgl. Griechisch: προοίμιον) und der eigentliche ܣܕܪܐ - *Sedro*[17]. In der Vesper und der Laudes führt er hin zum ersten ܩܠܐ – *Qolo*: „Hymnus". In den Worten dieses Strophen-Hymnus klingt der Bezug zu einem Weihrauch-Ritus inhaltlich an (in der ersten Strophe ist jeweils die Rede von ܦܪܡܐ – *Firmo*: „Räuchern" bzw. von ܥܛܪܐ - *ʿEṭro*: „Weihrauch", der allerdings nur an Sonn- und Feiertagen vollzogen wird und nicht Bestandteil des *Šḥimo* ist[18]. Die Strophen der poetischen Gattung des *Qolo* nehmen in den Gebetszeiten des *Šḥimo* den größten Raum ein. Die ersten vier Grundstrophen sind stets auf gleiche Weise gegliedert: Die ersten beiden Strophen werden durch einen aufgeteilten ܦܬ ܓܡܐ - *Fetgomo*: „Vers" eingeleitet, der meist den Psalmen entlehnt ist, und

16 Ein *ʿEnyono* hat die gleiche Funktion wie ein Responsorium; vgl. Baumstark, Festbrevier, 69. Aber auch die abwechselnde Rezitation von durchgehenden Psalmversen wird offensichtlich als *ʿEnyono* bezeichnet; vgl. die Bezeichnung ܥܢܝܢܐ ܕܪܡܫܐ – *enyono d-ramšo* – „Antwortgesang des Abends" in der Vesper des zweiten Tages.

17 Nach Anton Baumstark handelt es sich beim *Prumyun* um „eine Art von Gebetsaufforderung" und beim *Sedro* um ein ursprünglich „allgemeines Fürbittengebet"; vgl. Baumstark, Festbrevier, 86/87.

18 Sowohl Baumstark (Ferialbrevier 1902, 417) als auch Husmann (Melodien 1969, 188) beschreiben den Weihrauch-Ritus als Teil von Vesper und Laudes, haben dabei aber offensichtlich den Ablauf des *Fenqiṯo* im Sinn.
Aelred Cody stellt aufgrund seiner Beobachtungen im syrisch-orthodoxen St. Markus-Kloster in Jerusalem fest, dass der Weihrauch-Ritus im alltäglichen Morgen- und Abendgebet nicht vorkommt; vgl. ders., l'office divin, 307 und 315.
In der sonntäglichen Vesper sowohl der syrisch-orthodoxen als auch der maronitischen Kirche hat der Weihrauch-Ritus eine sühnende Funktion, die hier zumindest inhaltlich anklingt. Vgl. Woolfenden, Prayer, 151: „The texts used, the *prooemion* and the *sedro*, are frequently referred to together as *hussoyo* which means expiation. This gives a clear idea as to the purpose of the incense rite, an expiatory offering of the incense."; vgl. auch ebd., 163.

die dritte und vierte Strophe beginnen mit den beiden Teilen der trinitarischen Doxologie[19]. Die Ergänzungsstrophen sind von größerem Umfang und haben bestimmte Themen, die ihnen jeweils als Überschrift vorangestellt sind. In der Regel sind es ܕܝܠܕܬ ܐܠܗܐ - *d-yoldat aloho*: „der Gottesgebärerin“, ܕܩܕܝܫܐ - *d-qadiše*: „der Heiligen“, ܕܬܝܒܘܬܐ - *da-tyobuto*: „der Buße“ und ܕܥܢܝܕܐ - *d-ʿanide*: „der Verstorbenen“. Auf den ersten *Qolo* folgt ein zweiter (ܩܠܐ ܐܚܪܢܐ – *Qolo ḥrino*), der in gleicher Weise aufgebaut ist wie der erste; er enthält oft auch weitere Themen wie: ܕܚܕ ܩܢܘܡܐ – *d-ḥad qnumo*: „einer Person“, ܕܚܕ ܒܫܒܐ – *d-ḥad b-šabo*: des ersten Tages, ܕܥܕܬܐ – *d-ʿito*: „der Kirche“, ܕܨܦܪܐ – *d-safro*: „des Tagesanbruchs“, ܕܫܡܘܢܝ – *da-šmuni*: „der Šmuni“, ܕܥܪܘܒܬܐ – *da-ʿrubto*: „des Rüsttages“, ܕܨܠܝܒܐ – *da-ṣlibo:* „des Kreuzes“ oder ܕܝܘܣܦ – *d-yawsef*: „des Josef“. Jeder *Qolo* ist zudem durch eine Überschrift einer Beispielmelodie zugeordnet, nach der er zu singen ist. Dies wird jeweils durch die Abkürzung ܒܩ - *b-q[olo]*: „nach der Weise [von]“ gekennzeichnet. Nach den ersten beiden Worten der Beispielmelodie folgt eine weitere Angabe über die Tonart der Melodie. Diese Informationen genügen, um einen Hymnus in der für ihn vorgesehenen Weise zu singen. Nach dem zweiten *Qolo* folgt ein Ausschnitt aus einem biblischen Psalm, der stets aus vier Versen besteht und ܩܘܩܠܝܘܢ – *Quqaliyun*: (Psalmen-) „Zyklus“ genannt wird (vgl. Griechisch κύκλιον). Vesper und Laudes weisen an den sechs Wochentagen jeweils sechs verschiedene Psalmenzyklen auf. In der Vesper sind es folgende Psalmverse: 32,1-4; 103,1-4; 45,10-13; 102,2-5; 44,23-26; 103,13-16. In der Laudes sind es die Psalmen 5,2-6a; 37,1-5; 45,13b-17a; 27,1-4a; 44,6-9; 132,9-13. Dazwischen eingestreut sind Halleluja-Rufe, die mit dem Kürzel ܗ (*h.*) versehen sind[20]. Auch der *Quqaliyun* enthält eine Angabe zur Melodie. Es folgt schließlich die trinitarische Doxologie, und ein *ʿEqbo* (z.T. mit Varianten) mit nachfolgendem *Sṭawmenkalus quryelayson* beendet diesen zweiten Teil.

Auch der dritte Teil von Vesper und Laudes beginnt mit einem *Sedro*. Je nach Wochentag ist er in der Vesper thematisch der Buße, der Gottesmutter, den Märtyrern oder den Verstorbenen und in der Laudes der Buße, dem Kreuz oder den Priestern gewidmet. Es folgt ein *Qolo* mit seinen vier Grundstrophen, die von den beiden Hälften eines *Fetgomo* und den beiden Hälften der trinitarischen Doxologie eingeleitet werden; thematische Ergänzungsstrophen fehlen hier. Den Abschluss des dritten Teils und damit der gesamten Vesper bzw. Laudes bildet ein Hymnus, der ܒܥܘܬܐ - *Boʿuto*: „Bittgebet“ genannt wird und als einzige Gebetsgattung stets mit dem Namen eines Autors versehen ist. In der Vesper ist es an dieser Stelle immer eine ܒܥܘܬܐ ܕܡܪܝ ܝܥܩܘܒ - *Boʿuto d-mor yaʿqub*: „Bittgebet des Mor Jakob“; an anderen Stellen des *Šḥimo* finden sich auch eine ܒܥܘܬܐ ܕܡܪܝ ܐܦܪܝܡ - *Boʿuto d-mor afrem* oder eine ܒܥܘܬܐ ܕܡܪܝ ܒܠܝ - *Boʿuto d-mor balay*. Gemeint sind die bekannten Hymnendichter der syrischen Tradition Jakob von Sarug, Ephräm von Nisibis und Balai von Balš. Dahinter verbergen sich allerdings in erster Linie Angaben über das jeweilige Metrum des Hymnus: Traditionell werden Balai die fünfsilbigen, Ephräm die siebensilbigen und Jakob die zwölfsilbigen Verse zugeschrieben. Bei den *Boʿwoto* (Plural) handelt es sich trotz ihrer Bezeichnung nicht um Bittgebete, sondern um eine poetische Gattung, die dem lateinischen Hymnus

19 Vgl. Baumstark, Festbrevier, 105.

20 Im Gegensatz zu Ulrike Nieten, die den *Quqaliyun* im Anschluss an A. Baumstark als ein Prozessionslied beim Umschreiten des Altars beschreibt (vgl. Nieten, Metrum, 282), erklärt sich Heinrich Husmann die Bezeichnung m.E zu Recht so, dass die darin eingestreuten Halleluja-Rufe kreisförmig wiederkehren; vgl. Husmann, Melodien 1969, 190/191.

am nächsten verwandt ist: Sie besteht formal „aus 4 vierzeiligen Strophen" und inhaltlich aus „Lob und religiöse[r] Betrachtung"[21].

Am Ende jeder Gebetszeit folgt ein Teil der liturgischen Formeln, die schon zu Beginn gebetet wurden: das Trishagion, das dreifache Kyrie mit dreifachem Gloria und der Schlussformel ܒܪܟܡܪܝ - *Barekmor* und das Vaterunser[22]. Abschließend wird als Credo das Nizäno-Konstantinopolitanum und schließlich das Ave Maria rezitiert[23]. Den Schlusspunkt setzt ein sogenanntes ܚܘܬܡܐ - *Ḥutomo*: „Schlussgebet" mit Segen[24].

Die ‚großen Gebetszeiten' im Überblick:

<table>
<tr><th>ܢܓܗ – Nogah: „Dämmerung"</th><th>ܨܦܪܐ - Safro: (Tages-) „Anbruch"</th></tr>
<tr><td><u>ܡܙܡܘܪܐ – Mazmuro: „Psalmodie"</u>
Ps. 141; 142; 119, Verse 105-112 und Ps. 117;
ܫܘܒܚܐ - Šubḥo: „Ehre (sei dem Vater…)"</td><td><u>ܡܙܡܘܪܐ – Mazmuro: „Psalmodie"</u>
Ps. 51; 63 (als ܥܢܝܢܐ – ʿEnyono: „Antwortgesang");
ܡܙܡܘܪܐ (ܘܡܩܦܝܢ) – (w-maqfin) Mazmuro: „(und man ergänzt) eine Psalmodie";
ܫܘܒܚܐ ܠܒܪܘܝܗ ܕܢܘܗܪܐ - šubḥo l-boruyeh d-nuhro: „Ehre dem Schöpfer des Lichts"
Ps. 113 und ܫܘܒܚܐ ܘܡܢ ܥܠܡ - šubḥo w-menʿolam: „Ehre sei dem Vater und von Ewigkeit zu Ewigkeit"</td></tr>
<tr><td colspan="2">ܥܩܒܐ - ʿEqbo: „Schlussvers" mit ܣܛܘܡܢ ܟܠܘܣ ܩܘܪܝܐܠܝܣܘܢ - Sṭawmenkalus quryelayson: „Lasst uns aufrecht stehen; Herr, erbarme Dich!"</td></tr>
<tr><td colspan="2">ܣܕܪܐ ܓܘܢܝܐ - <u>Sedro gawonoyo</u>: „allgemeine Ordnung"</td></tr>
<tr><td colspan="2">ܩܠܐ – Qolo: „Hymnus", mit 4 Grundstrophen aus ܦܬܓܡܐ - Fetgomo: „Vers", 1. Strophe, Fetgomo, 2. Str., ܫܘܒܚܐ - Šubḥo: „Ehre…", 3. Str., ܡܢ ܥܠܡ - Menʿolam: „von Ewigkeit…", 4. Str. + 4 Ergänzungsstrophen
mit den Themen ܕܝܠܕܬ ܐܠܗܐ – d-yoldat aloho: „der Gottesgebärerin", ܕܩܕܝܫܐ – d-qadiše: „der Heiligen", ܕܬܝܒܘܬܐ – da-tyobuto: „der Buße" und ܕܥܢܝܕܐ – d-ʿanide: „der Verstorbenen";
ܩܠܐ ܐܚܪܢܐ – <u>Qolo ḥrino: „zweiter Hymnus"</u>, ggf. ergänzt um weitere Themen.</td></tr>
<tr><td><u>ܩܘܩܠܝܘܢ – Quqaliyun: (Psalmen-) „Zyklus"</u>
jeden Tag vier andere Psalmverse:
Ps. 32,1-4; 103,1-4; 45,10-13; 102,2-5; 44,23-26; 103,13-16 mit eingestreuten Halleluja-Rufen</td><td><u>ܩܘܩܠܝܘܢ – Quqaliyun: (Psalmen-) „Zyklus"</u>
jeden Tag vier andere Psalmverse:
5,2-6a; 37,1-5; 45,13b-17a; 27,1-4a; 44,6-9; 132,9-13 mit eingestreuten Halleluja-Rufen</td></tr>
<tr><td colspan="2">ܥܩܒܐ - ʿEqbo: „Schlussvers" mit Variante (ܥܩܒܐ ܐܚܪܢܐ - ʿEqbo ḥrino: „zweiter Schlussvers") mit ܣܛܘܡܢ ܟܠܘܣ ܩܘܪܝܐܠܝܣܘܢ - Sṭawmenkalus quryelayson: „Lasst uns aufrecht stehen; Herr, erbarme Dich!"</td></tr>
<tr><td><u>ܣܕܪܐ – Sedro: „Ordnung" mit den Themen:</u>
ܕܬܝܒܘܬܐ – da-tyobuto: „der Buße",
ܕܝܠܕܬ ܐܠܗܐ – d-yoldat aloho: „der Gottesgebärerin",
ܕܣܗܕܐ – d-sohde: „der Märtyrer",
ܕܥܢܝܕܐ – d-ʿanidē: „der Verstorbenen".</td><td><u>ܣܕܪܐ – Sedro: „Ordnung" mit den Themen:</u>
ܕܬܝܒܘܬܐ – da-tyobuto: „der Buße",
ܕܨܠܝܒܐ – da-ṣlibo: „des Kreuzes",
ܕܟܗܢܐ – d-kohne: „der Priester".</td></tr>
<tr><td colspan="2">ܩܠܐ – Qolo: „Hymnus" mit vier Grundstrophen</td></tr>
<tr><td><u>ܒܥܘܬܐ - Boʿuto: „Bittgebet"</u>
ܕܡܪܝ ܝܥܩܘܒ – d-mor yaʿqub: „des Mor Jakob"</td><td><u>ܒܥܘܬܐ - Boʿuto: „Bittgebet"</u>
ܕܡܪܝ ܝܥܩܘܒ – d-mor yaʿqub: „des Mor Jakob"
od. ܕܡܪܝ ܐܦܪܝܡ – d-mor afrem: „des Mor Ephräm"</td></tr>
</table>

21 Nieten, Metrum, 303.
22 Vgl. Husmann, Melodien 1969, 7; genauer ausgeführt im Nachtgebet, ebd., 33/34.
23 Vgl. Önder, Gebetszeiten, 177/178; nach Madey in der umgekehrten Reihenfolge (vgl. ders., Tagesgebete, 11).
24 So bei Husmann, Melodien, 7; vgl. auch Madey, Stundenlob, 15 und 32/33.

Die *,kleinen Gebetszeiten'* Komplet, Terz, Sext und Non sind von relativ geringem Umfang und haben einen dreigliedrigen Aufbau[25]: Sie beginnen mit einem hinführenden *Sedro*, der sich auch hier aus einem *Prumyun*: „Vorwort" und dem eigentlichen *Sedro*: „Ordnung" zusammensetzt. In der Komplet ist der *Sedro* thematisch stets der Buße gewidmet, in der Sext handelt es sich immer um einen allgemeinen *Sedro*, und in der Non ist ausschließlich das Gedenken der Verstorbenen das Thema[26]. Die Terz ist das einzige der kleinen Stundengebete, dessen Thema nach den Wochentagen wechselt: So ist der hinführende *Sedro* am 2. und 3. Tag der Buße, am 4. Tag der Gottesgebärerin, am 5. Tag wieder der Buße, am 6. Tag dem Kreuz und am 7. Tag den Priestern gewidmet. Auf den *Sedro* folgt stets ein *Qolo*, der die für ihn charakteristische Gliederung durch einen zweigeteilten *Fetgomo* und die zweigeteilte trinitarische Doxologie aufweist und für den in der Komplet und in der Non zum Teil eine Variante angeboten wird. Als drittes Glied ist eine *Boʿuto* fester Bestandteil der kleinen Stundengebete. In der Komplet werden Mor Jakob oder Mor Ephräm, in der Terz immer Mor Jakob und in Sext und Non stets Mor Balai als Autor angegeben. Im Gegensatz zu den ,großen Gebetszeiten' Vesper und Laudes enthalten die ,kleinen Gebetszeiten' Terz, Sext und Non keine biblischen Psalmen[27]. Eine Ausnahme bildet die Komplet mit einer angehängten kleinen Psalmodie, die sich aus den Psalmen 91 und 121 zusammensetzt und durch einen Hymnus des Patriarchen Severus von Antiochien ergänzt wird[28]. Es folgen abschließende Lobpreisungen, die anstelle der üblichen Schlussgebete (Trishagion-Hymnus, dreifaches Kyrie, dreifaches Gloria) vor dem Vaterunser gesprochen werden: „Gepriesen sei die Herrlichkeit des Herrn", „Heilige und ruhmreiche Dreieinigkeit, vergib uns", „Du bist heilig und voll der Ehre in Ewigkeit" und „Ehre sei Dir, unser Herr… *Barekmor*"[29].

Die ,kleinen Gebetszeiten' im Überblick:

<table>
<tr><th>ܣܘܬܪܐ – Sutoro: „Schutz (-gebet)" (Komplet)</th><th>ܕܬܠܬܫܥܝܢ – da-tlotšoʿin: „der dritten Stunde" (Terz)</th><th>ܕܦܠܓܗ ܕܝܘܡܐ – d-felgeh d-yawmo: „der Mitte des Tages" (Sext)</th><th>ܕܬܫܥܫܥܝܢ – da-tšaʿšoʿin: „der neunten Stunde" (Non)</th></tr>
<tr><td>ܣܕܪܐ ܕܬܝܒܘܬܐ – Sedro da-tyobuto: „Sedro der Buße"</td><td>ܣܕܪܐ ܕܬܝܒܘܬܐ – Sedro da-tyobuto: „Sedro der Buße" oder ܕܝܠܕܬ ܐܠܗܐ – d-yoldat aloho: „der Gottesmutter" oder ܕܨܠܝܒܐ – da-ṣlibo: „des Kreuzes" oder ܕܟܗܢܐ – d-kohne: „der Priester"</td><td>ܣܕܪܐ ܓܘܢܝܐ – Sedro gawonoyo: „allgemeiner Sedro"</td><td>ܣܕܪܐ ܕܥܢܝܕܐ – Sedro d-ʿanide: „Sedro der Verstorbenen"</td></tr>
<tr><td colspan="4">ܩܠܐ – Qolo: „Hymnus" mit vier Grundstrophen;
in Komplet und Non ggf. mit Variante (ܩܠܐ ܐܚܪܢܐ – Qolo ḥrino: „zweiter Hymnus")</td></tr>
<tr><td>ܒܥܘܬܐ ܕܡܪܝ ܝܥܩܘܒ - Boʿuto d-mor yaʿqub: „Bittgebet des Mor Jakob" oder</td><td>ܒܥܘܬܐ ܕܡܪܝ ܝܥܩܘܒ – Boʿuto d-mor yaʿqub: „Bittgebet des Mor Jakob"</td><td>ܒܥܘܬܐ ܕܡܪܝ ܒܠܝ – Boʿuto d-mor balay: „Bittgebet des Mor Balai"</td><td>ܒܥܘܬܐ ܕܡܪܝ ܒܠܝ – Boʿuto d-mor balay: „Bittgebet des Mor Balai"</td></tr>
</table>

25 Vgl. Baumstark, Festbrevier, 152 und Husmann, Melodien 1969, 185.
26 Vgl. Baumstark, Ferialbrevier 1903, 48/49.
27 Vgl. Husmann, Melodien 1969, 185.
28 Vgl. Baumstark, Ferialbrevier 1903, 52; Festbrevier, 156. Vgl. auch Josef Önder, Gebetszeiten, 181-183.
29 Vgl. Önder, Gebetszeiten, 183/184; vgl. auch Baumstark, Ferialbrevier, 52.

ܒܥܘܬܐ ܕܡܪܝ، ܐܦܪܝܡ – *Boʿuto d-mor afrem*: „des Mor Ephräm“			
Kleine Psalmodie: Psalm 91 und 121 (Psalmgebet des Severus)			

Das ***Nachtgebet*** (ܠܠܝܐ – *Lilyo*) hat von den sieben Gebetszeiten den größten Umfang und ist aus Elementen der beiden großen Gebetszeiten Vesper und Laudes und der vier kleinen Gebetszeiten Komplet, Terz, Sext und Non zusammengesetzt. Das wesentliche Element aus Vesper und Laudes ist die Psalmodie, die an zwei Stellen vorkommt und jeweils aus einer festen Abfolge von biblischen Psalmversen besteht. Zu Beginn sind es die Psalmen 134, 119, Verse 169 bis 176, und Psalm 117. Sie werden hier so wie der zweite Psalm der Laudes-Psalmodie im Wechsel mit frei gedichteten hymnischen Versen, also als ܥܢܝܢܐ - *ʿEnyono*: „Antwortgesang“ rezitiert[30]. Die zweite Psalmodie gegen Ende des Nachtgebets besteht aus den Psalmen 148 bis 150[31] ohne eingeflochtene Antwortgesänge. Das wesentliche Element aus den kleinen Stundengebeten ist die dreigliedrige Abfolge von ܣܕܪܐ – *Sedro*: „Ordnung“, ܩܠܐ – *Qolo*: „Hymnus“ und ܒܥܘܬܐ - *Boʿuto*: „Bittgebet“ bzw. „Hymnus“. Sie wiederholt sich im Nachtgebet dreimal hintereinander und dann noch ein viertes Mal[32]. Diese vier Abschnitte bilden jeweils eine Einheit. Die ersten drei werden ܩܘܡܐ – *Qawmo*: „Stehen“ bzw. „Stand“ genannt, der vierte Abschnitt, der thematisch stets dem Gedenken eines Heiligen gewidmet ist, wird als ܬܫܡܫܬܐ ܕܚܕ ܩܢܘܡܐ - *Tešmešto d-ḥad qnumo*: „Dienst einer Person“ bezeichnet. Eingeleitet wird das Nachtgebet von einem „Wachgebet“ (ܨܠܘܬܐ ܕܡܥܝܪܢܐ - *Ṣluto da-mʿirono*), mit dem der Priester um das Wachsein vom Schlaf und von der Sünde bittet. Nach der nun folgenden Psalmodie (s.o.) wird der erste *Qawmo* mit einem weiteren „Wachgebet“ begonnen[33]. Es erfolgt zunächst vor jedem *Qawmo* eine Zäsur durch einen Schlussvers (ܥܩܒܐ - *ʿEqbo*) in Verbindung mit dem Ruf ܣܛܘܡܢܟܠܘܣ ܩܘܪܝܐܠܝܣܘܢ - *Sṭawmenkalus quryelayson:* „Lasst uns aufrecht stehen; Herr, erbarme Dich“. Dann entfaltet sich der jeweilige *Qawmo* in seinem dreigliedrigen Aufbau mit *Sedro*, *Qolo* und *Boʿuto*. Thematisch sind die *Qawme* (Plural) je nach Wochentag anders ausgerichtet: Der erste *Qawmo* ist der Gottesgebärerin (ܕܝܠܕܬ ܐܠܗܐ – *d-yoldat aloho*) gewidmet und an Freitagen von der

30 Vgl. Baumstark, Nocturna Laus, 92. Er setzt die erste responsoriale Psalmodie insgesamt mit dem ܨܠܘܬܐ ܕܡܥܝܪܢܐ - *Ṣluto da-mʿirono*: „Wachgebet“ gleich, welches aber der aktuellen Ausgabe des *Šḥimo* zufolge ein eigenes Gebet vor Beginn der Psalmodie darstellt (vgl. die Überschriften des Gebets und der Psalmodie, ܟܬܒܐ ܕܫܚܝܡܐ - *ktobo da-šḥimo*, 33 und 34). Seinen Ausführungen zufolge besteht im maronitischen Nachtgebet die erste Psalmodie nur aus den Psalmen 134 und 88,2f; vgl. ebd. (dort nach LXX-Zählung Psalm 133 und Psalm 87,2f).

31 Baumstark macht darauf aufmerksam, dass es sich bei dieser Psalmengruppe sowohl in der jüdischen als auch in der westlich-christlichen Tradition eigentlich um eine Laudes-Psalmodie handelt; vgl. Festbrevier, 129 und 145.

32 Ursprünglich gab es in der westsyrischen Tradition aufgrund von monastischer Prägung drei solcher Abschnitte im Nachtgebet (vgl. Baumstark, Nocturna Laus, 150). Sie wurden erst später durch einen vierten Abschnitt ergänzt (vgl. Mor Aphrem Barsaum (Hg.), *ktobo da-šḥimo*, Vorwort 9).

33 Nach A. Baumstark wird jeder *Qawmo* durch ein solches Gebet eingeleitet, worauf sich in der syrisch-orthodoxen Ausgabe des *Šḥimo* aber kein Hinweis findet. Vgl. Baumstark, Ferialbrevier 1902, 540.

Fastenzeit an bis zum Kirchweihfest dem Kreuz (ܕܨܠܝܒܐ – *da-ṣlibo*)[34]. Der zweite *Qawmo* ist je nach Wochentag den Heiligen (ܕܩܕܝܫܐ – *d-qadiše*), den Märtyrern (ܕܣܗܕܐ – *d-sohde*) oder den Aposteln (ܕܫܠܝܚܐ – *da-šliḥe*) gewidmet und der dritte *Qawmo* der Buße (ܕܬܝܒܘܬܐ – *da-tyobuto*) oder den Verstorbenen (ܕܥܢܝܕܐ – *d-ʿanide*). Als zweites Glied eines jeden *Qawmo* folgt ein *Qolo*, der nur aus den vier Grundstrophen besteht. Die ܒܥܘܬܐ - *Boʿuto*: „Bittgebet", die als drittes Glied die *Qawme* jeweils beschließt, ist im ersten *Qawmo* nach Mor Jakob, im zweiten nach Mor Ephräm und im dritten nach Mor Balai benannt. Die ersten beiden *Qawme* werden mit Lobpreisungen beendet, die mit den Worten „Gepriesen sei die Herrlichkeit des Herrn" beginnen und mit dem Ruf „*Barekmor*" enden[35]. Der dritte *Qawmo* schließt dagegen mit einem dreifachen „Halleluja", einem dreifachen „Ehre sei Dir, Gott!", einer Bitte um Gottes Erbarmen und einem stets gleichlautenden Gebet für die Väter im Glauben unter der Überschrift ܒܩܘܪܒܢܐ ܘܒܨܠܘܬܐ – *b-qurbone w-ba-ṣlawoto*: „mit Opfern und Gebeten". Auf die drei *Qawme* folgt zunächst ein Zwischenteil, bevor sich die vierte der dreigliedrigen Einheiten (*tešmešto d-ḥad qnumo*: „Dienst einer Person") anschließt. Dieser Zwischenteil besteht aus vier verschiedenen Gebetsgattungen: Nach einem allgemeinen *Sedro* folgt zunächst eine Gattung, die im *Šḥimo* nur an dieser Stelle im Nachtgebet vorkommt: der sogenannte ܡܘܪܒܐ – *Mawrbo*: „Magnificat". Es handelt sich um den Lobgesang der Maria aus Lukas 1,46b-55, aufgeteilt auf vier Strophen, die mit fünf Versen freier hymnischer Dichtung abwechseln[36]. Diese *Mawrbo*-Verse sind im Anhang des *Šḥimo* gesondert abgedruckt[37]; der fünfte Vers folgt jeweils auf eine trinitarische Doxologie. Auf das Canticum folgt ein *ʿEnyono*, bei dem sich die Verse des Psalms 133 mit freier hymnischer Dichtung mit fürbittendem Inhalt abwechseln[38]. Danach folgt die zweite Psalmodie des Nachtgebets, die aus den Psalmen 148-150 besteht und mit einem dreifachen Lobpreis der heiligen Dreieinigkeit endet (ܫܘܒܚܐ ܠܬܠܝܬܝܘܬܐ - *šubḥo la-tlitoyuto*). Nach diesem Zwischenteil wird das Nachtgebet schließlich mit dem oben genannten *Tešmešto*: „Dienst" zum Gedenken eines Heiligen beschlossen. Diese Einheit beginnt mit einem *Quqaliyun*: (Psalmen-) „Zyklus", der wie auch schon in Vesper und Laudes aus vier Psalmversen mit eingestreuten Halleluja-Rufen besteht[39]. In diesem Fall handelt es sich um Psalm 92,13-16 („Der Gerechte wird grünen wie ein Palmbaum…"). Nach einer Zäsur durch einen *ʿEqbo* folgt – so wie in den *Qawme* – die dreigliedrige Abfolge von *Sedro* („einer Person"), *Qolo* (mit 4 Grundstrophen) und *Boʿuto* (des Mor Jakob bzw. des Mor Ephräm).

34 Dies wird nach der einleitenden Psalmodie des Nachtgebets am Freitag durch eine ܢܘܗܪܐ – *Nuhro*: „Erklärung" erläutert. Vgl. ܟܬܒܐ ܕܫܚܝܡܐ - *ktobo da-šḥimo*, 267/268. Die Texte beider Themen sind nacheinander abgedruckt.

35 So bezeugen es zumindest verwandte Fassungen des *Šḥimo*, zusätzlich mit einem Vaterunser: A. Baumstark, Ferialbrevier 1902, 545 (unierte Fassung); J. Madey, Stundenlob, 20/21 (indische Fassung); J. Önder, Gebetszeiten, 189 (deutsch-türkische Kurzfassung). In der aktuellen *Šḥimo*-Ausgabe fehlt allerdings ein Hinweis darauf.

36 Vgl. Baumstark, Ferialbrevier 1902, 545.

37 ܟܬܒܐ ܕܫܚܝܡܐ - *ktobo da-šḥimo*, 369-395. Es gibt für jeden der acht Kirchentöne jeweils drei Varianten. Zu den acht Kirchentönen s.u. Abschnitt 2.3. ‚Der syrische Kirchengesang'.

38 Vgl. Baumstark, Ferialbrevier 1902, 545/546.

39 Nach Mor Aphrem Barsaum beginnt der 4. *Qawmo* mit einem „Hymnus der Engel des Verfassers Mor Athanasius des Alexandriners" (ders., Gebete, 38-40), vgl. Önder, Gebetszeiten, 200/201 und Madey, Stundenlob, 28/29. Dieser Hymnus ist allerdings in keiner der hier vorliegenden *Šḥimo*-Ausgaben abgedruckt.

Das Nachtgebet im Überblick:

ܠܠܝܐ - *Lilyo*: „Nacht (-gebet)“ (Nocturn)
(Erste Psalmodie) ܨܠܘܬܐ ܕܡܥܝܪܢܐ - *Ṣluṯo da-mʿirono*: „Wachgebet“; ܡܙܡܘܪܐ – *Mazmure:* „Psalmen“ (Ps. 134; 119, Verse 169 bis 176; Ps. 117) mit ܥܢܝܢܐ – *ʿEnyone:* „Antwortgesängen“
ܩܘܡܐ ܩܕܡܝܐ ܕܠܠܝܐ – *Qawmo qadmoyo d-lilyo*: „Erstes Stehen der Nacht“ Themen: ܕܝܠܕܬ ܐܠܗܐ – *d-yoldaṯ aloho*: „der Gottesgebärerin“ oder ܕܨܠܝܒܐ – *da-ṣliḇo*: „des Kreuzes“; ܨܠܘܬܐ ܕܒܬܪ ܡܥܝܪܢܐ - *Ṣluṯo d-ḇoṯar mʿirono*: „Gebet nach dem Wachgebet“; ܥܩܒܐ - *ʿEqbo*: „Schlussvers“ mit ܣܛܘܡܢܟܠܘܣ ܩܘܪܝܠܐܝܣܘܢ - *Sṭawmenkalus quryelayson:* „Lasst uns aufrecht stehen; Herr, erbarme Dich!“; ܣܕܪܐ ܕܝܠܕܬ ܐܠܗܐ - *Sedro d-yoldaṯ aloho*: „Ordnung der Gottesgebärerin“ (an Freitagen von Fasten bis Kirchweih ܕܨܠܝܒܐ – *da-ṣliḇo*:„des Kreuzes“); ܩܠܐ – *Qolo*: „Hymnus“ mit vier Grundstrophen; ܒܥܘܬܐ ܕܡܪܝ ܝܥܩܘܒ - *Boʿuṯo d-mor yaʿquḇ*: „Bittgebet des Mor Jakob“; ܒܪܝܟ ܗܘ ܐܝܩܪܗ ܕܡܪܝܐ - *briḵu iqoreh d-moryo*: „Gepriesen sei die Herrlichkeit des Herrn“; „Vater unser im Himmel…“
ܩܘܡܐ ܕܬܪܝܢ ܕܠܠܝܐ – *Qawmo da-tren d-lilyo*: „Zweites Stehen der Nacht“ Themen: ܕܩܕܝܫܐ – *d-qadiše*: „der Heiligen“, ܕܣܗܕܐ – *d-sohde*: „der Märtyrer“ oder ܕܫܠܝܚܐ – *da-šliḥe*: „der Apostel“; ܥܩܒܐ - *ʿEqbo*: „Schlussvers“ mit ܣܛܘܡܢܟܠܘܣ ܩܘܪܝܠܐܝܣܘܢ - *Sṭawmenkalus quryelayson* („Lasst uns aufrecht stehen; Herr, erbarme Dich!“); ܣܕܪܐ ܕܝܠܕܬ ܐܠܗܐ - *Sedro d-yoldaṯ aloho*: „Ordnung der Gottesgebärerin“ oder ܕܩܕܝܫܐ – *d-qadiše*: „der Heiligen“; ܩܠܐ – *Qolo*: „Hymnus“ mit vier Grundstrophen; ܒܥܘܬܐ ܕܡܪܝ ܐܦܪܝܡ – *Boʿuṯo d-mor afrem*: „Bittgebet des Mor Ephräm“ ܒܪܝܟ ܗܘ ܐܝܩܪܗ ܕܡܪܝܐ - *briḵu iqoreh d-moryo*: „Gepriesen sei die Herrlichkeit des Herrn“; „Vater unser im Himmel…“
ܩܘܡܐ ܕܬܠܬܐ ܕܠܠܝܐ – *Qawmo da-tloto d-lilyo*: „Drittes Stehen der Nacht“ Themen: ܕܬܝܒܘܬܐ – *da-ṯyoḇuṯo*: „der Buße“ oder ܕܥܢܝܕܐ – *d-ʿanide*: „der Verstorbenen“; ܥܩܒܐ - *ʿEqbo*: „Schlussvers“ mit ܣܛܘܡܢܟܠܘܣ ܩܘܪܝܠܐܝܣܘܢ - *Sṭawmenkalus quryelayson* („Lasst uns aufrecht stehen; Herr, erbarme Dich!“); ܣܕܪܐ ܕܬܝܒܘܬܐ - *Sedro da-ṯyoḇuṯo*: „der Buße“ oder ܕܥܢܝܕܐ – *d-ʿanide* „der Verstorbenen“; ܩܠܐ – *Qolo*: „Hymnus“ mit vier Grundstrophen; ܒܥܘܬܐ ܕܡܪܝ ܒܠܝ – *Boʿuṯo d-mor balay*: „Bittgebet des Mor Balai“; ܗܠܠܘܝܗ – *Haleluyah*: „Halleluja“ (3x) und ܫܘܒܚܐ ܠܟ ܐܠܗܐ - *Šuḇḥo loḵ aloho*: „Ehre sei dir, Gott“ (3x); ܚܘܢ ܠܢ ܒܪܚܡܝܟ ܚܢܢܐ – *ḥun lan b-raḥmayk ḥanono*: „Hab Mitleid mit uns durch dein gütiges Erbarmen“; Gebet für die Väter im Glauben unter der Überschrift ܒܩܘܪܒܢܐ ܘܒܨܠܘܬܐ – *b-qurbone w-ḇa-ṣlawoṯo*
(Zweite Psalmodie) ܣܕܪܐ ܓܘܢܝܐ - *Sedro gawonoyo*: „allgemeine Ordnung“; ܡܘܪܒܐ – *Mawrbo*: „Magnificat“ mit hymnischen Versen; Ps. 133 mit ܥܢܝܢܐ – *ʿEnyono*: „Antwortgesang“ mit Fürbitten; ܡܙܡܘܪܐ – *Mazmure*: „Psalmen“ (148-150); ܫܘܒܚܐ ܠܬܠܝܬܝܘܬܐ - *Šuḇḥo la-ṯliṯoyuṯo*: „Ehre der Dreieinigkeit“ (3x)
ܬܫܡܫܬܐ ܕܚܕ ܩܢܘܡܐ - *Tešmešto d-ḥad qnumo*: „Dienst einer Person“ (Engel-Hymnus des Mor Athanasius) ܩܘܩܠܝܘܢ – *Quqaliyun*: (Psalmen-) „Zyklus“ mit Halleluja-Rufen (Ps. 92,13-16);

ܫܘܒܚܐ ܘܥܩܒܐ - *Šuḇḥo w-ʿeqbo*: „Ehre (sei dem Vater…) und Schlussvers“;
ܣܕܪܐ ܕܚܕ ܩܢܘܡܐ – *Sedro d-ḥad qnumo*: „Ordnung einer Person“;
ܩܠܐ – *Qolo*: „Hymnus“ mit vier Grundstrophen;
ܒܥܘܬܐ ܕܡܪܝ ܝܥܩܘܒ - *Boʿuṯo d-mor yaʿquḇ*: „Bittgebet des Mor Jakob“ oder
ܒܥܘܬܐ ܕܡܪܝ ܐܦܪܝܡ – *Boʿuṯo d-mor afrem*: „Bittgebet des Mor Ephräm“

2.2 Merkmale syrischer Dichtung

Bei den oben aufgeführten syrischen Begriffen handelt es sich – abgesehen von einigen liturgischen Formeln und Gebeten – vor allem um Bezeichnungen für poetische Gattungen, die im syrischen Stundengebet, in der syrischen Liturgie allgemein und auch in der syrischen Dichtung überhaupt eine wichtige Rolle spielen. Schon allein die Tatsache, dass sich der Aufbau des *Šḥimo* mithilfe dieser Gattungsbegriffe weitgehend vollständig darstellen lässt, zeigt, wie sehr das syrische Stundengebet von der syrischen Dichtung bestimmt ist. Es ist ‚gedichtetes Gebet‘ bzw. ‚gebetete Dichtung‘.

Im Folgenden sollen die verschiedenen Gattungen zunächst in Kategorien eingeordnet werden, um so einen Überblick über die sprachlichen Formen des *Šḥimo* zu bekommen. Von der ‚literarischen Form‘ zu unterscheiden ist die ‚metrische Form‘[40], die in der syrischen Dichtung eine ganz eigene Ausprägung hat und im nächsten Unterabschnitt dargestellt wird. Da die poetischen Gattungen in ihrer metrischen Gestalt zum größten Teil auf eine ganz bestimmte Weise gesungen werden, geht es im darauffolgenden Abschnitt um die Merkmale des syrischen Kirchengesangs. Der praktische Vollzug dieser gesungenen Gebetsdichtung wird dann in einem weiteren Abschnitt beschrieben, um so die Darstellung des *Šḥimo* zu vervollständigen.

2.2.1 Poetische Gattungen

Die poetischen Gattungen bestimmen zwar das syrische Stundengebet, neben ihnen gibt es aber auch prosaische Sprachformen. Dabei handelt es sich um das Anfangs- (*Šuroyo*) und das Schlussgebet (*Ḥutomo*) mit dem jeweils vorausgehenden Trishagion und dem Vaterunser, das Weihrauchgebet (*ʿEṭro*) und den *Sedro* (Ordnung) mit seinem einleitenden *Prumyun* (Vorwort)[41]. Außerdem enthält das Stundengebet auch eine ganze Anzahl geprägter liturgischer Formeln und Texte wie Kyrie, Gloria, Halleluja, die trinitarische Doxologie („Ehre sei dem Vater…“), den Trishagion-Hymnus („Heilig bist Du, Gott…“), die Aufforderung „Lasst uns aufrecht stehen!“ in Verbindung mit dem Ruf „Herr, erbarme Dich!“, den Lobpreis „Gepriesen sei die Herrlichkeit des HERRN“, das dreifache „Ehre sei Dir, Gott“, das Nizänische Glaubensbekenntnis und das Vaterunser[42]. Innerhalb der poetischen Gattungen ist zwischen der kirchlichen und der biblischen Dichtung zu unterschieden; letztere besteht aus ausgewählten Psalmen und einzelnen Psalmversen (dem *Feṯgomo* (‚Vers‘) und dem *Quqaliyun*

40 Vgl. Brock, Romanos, 140. Er unterscheidet davon zusätzlich noch das ‚literarische Motiv‘.

41 Vgl. Baumstark, Ferialbrevier 1902, 413/414. Der *Sedro* ist „ein… Gebet von wesentlichem Bittecharakter“ (ebd.). Die *Sedre* sind identisch mit den *Ḥusoye* („Vergebungsgebete“) im Anhang des *Šḥimo*; vgl. Barsaum, Geschichte, 57. In der Praxis des syrisch-orthodoxen Stundengebets ist zu beobachten, dass *Prumyun* und *Sedro* nach einer künstlerisch frei improvisierten Melodie gesungen werden; vgl. auch Husmann, Melodien 1969, 181.

42 Vgl. Baumstark, Ferialbrevier 1902, 405/406.

(‚Zyklus‘), der aus vier Psalmversen besteht), aber auch dem sogenannten *Mawrbo* (‚Magnificat‘)[43]. Der kirchlichen Dichtung sind die Gattungen *Qolo* (Hymnus), *Boʿuṯo* (Bittgebet), *ʿEnyono* (Antwortgesang) und *ʿEqbo* (Schlussvers) zuzuordnen, die die wesentlichen Gattungen des syrischen Stundengebetes darstellen[44]. Auch die *Taḵšefto* (Fürbitte) als eine Variante des *Qolo*[45] und der *Mawrbo* mit seinen eingeschobenen Versen eines *ʿEnyono*[46] sind hier als Gattungen freier Dichtung zu nennen. Sie alle gehen auf zwei Hauptgattungen der freien syrischen Dichtung zurück[47]: den *Mimro* (Rede) und den *Madrošo* (Lehre). Beide werden in der Tradition der syrischen Kirchen auf Ephräm den Syrer zurückgeführt[48]. Ihr Hauptunterscheidungsmerkmal ist die strophische Gliederung des *Madrošo*, welche der *Mimro* nicht hat. Die Strophen des *Madrošo* sind für den Vortrag eines Solisten, und ein Refrain nach jeder Strophe ist für einen darauf antwortenden Chor vorgesehen[49]. In dieser Form gilt der *Madrošo* als „die höchststehende Gattung der syrischen Literatur“[50]. Inhaltlich hat er in erster Linie hymnischen, während der *Mimro* vor allem erzählenden Charakter hat. Der *Mimro* kann daher auch als „Predigt in metrischer Form“[51] bezeichnet werden. Anders als der *Madrošo* weist er eine in sich jeweils gleiche metrische Struktur auf[52]. Beide Hauptgattungen haben eigene Untergattungen, die nach und nach aus ihnen entstanden sind. Eine schon recht frühe Variante des *Madrošo* ist die *Sogiṯo*[53]: ein Dialoggedicht mit kurzer Einleitung, in dem sich „Rede und Gegenrede“ miteinander abwechseln[54]. Es ist akrostichisch aufgebaut, d.h. die Strophen beginnen jeweils mit dem nächsten Buchstaben des syrischen Alphabets. Diese Gedichtform geht auf ein altmesopotamisches ‚Wettkampfgedicht‘ zurück, bei dem zwei Parteien jeweils ihre Strophe vortragen, wobei der zweite Sänger immer denselben Anfangsbuchstaben benutzt wie der erste[55]. Reste dieser strophischen Dichtung des *Madrošo* und der *Sogiṯo* sind in der Gattung des *Qolo* erhalten geblieben[56]. Diese ebenfalls strophisch aufgebauten Hymnen (allerdings ohne Refrain) sind ein wesentlicher Bestandteil des *Šḥimo*; ein großer Teil von ihnen wird in der syrischen Tradition Simeon dem Töpfer zugeschrieben[57]. Der *ʿEnyono* ist eine ebenfalls in Strophen aufgebaute poetische Gattung mit meist hymnischem Charakter, dessen Verse im Wechsel mit Psalmversen gebetet werden[58]. Aus ihm soll sich neben dem *Qolo* auch der *ʿEqbo* entwickelt haben[59]: eine kurze Strophe im Anschluss

43 Vgl. ebd., 406/407. Baumstark macht hier darauf aufmerksam, dass es im „Ferialofficium“ keine Schriftlesungen gibt, beispielsweise aus dem Evangelium. Diese seien Bestandteil des „officium proprium“, finden sich also im *Fenqiṯo*.
44 Vgl. Nieten, Metrum, 302.
45 Vgl. Baumstark, Ferialbrevier 1902, 411. Nach Baumstark handelt es sich ursprünglich um Erweiterungsstrophen eines *Qolo*, die genauso wie dieser aufgebaut sind. Sie werden im Anhang des *Šḥimo* gesondert aufgeführt.
46 Vgl. ebd., 412. Der *Mawrbo* ist von daher eine Kombination aus biblischer und freier Dichtung.
47 Vgl. Brock, Poetry, in: GEDSH, 334.
48 Vgl. Randhofer, Erbe, 314/315.
49 Vgl. Brock, Hymnography, 78.
50 Husmann, Melodien 1969, 196.
51 Baumstark, Festbrevier, 53.
52 Vgl. Brock, Poetry, in: GEDSH, 334. Nähere Erläuterungen zur syrischen Metrik siehe Abschnitt 2.2.2.
53 Vgl. Brock, Poetry, in: GEDSH, 335.
54 Baumstark, Festbrevier 50/51.
55 Vgl. Brock, Romanos, 141/142.
56 Vgl. Nieten, Metrum, 290.
57 Vgl. Husmann, Melodien 1969, 182.
58 Vgl. Baumstark, Ferialbrevier 1902, 412.
59 Vgl. Husmann, Melodien 1969, 195.

an einen Psalm oder ein Gebet, die so wie der *Qolo* verschiedene miteinander kombinierte Versmaße haben kann[60].

Zur Hauptgattung der *Mimre* gehört die *Boʿuṯo*; so wie jene hat sie immer dasselbe Versmaß[61]. Inhaltlich besteht sie nicht nur aus Bitten, sondern auch aus „Lob, Betrachtung, [und] Erzählung“. Sie bildet in der Regel den Abschluss einer Gebetszeit[62]. Die *Boʿwoṯo* werden nach ihrem Autor benannt, wobei sich die Benennung nach ihrem jeweiligen Versmaß richtet: Balai von Balš werden die fünf-, Ephräm von Nisibis die sieben- und Jakob von Sarug die zwölfsilbigen Gedichte zugeschrieben[63]. Eine solche generelle Zuschreibung von Gattungen zu bestimmten Autoren ist in der syrischen Dichtung offensichtlich sehr verbreitet; denn es gibt sie auch bei anderen sprachlichen Gattungen: Die *Madroše* werden dem Ephräm, viele *Qole* Simeon dem Töpfer, die *Taḵšfoṯo* und die *Mawrbe* dem Rabbula von Edessa und die *Sedre* dem Patriarchen Johannes I. zugeschrieben[64].

Der Vergleich dieser poetischen Gattungen mit denen anderer Traditionen zeigt, dass die syrische Dichtung vorhandene Gattungen aufgenommen, auf ihre Weise umgeprägt und weitergegeben hat: Mit der Gattung des ‚Wettkampfgedichtes‘ (*Sogiṯo*) wurde eine Gattung aus der altmesopotamischen Tradition übernommen und neu geprägt. Auch das Strophengedicht des *Madrošo* war zur Zeit Ephräms bereits in Gebrauch[65], wurde von ihm neu geprägt und von der griechischen Tradition aufgenommen und weitergeführt[66]. Den syrischen *ʿEnyone* entsprechen die späteren griechischen κανόνες und auch die lateinischen Antiphonen[67].

Übersicht über die sprachlichen Gattungen des *Šḥimo*:

prosaisch	liturgisch		poetisch		
	Formeln	*Texte*	*Bibeltexte*	*Freie Dichtungen*	
				Madrošo	*Mimro*
Šuroyo (Anfangsgebet), ***ʿEṭro*** (Weihrauchgebet), ***Ḥusoyo*** (Vergebungsgebet) = ***Prumyun*** (Vorwort) + ***Sedro*** (Ordnung), ***Ḥutomo*** (Schlussgebet)	Kyrie, Gloria, Halleluja, gloria patri, Trishagion, *stawmenqalus kuryelayson, briḵu iqureh d-moryo, šuḇḥo loḵ aloho, ḥun lan b-raḥmayk, šuḇḥo la-ṯliṯoyuṯo*	Nizänisches ***Glaubens-bekenntnis, Vaterunser*** mit Doxologie	***Psalmen***, ***Feṯgomo*** (Vers), ***Quqaliyun*** (Zyklus), ***Mawrbo*** (Magnificat)	***ʿEnyono*** (Antwortgesang), ***ʿEqbo*** (Schlussvers), ***Qolo*** (Hymnus), ***Taḵšefto*** (Fürbitte)	***Boʿuṯo*** (Bittgebet) *des Mor Balai* (5 Silben), *des Mor Ephräm* (7 Silben), bzw. *des Mor Jakob* (12 Silben)

60 Vgl. Baumstark, Ferialbrevier 1902, 411.
61 Vgl. die Bezeichnung der 5-, 7- und 12silbigen *Boʿwoṯo* als *Mimre* bei Brock, Poetry, in: GEDSH, 334.
62 Baumstark, Ferialbrevier 1902, 409/410.
63 Vgl. Nieten, Metrum, 303.
64 Vgl. Husmann, Melodien 1971, 217; vgl. Baumstark, Literaturen, 59. Barsaum bezeichnet ihn als „Joḥannon III.“, meint aber offensichtlich dieselbe Person (siehe die Zeitangabe „um 640“); vgl. Barsaum, Geschichte, 57.
65 Vgl. Brock, Syriac, in: OHECS, 659.
66 Vgl. Brock, Romanos, 141. Ihm zufolge basiert das griechische *Kontakion* auf dem syrischen *Madrošo*.
67 Vgl. Nieten, Metrum, 289.

2.2.2 Syrische Metrik

Während die klassische griechische Metrik „die Zeitdauer der einzelnen Silben zu unterscheiden" pflegt, ist in der semitischen Poesie die Anzahl der Silben das tragende Grundprinzip[68]. Schon im 13. Jahrhundert wurde „die Regel von der festen Silbenzahl des syrischen Verses" – die „Isosyllabie" – durch die syrischen Autoren Bar Schakko und Barhebräus als Gesetzmäßigkeit der syrischen Metrik beschrieben[69]. Der Semitist Gustav Hölscher schränkt in seiner Abhandlung über die „Syrische Verskunst" allerdings ein, dass es sich bei dem silbenzählenden Prinzip „nur [um] eine technische Regelung", nicht aber um „das Wesen des Verses überhaupt" handele[70]. Dieses bestehe vielmehr in seinem Rhythmus, dem Wechsel von betonten und unbetonten Silben[71]. Diese Kombination aus festgelegter Silbenzahl und alternierender Betonung findet in beiden Hauptgattungen der syrischen Dichtung, den *Mimre* und den *Madroše*, Verwendung. In einem *Mimro* handelt es sich immer um den gleichen Verstyp (also dieselbe Anzahl von Silben pro Vers) und in einem *Madrošo* um eine Kombination verschiedener Verstypen[72]. Der siebensilbige Vers, der traditionell Ephräm von Nisibis zugeschrieben wird, wird am häufigsten verwendet[73]. Er hat vier betonte (-) und drei unbetonte (.) Silben nach dem im syrischen Kirchengesang geläufigen Schema: - . - . - . - [74].

Gegen diese Charakterisierung der syrischen Metrik ist aus zwei Richtungen Einspruch erhoben worden: Der Syrologe Sebastian Brock betont gegen Hölscher ausdrücklich, dass es außer der Anzahl der Silben kein weiteres Prinzip der syrischen Metrik gäbe. Vermutungen, dass die Betonung der Silben eine wesentliche Rolle spiele, seien höchst spekulativ und unsicher, da man über das syrische Akzentsystem einfach zu wenig wisse. Brock macht außerdem darauf aufmerksam, dass auch der Reim in der syrischen Poesie anfangs eine gewisse Rolle gespielt haben könne[75]; eindeutig nachzuweisen sei er aber erst ab dem 9. Jahrhundert, bedingt durch den Einfluss der arabischen Poesie[76]. Die Musikwissenschaftlerin Ulrike Nieten stellt dagegen fest, dass zu dem silbenzählenden Prinzip „noch ein anderes Gestaltungselement hinzutreten" müsse, das aber nicht in der gleichmäßig alternierenden Betonung der Silben bestehen könne[77]. Die Betonung spiele zwar eine wichtige Rolle, sie sei aber Bestandteil des komplexen syrischen Akzentsystems, das Ulrike Nieten umfassend darstellt[78]. Anders als die hebräischen Akzente seien die syrischen nicht schriftlich überliefert; sie hätten sich aber in der Art und Weise des musikalischen Vortrags der Dichtungen auf mündlichem

---

68 Vgl. Meyer, Rhythmik, 137.

69 Vgl. Hölscher, Verskunst, 9/10.

70 Ebd., 10.

71 „Die Alternation einsilbiger Senkungen und Hebungen ist in der Tat die grundlegende Eigenschaft des syrischen Verses"; ebd., 193.

72 Vgl. ebd. 50/51.

73 Vgl. ebd., 54.

74 Vgl. ebd., 62.

75 Vgl. Brock, Hymnography, 78.

76 Vgl. Brock, Poetry, in: GEDSH, 335.

77 Vgl. Nieten, Metrum, 13.

78 Sie tut dies auf der Grundlage von Forschungen zum syrischen Akzentsystem, die im 19. Jahrhundert mit H. Ewald begannen (Abhandlungen zur orientalischen und biblischen Literatur, 1832) und unter anderem durch R. Duval (Traité de grammaire syriaque, 1881) und A. Merx (Historia artis grammaticae apud Syros, 1889) fortgeführt wurden; vgl. Nieten, Metrum, 36/37, Anm. 135, 136 und 140.

Wege erhalten[79]. Dass es zu dieser ausschließlich mündlichen Überlieferung gekommen sei, hinge damit zusammen, dass das syrische Akzentsystem im Laufe der Zeit immer komplexer geworden sei und schließlich nicht mehr schriftlich festgehalten werden konnte[80]. Die Bedeutung der syrischen Akzente bestehe darin, dass sie „nicht nur dem korrekten Verständnis, sondern ebenso der Textausdeutung [dienten]; sie besaßen somit auch eine hermeneutische Funktion“[81]. Grundsätzlich zu unterscheiden sind die Trennakzente mit dem Zweck der syntaktischen Gliederung eines Verses und die Sinnakzente mit dem Zweck, seinen Sinngehalt deutlich zu machen[82]. Die Trennakzente sind je nach Stärke der syntaktischen Untergliederung im Sinne einer Interpunktion weiter differenziert, wobei auch die Tonhöhe eine Rolle spielt[83]. Die Sinnakzente können durch ihre Bildung von Zäsuren und Tonhöhen z.B. eine Frage, eine Bitte oder einen Ausruf markieren[84]. Daneben gibt es auch Bindeakzente, die Worte durch eine beschleunigte Aussprache enger aneinander binden können[85]. Während dieses Akzentsystem im 5./6. Jahrhundert noch relativ einheitlich war[86], entwickelte es sich ab dem 6./7. Jahrhundert im ost- und westsyrischen Bereich jeweils auf unterschiedliche Weise[87]. In Westsyrien trug vor allem Jakob von Edessa zu einer weiteren Differenzierung der Akzente bei[88]. Bezeichnungen wie z.B. ܡܒܰܟܝܳܢܳܐ - *mḇaḵyono* („weinerlich“[89]) und ܡܣܰܩܥܳܢܳܐ - *msaqᶜono* („demutsvoll“[90]) machen deutlich, dass es sich dabei auch um Sinnakzente mit einem unterschiedlichen emotionalen Gehalt handelt[91]. Aus dem 11. Jahrhundert ist eine Systematisierung des Akzentsystems des Jakob von Edessa durch Elias von Ṭirhan überliefert[92], in dem weitere emotionale Bedeutungen wie „Erstaunen“, „Hoffnungslosigkeit“, „Scham“ und „Furcht“ genannt werden. Diese unterschiedlichen Bedeutungen der syrischen Akzente sind im Sinne einer „musikalischen Ethoslehre“ in das System der acht Kirchentöne, den sogenannten *Oktoechos*, eingegangen[93]. Der Grammatiker Barhebräus entfaltet dieses im 13. Jahrhundert in seinem Werk ‚Ethicon‘ in Anlehnung an die griechische

---

79 Vgl. ebd., 2.

80 Vgl. ebd., 3. Ulrike Nieten verweist auf das ‚Buch der Strahlen‘ des syrischen Gelehrten Gregor Barhebräus aus dem 13. Jahrhundert (ebd., 67): „Die Westsyrer kennen vierzig Akzente: vier Hauptzeichen… und sechsunddreißig abgeleitete, welche sich von jenen abzweigen.“ (Moberg, Buch der Strahlen. Die grössere Grammatik des Barhebräus, Zweiter Teil, Traktat IV, Kap. 6, 109). Als Symbole handelt es sich um einfache und doppelte Punkte in unterschiedlicher Anordnung. Barhebräus sah aufgrund der Komplexität den Modus der mündlichen Überlieferung als eine Notwendigkeit an: „Und da diese Akzente eine Art musikalische Modulationen sind, kann man außer durch Hören und durch Überlieferung des Lehrers zum Schüler von Zunge zu Ohr ihre Art nicht finden noch einen Weg sie sich anzueignen.“ (ebd.).

81 Nieten, Metrum, 3.

82 Vgl. ebd., 42.

83 Vgl. ebd., 41/42.

84 Vgl. ebd., 42.

85 Vgl. ebd., 43.

86 Vgl. ebd., 40.

87 Vgl. ebd., 44.

88 Vgl. ebd., 57.

89 So nach Nieten, ebd., 59. Nach Payne-Smith ist die Bedeutung „plaintive“ (klagend; dies., Dictionary, 248).

90 So nach Nieten, ebd. 59. Nach Payne-Smith ist die Bedeutung „crouching“ (niederkauernd; vgl. ebd., 286).

91 Vgl. Nieten, Metrum, 59.

92 Vgl. ebd., 60/61. Dort wird verwiesen auf F. Baethgen, Syrische Grammatik des Mar Elias von Ṭirhan (1880).

93 Vgl. ebd., 65. Weitere Erläuterungen zum ‚*Oktoechos*‘ siehe Abschnitt 2.3.1 ‚Die Kirchentöne‘.

Ethoslehre[94]. Darin ordnet er den verschiedenen Kirchentönen Eigenschaften wie Hitze und Kälte, Feuchtigkeit und Trockenheit zu, die je nach Intensität Empfindungen wie Freude, Demut, Traurigkeit und Furcht auslösen und entsprechend zu bestimmten Festzeiten des Kirchenjahres passen sollen[95]. Der einem Kirchenton zugrunde liegende Ethos komme weniger durch bestimmte Melodien (wie bei den Kirchentonarten der byzantinischen und der römischen Tradition), als vielmehr durch unterschiedliche melodische und rhythmische Formeln zum Ausdruck[96]. Der rhythmische Charakter eines Kirchentons spiele für seine Unterscheidbarkeit von den anderen Kirchentönen sogar eine größere Rolle als der melodische[97]. Dies sei auf Verbindungen zwischen der syrischen und der arabischen Musiktheorie zurückzuführen[98]; welche Tradition von welcher abhängig ist, sei musikwissenschaftlich noch nicht geklärt[99]. Trotz dieser Schwerpunktsetzung auf das rhythmische Element gäbe es im syrischen Kirchentonsystem „neben der rhythmischen… auch… eine melodische Differenzierung. Jeder Ton hat eine eigene Schlussbildung“, die mit „den Rezitationsformeln der acht Psalmtöne im Gregorianischen Choral, bzw. … den Intonationsformeln des byzantinischen Gesanges“ vergleichbar sei[100]. Insgesamt könne man hinsichtlich des syrischen Systems der acht Kirchentöne „von einer musikalischen-rhythmischen Metrik sprechen…, deren Grundgerüst das silbenzählende Prinzip ist, nach der jeder Vers eine feste Silbenzahl besitzt“[101]. Den äußeren Rahmen dieses Systems bildet der aus den biblischen Psalmen übernommene *Parallelismus Membrorum* mit seiner Grundstruktur zweier aufeinander bezogener Vershälften, der auch in den poetischen Texten Anwendung findet[102]. Ein syrisches Versmaß tritt entsprechend immer paarweise auf, also z.B. 5+5, 7+7 oder 12+12[103].

Diese Charakterisierung der syrischen Metrik als eine vom Rhythmus bestimmte gesungene Poesie im Rahmen des silbenzählenden Prinzips wird weitgehend bestätigt durch den aus dem Ṭur Abdin stammenden Musikwissenschaftler Gabriel Aydin. Er hat für das von ihm gegründete ‚Syriac Music Institute‘ in Cumberland, Rhode Island (USA) im Jahr 2018 das sogenannte ‚Syriac Hymnal‘ herausgegeben – eine Auswahl von syrischen Hymnen für syrisch-orthodoxe Gemeinden, geordnet nach den Sonntagen des Kirchenjahres. In seiner Einführung zu diesem Werk beschreibt er die Silbenzählung als Basis der syrischen Poesie,

94 Vgl. ebd., 272/273.

95 Ebd., 273. Ein Beispiel: „Der 1. und der 5. Ton entwickeln Hitze und Feuchtigkeit, letztere ist aber im ersten Ton nur schwach, daher macht er freudig, sodass darin die Gesänge der Weihnachtszeit stehen. Den 5. Ton, der von immenser Hitze ist, verwendet man am Himmelfahrtstag.“; zitiert nach Barhebräus, Ethicon, Bd. 1 (1993), 65 ff.

96 Vgl. Nieten, Metrum, 272.

97 Vgl. ebd., 273 und 365.

98 Vgl. ebd., 365. Es gibt auch ein arabisches Achttonsystem, die *Maqamat*; vgl. ebd., 271/272.

99 Die Autoren, auf die das syrische (Johannes von Damaskus) bzw. das arabische Modalsystem (Ibn Misǧaḥ) traditionell zurückgeführt wird, seien Zeitgenossen gewesen (vgl. ebd., 274). Von daher dürfte nicht eine der beiden Traditionen, sondern ein ähnliches Musikempfinden als Ursache anzusehen sein. Es besteht darin, dass sowohl bei den arabischen *Maqamat* als auch im syrischen *Oktoechos* der durch das Metrum bestimmte Rhythmus das wesentliche Unterscheidungsmerkmal ist. Dies sei die „Schnittstelle“ zwischen beiden Traditionen (vgl. Nieten, Metrum, 275).

100 Vgl. ebd., 284.

101 Ebd., 274.

102 Vgl. ebd., 43 und 70.

103 Vgl. Brock, Syriac, in: OHECS, 658.

sowohl in ihrer strophischen Ausprägung der *Madroše* als auch in ihrer nicht-strophischen Ausprägung der *Mimre*. Die feste Silbenzahl bilde den notwendigen Rahmen für die Betonung bestimmter Silben, welche dadurch deutlich wahrnehmbarer zum Vorschein trete. Diese Betonungen seien rhythmischer Natur und wurzelten in der natürlichen Betonung der syrischen Sprache bzw. beruhten auf den vorgegebenen Akzenten des biblischen Textes[104]. Der Rhythmus der poetisch geformten Gesänge sei festgelegt durch das silbenzählende Metrum des Textes. Für den Kirchenton, in dem ein poetischer Text vorgetragen wird, sei der Rhythmus zwar kein bestimmender Faktor, aber bestimmte Rhythmen gehörten zu bestimmten Kirchentönen. Hier wird (anders als bei Nieten) der Melodie offensichtlich eine größere Bedeutung für die Charakterisierung eines Kirchentons zugeschrieben als dem Rhythmus; der Rhythmus sei ‚eingebettet' in die Melodie[105].

Beispiel für ein siebensilbiges Metrum[106] nach dem Modell Hölschers:
Qolo zum Fest der Darstellung des Herrn (betonte Silbe: - , unbetonte Silbe: .)

ܣܘܚ ܠܐܘܪܥܟ ܣܒܐ ܘܛܥܢܟ:	*Swaḥ/l-ur/ʿok̲/so/b̲o/w-ṭa/ʿnok̲,*	Es sehnte sich der Alte, Dir zu
- . - . - . -	- . - . - . -	begegnen, und er trug Dich;
ܘܡܦܝܣ ܗܘܐ ܒܩܠܐ ܪܡܐ.	*wa-m/fis/wo/b-qo/lo/ro/mo.*	und er bat mit lauter Stimme:
- . -. - . -	- . - . - . -	
ܕܗܐ ܚܙܝ ܥܝܢܝ ܠܚܢܢܟ:	*d-ho/ḥzay/ʿay/nay/la-ḥ/no/nok̲;*	„Siehe, meine Augen haben
-. - . - . -	- . - . - . -	gesehen Deine Güte;
ܫܪܝ ܡܪܝ ܠܥܒܕܟ ܒܫܠܡܐ܀	*šri/mor/l-ʿab̲/dok̲/ba/šlo/mo.*	entlasse, mein Herr, Deinen
-. - . - . -	- . - . - . -	Knecht in Frieden!"

2.3 Der syrische Kirchengesang

2.3.1 Die Kirchentöne

Zu einer rhythmischen Überformung der syrischen Dichtungen kam es durch deren Eingliederung in das System der acht Kirchentöne. Die dadurch bedingte Schematisierung der syrischen Gesänge erfolgte allerdings nur im westsyrischen, nicht aber im ostsyrischen Bereich[107]. In der Musikwissenschaft wird unterschiedlich beurteilt, inwiefern dies eine Verän-

104 Vgl. Aydin, Hymnal, 46: „Stresses and accents are rythmic elements rooted naturally in the Syriac language: alternation of stress and non-stress, vowel length, pauses, pronunciation of guttural letters, consonant clusters, and so on. Thus, executions of chants and recitations, especially of the biblical psalms, rest upon the accent of the text and various rhythmical patterns that are formed.".

105 Vgl. ebd., 46.

106 Strophe aus dem Syriac Hymnal Nr. 131.1, hg. von G. Aydin. Die Angabe, dass es sich um ein Siebener-Metrum handelt, wurde hier mithilfe des Betonungsschemas nach Hölscher (Ders., Verskunst, 62) veranschaulicht. Aydin hebt die sieben Silben pro Zeile dadurch hervor, dass er sie durch Bindestriche voneinander absetzt (hier durch /).

107 Vgl. Nieten, Metrum, 267. Nieten nimmt daher an, dass sich die ursprüngliche Gestalt der Gesänge im ostsyrischen Bereich eher erhalten hat als im westsyrischen; vgl. ebd., 7. Auch die Gesänge der maronitischen Kirche sind frei vom *Oktoechos* und könnten daher eine ältere Prägung beibehalten haben; vgl. Woolfenden, Prayer, 153.

derung der westsyrischen Melodien zur Folge hatte[108]. Der wesentliche Effekt dieser Rhythmisierung war, dass die gesungenen Dichtungen dadurch einprägsamer wurden[109]. Die Rhythmisierung trug aber auch dazu bei, deren inhaltliche Bedeutung herauszustellen[110].

Ein musikalisches Achttonsystem war im Vorderen Orient in verschiedenen Kulturen verbreitet, auch im an den syrischen Kulturraum angrenzenden griechischen und arabischen Kulturraum. Für die syrischen Dichtungen war das griechische System prägend, das auch auf die arabische Musiktheorie eingewirkt hat[111]. Ein eindeutiger Ursprung des Achttonsystems ist allerdings nicht mehr feststellbar[112]. Es ist zu „vermuten, daß die Achtzahl der kirchlichen Tonarten sich aus der astronomisch gewonnenen Jahreseinteilung in Achtwochenperioden erklärt"[113] und als ein kulturelles Allgemeingut betrachtet werden kann. Die verschiedenen Achttonsysteme (vgl. das byzantinische System der acht ἦχοι und das lateinische der acht ‚*modi*') sind zwar miteinander vergleichbar, eine Abhängigkeit voneinander ist aber nicht nachweisbar[114].

Das byzantinische Achttonsystem – der *Oktoechos* – wird traditionell auf Johannes von Damaskus (650-750) zurückgeführt. Bereits 200 Jahre zuvor hatte der Patriarch Severus von Antiochien (465-538) eine Sammlung von kirchlichen Hymnen in griechischer Sprache zusammengestellt. „619 wurde diese von Paulos von Edessa übersetzt, der für die kirchenmusikalische Praxis ein Kirchengesangbuch daraus erstellte." Die Ordnung der Gesänge „nach dem System der acht Kirchentöne" und ihre Benennung als (syrischer) *Oktoechos* soll dann „erst nach der Revision von 674/675 des Jakob von Edessa (gest. 708)" erfolgt sein. Schließlich wurden die acht Kirchentöne „den achtwöchigen Festkreisen des Jahres… zugeordnet."[115]

Das syrische System der acht Kirchentöne wird ܬܡܳܢܶܐ ܩܺܝܢܳܬܳܐ – *Tmone qinoṯo* („acht Töne") genannt; im Ablauf des *Šḥimo* wird für einen Kirchenton auch das Wort ܪܶܟܢܳܐ - *Reḵno* (ebenfalls „Ton") verwendet. Eine *Qinto* ist eine spezifische Abfolge von Tönen, die einen

108 Vgl. Nieten, Metrum, 367/368. Nieten selbst geht davon aus, „dass durch den *Oktoechos* neue Vortragsstile entstanden" sind; vgl. ebd., 368.

109 Vgl. ebd., 267 und 368.

110 Vgl. ebd., 367.

111 Vgl. ebd., 274: „Es ist davon auszugehen, dass die Araber sowohl den byzantinischen als auch den syrischen *Oktoechos* kannten. Inwieweit wir hier von Rezeption sprechen können, muss noch erforscht werden, aber dass Wechselbeziehungen bestanden, ist eindeutig.".

112 Vgl. ebd., 268.

113 Husmann, Melodien 1969, 183.

114 Vgl. Nieten, Metrum, 268: Sie grenzt sich ab von Werner, der solche Achttonsysteme bereits bei den Hethitern und Babyloniern und indirekt auch in der jüdischen Tradition, konkret in den biblischen Psalmen, erkennt (Werner, The Sacred Bridge, 1959, 373f, 397f). Ulrike Nieten hält solche Überlegungen für „spekulativ"; ebd.

115 Vgl. Nieten, Metrum, 269. Die klassische Zuschreibung des gesamten *Oktoechos* an Johannes von Damaskus als ihrem Autor ist dahingehend zu relativieren, dass dieser „einen wesentlichen Beitrag zur Entstehung des liturgischen Rahmens der Oktoechos geleistet" hat; vgl. Wolfram, Oktoechos, 613. (Der Begriff *Oktoechos* wird hier als Achttonsystem maskulin und als nach den acht Kirchentönen geordnete Hymnensammlung feminin gebraucht; vgl. ebd.)
Stig Simeon R. Frøyshov hat sich im Anschluss an Peter Jeffery (Earliest Octōēchoi, 2001) und Aelred Cody (Early History, 1982) für einen hagiopolitischen Ursprung des Oktoechos ausgesprochen (vgl. Frøyshov, Early Development, 139/140) und datiert seine nicht-musikalischen Elemente bereits in das 4. bis 6. Jahrhundert (vgl. ebd., 173).

bestimmten Melodietypus bilden[116]. Die acht *Qinoṯo* sind für die stimmliche Ausführung des *Šḥimo* in Acht-Wochen-Zyklen paarweise einander zugeordnet, wobei es einfach nach der Reihenfolge geht: Der erste und der fünfte, der zweite und der sechste, der dritte und der siebte und der vierte und der achte Ton gehören jeweils zusammen. In der ersten Woche werden die Töne des ersten Paares, in der zweiten Woche die des zweiten Paares usw. tageweise abwechselnd gesungen (den Sonntag ausgenommen), und nach der vierten Woche ändert sich die Reihenfolge innerhalb der Paare: fünfter und erster, sechster und zweiter, siebter und dritter Ton usw. Nach acht Wochen sind dann alle vier Paare zweimal in unterschiedlicher Reihenfolge gesungen, und die gesamte Abfolge beginnt von vorne[117].

Übersicht über die acht Kirchentöne im Acht-Wochen-Zyklus:

	2. Tag	**3. Tag**	**4. Tag**	**5. Tag**	**Rüsttag**	**Sabbat**
1. Woche	1. Ton	5. Ton	1. Ton	5. Ton	1. Ton	5. Ton
2. Woche	2. Ton	6. Ton	2. Ton	6. Ton	2. Ton	6. Ton
3. Woche	3. Ton	7. Ton	3. Ton	7. Ton	3. Ton	7. Ton
4. Woche	4. Ton	8. Ton	4. Ton	8. Ton	4. Ton	8. Ton
5. Woche	5. Ton	1. Ton	5. Ton	1. Ton	5. Ton	1. Ton
6. Woche	6. Ton	2. Ton	6. Ton	2. Ton	6. Ton	2. Ton
7. Woche	7. Ton	3. Ton	7. Ton	3. Ton	7. Ton	3. Ton
8. Woche	8. Ton	4. Ton	8. Ton	4. Ton	8. Ton	4. Ton

Diese Abfolge der *Qinoṯo* gilt für das Stundengebet im Alltag. Die Gesänge im Stundengebet an den Sonn- und Feiertagen werden unabhängig davon auch bestimmten *Qinoṯo* zugeordnet[118]: Dies geschieht allerdings nach dem Kriterium, welche *Qinto* aufgrund ihres emotionalen Charakters zu welchem kirchlichen Fest passt[119]. Die Eigenschaften, in denen sich die *Qinoṯo* unterscheiden, können durch Angabe von Tonhöhe, Tonumfang und Grundton musikalisch beschrieben werden[120]. Diese musikalischen Strukturen der verschiedenen Modi des syrischen Kirchengesangs sind Grundlage für ihre emotionale Wirkung.

---

116 Vgl. Aydin, Hymnal, 39/40. Diese melodische Charakterisierung des *Oktoechos* ist Ulrike Nieten zufolge durch eine rythmische zu ergänzen (vgl. Nieten, Metrum, 267 und 365).

117 Vgl. Aydin, Hymnal, 40.

118 Vgl. Aydin, Hymnal, 40, Anm. 46.

119 Vgl. Aydin, Hymnal, 43. Er nennt als Beispiel den achten Ton, der Traurigkeit hervorrufen soll und deswegen dem Sonntag der Märtyrer und dem Sonntag der verstorbenen Gläubigen zugeordnet wird. Dass die Kirchentöne der Reihe nach auf die acht Festkreise des Kirchenjahres verteilt werden (so Nieten, Syrische Kirchenmusik, 194), trifft nur für einen Teil der acht Festkreise zu; vgl. die Zuordnung der Töne zu den Festen bei Aydin, Hymnal, 73-76: Demnach weist der zweite bis vierte Festkreis (Weihnachten, Epiphanias, Fasten) keine feste Reihenfolge der Kirchentöne auf.

120 Vgl. Aydin, Hymnal, 42/43. Die Musikologin Micheline Cumant beschreibt in Anlehnung an Louis Hage die Unterschiede der acht Kirchentöne ausschließlich mithilfe melodischer Kriterien, und zwar des Grund- bzw. Schlusstons, des Rezitations- bzw. Haltetons, des Tonambitus (also des Abstandes zwischen dem tiefsten und dem höchsten Ton) und der Melodierichtung (aufsteigend oder absteigend); vgl dies., La Musique, 20. Das Phänomen der syrischen Metrik ist aus ihrer Sicht weniger bedeutend für die Unterscheidung der Kirchentöne (vgl. ebd., 34). Ulrike Nieten misst dem Rhythmus eine sehr viel größere Bedeutung für die Differenzierung der Kirchentöne zu (vgl. Nieten, Metrum, 365). Als weiteres Merkmal für eine melodische Differenzierung der Kirchentöne benennt Micheline Cumant

Eine zusätzliche Dimension in der Wahrnehmung des syrischen Kirchengesangs bietet die Ethnomusikologin Tala Jarjour[121]. Sie hat den Gesang der syrisch-orthodoxen Gemeinde in Aleppo insbesondere während der Karwoche intensiv studiert[122]. Aufgrund ihrer aktiven Teilnahme, ihrer Beobachtungen und Gespräche mit Mönchen, Priestern, Diakonen und Gemeindegliedern kommt sie zu dem Schluss, dass der syrische Kirchengesang nur in seinem historischen, sozialen und kulturellen Kontext angemessen zu verstehen sei[123]. Sie hält die klassischen Systeme zur Einordnung von Melodien in eindeutig identifizierbare Tonarten („modal theories“) – sei es das europäische System der Kirchentonarten, das byzantinische des *Oktoechos* oder das arabische der *Makame* – für ungeeignet, um den Charakter des syrischen Kirchengesangs angemessen beschreiben zu können[124]. Obwohl das System der acht Modi bei den syrischen Christen selbst theoretisch und praktisch in Gebrauch ist, zeigen sich im Umgang damit doch erhebliche Unterschiede sowohl zwischen den Singweisen verschiedener Regionen als auch zwischen musikalischer Theorie und Praxis[125]. Aus Sicht von Tala Jarjour spielen für ein Verstehen des Kirchengesangs nicht theoretisch-musikalische Kategorien, sondern Emotionen die wesentliche Rolle[126]. Sie geht aus von der Hypothese, dass der Zusammenhang zwischen den Gesangsmodi und den Emotionen mithilfe einer „emotional economy of aesthetics“ zu verstehen sei[127]. Darunter versteht sie eine Ordnung ästhetischer Werte, die im Kirchengesang zum Ausdruck komme und auf dem Empfinden der syrischen Christen beruhe. Als einen solchen Wert benennt sie an erster Stelle „Suryaniness“: die Zugehörigkeit zur ethnisch-religiösen Gruppe der syrischen Christen[128]. Dazu gehöre das Bewusstsein, aus Urfa/Edessa, dem antiken Zentrum des aramäischen Christentums zu stammen[129] (eine Besonderheit der syrisch-orthodoxen Gemeinde in Aleppo, die auf die geschlossene Migration der syrischen Christen aus der mittlerweile rein muslimischen Stadt Şanlı-Urfa im Jahre 1924 zurückgeht[130]). Damit verbunden sei ein Bewusstsein historischer Ursprünglichkeit, das mit der Verwendung der altsyrischen Sprache[131], aber auch mit den über-

das Element der „Centonisation“ (dies., La Musique, 21), also der Kombination vorhandener Melodiefragmente nach bestimmten Schemata. Aufgrund der musikalischen Analyse eines syrischen *Qolo* ordnet sie bestimmte Abfolgen von Melodiefragmenten den acht Kirchentönen zu, belässt es aber bei diesem einem Beispiel (vgl. ebd., 26-34).

121 Tala Jarjour, Sense and Sadness. Syriac Chant in Aleppo, 2018.

122 Vgl. ebd., 9. Diese Beobachtungen ließen sich aber für die syrischen Christen verallgemeinern; vgl. ebd., 11.

123 Vgl. ebd., 9.

124 Vgl. ebd., 15. Jarjour betrachtet sie nur als numerische Kategorien zu liturgischen Zwecken; vgl. ebd., 86/87.

125 Vgl. ebd., 84.

126 Dabei beruft sie sich auf Barhebräus, der die Tonarten auch auf emotionaler Ebene beschreibt; vgl. ebd., 66/67. Ausgehend von Barhebräus ist zu fragen, ob die bewirkten Emotionen nicht als ein Bindeglied zwischen einer musikwissenschaftlichen und einer ethnomusikologischen Betrachtung der Kirchengesänge anzusehen sind. Die sozialwissenschaftliche Wahrnehmung Jarjours kann von daher als eine notwendige Horizonterweiterung betrachtet werden.

127 Vgl. ebd., 8.

128 Vgl. ebd., 105.

129 Vgl. ebd., 106/107.

130 Vgl. ebd., 35.

131 Vgl. ebd., 108.

lieferten Melodien[132] und den auf diese Weise rezitierten liturgischen Texten[133] in Verbindung stehe. Die Vertrautheit dieser (arabisch sprechenden) Volksgruppe in Aleppo mit den syrisch gesungenen Texten beruhe nicht auf einem kognitiven Verstehen, sondern auf einer emotional geprägten spirituellen Erfahrung durch die aktive Teilnahme am Kirchengesang[134]. Es gehe hier um ein Identitätsbewusstsein, das unmittelbar mit dem Vollzug des syrischen Kirchengesangs verknüpft sei[135]. Als einen weiteren ästhetischen Wert nennt Jarjour die Autorität des geistlichen Amtes der Priester und Diakone, die in der aufwändig zelebrierten Fußwaschung am Gründonnerstag zugleich relativiert und bestärkt werde und die ebenfalls einen Aspekt des syrisch-christlichen Identitätsempfindens ausmache[136]. Der ästhetische Wert, der als Hauptthema der von Jarjour untersuchten Gesänge in der Karwoche im Buchtitel erscheint, ist die Traurigkeit („sadness"; arabisch *Ḥuzn*, syrisch *Ḥašo*). In diesem Wert verbänden sich für die syrischen Christen bedeutsame Anlässe spiritueller, gesellschaftlicher und politischer Natur gemeinsam zu einer starken Emotion: der Tod Jesu am Kreuz, die Trennung von der Heimatstadt ihrer Vorfahren (Edessa/Urfa), das Gedenken an die Verstorbenen, an die verfolgten Glaubensgeschwister und an die kirchlichen Märtyrer[137]. Dieser ästhetische Wert des *Ḥašo* stehe exemplarisch für das grundsätzliche Phänomen, dass sich im syrischen Kirchengesang die Musik und die Emotion auf dem Wege der ästhetischen Werte gegenseitig prägten[138]. Die verschiedenen Modi des Kirchengesangs könnten deshalb mithilfe dieser Werte am besten beschrieben werden und seien letztlich nicht als eindeutige musikalische Kategorien, sondern als Metapher zu betrachten[139].

Die acht *Qinoṯo* werden in der syrischen Tradition nach Beispielmelodien gesungen, die in einer Art ‚Gesangbuch' zusammengefasst sind. Dieses ‚Gesangbuch' trägt den Titel ܒܶܝܬ ܓܰܙܳܐ - *Beṯ Gazo* (Schatzhaus)[140]. Es „enthält die Memoriertexte, an Hand deren man die Melodien lernt"[141]. Nach diesen Modell-Strophen des *Beṯ Gazo* richtet sich die gesamte syrische Gesangstradition[142]. Es handelt sich dabei um bekannte *Madroše*[143], mit deren Melodie und Rhythmus ein syrisch-orthodoxer Christ vertraut ist und nach deren Muster er auch andere Dichtungen in demselben Ton mitsingen kann. Die ersten vier darin aufgeführten *Madroše* werden jeweils mit acht verschiedenen Melodien, also in allen Kirchentönen, prä-

132 Vgl. ebd., 112.
133 Vgl. ebd., 113.
134 Ebd., 117: „Syriac… is the space in which the sense of identity is embodied in the verbal sounds of language… This space is… occupied equally significantly by the music, in the chants' melodies."
135 Ebd., 124: „Carried by Syriac words,… those hymns are where word and music meet, at the spiritual and historical intersections of faith, being, belonging, and feeling, between past, future, and present. They are more than markers; they are assertions of Urfalli Suryani sentiments and senses of existence."
136 Vgl. ebd., 140f und 143.
137 Vgl. ebd., 170/171.
138 Vgl. ebd., 163.
139 Vgl. ebd., 161: „By concentrating on *ḥasho* at this point, the story narrows the focus, only to reveal wider implications of this instance of sounded emotional aesthetic. This is where *ḥasho* – the music and the emotion – and its aesthetic explain an understanding of mode as conceptual metaphor."
140 „*Beth Gazo*… is a repertory of Syriac hymns and melodies… along with their text, arranged according to the eight-mode musical system employed in the Syriac-Orthodox Church." (G. Aydin, Hymnal, 35).
141 Husmann, Melodien 1971, Vorwort.
142 Vgl. Aydin, Hymnal, 35.
143 Vgl. Barsaum, Geschichte, 20.

sentiert, während die anderen *Madroše* jeweils nur eine Beispielmelodie haben[144]. Daneben enthält der *Beṯ Gazo* noch zahlreiche andere Hymnen aus der syrischen Tradition[145]. Diese Zuordnung unterschiedlicher Dichtungen zu einer überschaubaren Anzahl vertrauter Beispielmelodien wird in der Musikwissenschaft „Kontrafakturverfahren“ genannt[146]. Im *Šḥimo* betrifft dieses Verfahren vor allem den Gesang der *Qole*: Auskunft über die Beispielmelodie, nach der ein *Qolo* zu singen ist, geben die ersten Worte eines bekannten *Madrošo*, die dem *Qolo* als Überschrift beigegeben sind. So lautet z.B. die Überschrift des zweiten *Qolo* in der Vesper des zweiten Tages: ܪܟܢܐ ܫܬܝܬܝܐ ܒܩ ܠܐ ܠܕܝܢܐ ܘܠܐ ܠܬܘܥܬܐ - *reḵno šṯiṯoyo, b-q(olo): lo l-dino w-lo la-ṯwaʿto* („sechster Ton, nach der Weise: ‚nicht zum Gericht und nicht zur Verurteilung‘“; *Šḥimo*, S. 21). Das Wort *Qolo* bezeichnet hier nicht eine poetische Gattung, sondern eine bestimmte Singweise[147].

2.3.2 Die Praxis des Kirchengesangs

Die Eigenschaften des syrischen Kirchengesangs sind von Seiten der europäischen Musikwissenschaft durch Regina Randhofer sachkundig beschrieben worden[148]. Aus der Tatsache, dass die Mündlichkeit der Überlieferung für lange Zeit eine wesentliche Eigenschaft des orientalischen Gesangs gewesen ist, folgert sie, dass „die einzige Quelle, die wir für die Musik der syrischen Kirche haben, ...die Praxis der heutigen syrischen Christen“ sei[149]. Weil mündliche Traditionen aber dem zeitlichen Wandel unterlägen, könne aus dieser Praxis keine ursprüngliche Gestalt des syrischen Kirchengesangs im Sinne einer ‚historischen Echtheit‘ rekonstruiert werden. Dennoch könne man von einer „Identität“ der Gesänge im Sinne ihrer eigenen Tradition sprechen, die allerdings nur von denen beurteilt werden könne, die dieser Tradition selbst angehören. Randhofer spricht in diesem Zusammenhang vom „oralen Gedächtnis“[150].

144 Vgl. Husmann, Melodien 1969, 196.

145 Nach Mor Aphrem Barsaum sind unter anderem das *Šḥimo* selbst, aber auch verschiedene Hymnen-Sammlungen wie die *Qole* für das Nachtgebet, die *Madroše* des Ephräm von Nisibis, die *Taḵšefoṯo* und die *Mawrbe* des Rabbula von Edessa und weitere poetische Gattungen Bestandteile des *Beṯ Gazo*; vgl. ders., Geschichte, 69-72.

146 Nieten, Metrum, 302.

147 Vgl. Brock, Syriac, in: OHECS, 658.

148 Ihre Sachkenntnis zeigt sich in einer vergleichenden Analyse des Psalmengesangs der verschiedenen jüdischen und christlichen Traditionen. Die Frage nach möglichen Wurzeln des christlichen im jüdischen Psalmengesang beantwortet sie aufgrund ihrer Analyse so, dass „für eine jede Tradition... eigene Quellen, eigene Einflüsse, nicht zuletzt aber auch eigene schöpferische Kräfte anzunehmen“ sind. „Dennoch lassen sich bei einem Teil der untersuchten Traditionen... in grundlegenden, mit der textlichen Überlieferungsform eng verknüpften Formprinzipien verwandtschaftliche Bezüge sehen... Eine vermittelnde Rolle mag auch die syrische Kirche gespielt haben.“ (Randhofer, Psalmen, 267/268).

149 Randhofer, Erbe, 313.

150 Randhofer, Erbe, 320. In ihrer Analyse des Psalmengesangs beschreibt sie das Empfinden, das der Urteilsfähigkeit orientalischer Musiker zugrunde liegt: „Sie erfassen Melodien nicht über eine Reihe von Einzeltönen, sondern über ihre „Gestalt“ – Motive, Kadenzen oder Formeln, die traditionelles Gemeingut darstellen. In dieser Form wird Musik im Gedächtnis gespeichert und aus dem Gedächtnis wiedergegeben – das Ganze, nicht der einzelne Bestandteil, dringt ins Bewußtsein... Dabei unterliegt das nicht in seinen einzelnen Bestandteilen fixierte Ganze einer größeren Improvisationsfreiheit und Variationsbreite, ohne jedoch seine Identität zu verlieren.“; Randhofer, Psalmen, 39.

Der syrische Kirchengesang zeichnet sich wie der Gesang der meisten orientalischen Kirchen dadurch aus, dass er „rein vokal“, also ohne instrumentale Begleitung vorgetragen wird[151]. Diese Konzentration auf die menschliche Stimme, die generelle Einstimmigkeit des Gesangs und der weitgehende Verzicht auf eine musikalisch-künstlerische Ausgestaltung machen deutlich, dass die Musik vor allem dazu dienen soll, dass das gesungene Wort inhaltlich zur Geltung kommt[152]. Ebenfalls charakteristisch für den syrischen Kirchengesang ist die für die orientalische Musik eigentümliche „Mikrotonalität“, also die Verwendung von kleineren Tonintervallen als nur Ganz- und Halbtonschritten. Damit können auch musikalische Verzierungstechniken wie „Tremoli“ und „Tongirlanden“ verbunden sein, die trotz der Schlichtheit des syrischen Kirchengesangs hin und wieder zur Anwendung kommen; allerdings ohne das gesungene Wort zu dominieren[153].

Diese Charakterisierung des syrischen Kirchengesangs wird durch den syrisch-orthodoxen Musikwissenschaftler Gabriel Aydin bestätigt. Er beschreibt ihn als in erster Linie syllabisch (ein Ton pro Silbe); zu feierlichen Anlässen könne er auch melismatischen Charakter annehmen (mehrere Töne pro Silbe). Texte aus den Psalmen und den Evangelien würden rezitativisch gesungen (auf einem gleichbleibenden Ton, der nur in geringem Umfang seine Tonhöhe ändert), und bestimmte Bestandteile der Messliturgie werden je nach musikalischem Vermögen des Kantors auch frei improvisiert. Dabei bleibt der musikalische Charakter des Gesangs stets im Rahmen des vorgegebenen Modus und der jeweiligen Gesangstradition[154]. Aydin beschreibt auch, wie die orientalische Mikrotonalität mit Mitteln der europäischen Notation schriftlich fixiert werden kann: Mithilfe der Komma-Methode wird der Grad der Tonhöhenveränderung dadurch angezeigt, dass die musikalischen Vorzeichen # und *b* jeweils mit einem kleinen Querstrich und einer Zahl zwischen 1 und 4 versehen werden. So können Tonabstände von bis zu 1/32 Ton notiert werden[155].

Ein typisches Merkmal des syrischen Kirchengesangs ist nicht zuletzt die Atempause zwischen den beiden Hälften eines gesungenen Verses, die durch einen Doppelpunkt angezeigt wird[156]. Von den Texten her ist sie durch die aus den hebräischen Psalmen übernommene Stilfigur des *Parallelismus membrorum* bedingt. Sie findet sich in der gregorianischen Singweise der lateinischen Tradition wieder, wo die beiden Hälften eines Verses durch ein *Asteriscus* (*) genanntes Atemzeichen voneinander getrennt werden[157].

Randhofer bemerkt außerdem noch, dass der syrische Kirchengesang „bis auf den heutigen Tag mündlich weitergegeben“ werde[158]. Tatsächlich geschieht dies so in den Gesangsschulen syrischer Kirchen und Klöster[159]; es wurden aber auch Anstrengungen unternommen,

151 Vgl. Randhofer, Erbe, 317. Damit grenzten sich die christlichen Kirchen des Orients von den sie umgebenden paganen Traditionen ab, in denen die Begleitung des Gesangs durch Musikinstrumente verbreitet war; vgl. ebd.

152 Vgl. ebd., 318. Vgl. auch die Aussage des syrisch-orthodoxen Musikwissenschaftlers Gabriel Aydin: „The primacy of the word over the melody has always been the main concept in chanting sacred chants.“; ders., Hymnal, 39.

153 Vgl. Randhofer, Erbe, 319.

154 Vgl. Aydin, Hymnal, 44/45.

155 Vgl. ebd., 60/61.

156 Vgl. ebd., 60.

157 Vgl. Ev. Tagzeitenbuch, 404.

158 Randhofer, Erbe, 319.

159 In den traditionellen Siedlungsgebieten der syrischen Christen haben sich bis zu ihrer Migration im 19. und

den syrischen Kirchengesang in Noten schriftlich zu fixieren und so für die nachfolgenden Generationen zu erhalten[160]. Dass die neueste Ausgabe syrischer Kirchengesänge durch Gabriel Aydin mit einer musikwissenschaftlichen Einleitung versehen ist[161], ist gegenüber dem bisherigen Verzicht auf eine syrische Musiktheorie[162] ein Novum.

Eine besondere Eigentümlichkeit des syrischen Kirchengesangs besteht darin, dass die Gesänge jeweils in drei verschiedene melodische Phrasen gegliedert sind: Der *Šuroyo* (Beginn) bildet den einleitenden Abschnitt eines Gesangs, der wiederum aus zwei kleineren musikalischen Einheiten besteht. Ihm folgt der *Meṣʿoyo* (Mitte), der sich sowohl melodisch als auch rhythmisch davon absetzt und mehrmals wiederholt werden kann, bevor dann der *Šulomo* (Abschluss) zum musikalischen Motiv des Anfangs zurückkehrt und so den Gesang beschließt. Durch den melodischen und rhythmischen Charakter dieser drei Phrasen und durch die Anzahl ihrer Wiederholungen bekommt ein Hymnus seinen jeweils eigenen Charakter[163]. Diese Gliederung der Gesänge hat auch eine praktische Funktion bei der Durchführung des Stundengebets.[164]

Die Beteiligung von Frauen am Kirchengesang spielt in der syrischen Tradition eine wichtige Rolle. Sie stellt im Vergleich zu anderen kirchlichen Traditionen der Antike eine Besonderheit dar[165] und wurde im späten 20. Jahrhundert sowohl im Nahen Osten als auch in den europäischen Migrationsgemeinden in besonderer Weise wiederbelebt[166]. Die Einrichtung von Frauenchören wird in der syrischen Tradition auf Ephräm den Syrer (im 4. Jh.) zurückgeführt[167]. Dies bezeugt vor allem eine biographische Homilie des Jakob von Serug über Ephräm den Syrer aus dem 6. Jahrhundert[168]. In der anonymen syrischen Vita-Tradition über Ephräm den Syrer wird außerdem berichtet, dass er Frauenchöre bewusst dazu eingesetzt habe, um Gesängen häretischen Inhalts – insbesondere des Bardaisan – ein wirkungsvolles Instrument christlicher Unterweisung entgegenzusetzen[169]. Über diesen Zweck der

20. Jh. unterschiedliche Gesangstraditionen herausgebildet, die dementsprechend verschiedene Gesangsschulen hervorgebracht haben. G. Aydin nennt die vom Ṭur ʿAbdin bzw. dem Kloster Mor Gabriel, von Mardin bzw. dem Kloster Deyr Al-Zaʿfaran, von ʿAmid/Diyarbekir, von Ḥarput/Kharput, von Edessa/Urhoy (die bisher genannten alle im Südosten der Türkei), Sadad in Syrien, Bartella im Nordiraq und die Malankarische in Kerala/Indien; vgl. ders., Hymnal, 38.

160 Vgl. die Notenausgabe des ‚Beth Gazo' von Nuri Iskandar (2012) und das ‚Syriac Hymnal' von Gabriel Aydin (2018).

161 „Introduction to Syriac Chant"; Aydin, Hymnal, 27-51.

162 Vgl. Randhofer, Erbe, 319.

163 Vgl. G. Aydin, Hymnal, 45/46.

164 Siehe unten zur ‚Praxis des Stundengebets', Punkt 2.4.

165 Vgl. Ashbrook Harvey, Song and Memory, 32: "The presence of these choirs is a distinctive feature of the Syriac-speaking churches, in comparison with Greek and Latin churches".

166 Vgl. Ashbrook, Song, 36.

167 Vgl. Ashbrook, Song, 31.

168 Vgl. Amar, Homily on Ephrem, 34: ܦܘܡܐ ܣܟܝܪܐ ܕܒܢ̈ܬ ܚܘܐ ܦܬܚ ܝܘܠܦܢܟ. ܘܗܐ ܒܩ̈ܠܝܗܝܢ ܪܥܡܝܢ ܟܢ̈ܫܘܗܝ ܕܡܫܒܚܬܐ. – *fumo skiro da-bnoto ḥawo ftaḥ yulfonok; w-ho b-qolayhen raʿmin kenšeh d-mešbḥoto:* „Den verschlossenen Mund der Töchter Evas hat Deine Belehrung geöffnet; und siehe, von ihren Stimmen erklingen die Versammlungen der ruhmreichen (Kirche)" (V. 41). ܚܙܘܐ ܚܕܬܐ ܕܢ̈ܫܐ ܢܡܠܠܢ ܟܪܘܙܘܬܐ ܘܗܐ ܡܬܩܪ̈ܝܢ ܡܠܦ̈ܢܝܬܐ ܒܟܢ̈ܘܫܬܐ. – *ḥezwo ḥdato d-neše nmallan koruzuto w-ho metqarin malfonyoto ba-knušoto:* „Eine neue Erscheinung: Frauen bringen die Verkündigung zum Ausdruck, und siehe, sie werden Lehrerinnen in den Versammlungen genannt" (V. 42).

169 Vgl. Amar, Syriac Vita Tradition, S. 71: ܚܙܐ ܗܘܐ ܕܝܢ ܡܫܟܚܬܐ ܠܦܪܘܫܐ ܠܡܫܡܥ ܗܠܝܢ ܐܪ̈ܣܝܣ ܕܒܪܕܝܨܢ ܐܡܪ. ܠܟܠܗܘܢ

Abwehr christlicher Häresien hinaus diente der öffentliche Gesang durch Frauen und Männer auch der Proklamation der christlichen Glaubenslehre in einer attraktiven musikalischen Gestalt[170]. Diese Aspekte spielen bis heute im syrischen Kirchengesang eine wichtige Rolle.

2.4 Die Praxis des Stundengebets

Im Folgenden soll die gegenwärtige Praxis des Stundengebets in der syrisch-orthodoxen Kirche beschrieben werden. Die sieben Gebetszeiten des *Šḥimo* werden mittlerweile sowohl in Klöstern als auch in Gemeinden zu zwei größeren Gebetszeiten zusammengefasst[171]: *Lilyo* (Vigil), *Ṣafro* (Laudes), *da-ṯloṯšoʿin* (Terz) und *d-felgeh d-yawmo* (Sext) werden als eine Einheit am Morgen und *da-ṯšaʿšoʿin* (Non), *Nogah* (Vesper) und *Sutoro* (Komplet) als eine Einheit am Nachmittag gebetet[172]. Theoretisch ist jeder Gläubige zum Stundengebet verpflichtet, zumindest zu den damit verbundenen Eingangsgebeten[173]. Faktisch geschieht dies aber nur an den Wochenenden; während der Woche tun das vor allem die Familien von Priestern und Diakonen.

Als zusätzliches Hilfsmittel für das Stundengebet ist eine kleine Ausgabe des *Beṯ Gazo* in Gebrauch, in dem die bekanntesten Beispielmelodien für den Gesang der Hymnen vollständig abgedruckt sind[174]. Außer dem *Šḥimo* wird ansonsten kein weiteres Buch für das Stundengebet benötigt.

Beim Stundengebet verteilen sich die Teilnehmenden – vorausgesetzt, es handelt sich um mehrere Personen in einem Kirchenraum – auf zwei Gruppen, die an zwei Stehtischen stehen[175]. Die Stehtische befinden sich vorne rechts und links vor dem Vorhang, welcher den Altarraum verdeckt[176]. Der Tisch vom Altar aus gesehen rechts ist der ‚Tisch der Propheten'; dort stehen der Priester und einige Diakone. Der Tisch vom Altar aus gesehen links ist der ‚Tisch der Apostel'; dort stehen weitere Diakone[177]. Diese Verteilung auf zwei Gruppen ist

---

ܬܩܢ ܗܘܐ ܕܝܢ ܣܝܥܬܐ ܠܩܪܒܐ ܠܘܩܒܠ ܗܠܝܢ ܗܪܣܝܣ ܕܩܕܡܢ ܐܡܪܝܢ. ܠܟܠܗܝܢ ܒܢܬ ܩܝܡܐ ܗܠܝܢ ܕܠܥܕܬܐ ܩܕܝܫܬܐ ܩܬܘܠܝܩܝ ܢܚܬܢ ܗܘܐ ܐܡܝܢܐܝܬ ܘܐܩܝܡ ܒܗܝܢ ܡܠܦܢܝܬܐ ܘܐܠܦ ܐܢܝܢ ܠܡܐܠܢ ܡܕܖ̈ܫܐ. – *ᶜṯad hwo den siᶜṯo la-qroḇo luqḇal halen eresis d-qadman amrin. l-ḵulhen bnoṯo qimo halen da-l-ito qdišto qatuliqi naḥṯan hwe aminaiṯ w-aqim ba-hen malfonyoṯo w-alef enen l-malen madroše:* „Er stellte aber Chöre auf für den Kampf gegen jene Häresien, über die wir vorher gesprochen haben. Unter all den Töchtern des Bundes, die beständig zur heiligen, katholischen Kirche gehen, setzte er Lehrerinnen ein, und er lehrte sie *Madroše* zu singen" (Kap. 31.A).

170 Vgl. Ashbrook, Song, 30: "Hymns… could include congregational participation… or different kinds of performance, as when the female and male choirs sang the dialogue hymns antiphonally. The dialogue hymns in particular may have included elements of liturgical drama. Hymns provided variety in the service.".

171 Vgl. Barsaum, Gebete, 22.

172 Vgl. Cody, l'office divin, 306. Eine Ausnahme bildet das syrisch-orthodoxe Kloster Mor Gabriel im Ṭur Abdin, wo das Mittagsgebet zur Mittagszeit gesondert gebetet wird.

173 Vgl. Barsaum, Gebete, 24 und 55.

174 ܒܝܬ ܓܙܐ ܕܢܥܡܬܐ - *beṯ gazo d-neʿmoṯo* („Schatzhaus der Melodien"), Glane/Losser (NL) 2015.

175 Vgl. Cody, l'office divin, 309.

176 Der Vorhang wird zum Stundengebet – anders als zur sonntäglichen Eucharistie – nur ein einziges Mal geöffnet: und zwar am Ende des dritten *Qawmo* im Nachtgebet nach einem dreifachen ‚Halleluja'; vgl. Aydin, Hymnal, 49.
Dies kann als ein Relikt des kathedralen Offiziums gedeutet werden (vgl. Woolfenden, Prayer, 122).

177 So die Beschreibung eines syrisch-orthodoxen Priesters (Gespräch mit Lahdo Aydin am 24.4.2018).

der Tatsache geschuldet, dass der syrische Kirchengesang generell für zwei Chöre konzipiert ist, die im Wechsel zueinander singen[178]. Nach syrisch-orthodoxer Tradition geht diese Aufteilung in zwei Chöre auf den Kirchenvater Ignatius (68 – 107 n. Chr.) zurück. Die Bezeichnung für einen solchen Chor ist ܓܘܕܐ – *Gudo*, Plural: ܓܘܕܐ̈ - *Gude*[179]. Ein geschulter Priester oder Diakon, der die beiden Chöre anleitet, wird als ܪܝܫ ܓܘܕܐ - *Riš Gudo* (Chorleiter) bezeichnet. Die Sänger heißen ܡܙܡܪܢܐ̈ – *Mzamrone*, die Sängerinnen ܡܙܡܪܢܝܬܐ̈ - *Mzamronyoto*. Soweit es sich um Diakone handelt, heißen sie auch ܡܫܡܫܢܐ̈ – *Mšamšone*[180]. Die beiden Chöre stehen einander an den beiden Tischen gegenüber. Der Chor auf der vom Altar aus gesehen rechten Seite hat eine führende Funktion (genannt *Šuroyo*) und stimmt die Gesänge jeweils an, während der Chor auf der anderen Seite (genannt *Šulomo)* jeweils antwortet. Diese Funktion kann während des Nachtgebets ausnahmsweise auch einmal wechseln[181]. In dieser alternierenden Weise werden die meisten Gebetsgattungen des Stundengebets gesungen, z.B. die *Qole,* die *Boʿwoto,* die *ʿEnyone* und das *Trishagion.* Von beiden Chören gemeinsam gesungen werden einleitende Verse und bestimmte Ausrufe wie ‚*Kyrie eleison*' und ‚*Amen*', ebenso das ‚*Ehre sei Gott in der Höhe*' am Ende des Nachtgebets[182].

Sind nicht mehrere Personen am Stundengebet beteiligt, kann von zwei anwesenden Personen auch jeweils die eine den einen und die andere den anderen Part übernehmen. Unabhängig von der personellen Besetzung ist es üblich geworden, bei den Gebetszeiten einzelne Textpassagen zu überspringen; denn einerseits erfordert der Umfang der zu singenden Texte mehr Zeit, als Gemeindeglieder dafür oftmals aufbringen können, und andererseits sollen die Texte ihren traditionellen Umfang so weit wie möglich behalten. Deshalb wird die melodische Gliederung der Gesänge in *Šuroyo* und *Šulomo* (s.o) so genutzt, dass in der einen Woche der Anfangs- und in der anderen Woche der Schlussteil einer Strophe im Wechsel zwischen den Gesangsparteien gesungen wird[183]. Dass dadurch die inhaltliche Verständlichkeit der gesungenen Texte beeinträchtigt wird, ist für die, die mit dieser Tradition vertraut sind, offensichtlich kein Problem.

Die verschiedenen Textgattungen des *Šḥimo* werden im praktischen Vollzug des Stundengebets unterschiedlich behandelt: Die liturgischen Formeln zu Beginn („Im Namen des Vaters…", „Heilig, heilig, heilig…", „Heilig bist Du, Gott…", „Unser Herr, erbarme Dich…", „Ehre sei Dir, Gott…", „Vater unser im Himmel…") werden von allen Beteiligten jeweils leise vor sich hin geflüstert[184]. Die prosaischen Gebete *Ṣluṯo d-šuroyo* (Anfangsgebet) und *Ḥutomo* (Schlussgebet) werden nur vom Priester gesprochen[185], während die poetischen Gebete *Mazmuro* (Psalm), *Quqaliyun* (Zyklus), *Mawrbo* (Magnificat), *ʿEnyono* (Antwortgesang), *ʿEqbo* (Schlussvers), *Qolo* (Hymnus), *Taḵšefto* (Fürbitte) und *Bōʿuṯo* (Bittgebet) von

Nach Beobachtung des Autors können auch ein Priester und ein geschultes Gemeindeglied zu zweit eine Gebetszeit halten, wobei sie sich im Gesang abwechseln. Dann stehen sie allerdings beide am ‚Tisch der Propheten' vom Altar aus gesehen rechts.

178 Vgl. Aydin, Hymnal, 27. Dies gilt für sämtliche liturgische Gesänge der syrischen Tradition; vgl. ebd., 48.

179 Das zugrunde liegende Verb ܓܕܐ – *gdo* bedeutet u.a. „aufsteigen"; vgl. Payne-Smith, Dictionary, 60.

180 Vgl. Aydin, Hymnal, 48. Vgl. auch Cody, l'office divin, 309/310, demzufolge es sogar zwei Chorleiter gibt.

181 Vgl. Aydin, Hymnal, 48/49.

182 Vgl. Cody, l'office divin, 310.

183 Vgl. Habil, Théologie, 135.

184 Vgl. Cody, l'office divin, 312.

185 Vgl. Husmann, Melodien 1969, 180 und Baumstark, Ferialbrevier 1902, 413/414.

den anwesenden Chorsänger/innen im Wechsel gesungen werden. Eine Sonderstellung haben *Prumyun* (Vorwort) und *Sedro* (Ordnung), deren virtuos-musikalische Vortragsweise dem Priester oder Diakon völlig freigestellt ist[186].

Die poetischen Gebete werden auf unterschiedliche Weise gesungen: Während ein *Mazmuro* als Bibeltext in einem Lektionston rezitiert wird[187], wird ein *Quqaliyun* – obwohl es sich auch um Psalmverse handelt – ebenso wie die hymnischen Gattungen *Mawrbo*, *ʿEnyono*, *ʿEqbo* und *Boʿuṯo* nach dem vorgegebenen Achtwochenrhythmus im Wechsel der paarweise angeordneten Kirchentöne gesungen[188]. Dies geschieht im *Šḥimo* allerdings nur zu den ‚kleinen Gebetszeiten' *da-ṯloṯšoʿin* (Gebet zur dritten Stunde), *d-felgeh d-yawmo* (Gebet zur Mitte des Tages) und *da-ṯšaʿšoʿin* (Gebet zur neunten Stunde) sowie im Nachtgebet (*Lilyo*). Zu den ‚großen Gebetszeiten' *Nogah* (Abendgebet) und *Ṣafro* (Morgengebet) sowie im Schutzgebet zur Nacht (*Sutoro*) werden die Hymnen nach einer gleichbleibenden Ordnung der acht Kirchentöne gesungen, die für jeden Wochentag feststeht[189]. Eine weitere Besonderheit gilt für die hymnische Gattung des *Qolo* im Abend- und Morgengebet: Er wird nach einfachen Wochentagsmelodien gesungen, die *Gušme* („Körper") heißen[190]. Bei diesen *Gušme* soll es sich im Vergleich zu den klassischen *Qinoṯo* um ältere Melodien handeln[191], in denen sich eine enge Verbindung zum natürlichen Sprachrhythmus erhalten habe[192].

Die unterschiedliche Behandlung der Gebetsgattungen zieht einen Tonartenwechsel nach sich, der nur im Vollzug des Stundengebets zu beobachten ist[193]. In der Praxis zeigt ein Diakon dem Priester die Tonart dadurch an, dass er die liturgische Formel *Sṭawmenqalus kuryelayson* in der jeweils neuen Tonart anstimmt[194].

---

186 Vgl. Husmann, Melodien 1969, 181.
187 Vgl. Nieten, Metrum, 280.
188 Vgl. Nieten, Metrum, 282.
189 Vgl. Nieten, Metrum, 275/276. Vgl. auch Husmann, Melodien 1969, 189: Abend- und Morgengebet haben jeweils zwei Tonarten, die zwischen dem ersten und dem zweiten *Qolo* wechseln; das Schutzgebet für die Nacht wird jeweils in der zweiten Tonart des vorausgehenden Abendgebetes gesungen.
190 Vgl. Husmann, Melodien 1969, 189.
191 Vgl. Husmann, Melodien 1971, 255.
192 Vgl. Nieten, Metrum, 368.
193 Vgl. Nieten, Octoechos, 119.
194 Vgl. G. Aydin, Hymnal, 41.

3 Das *Šḥimo* in seinem geschichtlichen Kontext

3.1 Das poetische Profil des *Šḥimo*

3.1.1 Das kathedrale Offizium von Jerusalem als liturgiegeschichtlicher Ausgangspunkt

Das syrisch-orthodoxe Stundengebet weist in Form und Inhalt Eigenschaften eines liturgischen Gemeindegebetes auf; insbesondere die in die Psalmen und Hymnen eingeschobenen Antwortgesänge weisen darauf hin[1]. Es wird deswegen dem kathedralen Typus des Stundengebetes zugeordnet[2]. Bei der Suche nach einem liturgiegeschichtlichen Ausgangspunkt, von dem aus das poetische Profil des *Šḥimo* angemessen beschrieben werden kann, ist zu bedenken, dass es ein liturgisches Gemeindegebet erst gab, nachdem Jerusalem durch die Bemühungen Kaiser Konstantins im 4. Jahrhundert „ein wichtiges liturgisches Zentrum des Orients geworden"[3] war. In der von Konstantin dem Großen erbauten Grabeskirche fand das kathedrale Stundengebet seine erstmalige Ausprägung, die zum Ausgangspunkt für die Stundengebete dieses Typus wurde[4]. Der Pilgerbericht der Egeria vom Ende des 4. Jahrhunderts ist für die Gestalt des kathedralen Offiziums in Jerusalem im 4. Jahrhundert eine bedeutsame Quelle[5]. Die Psalmen und Hymnen des Jerusalemer Kathedraloffiziums wurden in griechischer Sprache gesungen und für die weniger gebildete Bevölkerung auf Aramäisch übersetzt[6]. Die Jerusalemer Liturgie erfuhr in den folgenden Jahrhunderten eine zunehmende Byzantinisierung, die erst im 10. Jh. ihren Abschluss fand[7]. Diese byzantinische Ausprägung des Stundengebets unterscheidet sich in wesentlichen Punkten von derjenigen der syrischen Tradition. Insofern ist es naheliegend, für eine Beschreibung des poetischen Profils des syrisch-orthodoxen Stundengebets seine palästinisch-hellenistische Ausprägung in Jerusalem als Ausgangspunkt heranzuziehen und dann die davon ausgehenden Umprägungen des Offiziums durch die byzantinische Tradition einerseits und durch die syrisch-orthodoxe Tradition andererseits einander gegenüberzustellen. So tritt das poetische Profil des syrisch-orthodoxen

---

1 Vgl. Leeb, Gesänge, 33.

2 Vgl. die Feststellung von Rolf Zerfass, „daß uns in der westsyrischen Offiziumsordnung für Matutin und Vesper in seltener Reinheit ein Kathedraloffizium erhalten ist"; Kathedraloffizium, 109. Dabei beruft er sich auf Anton Baumstark (vgl. dessen Betonung der Nähe zum frühchristlichen Offizium Jerusalems, Festbrevier, 119/120, 136, 155, 158).

3 Leeb, ebd., 22.

4 Vgl. Nieten, Syrische Kirchenmusik, 190.

5 Vgl. Taft, Liturgy of the Hours, 48: "We are richly informed on the pristine hagiopolite liturgy through the marvelously detailed account in the diary of the Spanish pilgrim nun Egeria, who trekked through the Holy Land stational services between 381-384… Together with the *Apostolic Constitutions*, this travel diary is the most important single document for the state of the Christian liturgy at the end of the fourth century."

6 Vgl. Baumstark, Werden der Liturgie, 98.

7 Vgl. Leeb, Gesänge, 22.

Stundengebets deutlich zutage. Die Einbeziehung des historischen Kontextes bietet zudem die Möglichkeit, die jeweiligen Ausprägungen des Stundengebets als spezifische Arten einer Reaktion auf bestimmte historische Faktoren zu verstehen. So werden die Eigenschaften des poetischen Profils des *Šḥimo* zu Indizien für kirchliche Leitmotive, die auf einem bestimmten historischen Hintergrund für seine Ausprägung eine wichtige Rolle gespielt haben.

3.1.2 Die Überlieferung der vorbyzantinischen Gestalt des Jerusalemer Offiziums

Die Gottesdienstordnung für die Grabeskirche zu Jerusalem ab dem 4. Jahrhundert ist in ihrer ursprünglich griechischen Fassung nicht überliefert[8]. Gleichwohl gibt es historische Quellen, aus denen die liturgische Praxis in der Grabeskirche indirekt erschlossen werden kann[9]. Eines der ältesten Zeugnisse dafür ist der Pilgerbericht der Nonne Egeria vom Ende des 4. Jahrhunderts. Darin beschreibt sie die liturgische Praxis der Gottesdienste und Stundengebete in der Grabeskirche zu Jerusalem[10]. Abgesehen von dieser „deskriptive(n) Quelle“[11] gibt es aus dem 5. bis 8. Jahrhundert überlieferte Kirchenordnungen, die als Übersetzungen eines ihnen zugrunde liegenden, aber verlorengegangenen ‚Jerusalemer Lektionars‘ gelten: ein Armenisches, ein Syrisches und ein Georgisches Lektionar[12]. Letzteres gilt als für die Überlieferung der Jerusalemer Liturgie ab dem 4. Jahrhundert besonders bedeutsam[13] und enthält neben der

8 Vgl. Leeb, Gesänge, 32.

9 Vgl. Galadza, Byzantinisation, 33: “we have comparatively early and abundant knowledge of liturgical practices at the Holy Sepulchre in Jerusalem. This knowledge comes from the *Mystagogical Catecheses* attributed to Cyril of Jerusalem, from the travel diary of the pilgrim Egeria, and from lectionaries and hymnals extant today in Armenian and Georgian translation, their complete Greek originals having been lost.”.

10 Vgl. Röwekamp, Egeria – Itinerarium – Reisebericht, 1995, 224ff: Egeria erwähnt die Grabeskirche („Anastasis“) als Ort täglicher Stundengebete, zu denen sich nicht nur Mönche und Nonnen („monazontes et parthene“), sondern auch andere Männer und Frauen („et laici… viri aut mulieres“) versammeln. Sie benennt als Gebetsgattungen Hymnen, Psalmen und Antiphonen („ymni et psalmi responduntur, similiter et antiphonae“) sowie die Rollenverteilung zwischen Priestern („presbyteri“), Diakonen („diacones“) und Mönchen beim Gebet. Als Aufgabe des (später hinzukommenden) Bischofs („episcopus“) nennt sie die Fürbitte („dicet orationem“) und den Segen („benedicet fideles“).

11 Meßner, Einführung, 39.

12 Vgl. die Datierung bei Baumstark, Perikopenordnungen, 172: „Wir besitzen an A [Armenisches Lektionar], S [Syrisches Lektionar] und G [Georgisches Lektionar]… drei Rezensionen althierosolymitanischer Perikopenordnung, deren Urgestalt man der Reihe nach etwa auf die drei Jahrzehnte 460-470, 520-530 und frühestens 640-650 wird datieren dürfen. Jener Urgestalt steht in seiner vorliegenden Form vielleicht G verhältnismäßig am nächsten, S im großen und ganzen jedenfalls am fernsten.“ Die Datierung der drei Lektionare variiert zwar relativ stark (insbesondere die des Georgischen Lektionars zwischen dem 7. und dem 10. Jahrhundert), aber die Reihenfolge nach Alter wird zumindest gleich eingeschätzt: Das Armenische gilt als die älteste, das Syrische als die zweitälteste und das Georgische als die jüngste Übersetzung des Jerusalemer Lektionars (vgl. Zerfass, Kathedraloffizium, 56f zum Armenischen, Burkitt, Lectionary System, 2 zum Syrischen und Leeb, Gesänge, 26/27 und 30 zum Georgischen Lektionar). Letzteres gilt also als „der letzte Zeuge einer eigenständigen, „vorbyzantinischen“ Stadtliturgie Jerusalems“ (Leeb, Gesänge, 23).

13 Vgl. die Hypothese von Leeb, Gesänge, 32/33: „das verlorengegangene griechische Lektionar der Kirche von Jerusalem, das nur in einer georgischen Übersetzung erhalten ist, enthält die Gottesdienstordnung der heiligen Stadt vom 5.-8. Jahrhundert. Aus einem griechischen Urlektionar, das vielleicht dem Armenischen Lektionar sehr ähnlich war, hatte sich im Verlauf von vier Jahrhunderten durch Hinzufügungen und Neukomposition jenes Kirchenlektionar entwickelt, das uns noch heute in vier Handschriften P, L, S und Ka des sogenannten Georgischen Lektionars erhalten ist“.

Leseordnung für die Gottesdienste unter anderem auch die Liturgie der Stundengebete[14]. Es soll durch georgische Mönche im griechisch-orthodoxen Kloster Mar Saba im Kidrontal in der Nähe von Bethlehem aus dem Griechischen ins Georgische übersetzt worden sein[15]. Dieses Kloster bekam in Folge der Eroberung Jerusalems durch die muslimischen Perser im Jahre 614 für die Orthodoxie besondere Bedeutung, weil es als neues liturgisches Zentrum an die Stelle der verlorenen Heiligen Stadt Jerusalem trat[16].

Das Georgische Lektionar gilt folglich als vorrangige Quelle für die Liturgie und somit auch für das Stundengebet in der Grabeskirche kurz nach der islamischen Eroberung Jerusalems und des Heiligen Landes im 7. Jahrhundert[17], auch wenn die überlieferten Handschriften nur bis in das 8. Jahrhundert zurückgehen[18].

3.1.3 Das poetische Profil des syrisch-orthodoxen Offiziums

3.1.3.1 im Vergleich zum Offizium Jerusalems

Art und Aufbau der poetischen Gesangsformen des Jerusalemer Offiziums im 7. Jahrhundert, soweit sie in der Übersetzung des Georgischen Lektionars erkennbar sind, zeigen viele Ähnlichkeiten mit dem syrisch-orthodoxen Stundengebet: Neben den biblischen Psalmen findet eine Vielzahl von Formen liturgischer Dichtung Verwendung, die auf unterschiedliche Weise metrisch gegliedert sind[19]. Sie haben eine responsorische Struktur, die sich noch in der Zeit zwischen dem 7. und dem 10. Jahrhundert von eingefügten Psalmversen über selbst gedichtete Responsorien bis hin zu einem antiphonalen Gesang entwickelt hat[20]. Die poetischen Gattungen bilden eine Grundstruktur, die im syrisch-orthodoxen Stundengebet ebenfalls erhalten geblieben ist: So besteht die Vesper stets aus Psalmodie, Hymnus und Gebeten[21].

---

14 Vgl. Leeb, Gesänge, 24 (sogenannte „Kommuneoffizien"). Das Armenische und das Syrische Lektionar enthalten dagegen ausschließlich die Ordnung der biblischen Texte für die Gottesdienste (vgl. Baumstark, Denkmäler, 9).

15 Vgl. Leeb, Gesänge, 31.

16 Vgl. McGuckin, Poetry, in: OHECS, 652. Das Kloster Mar Saba war ein mehrsprachiges byzantinisch-orthodoxes Kloster, in dem die Stundengebete nach Sprachen voneinander getrennt und die Gottesdienste gemeinsam auf Griechisch gehalten wurden; vgl. Baumstark, Werden, 98.

17 Vgl. Baumstark, Denkmäler, 8.

18 Vgl. Galadza, Byzantinisation, 67.

19 Vgl. Leeb, Gesänge, 34.

20 Vgl. Leeb, Gesänge, 35: „… ist das Georgische Lektionar auch ein Zeuge für die *Entwicklung* der verschiedenen *Gesangsformen*… in einigen responsorischen Gesangsformen wird der psalmodische Refrain durch einen poetischen ersetzt und daneben gibt es in ihm auch schon deutliche Belege für den antiphonalen Gesang." Der psalmodische Refrain hat nach Leeb folgende Entwicklung erfahren: „Im ersten Stadium wird ein ganzer Psalm responsorisch vorgetragen worden sein. Im Zuge einer ersten Abkürzung werden dann seit einer bestimmten Zeit von einem Psalm nur mehr einige Verse gesungen, von denen schließlich am Ende dieser Entwicklung nur noch ein einziger Vers übrigblieb. Von allen drei Etappen dieser Entwicklung haben sich im georgischen Lektionar Spuren erhalten." (ebd., 170).

21 Vgl. Leeb, Gesänge, 145/146: „… werden im Lektionar drei Grundelemente dieser liturgischen Abendfeier erwähnt: der Vesperpsalm 140, der Abendhymnus „φῶς ἱλαρόν" und abschließende Gebete. Diese Grundstruktur ist dieselbe, die im 4. Jahrhundert für die Gemeindevesper Antiochiens durch die apostolischen Konstitutionen und für denselben Gottesdienst in Jerusalem durch die Pilgerin Egeria beschrieben wird." Gemeint ist Ps. 141 (LXX: Ps. 140).

Hinsichtlich der Verwendung biblischer Psalmen zeigen sich zunächst Gemeinsamkeiten: Der in den Offizien verschiedener kirchlicher Traditionen weit verbreitete Abendpsalm 141 (incipit: „HERR, ich rufe zu Dir…") leitet sowohl im Jerusalemer als auch im syrisch-orthodoxen Offizium die erste Psalmodie der Vesper ein[22]. Auch ist er in beiden Offizien (so wie in anderen Traditionen auch) mit responsorischen Versen versehen[23]. Diese Antwortgesänge haben ab dem 5. Jahrhundert offensichtlich eine starke Veränderung erfahren: Aus einem Vergleich des armenischen (5. Jh.) mit dem georgischen Lektionar (7. bis 10. Jh.) geht hervor, dass sie seit dieser Zeit nicht mehr ausschließlich responsorisch, sondern auch antiphonal gesungen wurden und nicht mehr nur aus biblischen Psalmversen, sondern auch aus selbst gedichteten Strophen bestanden[24]. Die Antwortgesänge in der Psalmodie des syrisch-orthodoxen Stundengebets (ܥܢܝܢܐ – *ʿEnyone*) werden ausschließlich responsorisch gesungen, sie bestehen aber auch aus selbstgedichteten Versen[25]. Die „Einführung eines poetischen Refrains" in den Gesang der Psalmodie im kathedralen Stundengebet Jerusalems und seine zunehmende Ausgestaltung dienten dazu, dass die ganze Gemeinde am Psalmengesang aktiv beteiligt sein und der Inhalt der christlichen Glaubenslehre auf diese Weise verständlich und einprägsam vermittelt werden konnte[26]. Das reichliche Vorhandensein poetischer Responsorien in der Psalmodie des syrisch-orthodoxen Stundengebets und seine umfangreiche hymnische Dichtung lassen darauf schließen, dass sich darin das katechetische Motiv des kathedralen Stundengebets bis heute erhalten hat. Die Entwicklung zum antiphonalen Psalmengesang ab dem 7. Jahrhundert wurde allerdings nicht mitvollzogen.

Aus den responsorischen Stücken im Rahmen der Psalmodie, die im Syrischen ܥܢܝܢܐ – *ʿEnyone* und im Griechischen ὑπακοή - *Hypakoi* genannt werden, entwickelten sich im Laufe der Zeit selbständige Hymnen[27], die auch Bestandteile des Jerusalemer Stundengebets waren.

22 Vgl. Leeb, Gesänge, 147/148: Psalm 140 ist Bestandteil der Vesper „in allen orientalischen Riten, die von Jerusalem ihren Ausgang nahmen… Dies ist der Fall im byzantinischen, syrischen, maronitischen, chaldäischen und armenischen Ritus. Nach dem Zeugnis der Egeria wurden in Jerusalem schon am Ende des 4. Jahrhunderts mehrere „psalmi lucernares" zur Vesper gesungen. Diese Tradition hat sich in den vorher angeführten orientalischen Riten erhalten, da in ihnen zu Psalm 140 noch zwei bis drei Psalmen hinzugefügt werden, von denen aber lediglich noch Psalm 141 in allen Riten anzutreffen ist." Hier handelt es sich um die Psalmenzählung der LXX, also um die Psalmen 141 und 142.

23 Vgl. Leeb, Gesänge, 148: „Im byzantinischen, syrischen und chaldäischen Ritus wird heute zu Psalm 140 und seinen Begleitpsalmen eine Reihe von poetischen Strophen gesungen, die in griechischer Terminologie „στιχηρά…" und in syrischer „ᶜenyono" oder „qanona" heißen." und ebd., 149: „Diese Kehrverse dürften aus Jerusalem stammen und die alte Aufführungsweise der Vesperpsalmen in responsorischer Psalmodie anzeigen."

24 Vgl. Leeb, Gesänge, 276: „Während in seinem Vorläufer, dem Armenischen Lektionar, nur die responsorische Psalmodie klar bezeugt wird, ist im Georgischen Lektionar neben dieser Gesangsform auch schon die antiphonale und direkte Psalmodie anzutreffen. Am Ende des 5. Jahrhunderts dürfte es im Gemeindegottesdienst von Jerusalem zu großen Änderungen gekommen sein… neue Gesangstexte werden in die Liturgie eingeführt, indem in der Psalmodie der psalmodische Refrain durch einen poetischen ersetzt wird."

25 Vgl. z.B. den Psalm 63 mit *ʿEnyono* im Morgengebet, ܟܬܒܐ ܕܫܚܝܡܐ (*ktobo da-šḥimo*), 58-60.

26 Vgl. Leeb, Gesänge, 277/78.

27 Vgl. Leeb, Gesänge, 158/159: „… ist in jenen Teilen des byzantinischen Morgengottesdienstes, die aus Palästina stammen, der Gesang eines Hypakoi zu finden. In Konstantinopel hatte sonst der gleiche Gesang den Namen „Troparion" erhalten… Das jerusalemitanische Hypakoi hingegen wurde in der syrischen Kirche, die viele liturgische Bräuche von Jerusalem übernommen hatte, mit „ᶜenyono" übersetzt… Folgerichtig ist dann der Begriff Hypakoi in einer musikalisch-liturgischen Fachsprache die Bezeichnung für den Refrain bei einer responsorischen Singweise geworden.".
Zum Bedeutungswandel des Begriffs ὑπακοή - *Hypakoi* vgl. auch Nikolakopoulos, Hymnographie, 72.

In einer Erzählung über die Begegnung der Jerusalemer Äbte Johannes und Sophronius mit dem Eremiten Nilus am Berg Sinai, die vermutlich aus dem 7./8. Jahrhundert stammt, äußern jene ihre Verwunderung darüber, dass die ägyptischen Mönche in ihren Stundengebeten keine Hymnen singen. Dabei werden verschiedene Hymnengattungen erwähnt, die in der Liturgie Jerusalems Verwendung fanden, unter anderem das τρισάγιον – *Trishagion*[28]. Dieser Hymnus war Teil des Stundengebets und hat sich bis heute in der syrischen und in der griechischen Tradition erhalten[29]. Der Hymnus φῶς ἱλαρόν – *Phos Hilaron* (Freundliches Licht) war ebenfalls Teil der Jerusalemer Vesper[30]. Er findet sich allerdings nicht im syrisch-orthodoxen Stundengebet[31].

Biblische Lesungen waren zu keiner Zeit ein konstitutiver Bestandteil des Stundengebets Jerusalems oder der orientalischen Kirchen[32]. Eine Ausnahme bilden das koptische und das äthiopische Stundengebet[33], in denen die *„lectio continua"* des ägyptischen Mönchtums deutliche Spuren hinterlassen hat[34]. Auf diese monastische Tradition Ägyptens ist das reichliche Vorhandensein biblischer Lesungen im Stundengebet der westlichen Kirchen zurückzuführen[35]. Der ursprüngliche Sinn des kathedralen Stundengebets war es jedoch nicht, die Heilige Schrift auszulegen, sondern den dreieinigen Gott als versammelte Gemeinde zu loben und anzuflehen[36]. Zwar gab es in der Überlieferung des Jerusalemer Offiziums eine Entwicklung hin zur Aufnahme von Schriftlesungen in die Vesper während der Fastenzeit[37] und in

28 Vgl. Galadza, Byzantinisation, 58/59.

29 Vgl. Leeb, Gesänge, 180.

30 Vgl. Taft, Byzantine Office, 343.

31 Der Psalm 119 (LXX: 118), 105ff anstelle von Psalm 130 (LXX: 129) als Abendpsalm ist möglicherweise ein Ersatz für den Licht-Hymnus; vgl. Woolfenden, Prayer, 58.

32 Vgl. Zerfass, Kathedraloffizium, 114: „Abgesehen vom monastischen Stundengebet der Kopten ist der überwiegende Teil des orientalischen Offiziums lesungsfrei. Denn im ursprünglichen ostsyrischen Liturgiekreis ist die Lesung dem Offizium völlig unbekannt; in den vier Riten des westsyrischen Typus aber ist mit dem gesamten Ferialoffizium immer noch der größere Teil des Jahres von einem Stundengebet geprägt, dem die Lesung fehlt. Daraus folgt: 1) Im Orient ist die Lesung kein konstitutives Element des Stundengebets... 2) Diesem Charakteristikum des gegenwärtigen orientalischen Offiziums korrespondiert am Anfang seiner Geschichte in Jerusalem ein ebenso lesungsfreies Stundengebet...".

33 Vgl. ebd., 175.

34 Vgl. ebd., 179: „am Ursprung der östlichen Offiziumslesung steht die ausgewählte Schriftlesung, am Ursprung der westlichen Offiziumslesung die lectio continua, und dieser Unterschied ist darauf zurückzuführen, daß die östliche Offiziumslesung aus dem Lesegottesdienst der Gemeinde, die westliche dagegen aus der familiären Lebensgemeinschaft des Klosters erwachsen ist."

35 Vgl. ebd., 178: „Zur Erklärung der westlichen Lesepraxis wird man in erster Linie auf die Verwandtschaft des westlichen Lesebrauchs mit dem der Kopten und Äthiopier achten müssen... Diese auffällige Übereinstimmung zwischen römischem und ägyptischem Brauch erklärt sich sofort, wenn man als gemeinsame Basis die Offiziumspraxis des ägyptischen Mönchtums ansetzen darf, die Cassian in den Westen vermittelt hat... die westliche Offiziumslesung ist nicht auf kathedralen, sondern auf monastischen Brauch zurückzuführen." Dass das mit dem *Šḥimo* nah verwandte maronitische Stundengebet im Gegensatz zu jenem in der Vesper viele biblische Lesungen aufweist (vgl. Woolfenden, Prayer, 152), ist offensichtlich auf den nachträglichen römisch-katholischen Einfluss zurückzuführen.

36 Vgl. Zerfass, Kathedraloffizium, 175.

37 Vgl. ebd., 65 u. 67: „So legt das AL [Armenische Lektionar] nahe, daß sich bereits ein bis zwei Generationen nach Egeria der Lesegottesdienst und die Vesper der Fastenzeit miteinander in der Art verschmolzen haben, daß der Lesegottesdienst des frühen Nachmittags in die Vesper als deren zweiter Hauptteil eingegangen ist... Die Fastenperikopen des AL werden... sämtlich vom GK [Georgisches Kanonar] übernommen... Die Lesungen sind also zu einem festen Bestandteil aller Fastenvespern geworden, zu

Verbindung mit Sonn- und Feiertagen[38], aber das blieb die Ausnahme[39]. Später entwickelte sich – auch in der syrischen Tradition – ein Festoffizium für die Sonn- und Feiertage, zu dessen Ablauf Schriftlesungen fest dazugehörten[40]. Bis heute dient das Stundengebet der Ostkirchen in erster Linie der gemeinsamen Anbetung und der Fürbitte und nicht der Verkündigung des biblischen Wortes[41]. Diese Eigenschaft des kathedralen Offiziums zeigt sich auch im *Šḥimo*. Eine Abhängigkeit vom Jerusalemer Offizium kann allerdings nur vermutet werden[42].

3.1.3.2 im Vergleich zum byzantinischen Offizium

Das byzantinische Stundengebet kennt dieselben Gebetszeiten wie das syrisch-orthodoxe[43] und fasst sie ebenfalls zu einer morgendlichen und einer abendlichen Gebetszeit zusammen[44]. Die Singweisen beider Offizien unterscheiden sich deutlich voneinander: Im byzantinischen Kirchengesang steht die Melodieführung im Vordergrund[45], während in der syrischen Kirchenmusik der Rhythmus eine wesentliche Rolle spielt. Für die Entwicklung des Stundengebets besonders interessant ist die Tatsache, dass im Kontext des kathedralen Stundengebets Jerusalems zwei zunächst einander fremde (kirchen-)musikalische Traditionen eine Verbindung miteinander eingegangen sind, die beide Seiten nachhaltig verändert hat: Der byzantinische Kirchengesang – zunächst von der klassisch griechischen Poesie geprägt, die lange und kurze Silben voneinander unterschied – hat schließlich die rhythmische Metrik des syrischen Kirchengesangs übernommen und seine kirchliche Dichtung fortan in dieser neuen Art der Dichtkunst komponiert. So entstanden Kirchengesänge mit griechischen Texten in der Gestalt syrischer Poesie[46]. Ein wichtiger Vertreter dieser neuen byzantinischen Kirchenlied-

ihrem Charakteristikum gegenüber dem übrigen Kirchenjahr."

38 Vgl. Baumstark, Nocturna Laus, 87: „An Weihnachten, Epiphanie und Ostern, vereinzelt aber auch am Palmsonntag und Gründonnerstag und an besonders hervorragenden Heiligenfesten erscheint ein variables Nachtevangelium im westsyrischen RITUS DER JAKOBITEN BZW. DER UNIERTEN SYRISCH-ANTIOCHENISCHEN KIRCHE."

39 Vgl. Zerfass, Kathedraloffizium S. 55: „allerdings finden sich an einzelnen Orten in der Vesper am Samstag und Sonntag sowie im Morgengottesdienst des Sonntags Ansätze, das Offizium durch Lesungen auszuzeichnen. Doch ist wohl zu beachten, daß es sich um Ausnahmen handelt, die keineswegs gestatten, die Schriftlesung generell als Charakteristikum des Kathedraloffiziums zu betrachten."

40 Vgl. ebd., S. 104: „Aus ihnen entwickelt sich nun seit dem 5. Jahrhundert ein dritter, gemischter Typ, der… sich allgemein durchsetzt und großer Wertschätzung erfreut: das Festoffizium." In der maronitischen Tradition ist dagegen das sonntägliche Offizium Teil des wöchentlichen Offiziums; vgl. Woolfenden, Prayer, 153.

41 Vgl. Zerfass, Kathedraloffizium, 55.

42 Vgl. ebd., 115.

43 Vgl. Husmann, Troparion, 10-17.

44 Vgl. Taft, Liturgy, 283.

45 Vgl. Husmann, Oktoechos, 68: „Der augenfälligste Unterschied beider Melodien liegt darin, daß die syrische Melodie weitgehend auf einem Ton rezitiert, während die byzantinische eine differenzierte Melodielinie zeigt." Husmann erkannte nicht den vorwiegend rhythmischen Charakter des syrischen Kirchengesangs (vgl. Nieten, Metrum, 273).

46 Vgl. Baumstark, Werden, 107: „Gemeinsam ist allen Gattungen syrischer Kirchendichtung eine und dieselbe Metrik, die auf Silbenzählung und der Beobachtung des Worttones beruht. Diese neue rhythmische Metrik hat eine Schritt für Schritt von der älteren aramäischen Schwester abhängige, aber mit dem Reichtum hellenischen Geistes rasch sie überflügelnde liturgische Poesie in griechischer Sprache an die Stelle der quantitierenden Verskunst der Antike gesetzt."

Dichtung, Romanos, vereinigte beide Traditionen in seinen poetischen Werken und auch in seiner persönlichen Biographie miteinander[47].

Das System der acht Kirchentöne ist sowohl in der griechischen (ὀκτώηχος – *Oktoechos*) als auch in der syrischen Tradition (ܬܡܢܝܐ ܩܝܢܝ̈ܬܐ – *Tmone qinoṯo*) in Gebrauch, ebenso wie die Verwendung von Beispielmelodien im Rahmen der acht Kirchentöne[48]. Beide Systeme haben eine große Nähe zueinander, weil der griechische Oktoechos im syrischsprachigen Raum entstanden ist[49]. Die Zuordnung der Kirchentöne zu den Zeiten des Kirchenjahres ist zumindest ähnlich: In beiden Systemen werden die acht Töne den Wochen des Kirchenjahres der Reihe nach zugeordnet, während dies im lateinischen System der acht Modi willkürlich geschieht[50]. Im griechischen *Oktoechos* erfolgt die Zuordnung allerdings der Reihe nach von 1 bis 8[51], im syrischen *Tmone qinoṯo* geschieht sie dagegen der Reihe nach paarweise[52]. In beiden Traditionen werden den acht Kirchentönen in erster Linie die Hymnen zugeordnet[53]. Der wesentliche Unterschied zwischen dem syrischen und dem byzantinischen Achttonsystem ist, dass sich die Kirchentöne im *Oktoechos* vor allem in ihren melodischen Formeln und in den syrischen *Tmone qinoṯo* in erster Linie durch ihre rhythmische Gestaltung voneinander unterscheiden[54].

Die dem kathedralen Typus des Stundengebets eigene Auswahl der Psalmen entsprechend der Tageszeit[55] zeigt sich besonders deutlich im Stundengebet der syrisch-orthodoxen Kirche. Die Psalmen stimmen zum Teil mit dem byzantinischen Stundengebet überein: So werden in beiden Traditionen am Abend die Psalmen 141, 142 und 117 und am Morgen die Psalmen 50 und 63 gebetet. Die Laudes-Psalmen 148-150 kommen ebenso in den Stunden-

47 Vgl. Thurn, Hymnentexte, 60: „Die literarischen Kunstmittel der religiösen Lieddichtung gehen in vielen Dingen auf die syrische Kunst zurück. So war auch ein syrischer Jude, Romanos, der bedeutendste Hymnendichter der orthodoxen Kirche."

48 Vgl. ebd., 55: „die Musterstrophe ‚Hirmos' bestimmte die Struktur der übrigen Strophen".
Vgl. Aydin, Hymnal, 35: „The entire chant tradition that is formed through various hymn types (including the key hymns that define the eight modes) and prayers, contained in all liturgical books, are chanted according to the "model stanzas" of the chants found in the *Beth Gazo,* without which the cleric cannot perform any liturgical duties."

49 Vgl. Floros, Musik, 159: „Der Urheber des Oktoechos ist *Johannes von Damaskus* nicht. Diese Sammlung liturgischer Gesänge geht nämlich auf den monophysitischen Patriarchen *Severus von Antiochien* (512-519) zurück… Wenn nun dem Johannes von Damaskus zwar nicht die Urheberschaft des Oktoechos zufällt, so erwarb er sich doch das Verdienst, diese Gesänge gesammelt, geordnet und dem byzantinischen Ritus adaptiert zu haben."

50 Vgl. Nieten, Orientalische Kirchenmusik, 231.

51 Vgl. Floros, Musik, 159: „Dieses Buch [der *Oktoechos*] enthält die veränderlichen Texte des Abend-, Morgen- und des Hauptgottesdienstes, und zwar ist jeweils jeder Woche eine Tonart zugeteilt, so daß daraus eine Periode von acht Wochen resultiert. So werden in der ersten Woche die Gesänge im ersten Echos gesungen, in der zweiten im zweiten usf., bis die Periode durchlaufen ist, die dann wieder von vorn beginnen kann."

52 Vgl. Aydin, Hymnal, 40.

53 In der lateinischen Tradition sind sie den Antiphonen zugeordnet; vgl. Nieten, Orientalische Kirchenmusik, 231.

54 Vgl. Nieten, Metrum, 273. Heinrich Husmann verkennt dagegen diese Bedeutung des Rhythmus für das syrische Kirchentonsystem: „… da melodische Formeln, eben vor allem die Schlußformeln, sowohl für die byzantinischen wie für die syrischen Kirchentonarten kennzeichnend sind, also das Wesen der acht Modi des *Oktoëchos* bestimmen." (Ders., Oktoechos, 71).

55 Vgl. Taft, Liturgy, 54.

gebeten beider Traditionen vor[56], sind im syrisch-orthodoxen *Šḥimo* allerdings – so wie auch im maronitischen *Šḥimto* – nicht Teil des Morgen-, sondern des Nachtgebets[57]. Ansonsten zeichnet sich aber das byzantinische Stundengebet– ebenso wie das Stundengebet der ostsyrischen Kirche – dadurch aus, dass darin auch die übrigen Psalmen vollständig gelesen werden. Dies geschieht in beiden Traditionen vor allem während des Nachtgebets in Gestalt größerer Abschnitte (*Kathismata*)[58]. Das syrisch-orthodoxe Stundengebet dagegen verzichtet auf ein vollständiges Lesen der Psalmen und verwendet stattdessen frei gedichtete Hymnen[59]. Außer den bereits genannten Psalmen kommt im Abendgebet ein Ausschnitt aus Psalm 119 (Verse 105-112) und im Morgengebet der Psalm 113 vor. Darüber hinaus werden Ausschnitte aus einzelnen Psalmen im sogenannten ܩܘܩܠܝܘܢ - *Quqaliyun* (Psalmen-Zyklus) zitiert, der Bestandteil des Abend- und Morgen-, aber auch des Nachtgebetes ist. Die übrigen Psalmen kommen nicht vor. Auch wenn es in einzelnen Ausgaben des byzantinischen Stundengebets Anlehnungen an dieses typische Merkmal des kathedralen Stundengebets gegeben hat[60], bleibt diese reduzierte Verwendung der biblischen Psalmen ein typisches Merkmal des syrischen Stundengebets. Dadurch steht das *Šḥimo* in einer auffälligen Nähe zum ursprünglich kathedralen Stundengebet Jerusalems[61].

Der liturgische Vollzug der Psalmodie ist in beiden Stundengebeten davon bestimmt, dass die Psalmverse durch Antwortrufe unterbrochen und abgeschlossen werden – so wie auch bereits im kathedralen Stundengebet Jerusalems. Diese hymnischen Verse werden in der byzantinischen Tradition auch τροπάρια – *Troparia* genannt[62]. Der so gebildete Wechselgesang zwischen Psalmversen und Versen hymnischer Dichtung entspricht dem syrisch-orthodoxen ܥܢܝܢܐ - *ʿEnyono*. Das Einfügen der kleinen Doxologie („Ehre sei dem Vater…“) in die Psalmodie geschieht ebenfalls in den Stundengebeten beider Traditionen und entspricht

56 Vgl. Floros, Musik, 150: „So bilden zum Beispiel einen festen Bestandteil des Abendgottesdienstes die Psalmen 103, 140 (*kyrie ekékraxa*), 141, 129 und 116, des Morgengottesdienstes aber der Hexapsalmos (die sechs Morgenpsalmen 3, 37, 62, 87, 102, 142), der 50. Psalm und die Laudes Psalm 148-150 (Zählung der orthodoxen Kirche).“
Die Gewohnheit, anstelle des Abendpsalms 130 (LXX: 129) Verse aus Psalm 119 (LXX: 118), 105ff zu beten, findet sich auch in der maronitischen Vesper. Vgl. Woolfenden, Prayer, 151.

57 Vgl. Baumstark, Nocturna Laus, 195.

58 Vgl. Nieten, Syrische Kirchenmusik, 189 über die ostsyrische Tradition: „Der Psalter, der in 20 *hullālē* (entsprechend den griechischen *kathismata*) aufgeteilt ist…, wird innerhalb einer Woche im Nachtoffizium zweimal rezitiert.“ Die Einteilung der Psalmen in *Kathismata* geht offensichtlich auf die byzantinisierte Liturgie Jerusalems zurück; vgl. Woolfenden, Prayer, 56: „The division of the Psalter into *kathismata* is found in a seventh-century *Kanonarion*, and in a ninth-century Jerusalem Psalter, and appears to have first been used by non-monastic churches in Jerusalem.” Anton Baumstark konnte noch den Ursprung der Kathismata aufgrund ihrer Gliederung in dreimal fünf Abschnitte nur ungefähr im westsyrischen Raum vermuten; vgl. Ders., Nocturna Laus, 165.

59 Diese Eigenart findet sich auch im maronitischen Stundengebet; vgl. Woolfenden, Prayer, 156.

60 Vgl. Galadza, Byzantinisation, 89: “The Horologion of Sinai Geo. O. 34 (10th cent.)… The public services were intended for the whole monastic community and contained elements from cathedral usage, such as prayers from the Jerusalem Euchologion and a programme of reading selected – rather than continuous – psalmody.”

61 Diese Nähe begründet Baumstark mit der liturgischen Praktikabilität. Vgl. ders., Werden, 109: „Um den Umfang des Ganzen, das die Masse jenes Stoffes ungebührlich anwachsen ließ, zu kürzen, kommt wohl die eigentliche Durchbetung des Psalters ganz in Wegfall.“ Es kommen aber auch andere kirchliche Motive in Betracht; s.u., Kap. 3.2.2.

62 Vgl. Hannick, Byzantinische Musik, 290.

in etwa dem Gebrauch der responsorialen Psalmodie in der westlichen lateinischen Tradition[63].

Hinsichtlich der Verwendung freier kirchlicher Dichtung zeigen das syrisch-orthodoxe und das byzantinische Stundengebet viele Gemeinsamkeiten, aber auch charakteristische Unterschiede: Beide Traditionen haben aus der kathedralen Tradition Jerusalems die Wechselgesänge zu den Psalmen übernommen; die syrische tat dies etwas später als die byzantinische[64]. Doch während sich das byzantinische τροπάριον – *Troparion* im Laufe der Zeit gegenüber den biblischen Psalmen immer mehr zu einer eigenständigen Gattung entwickelte[65], blieb der syrische ܥܢܝܢܐ - *ʿEnyono* streng auf die Psalmodie bezogen[66]. Neben den mit biblischen Texten verbundenen Wechselgesängen gibt es in beiden Traditionen den Hymnus als eine von biblischen Texten unabhängige kirchliche Dichtung[67]. Diese poetische Gattung hat ihren Ursprung in der syrischen Tradition[68] und geht zurück auf die hymnische Gattung des *Madrošo*, dessen Entstehung auf Ephräm den Syrer zurückgeführt wird[69]. Aus dem syrischen *Madrošo* entwickelten sich einerseits der syrische *Qolo* und andererseits das griechische

63 Vgl. Husmann, Troparion, 58.

64 Vgl. Nieten, Troparion, 343: „Die Akklamationen, bzw. *hypopsalma* zwischen den Psalmversen sind für Jerusalem durch den Pilgerbericht der Aetheria bereits für das 4. Jh. belegt. Im ostsyrischen Ritus sollen sie (*qānōnē*) durch Mār Aḇā im 6. Jh. eingeführt worden sein, die *ʿEnyānē* haben erst seit dem 7. Jh. in der westsyrischen Liturgie ihren Platz.“.

65 Das Troparion entwickelte sich als „Grundeinheit der byz. Kirchendichtung u. Kirchenmusik“ von kurzen hymnischen Versen zwischen biblischen Psalmen bzw. Oden zu eigenständigen Lehrgedichten, die zum „Grundelement der byz. Hochformen der Kirchendichtung, des Kontakions u. des Kanons“ wurden; vgl. Onasch, Liturgie und Kunst, 370.

66 Vgl. Nieten, Troparion, 343/344: „Eine Unterscheidung zum byzantinischen *Troparion* besteht darin, dass dieses den biblischen Text stark überlagert und zurückdrängt, im Syrischen aber der Psalmvers häufig intensiv mit dem Text verknüpft ist und dies nicht nur in der ersten Strophe. Der Psalmvers präsentiert somit den Rahmen für den Inhalt des gesamten Gedichtes, indem ein Schlüsselwort das Konzept für den poetischen Verlauf vorgibt. Das *Troparion* deutet aber nicht nur den Psalmvers aus, sondern es übernimmt auch das Formkonzept der psalmodischen Strukturen.“
Das *Troparion* kann auch noch verschiedene andere Funktionen übernehmen; vgl. Husmann, Troparion, 16: „Das Apolytikion ist das für einen Tag oder ein Fest typische Troparion“ und ebd. 81: „Den Troparien mit Schlußfunktion entspricht im Syrischen der *ʿEqba.*“ Je nach dem, ob die Troparia eine eigene oder nur eine Beispielmelodie haben, werden sie auch „*Ideomela*“ bzw. „*Automela*“ genannt (vgl. ebd.). Eine Musterstrophe für eine Beispielmelodie trägt die Bezeichnung „*Hirmos*“ (vgl. Thurn, Hymnentexte, 55). Die Sammlung der Beispielmelodien heißt *Hirmologion* (vgl. Hannick, Byzantinische Musik, 295) und ist vergleichbar mit dem syrischen ܒܝܬ ܓܙܐ - *Beṯ Gazo.*

67 Vgl. Husmann, Troparion, 7: „der Hymnus (ist) die selbständige religiöse Dichtung, das Troparion ein Gebilde, das sich mit biblischer Poesie, vor allem den Psalmen und den Kantika, verbindet, sich ihnen voransetzt, in sie einschiebt oder an sie anschließt. Beide Formen sind allen christlichen Riten gemeinsam.“ In der byzantinischen Tradition kann ein Troparion aber auch als Hymnus fungieren und umgekehrt; vgl. Husmann, Troparion, 59: „Die Grenze zwischen Hymnus und Troparion ist fließend…, da ein Troparion auch ohne seine Verse auftreten kann und dann als Hymnus fungiert“ und ebd., 9: „…kann auch der Unterschied von Hymnus und Troparion bedeutungslos werden, wenn ein einstrophiger Hymnus später als Antiphon, Responsorium oder Troparion benutzt wird.“

68 Vgl. Floros, Musik, 150: „Die frühchristliche Hymnendichtung und Musik nimmt von Palästina und Syrien ihren Ausgang… In Syrien wurde eine der größten Formen ostkirchlicher Dichtung vorgebildet, die später im justinianischen Zeitalter zur höchsten Vollendung gelangte: das Kontakion.“

69 Vgl. Baumstark, Geschichte, 39.

Kontakion[70]. Das griechische *Kontakion* besteht ebenso wie der syrische *Qolo* aus einzelnen Strophen, die unterschiedliche Metren haben können. Anders als der syrische *Qolo* hat das griechische *Kontakion* aber eine Einleitung (*Prooimion*) und einen Refrain (*Kukulion*)[71].

Die Dichtung byzantinischer Kontakien wird vor allem mit dem syrischen Dichter Romanos in Verbindung gebracht[72]. Das byzantinische Mönchtum brachte neben ihm auch noch andere Hymnendichter hervor[73]. Ab dem 9. Jahrhundert ließ diese produktive Phase nach, und die Dichtung neuer Hymnen geschah fortan vornehmlich im Kontrafakturverfahren, also in der Übernahme bekannter Melodien[74]. Die Autorenschaft eines Hymnus wurde oftmals nach dem Muster eines Akrostichons, also einer Abfolge von Buchstaben, mit denen jeweils ein neuer Vers begann, gekennzeichnet. Dieses Gestaltungsprinzip wurde ebenso wie der frei gedichtete Hymnus im Allgemeinen aus der syrischen Tradition übernommen[75].

Die Byzantinische Hymnendichtung hat neben dem Kontakion als zweite große Hauptgattung den *Kanon* hervorgebracht. Dabei handelt es sich um neun biblische Gesänge, die sogenannten *Oden* (griechisch) bzw. *Cantica* (lateinisch). Sie sind als biblische Texte zum festen Bestandteil des byzantinischen Morgengebets (*Orthros*) geworden[76] und sind dort ebenso wie die Psalmen und Hymnen mit responsorischen Versen – also *Troparia* – versehen[77]. Diese *Troparia* sind im byzantinischen Ritus im Laufe der Zeit immer mehr an die Stelle der eigentlichen Texte der biblischen *Oden* getreten[78]. Die Anfänge der *Kanones*-Dichtung sollen in Verbindung mit der Jerusalemer Grabeskirche stehen, wo sie zu Beginn des 8. Jahrhunderts ihre Blütezeit hatten. Später wurden sie in Konstantinopel, der Hauptstadt des byzantinischen Reiches, übernommen[79]. Diese neue poetische Gattung der griechischen

---

70 Vgl. Baumstark, Werden, 108. Der ostsyrische *Qala* hat denselben Aufbau wie der westsyrische *Qolo*, besteht aber aus biblischen Psalm- und nicht aus frei gedichteten Versen; vgl. Woolfenden, Prayer, 136.

71 Vgl. Hannick, Byzantinische Musik, 290/291: „Das Kontakion besteht aus einem προοίμιον… sowie einer Reihe (bis zu 24) οἶκοι (in der syrischen poetischen Terminologie: Haus) genannter Strophen, die metrisch und musikalisch unabhängig vom Prooimion sind. Lediglich ein Refrain (*kukulion*) verbindet Prooimion und Oikoi." Im syrischen *Šḥimo* ist der *Prumyun* Bestandteil des *Sedro*, und der *Quqalyun* tritt als eigenständige (Psalmen-)Gattung auf.

72 Vgl. Hannick, Byzantinische Musik, 290: „Die Blüte des Kontakion ist von Romanos dem Meloden aus Syrien untrennbar… Romanos lebte in der ersten Hälfte des 6. Jh. und hinterließ eine erstaunlich hohe Zahl an Hymnen…".
Brock hat in seinem Aufsatz „From Ephrem to Romanos" gezeigt, dass Romanos mit seiner kirchlichen Dichtung auf beide Hauptgattungen syrischer Dichtung, den *Mimro* und den *Madrošo*, zurückgegriffen hat; vgl. ebd., 141 u. 150.

73 Vgl. Floros, Musik, 149: „Vor allem Mönche haben auf dem Bereich der Hymnographie eine ungemeine Produktivität entfaltet… Berühmt wurden im Osten das Katherinenkloster am Sinai, das Kloster des hl. Sabbas bei Jerusalem, das Studios-Kloster in Konstantinopel."

74 Vgl. Floros, Musik, 149/150.

75 Vgl. Floros, Musik, 153.

76 Es handelt sich um Ex. 15,1-19 (Lobgesang Israels), Dtn. 32,1-43 (Lied des Mose), 1. Sam. 2,1-10 (Lobgesang der Hanna), Hab. 3,1-19 (Psalm Habakuks), Jes. 26,9-20 (Lied des Volkes Gottes), Jon. 2,3-10 (Jonas Gebet), Stücke zu Daniel 3,26-45 (Gebet Asarjas im Feuerofen), Stücke zu Daniel 3,52-88 (Gesang der drei Männer im Feuerofen) und das Magnificat in Lk. 1,46-55.

77 Vgl. Hannick, Byzantinische Musik, 291.

78 Vgl. Woolfenden, Prayer, 66.

79 Vgl. Hannick, Byzantinische Musik, 291: „Nach Anfängen um die Wende vom 7. zum 8. Jh. mit Andreas, dem späteren Bischof von Kreta, zunächst Mönch im Kloster des Heiligen Grabes in Jerusalem, erlebte die Kanon-Dichtung einen Höhepunkt im Jerusalem der ersten Hälfte des 8. Jh., als dort Johannes

Kanones fand schließlich auch Eingang in die Liturgie der syrisch-orthodoxen Kirche[80], und zwar schon kurz nach ihrer Entstehung[81]. Dabei wurden sowohl die Zuordnung zu den acht Kirchentönen als auch Melodie und Rhythmus aus dem Griechischen ins Syrische übernommen[82]. Im alltäglichen Stundengebet der syrisch-orthodoxen Kirche findet sich als einziges biblisches *Canticum* das Magnificat (ܡܘܪܒܐ - *Mawrbo*)[83]. Es ist mit responsorischen Stücken als *ʿEnyono* gestaltet und umfasst den vollständigen biblischen Text[84]. Sein liturgischer Ort ist wie im byzantinischen Ritus das Nachtgebet; dort folgt er nach dem dreifachen Halleluja zwischen dem dritten *Qawmo* und der *Laudes*-Psalmodie (Pss. 148-150)[85]. Im Anhang des *Šḥimo* sind die *Mawrbe* den Kirchentönen entsprechend achtfach aufgeführt[86].

3.1.3.3 Zusammenfassung

Durch diesen Vergleich der poetischen Gattungen des *Šḥimo* mit denen des kathedralen Offiziums Jerusalems bzw. denen des byzantinischen Stundengebets zeigt sich das poetische Profil des *Šḥimo*:

- In ihren grundsätzlichen Bestandteilen (Psalmen, Hymnen und Gebete) stimmen die syrische und die byzantinische Tradition miteinander und mit dem kathedralen Offizium Jerusalems überein.
- Hinsichtlich der Psalmodie zeigen sich einige Gemeinsamkeiten und deutliche Unterschiede:
  Die Psalmverse werden in allen drei Offizien von responsorischen Versen unterbrochen, die die biblische Dichtung der Psalmen durch freie kirchliche Dichtung ergänzen und interpretieren. Die Entwicklung des Jerusalemer Offiziums hin zum antiphonalen Gesang ab dem 7. Jahrhundert hat das syrische Offizium im Gegensatz zum byzantinischen aber

Damaskenos und Kosmas von Jerusalem bzw. Maiuma tätig waren… Im Kloster Studiu in Konstantinopel wurde der Kanon ebenfalls gepflegt, nicht zuletzt durch Theodorus Studites (759-826).“ Möglicherweise geht die Form der Kanones bereits auf eine monastische Praxis beim Morgengebet in der Umgebung Jerusalems im späten 6. Jahrhundert zurück; vgl. Krueger, liturgical joy, 133.

80 Vgl. Husmann, Oktoechos, 65. Sie werden als ܩܢܘܢܐ ܝܘܢܝܐ – *Qanune yawnoye* (griechische Kanones) bezeichnet und sind vor allem Bestandteil des Festoffiziums *Fenki̱to* (vgl. Tannous, Greek kanons, 153). Diese ungewöhnliche Übernahme liturgischer Stücke über die Grenzen der nachchalzedonischen Konfessionen hinweg erklärt Jack Tannous mit dem gemeinsamen kulturellen Kontext: „The borrowing of Chalcedonian Greek kanons by the Syrian Orthodox… is one example of a larger phenomenon of interconfessional contact and cross-pollination that was characteristic of Middle Eastern Christian communities throughout late antiquity and the middle ages" (ebd., 162).

81 Jack Tannous geht vom späten 8. Jahrhundert aus. Als Beispiel nennt er den Oster-Kanon des Johannes von Damaskus als Teil des *Fenki̱to* (vgl. ders., Greek kanons, 151).

82 Vgl. Heiming, Kanones, 48.

83 Vgl. Baumstark, Nocturna Laus, 186. Die im ostsyrischen Ritus üblichen Cantica des Mose (Ex. 15,1-21 und Dtn. 32,1-21), des Jesaja (Jes. 42,10-14; 45,8) und des Daniel mit seinen Freunden (Stücke zu Daniel 3,57-91) sind nicht Teil des westsyrischen Offiziums. Ausnahmen bilden das Canticum des Jesaja im Morgengebet des sonntäglichen Offiziums des syrisch-orthodoxen und das Daniel-Canticum im Nacht- und Morgengebet des maronitischen Ritus; vgl. ebd., 176/177.

84 Auch im maronitischen Ritus ist das Magnificat als *ʿEnyono* gestaltet; vgl. ebd., 186.

85 Vgl. ܟܬܒܐ ܕܫܚܝܡܐ (*ktobo da-šḥimo*), 46-48. Nur im sonntäglichen Offizium folgt der Laudes-Psalmodie ein zweites neutestamentliches Canticum, nämlich die Seligpreisungen (Mt. 5, 3-12a); vgl. Baumstark, Nocturna Laus, 186.

86 Vgl. ܟܬܒܐ ܕܫܚܝܡܐ *(ktobo da-šḥimo)*, 369-395: ܛܟܣܐ ܕܡܘܪܒܐ – *ṭekso d-mawrbe* (Ordnung der Maurbe).

nicht mit vollzogen, sondern ist bei der responsorialen Psalmodie geblieben. In diesem Rahmen hat es allerdings auch freie kirchliche Dichtung in Form des *ʿEnyono* hervorgebracht.
Während das byzantinische Offizium die monastische und die kathedrale Psalmodie miteinander kombiniert, ist das syrische Offizium bei der strengen Auswahl der Psalmen entsprechend der Tageszeit geblieben und verzichtet auf das vollständige Lesen der Psalmen[87]. Dadurch trägt es im Vergleich zu den anderen Stundengebeten der Ost- und der Westkirchen gemeinsam mit dem maronitischen Offizium am deutlichsten die Züge des kathedralen Offiziums Jerusalems.

– Hinsichtlich der Hymnen gibt es viele Gemeinsamkeiten, aber beide Traditionen gehen dennoch ihre eigenen Wege und haben in jeweils anderen Bereichen ein größeres Gewicht:
In beiden Traditionen geht die Entstehung der frei gedichteten Antwortgesänge auf die zunächst einfachen Responsorien in der Psalmodie zurück. In der syrischen Tradition bleibt das Responsorium an die Psalmodie gebunden, während es sich in der byzantinischen Tradition in Gestalt des Troparions verselbständigt. Die syrische Tradition hat jedoch bereits vor der byzantinischen und zeitgleich zur Entstehung des Jerusalemer Offiziums im 4. Jahrhundert eine reiche Hymnendichtung ausgebildet (angefangen mit Ephräm dem Syrer). Daraus entstammen gestalterische Elemente, die in der byzantinischen Tradition zum Teil aufgenommen werden (wie die akrostichische Gestaltung von Versanfängen), zum Teil aber auch Eigenart der syrischen Tradition bleiben (wie die Gattung der *Sogiṯo*, die akrostichisch gestaltet ist, und die Gattung des metrisch konstanten *Mimro*). Die syrisch-hymnische Tradition findet schließlich durch den syrisch-byzantinischen Hymnendichter Romanos im 6. Jahrhundert Eingang in die byzantinische Tradition, um dort in Gestalt der *Kontakien*-Dichtung ebenso eine reichhaltige Ausprägung zu finden. Das nach dem silbenzählenden Prinzip gestaltete Metrum der syrischen Poesie gewann dabei Einfluss auf die byzantinische Dichtung.
Die syrische Tradition hat aus ihrer ursprünglichen Hymnendichtung eigene Gattungen entwickelt, allen voran die des *Qolo*. Er ist ähnlich wie das *Kontakion* gestaltet: Zwischen die einzelnen Strophen sind Psalmverse (syrisch *Feṯgome*, griechisch *stichera*) und die zweigeteilte kleine Doxologie eingeschoben. Im alltäglichen Stundengebet nimmt diese Gattung den meisten Raum ein, auch gegenüber der Psalmodie. Die Ausbildung bestimmter hymnischer Gattungen geschieht in der syrischen auf andere Weise als in der byzantinischen Tradition: So wird das dem Kontakion vorgeschaltete ‚*Prooimion*' als ‚*Prumyun*' zur Einleitung einer eigenen Gebetsgattung, dem *Sedro*. Der ‚*Kukulion*' genannte Refrain des *Kontakion* wird zu einer Gattung, mit der einzelne Psalmverse rezitiert werden (‚*Quqaliyun*'). Die hymnische Gattung der *Boʿuṯo* (ein Gebet mit gleichbleibender Metrik) findet in der byzantinischen Tradition dagegen keine Parallele.

87 Baby Varghese macht darauf aufmerksam, dass der syrisch-orthodoxe Psalter ähnlich wie der byzantinische und der ostsyrische in einzelne Abschnitte (*Marmyoṯo*; byzantinisch *Kathismata*) eingeteilt ist. Nach Bar Hebraeus sind es 15 Abschnitte, die in einer Woche gelesen werden können. Es existiert aber auch eine Aufteilung der Psalmen auf die Gebetszeiten eines einzigen Tages (vgl. ders., History, 80/81). Dies dient offensichtlich dem monastischen Gebrauch und ändert nichts an dem grundsätzlich kathedralen Charakter des syrisch-orthodoxen Stundengebets.

Aus der byzantinischen Tradition entsteht schließlich die an den biblischen *Cantica* orientierte und zugleich poetisch freie *Kanones*-Dichtung und entfaltet sich dort auf vielfältige und umfangreiche Weise. Die syrische Tradition übernimmt zwar die griechischen *Kanones* in ihre Liturgie; im alltäglichen Stundengebet des *Šḥimo* schlägt sich dies aber nur in Form des responsorisch gestalteten und nach den acht Kirchentönen geordneten *Magnificat* nieder.

Die syrische Tradition geht hinsichtlich der Aufnahme von vorhandenen Hymnen eigene Wege: So wird das allgemein verbreitete *Trishagion* zwar Teil ihres Stundengebets, aber aus konfessionellen Gründen nur mit dem sogenannten ‚theopaschitischen Zusatz': „der du für uns gekreuzigt worden bist". Der für die byzantinische Tradition grundlegende Hymnus *‚Phos hilaron'* wird dagegen von der syrischen Tradition nicht übernommen.

- Hinsichtlich der biblischen Lesungen hat die syrische ebenso wie die byzantinische Tradition die Eigenschaft des kathedralen Offiziums Jerusalems übernommen, im alltäglichen Stundengebet darauf gänzlich zu verzichten. Für den Gebrauch von Schriftlesungen an den Sonn- und Feiertagen und in der Fastenzeit vor Ostern haben beide Traditionen eigens ein Festoffizium entwickelt. Die selbstverständliche Verwendung von Schriftlesungen in den Stundengebeten der westlichen Kirchen geht auf den monastischen Gebrauch der *Lectio continua* in der koptisch-orthodoxen Kirche Ägyptens zurück und findet sich, davon abhängig, auch im Stundengebet der äthiopisch-orthodoxen Kirche.
- Hinsichtlich der liturgischen Praxis zeigen sich wiederum eine Reihe von Gemeinsamkeiten zwischen den Stundengebeten der syrischen und der byzantinischen Tradition:

  Der liturgische Gesang geschieht in beiden Traditionen einstimmig und vokal, also ohne Instrumentalbegleitung. Daraus ist zu schließen, dass beide auf diese Weise das gesungene Wort ohne irgendeine Beigabe zur Geltung kommen lassen wollen. Beide Traditionen überlassen den liturgischen Gesang dafür ausgewählten Personen, also Priestern, Diakonen und Chören. Die syrische Tradition hat allerdings als Besonderheit die ausdrückliche Einbeziehung von Frauen in den Chorgesang vorzuweisen, die auf den Einfluss Ephräm des Syrers zurückgeführt wird.

  In beiden Gesangstraditionen spielt die Orientierung am System der acht Kirchentöne eine wichtige Rolle. Beide verfügen für jeden Kirchenton über Beispielmelodien, nach deren Vorbild die jeweiligen Hymnen musikalisch gestaltet werden. Während die syrische Tradition die acht Tonarten in den Wochen des Kirchenjahres paarweise einander zuordnet, werden diese in der byzantinischen Tradition einfach wochenweise nacheinander in Gebrauch genommen. Die Kirchentöne unterscheiden sich in beiden Traditionen auf unterschiedliche Weise voneinander: Während in der byzantinischen Tradition die Melodieführung eine wesentliche Rolle spielt, steht in der syrischen Tradition die rhythmische Gestaltung des Gesangs im Vordergrund.

Die Orientierung am Rhythmus ist offensichtlich ebenso wie der selektive Gebrauch der Psalmen ein typisches Merkmal des syrischen Stundengebets. So entstammt die rhythmische Metrik, also die Orientierung an der Betonung der Worte und der Anzahl der Silben, der syrischen Tradition und wurde zusammen mit der Gattung des Hymnus durch die byzantinische Tradition übernommen. Das große Gewicht der eigenen hymnischen Tradition der syrisch-orthodoxen Kirche ist daran erkennbar, dass die Hymnen im Stundengebet gegenüber den Psalmen sehr viel Raum einnehmen.

Zusammenfassend sind als Eigenschaften des poetischen Profils des *Šḥimo* also zu nennen:

- Die große Nähe zum kathedralen Offizium Jerusalems. Neben der responsorischen Gestaltung der Psalmen und dem Verzicht auf biblische Lesungen im Alltag – Eigenschaften, die das byzantinische Stundengebet ebenso aufzuweisen hat – ist diese Nähe vor allem am selektiven Gebrauch der biblischen Psalmen erkennbar. Dabei ist das syrisch-orthodoxe Stundengebet offensichtlich auf einem Stand geblieben, den das kathedrale Offizium Jerusalems im 7. Jahrhundert hatte.
- Die Betonung auf liturgischer Eigenständigkeit bzw. konfessioneller Identität. Das syrisch-orthodoxe Stundengebet hat bei seiner Entwicklung offensichtlich großen Wert auf die eigene auf Ephräm den Syrer zurückgehende hymnische Tradition gelegt. Neben der Beibehaltung traditioneller hymnischer Gattungen zeigt sich dies auch in der eigenständigen Entwicklung der Hauptgattung des *Qolo* und in der Umprägung kleinerer übernommener Gattungen. Die Übernahme einer neuen Hauptgattung der byzantinischen Tradition, des *Kanon*, geschieht nur im Rahmen der eigenen liturgischen Bedürfnisse, also der Anrufung der Gottesmutter. Vorhandene traditionelle Hymnen werden ebenso den eigenen Vorstellungen angepasst – sowohl dogmatisch als auch liturgisch.
- Die rhythmische Ausprägung des Kirchengesangs. Die mit den traditionellen syrischen Hymnen verbundene rhythmische Metrik hat sich dahingehend ausgewirkt, dass sie zum einen von der byzantinischen Tradition übernommen und zum andern im syrischen Kirchengesang zum Hauptkriterium der Unterscheidung zwischen den acht verschiedenen Kirchentönen wurde.

3.2 Ursachen in der Kirchen- und Liturgiegeschichte

Die Gemeinsamkeiten zwischen dem syrisch-orthodoxen und dem byzantinischen Stundengebet gehen auf ihren gemeinsamen Ursprung im kathedralen Stundengebet Jerusalems zurück. Ihre unterschiedlichen liturgischen Ausprägungen werfen daher die Frage nach den Ursachen auf, die ihnen zu Grunde liegen. Bei der Suche nach diesen Ursachen stellt sich die Frage nach den Bedingungen, unter denen die jeweiligen kirchlichen Träger das Stundengebet praktiziert und seine Form gestaltet haben.

Als Trägerin des syrisch-orthodoxen Stundengebets ist von der miaphysitischen Kirche aramäischer Sprache auszugehen, die sich infolge der nach-chalzedonischen dogmatischen Differenzen im Laufe des 6. Jahrhunderts unter der Führung des Jakob Baradäus gebildet hatte; beim byzantinischen Stundengebet kommt nur die auf dem Bekenntnis von Chalzedon begründete Kirche des byzantinischen Reiches unter der Führung des Patriarchen von Konstantinopel in Frage. Die gesuchten außerkirchlichen Ereignisse und innerkirchlichen Motive müssen also in der Zeit nach der Kirchenspaltung des 6. Jahrhunderts zu suchen sein. Hinsichtlich der byzantinischen Reichskirche ist die liturgische Entwicklung in ihrem historischen Kontext mittlerweile umfassend erforscht und ausführlich dargestellt worden[88]; die Erforschung dieses Zusammenhangs steht vor allem mit dem Phänomen der Byzantinisierung der Jerusalemer Liturgie in Verbindung und kann dieses auch an bestimmten Autoren

88 Die Grundlagen dafür hat Anton Baumstark gelegt (Denkmäler, 1927).

namentlich festmachen[89]. Hinsichtlich der syrisch-orthodoxen Kirche bestehen allerdings nach wie vor erhebliche Wissenslücken sowohl über die Ursachen ihrer liturgischen Entwicklung als auch über die Namen der Autoren, die maßgeblich daran beteiligt waren. Von der kirchlichen Tradition der syrisch-orthodoxen Kirche wird eine im besagten Zeitraum bedeutende liturgische Reform mit dem Namen Jakob von Edessa (ca. 633-708) in Verbindung gebracht[90]. Er soll unter anderem für die Zusammenstellung der poetischen Gattungen des *Šḥimo* verantwortlich gewesen sein[91]. Die Annahme, Jakob von Edessa sei der Redaktor des *Šḥimo*, ist zwar historisch nicht eindeutig verifizierbar[92]; die Liturgiereform, welche die syrisch-orthodoxe Kirche auf ihn zurückführt, fällt aber zumindest zeitlich mit dem Beginn der Byzantinisierung der Jerusalemer Liturgie zusammen. Von daher hat die Autorschaft des Jakob von Edessa eine gewisse historische Wahrscheinlichkeit und soll hier als historische Hypothese dienen. Gestützt wird diese Annahme durch die Beobachtung, dass das syrisch-orthodoxe Stundengebet die vom byzantinischen Stundengebet übernommene Entwicklung der Psalmodie des Jerusalemer Offiziums ab dem 7. Jahrhundert offensichtlich nicht mitgemacht hat[93]. Insofern fällt die liturgische Auseinanderentwicklung der syrischen und der byzantinischen Tradition zumindest zeitlich mit einer möglichen Autorschaft des Jakob von Edessa zusammen. Ausgehend von dieser historischen Hypothese soll nun nach möglichen Zusammenhängen der Liturgiereformen beider Traditionen mit außerkirchlichen Ereignissen und innerkirchlichen Motiven im Vorderen Orient des 7. Jahrhunderts gesucht werden.

3.2.1 Außerkirchliche Ereignisse

Die einschneidenden Ereignisse für den christlichen Orient im 7. Jahrhundert waren die Zerstörung Jerusalems durch die Perser im Jahre 614 und die Eroberung des Heiligen Landes

89 Die neueste Abhandlung dazu stammt von Daniel Galadza (Byzantinization, 2018).

90 Vgl. die Biographie und die Aufzählung seiner Werke bei Barsaum, Geschichte, 258ff. Vgl. Baumstark, Werden, 124: „Schon um die Wende vom 7. zum 8. Jahrhundert hat der gelehrte Jakob von Edessa, der Hieronymus des aramäisch redenden Christentums, anscheinend grundsätzlich die aus dem griechischen übersetzten Texte der syrisch-jakobitischen Liturgie einer reformatorischen Überarbeitung unterzogen."

91 Vgl. Barsaum, Geschichte, 41: „Dieses Stundenbuch wurde wahrscheinlich Ende des 7. Jahrhunderts durch die Bemühungen von Mor Jaᶜqub von Edessa gesammelt und geordnet, gemäß einer in der Pariser Nationalbibliothek aufbewahrten Handschrift aus dem 15. Jahrhundert." Baumstark erwähnt diese hypothetische Zuschreibung und nennt als Quellen die Handschriften 393 im Britischen Museum („Add 14704, 13. Jh.") und 150 in der Pariser Nationalbibliothek („Anc fonds 73, 16. Jh."); vgl. Geschichte, 253. Ignatius Ortiz de Urbina bezeichnet diese und andere Zuschreibungen liturgischer Bücher an Jakob von Edessa dagegen als nicht vertrauenswürdig (vgl. ders., Patrologia, 180: „Cum vero posteriores codices liturgici ei adiudicant formulas ritus baptismi et matrimonii, immo et Breviarium feriale, non merentur omnimodam fidem. Idem dicendum de Anaphora J. E. ut auctori adscripta"). Von dieser Zuschreibung geht die kirchliche Tradition der syrisch-orthodoxen Kirche allerdings als feststehender Tatsache aus.

92 Vgl. die Argumentation von Habil aufgrund von apologetischen Äußerungen des Dionysios Bar Salibi gegen Rabban Išoᶜ: Er schließt daraus, dass das *Šḥimo* im 12. Jh. schon längst verbreitet war; vgl. ders., théologie du salut, 34-39.

93 Siehe die Beobachtung von Leeb, dass sich die Jerusalemer Psalmodie zwischen dem 5. Jh. (Armenisches Lektionar) und dem 7. Jh. (Georgisches Lektionar) von der responsorialen zur antiphonalen Form entwickelt hat (Gesänge, 276). Das syrisch-orthodoxe Stundengebet ist dagegen bei der responsorialen Form der Psalmodie geblieben.

durch die muslimischen Araber im Jahre 638[94]. Auf dem Hintergrund dieser Ereignisse geschahen die liturgischen Reformen in der byzantinischen und in der syrisch-orthodoxen Kirche. Welches der entscheidende Faktor für die Byzantinisierung der Jerusalemer Liturgie gewesen ist, wird in der Liturgiewissenschaft jedoch unterschiedlich beurteilt:

Anton Baumstark erwähnt zwar die muslimische Eroberung Jerusalems als historischen Hintergrund[95], sieht aber als treibenden Faktor eine innerkirchliche theologische Kontroverse an, nämlich die des Bilderstreits[96]: Weil das bilderfreundliche orthodoxe Mönchtum Palästinas, insbesondere das des Sabas-Klosters bei Bethlehem[97], in dieser theologischen Auseinandersetzung schließlich die Oberhand gewann, bekam es über das von ihm geprägte Studion-Kloster in Konstantinopel Einfluss auf die Liturgie der byzantinischen Kirche[98]. Die in der Hauptstadt des byzantinischen Reiches unter dem Einfluss des palästinischen Mönchtums neu geformte byzantinische Liturgie ersetzte wiederum die ursprüngliche Liturgie Jerusalems[99]. Das Ergebnis war eine zwar vom palästinischen Mönchtum beeinflusste, aber in Konstantinopel geformte und schließlich auf das kirchliche Leben im Heiligen Land zurückwirkende byzantinische Liturgie. Dabei haben die poetischen Formen des kathedralen Offiziums Jerusalems eine wichtige Rolle gespielt[100].

Die Ursachen für diese ‚Byzantinisierung' sieht Daniel Galadza jedoch in erster Linie in der muslimischen Eroberung Jerusalems und ihren Konsequenzen für das kirchliche Leben im Heiligen Land: Die Zerstörung der heiligen Stätten als Gottesdienstorte und die Verfolgung und Vertreibung der christlichen Bevölkerung als Trägerin des kirchlichen Lebens hatten Auswirkungen auf die Gestaltung der liturgischen Feiern[101]. Der Bilderstreit sei dagegen nicht der entscheidende Faktor für die Byzantinisierung gewesen[102]. Gleichwohl hat das

---

94 Vgl. Galadza, Byzantinization, 103: "The Persian conquest of Jerusalem (614-30) caused considerable loss of life and inflicted significant destruction upon the city. The advancing Persian army pushed towards Palestine nomadic Bedouin raiders, who massacred monks at the Great Lavra a week before the Persians seized Jerusalem… The defining event of the period of Byzantinization, which has implications for the history of Jerusalem even until today, is the capture of the Holy City by the Muslim forces of Caliph ᶜUmar in 638."

95 Vgl. Baumstark, Denkmäler, 8.

96 Vgl. ebd., 22/23.

97 Vgl. Floros, Musik, 157: „Vor allem das Kloster des hl. Sabbas bei Jerusalem und später – während der zweiten Phase des Bilderstreits – das Studios-Kloster in Konstantinopel erwiesen sich als die Hochburgen der Bilderverehrung und der Orthodoxie."

98 Vgl. Baumstark, Werden, 50: „Jerusalem ist während der ersten Phase des Bilderstreites unter dem Schutze des Kalifats das eigentliche Bollwerk des bilderfreundlichen Mönchtums gegen die bilderfeindliche byzantinische Staatsgewalt gewesen. Jenes Mönchtum ebnete dem Einfluß palästinensischer Liturgie die Wege in Konstantinopel, wo seinen Brückenkopf das Studionkloster bildete. Der sieghafte Durchbruch jenes Einflusses im Kultus der Kaiserstadt war durch den Sieg der Bilderverehrung bedingt."

99 Vgl. Baumstark, Denkmäler, 27.

100 Vgl. ebd., 26/27.

101 Vgl. Galadza, Feasts, 201: "From the period after the seventh-century Arab conquest, the church of Jerusalem was weakened through the destruction of holy sites, migrations, and periodic persecutions. Within this context, the liturgical tradition of Jerusalem slowly began to decline, transitioning to a mixed rite, before it was ultimately replaced by the new rite of Constantinople, itself reformed after the period of Iconoclasm in the eighths and ninth centuries."

102 Vgl. Galadza, Byzantinization, 10: "Theories by modern liturgical scholars, such as the explanation that liturgical Byzantinization was a response to iconoclasm, seem simplistic because they do not

Kloster Mar Saba als geistliches Zentrum des palästinisch-orthodoxen Mönchtums eine wichtige Rolle bei der Byzantinisierung der Jerusalemer Liturgie gespielt[103]. Obwohl die liturgische Praxis durch die Eroberungen und Zerstörungen zunächst stark beeinträchtigt wurde, bekam Jerusalem in der Folgezeit als zentrale Pilgerstätte eine hervorgehobene Bedeutung im Heiligen Land und konnte so die von Konstantinopel ausgehenden liturgischen Impulse besser aufnehmen und weitergeben[104]. Hinzu kamen zunehmende Versuche der byzantinischen Rückeroberung des Heiligen Landes von Norden her, wodurch zum Beispiel die Stadt Antiochien zu einer wichtigen Kontaktstelle zwischen Konstantinopel und Jerusalem wurde[105]. Auf diese Weise war der Prozess der liturgischen Byzantinisierung Jerusalems und des Heiligen Landes zur Zeit der Kreuzzüge im 11. und 12. Jahrhundert bereits abgeschlossen[106]. Die muslimische Eroberung des Heiligen Landes hatte sich also auf Seiten der byzantinischen Kirche dahingehend ausgewirkt, dass diese auf die dortige liturgische Praxis mehr Einfluss gewonnen hatte[107]. Dabei wurde allerdings auch ihre eigene Liturgie durch die Aufnahme liturgischer Poesie aus dem Heiligen Land beeinflusst und entscheidend verändert.

Dasselbe Ereignis des 7. Jahrhunderts – die muslimische Eroberung des Heiligen Landes – hatte auf das kirchliche Leben und die Liturgie der syrisch-orthodoxen Kirche nicht dieselben Auswirkungen. Das hängt unter anderem mit der Tatsache zusammen, dass das miaphysitische Christentum im bis dahin noch byzantinischen Jerusalem und seiner Umgebung gegenüber dem byzantinischen Christentum eine deutlich schwächere Position hatte. Zwar waren in der Grabeskirche zu Jerusalem seit ihrer Errichtung im 4. Jahrhundert stets aramäischsprachige Christen präsent[108], und seit dem 7. Jahrhundert gibt es dort unter anderem auch syrisch-orthodoxe Bischöfe[109]. Aber die Repräsentanten dieser Kirche spielten in Jerusalem und seiner Umgebung nie eine führende Rolle[110]. Die Ursache dafür war zunächst die kulturelle Dominanz der griechischen Sprache, seit dem 6. Jahrhundert aber auch die Tatsache, dass das miaphysitische Bekenntnis von der byzantinischen Reichskirche als Häresie ange-

---

explain why certain liturgical practices were adopted or abandoned and because they are often based on outdated historical information."

103 Vgl. ebd., 95: "the Lavra of St Sabas in Palestine became the centre of a Greek intellectual revival after the Arab conquest. This revival not only influenced Jerusalem and Palestine but also had an impact upon Constantinople and the rest of the Byzantine empire." Eine weitere Kontaktstelle zum orthodoxen Studion-Kloster in Konstantinopel war offensichtlich ein Kloster zwischen Jerusalem und Konstantinopel, das aus dem Heiligen Land geflüchtete Mönche aufgenommen hatte; vgl. Krueger, liturgical joy, 139/140: "At the turn of the ninth century, a certain Theodore and his brother Joseph returned to Constantinople from a monastery on their family's land at Sakkoudion in Bithynia. In the previous decades this monastery had absorbed refugees from the communities of the Judean desert and had begun to meld the liturgical traditions of the monasteries around Jerusalem with those of the capital."

104 Vgl. Galadza, Byzantinisation, 152/153.

105 Vgl. ebd., 112.

106 Vgl. ebd., 22.

107 Vgl. Galadza, Feasts, 202: "Ironically, so long Jerusalem was under Byzantine rule, it retained its own local traditions connected to its sacred topography and influenced the rest of eastern and western Christianity. Only after Jerusalem was no longer within the Byzantine Empire did it become Byzantine according to its liturgy, exchanging the local liturgy of the "Cities of the Incarnation" and their various liturgical expressions for a liturgy approved by a foreign, imperial orthodoxy."

108 Vgl. Galadza, Byzantinization, 98.

109 Vgl. ebd., 76.

110 Vgl. ebd., 98.

sehen wurde[111]. Während also ein Teil des aramäisch-sprachigen Christentums sich dem mehrheitlichen Bekenntnis von Chalzedon anschloss (die sogenannten Melkiten), ging der andere Teil unter der Führung von Jakob Baradäus seine eigenen Wege – auch liturgisch. Bis zu diesem Zeitpunkt hatten sie noch Elemente aus der byzantinischen Liturgie für den eigenen Gebrauch übernommen[112]. Dies geschah allerdings in erster Linie deshalb, weil sich ihre geistlichen Leiter der Liturgie Jerusalems besonders verbunden fühlten[113]. Hinweise auf eine liturgische Abhängigkeit von Jerusalem sind zwar vor allem am liturgischen Festkalender des Syrischen Lektionars erkennbar[114]; davon ausgehend kann aber auch eine Abhängigkeit hinsichtlich der liturgischen Feiern im Allgemeinen angenommen werden, auf deren Grundlage die syrisch-orthodoxe Kirche sich ihren eigenen Weg zwischen liturgischer Byzantinisierung und politischer Arabisierung suchen musste[115].

Die Zeit der muslimischen Eroberung des Heiligen Landes fiel zusammen mit dem Leben und Wirken des Jakob von Edessa (ca. 633-708) und hat dieses entscheidend geprägt[116]. Er bekam eine umfassende Ausbildung, die im Kloster *Qennešrin* am Euphrat eine Fortsetzung fand, und wurde schließlich zum Bischof von Edessa, dem damaligen geistlichen Zentrum des syrisch-orthodoxen Christentums, berufen[117]. Das Kloster *Qennešrin* war zu seiner Zeit so etwas wie ein geistiges Zentrum des westsyrischen, hellenistisch geprägten Christentums, in dem auch andere intellektuelle Führer dieser kirchlichen Tradition tätig waren[118]. Zu ihnen

111 Vgl. Burkitt, Lectionary System, 1/2: "under Justin (518-527) and Justinian (527-565) the Monophysite belief was reckoned a heresy by the Greeks, and the non-Greek populations of the Eastern Empire, i.e. the Egyptians and the Syrians, found themselves branded as heretics by the central power to which they owed allegiance."

112 Vgl. ebd., 2: „The Monophysites were reorganized as a nonconformist anti-Greek Church by Jakob Burdᶜānā, titular Bishop of Edessa from 543 to 578, from whom they are called Jacobites to this day, and henceforth they also developed their liturgical practices on their own lines. But before that time, especially in the first years of the 6th century, when Anastasius was still Emperor, the whole trend of the Syriac-speaking Church had been towards the adoption of Greek rites and Greek practices."

113 Vgl. ebd., 23/24: „Rabbula, bishop of Edessa from 411 to 435… had a great respect for Jerusalem and the Holy Places… Jerusalem was evidently for Rabbula the model Christian city and it is no wonder if we find traces of the local festivals of Jerusalem in the use of Edessa…".

114 Vgl. ebd., 24: „It shews us how Syriac-speaking Christians of the fifth and early sixth centuries heard the Holy Scriptures read, and indicates by its choice of Lessons what they were invited to mark, learn and inwardly digest."

115 Vgl. Burkitt, Old Lectionary, 423: "The main historical deduction to be made is that the Palestinian-Syriac church originally followed the ritual customs of Jerusalem very closely, and that the divergences from it in the later documents are due to the general decay of Jerusalemite influence which followed the Mohammedan conquest and to the evermore preponderating authority of Constantinople over all Orthodox communities."

116 Vgl. Salvesen, life and work, 3: „…that the greatest time of transition for Jacob and his Syrian Christian contemporaries would have been the Second Arab Civil War (683-92 CE), which probably coincided with the short period when Jacob was bishop for the first time."

117 Vgl. ebd., 1: "He received elementary training in the Scriptures and doctrine with the respected chorepiscopus Cyriacus before entering the monastery of Aphthonia (Qenneshrin)… He subsequently travelled to Alexandria to complete his studies before returning to Syria. In Edessa he became well known and was consecrated bishop of the city by the Patriarch Athanasius II of Balad, who had also studied at Qenneshrin under Severus Sebokt."

118 Vgl. Hoyland, Edessa, 13: „Jacob himself, and George, Bishop of the Arabs (688-724) – were responsible for numerous translations and commentaries of Greek texts." Vgl. Salvesen, life and work, 8: „Thomas of Harkel and Paul of Edessa were also associated with Qenneshrin." Jack Tannous macht

gehörte auch Paul von Edessa, der auf Zypern die Hymnensammlung des Severus von Antiochien aus dem Griechischen ins Syrische übersetzt hat. Später hat Jacob von Edessa sie liturgisch überarbeitet und dabei durch Hymnen aus dem Kloster *Qennešrin* ergänzt. Insofern ist davon auszugehen, dass dieses Kloster als ‚geistiger Hintergrund' des Jakob von Edessa für die Entstehung des syrisch-orthodoxen Stundengebets von Bedeutung gewesen ist[119]; denn seine Überarbeitung des syrischen *Oktoechos* geschah im Kontext dieses Klosters und mündete schließlich – zumindest nach der traditionellen Auffassung der syrisch-orthodoxen Kirche – auch in die redaktionelle Zusammenstellung des *Šḥimo* und des *Fenqiṯo*[120]. Doch nicht nur auf dem Gebiet der Liturgiereform, sondern auch in den Bereichen der Philosophie, der Theologie und der Grammatik war Jakob von Edessa geistig tätig[121]. Sein Anliegen war es offensichtlich, den geistigen und geistlichen Inhalt der syrischen Tradition in Verbindung mit der griechischen Sprache und Kultur für die Nachwelt zu erhalten. Dies geschah offensichtlich als eine von vielen anderen Reaktionen auf die islamische Vorherrschaft[122] und kann als ein Versuch der kulturellen Selbstbehauptung verstanden werden. Angesichts der Gegnerschaft der islamischen Herrschaft zum benachbarten byzantinischen Reich ist es nachvollziehbar, dass mit dieser Selbstbehauptung von Seiten des Jakob von Edessa auch eine konfessionelle Abgrenzung gegenüber der byzantinischen Orthodoxie verbunden war[123].

Zusammenfassend ist festzustellen, dass das historische Ereignis, das den christlichen Orient im 7. Jahrhundert am meisten erschüttert hat – die muslimische Eroberung des Heili-

---

darauf aufmerksam, dass im Zuge eines nicht unüblichen Konfessionswechsels das Kloster *Qennešrin* bereits im späten 6. Jahrhundert von chalzedonischen Mönchen übernommen wurde; vgl. Ders., Greek kanons, 163: "Christians travelling between different confessions, licitly or illicitly, would have brought with them knowledge of the liturgy and practices of their former churches. And more than people, church buildings might change between rival groups and liturgical vessels, too. No less than Qenneshre, the most important Miaphysite monastery in the Middle East in the early middle ages... was reportedly occupied by Chalcedonians in the late sixth century." Da der miaphysitische Bischof Jakob von Edessa im folgenden Jahrhundert dort gewirkt hat, war diese Übernahme offensichtlich zeitlich begrenzt, oder es herrschte dort eine theologisch-liturgische Pluralität.

119 Vgl. Husmann, Troparion, 46/47: „Das griechische Original des „Oktoëchos" ist uns nicht erhalten geblieben. Dagegen besitzen wir die syrische Übersetzung, die Bischof Paulos von Edessa in Zypern um 620 anfertigte, in der Revision des Jakob von Edessa, die dieser im Jahre 675 vornahm... Sie ist erhalten in der Handschrift London BM add. 17134 .... Schon die Revision des Jakob von Edessa enthält nicht nur die 295 Maᶜniata des Severus, sondern... weitere von Johannes Bar Aphthonia, Abt von Kenneshre.... Jakob von Edessa selbst war ebenfalls eine Zeit in Kenneshre gewesen, und man sieht, wie Übersetzung und Revision unter dem Einfluß dieses Klosters stehen."

120 Vgl. Barsaum, Geschichte, 262.

121 Vgl. die Aufzählung seiner Schriften ebd., 260-270. Vgl. auch Alison G. Salvesen, Art. Yaʿqub of Edessa, in: Gorgias Encyclopedic Dictionary of the Syriac Heritage (GEDSH), Piscataway USA 2011, 432-433.

122 Vgl. Hoyland, Edessa, 23: „The apocalypses produced at this time, the concern with legislation shown by the Quinisext Council of 691 and by Jacob of Edessa, the iconoclast venture promoted by the emperor Leo III (717-741), and the *Expositio fidei* of John of Damascus (d. c.750) are all responses to the same challenge, that posed by the emergence of a new and vigorous faith in a world of which Christians had considered themselves masters."

123 Vgl. Galadza, Byzantinization, 105: "Conflicts between Chalcedonians, Miaphysites, and Monothelites were intensified, because the Chalcedonians, now no longer the established and state-approved church, were occasionally viewed with suspicion by Muslim authorities, while non-Chalcedonians received preferential treatment due to their opposition to Constantinople and support for the occupation."

gen Landes – für die christlichen Konfessionen in liturgischer Hinsicht sehr unterschiedliche Auswirkungen hatte: Während die byzantinische Kirche Konstantinopels letztlich mehr prägenden Einfluss auf die Liturgie Jerusalems und damit auch auf die Gestaltung des Stundengebets bekam, übernahm die syrisch-orthodoxe Kirche Edessas die Liturgie Jerusalems auf dem derzeitigen Stand ihrer Entwicklung und setzte ihr ihren eigenen hymnographischen Stempel auf, blieb damit aber aufgrund ihrer Minderheitensituation kaum wahrnehmbar im Hintergrund.

3.2.2 Innerkirchliche Motive

Neben den historischen Ereignissen, die auf das kirchliche Leben von außen einwirkten, waren als Ursachen für die liturgische Entwicklung der byzantinischen und der syrisch-orthodoxen Kirche auch Motive wirksam, die ihr kirchliches Leben von innen her bestimmten. In diesem Zusammenhang können sowohl allgemeine Gesetzmäßigkeiten genannt werden, die für die Entwicklung einer liturgischen Tradition grundsätzlich gelten, als auch konkrete Faktoren, die für diese beiden Kirchen zu ihrer Zeit bestimmend waren.

Für kirchliche Liturgien gilt grundsätzlich, dass die Vielfalt der Formen am Anfang und nicht am Ende ihrer Entwicklung steht[124]. Erst im Laufe der Zeit kommt es zu einer liturgischen Vereinheitlichung zwischen den Kirchen, die eine regionale Einheit bilden, sodass sie sich schließlich durch ihre Einheitsliturgie von anderen kirchlichen Regionen unterscheiden. Dabei weichen die ‚schwächeren' den ‚stärkeren' Liturgien[125]. Im Falle der Liturgie Jerusalems einschließlich ihres Stundengebets ist diese Gesetzmäßigkeit am Prozess der Byzantinisierung deutlich ablesbar: Zunächst beeinflusste das erstarkende palästinische Mönchtum die Liturgie Konstantinopels, dann wich die Liturgie Jerusalems der auf diese Weise neu geformten Liturgie der byzantinischen Hauptstadt, und schließlich kam es zu einer einheitlichen Liturgie an den byzantinisch beeinflussten Orten des Heiligen Landes. Hier hat sich jeweils die stärkere Liturgie durchgesetzt, und dies hat schließlich zu einer regionalen Vereinheitlichung geführt. Die aus Jerusalem stammende Jakobus-Liturgie geriet dagegen auf byzantinischem Gebiet in den Hintergrund[126] und wurde von der miaphysitischen Minderheit der syrisch-orthodoxen Kirche in den von ihr geprägten Gebieten weitergeführt[127]. Gleiches

124 Vgl. Budde, Sieg, 20: „Am Anfang stand... die vor Ort verantwortete Gestaltung nach bestem Wissen und Gewissen, und damit die Verschiedenheit. Die Überlieferung spreizte sich im Zuge ihrer Verbreitung zunächst in unzählige Sonderformen auf... Erst viel später kommt es zu überregionalen Angleichungen der so entstandenen Traditionen."

125 Vgl. Taft, Liturgies, 356: „This is the period of the unifications of rites, when worship, like church government, not only evolved new forms, but also let the weaker variants of the species die out, as the church developed, via the creation of intermediate unities, into a federation of federations of local churches, with ever-increasing unity of practice within each federation, and ever-increasing diversity of practice from federation to federation... the process of formation of rites is not one of diversification,... but of unification. And what one finds in extant rites today is not a synthesis of all that went before, but rather the result of a selective evolution the survival of the fittest – of the fittest, not necessarily of the best."

126 Vgl. Galadza, Byzantinization, 157: „The Liturgy of St James (JAS) was the local eucharistic liturgy of the Jerusalem patriarchate during the late antique, Byzantine, and early Islamic periods, until it fell into disuse as a result of Byzantinization."

127 Vgl. ebd., 162: „Once the Orthodox patriarchate of Jerusalem abandoned JAS completely, it came to be considered the liturgy par excellence of the Syriac-praying non-Chalcedonian churches."

ist für das syrisch-orthodoxe Stundengebet in der aus Jerusalem im 7. Jahrhundert übernommenen Fassung anzunehmen. Als konkrete Faktoren, die zu dieser Zeit für beide Kirchen bestimmend waren, sind also zu nennen:

- *Der Einfluss des Mönchtums.*
  Die klassische Unterscheidung zwischen monastischer und kathedraler Liturgie ist auf die Heilige Stadt Jerusalem nur bedingt anzuwenden, da das palästinische Mönchtum der umliegenden Wüstenklöster immer in enger Verbindung mit dem gottesdienstlichen Leben in der Grabeskirche stand[128]. Dadurch konnte es dazu kommen, dass die Stundengebete dort nicht nur zu den großen Hauptzeiten am Abend und am Morgen, sondern unter dem Einfluss des Mönchtums auch zu den kleinen Nebenzeiten von der Gemeinde mitgefeiert wurden[129]. Auch wenn die Gebetszeiten des *Šḥimo* heutzutage in der Regel am Abend und am Morgen zusammengefasst werden, ist in seiner kathedralen Gestaltung (ausgewählte Psalmen, keine Lesungen, Wechselgesänge) dieser Gemeindebezug sämtlicher Gebetszeiten nach wie vor erhalten geblieben.
  Bei der Byzantinisierung der Jerusalemer Liturgie ist das Mönchtum die treibende Kraft gewesen. Die Mönche des Klosters Mar Saba machten die von ihnen monastisch überformte Liturgie Jerusalems zum Maßstab liturgischen Lebens und beeinflussten damit die Liturgie von Konstantinopel[130]. Dabei kam es zu einer Synthese von kathedraler und monastischer Liturgie, indem das kathedrale Abend- und Morgenlob mit der monastischen Psalmodie kombiniert wurde[131]. Diese vom *Studion*-Kloster in Konstantinopel beförderte Orientierung an der Liturgie des palästinischen Mönchtums wurde wiederum für die byzantinisierte Liturgie Jerusalems verbindlich[132].
  Auf der Seite der syrisch-orthodoxen Kirche wird der Einfluss des Mönchtums auf die liturgische Entwicklung an dem engen Bezug ihrer gelehrten Bischöfe zum Kloster *Qennešrin* deutlich (s.o.). Dies entspricht der generellen Tendenz, dass zu dieser Zeit der Einfluss der ländlichen Klöster auf das kirchliche Leben stärker wurde als der bisherige Einfluss der städtischen Kathedralen[133].

---

128 Vgl. ebd., 32: "… that the distinction between 'cathedral' and 'monastic' liturgy is useful, but must be handled carefully and with some nuance when analyzing the situation of the patriarchate of Jerusalem – a territory that included both urban and desert monastics, in constant interaction with the Holy City's cathedral."

129 Vgl. ebd.: "'cathedral' and 'monastic' liturgy… These two kinds of rites existed side by side in Jerusalem, monastic influence eventually expanding the cathedral *cursus* from one daily morning and one daily evening service to a multiplicity of daily offices, observed even by the laity."

130 Vgl. ebd., 60.

131 Vgl. Taft, Byzantine Office, 339: "…the synthesis of monastic nocturnes and vesperal psalmody with the cathedral services of morning praise and evensong has resulted in a complex structure of vespers and matins". Vgl. ebd., 344: "monastic vespers were attached to the beginning of cathedral evensong. The fixed cathedral psalmody was moved up to before the Hymn of Light, immediately after the variable monastic psalms, so as to have all the psalmody together."

132 Vgl. Galadza, Byzantinization, 133.

133 Vgl. Macomber, Origins, 239/240: „The Monophysites,… with their reorganization at the time of Empress Theodora into an independent Church, the tendency to fuse the different traditions into a single uniform rite… was greatly facilitated… by the shifting of the center of gravity of the Church from the cities to the monasteries, which, for the most part, were located in the Aramaic-speaking districts that were less subject to imperial influence."

Insofern hat das syrisch-orthodoxe Mönchtum die Liturgie der eigenen Kirche gewissermaßen aus der Rolle einer religiös-kulturellen Opposition heraus geprägt, während das byzantinische Mönchtum dies als Repräsentant eines außerterritorialen politischen Machtzentrums tat. Das poetische Profil des *Šḥimo* macht deutlich, dass das syrisch-orthodoxe Mönchtum dabei andere Ziele verfolgte als das byzantinische: Es ging ihm offensichtlich einerseits um die bleibende Nähe zum kathedralen Offizium Jerusalems mit seinem Bezug zur versammelten Gemeinde, andererseits aber auch um eine eigenständige Prägung durch die eigene hymnische Tradition und durch die rhythmische Ausprägung der acht Kirchentonarten des Oktoechos.

– *Die Prägung durch städtische Metropolen.*

Dass die Stadt Konstantinopel nicht nur zu einem politischen, sondern auch zu einem religiösen Machtzentrum werden konnte, liegt in der Schwächung Jerusalems als religiöses Zentrum durch seine Zerstörung und Eroberung im 7. Jahrhundert begründet. Mithilfe des palästinisch-orthodoxen Mönchtums, das im Verlauf des innerkirchlichen Bilderstreits an Einfluss gewann, verschob sich das Zentrum der religiösen Macht schließlich nach Konstantinopel[134]. Dort vollzog sich die Umformung der von Jerusalem beeinflussten Liturgie zu einer neuen Einheitsliturgie für das byzantinische Reich, die sich schließlich auch auf das muslimisch beherrschte Jerusalem auswirkte[135]. Bei diesem Prozess der Byzantinisierung ging es um Konformität mit dem politisch-religiösen Zentrum[136]. Diese war zum einen im Interesse des Machtzentrums selbst, zum anderen aber auch im Interesse der Randgebiete, die zum byzantinischen Reich gehören wollten. Zu diesem Zweck erschien es als sinnvoll, die eigene Rechtgläubigkeit durch liturgische Übereinstimmung unter Beweis zu stellen[137]. Neben der Suche nach Schutz vor der islamischen Vorherrschaft könnte auch der Wunsch, zu einer politisch und kulturell dominanten Großmacht zu gehören, ein wichtiges Motiv dafür gewesen sein[138].

Für die syrisch-orthodoxe Kirche sind neben Jerusalem mit der Grabeskirche als Ursprungsort des christlichen Glaubens Antiochien als hellenistisch geprägte Hauptstadt des aramäischsprachigen Christentums einerseits und Edessa als ihr geistliches Zentrum andererseits die für sie bedeutsamen städtischen Zentren gewesen. Das ist auch an ihrer eucharistischen

---

134 Vgl. Galadza, Byzantinization, 133.

135 Vgl. Baumstark, Denkmäler, 22: „Nicht in Jerusalem vermöge einer, wenn auch noch so starken, konstantinopolitanischen Beeinflussung des altpalästinensischen Ritus, sondern in Konstantinopel vermöge stärkster Einflußnahme dieses Ritus auf die einheimische Gottesdienstform der Kaiserstadt hat sich in der Liturgie die Entwicklung des im engeren Sinne „Byzantinischen" vollzogen."

136 Vgl. Galadza, Byzantinisation, 5: „my definition of 'liturgical Byzantinization' is: the process of making liturgical practices conformable to those of the Great Church of Constantinople, at the expense and to the detriment of local, in this case Hagiopolite, liturgical practices."

137 Vgl. ebd., 135: "The liturgical influence of Constantinople on Jerusalem may also be explained by the desire of the Hagiopolitan church to adopt Byzantine liturgical practices, rather than simply by Constantinople's desire to impose them upon others. Observing the liturgy of Constantinople could have been seen as a sign of Orthodoxy."

138 Vgl. ebd., 139: "In the absence of similar statements from actual Chalcedonians in Palestine, one can only assume that the clergy and the faithful of the Jerusalem patriarchate would have seen allegiance to Constantinople as prestigious and been proud to be associated with the church of such a magnificent city."

Liturgie ablesbar[139]. Dabei spielte aber nicht die politische Macht, sondern der kulturelle Einfluss eine wesentliche Rolle.

– *Die Ausbildung einer konfessionellen Identität.*
  Die sich auf das Bekenntnis von Chalzedon (451) berufende byzantinische Kirche dominierte die kirchliche Landschaft des Vorderen Orients im 7. Jahrhundert zunächst durch den Gebrauch der griechischen Sprache, in den folgenden Jahrhunderten aber auch durch die Ausbildung einer byzantinisierten Einheitsliturgie[140]. In Syrien kam es schließlich (wie auch in Ägypten) zur Bildung einer anti-chalzedonensischen – hier der syrisch-orthodoxen – Kirche[141]. Diese oppositionelle Kirche unter der Leitung des Jakob Baradäus hatte aufgrund ihrer Minderheiten-Situation offensichtlich das Bedürfnis, nicht nur durch die Beibehaltung ihrer syrischen Sprache, sondern auch durch das Festhalten an einer nicht-byzantinischen Liturgie eine eigene konfessionelle Identität auszubilden. Dies könnte auch ein Grund für ihr Festhalten an der kathedralen Ausprägung des Stundengebets sein. Gleichwohl konnte es zwischen den Konfessionen auch zu einem Austausch liturgischer Inhalte kommen[142]. Dadurch ist das Vorhandensein gleicher Inhalte sowohl in der syrisch-orthodoxen und der byzantinischen[143] als auch in der syrisch-orthodoxen und der maronitischen Liturgie[144] zu erklären. Wichtig für das Verstehen der derzeitigen interkonfessionellen Verhältnisse ist die Erkenntnis, dass die Ausbildung von Konfessionen nicht nur ein Ergebnis gelehrter Diskussionen, sondern auch der Ausbildung unterschiedlicher Liturgien sein kann[145]. Ebenso ist konfessionelle Nähe in erster Linie durch liturgische Ähnlichkeit und weniger durch theologische Einigkeit bedingt[146]. Kirchenzugehörigkeit ist auch ein Ergebnis kirchlicher Praxis, nicht allein theologischer Theorie.

139 Vgl. Macomber, Origins, 242: „the Syrian rite is basically that of Antioch, but with the anaphoral structure borrowed from the rite of Jerusalem and the metrical hymns either borrowed from or inspired by that of Edessa."

140 Vgl. ebd., 241: „In Palestine, although the people were divided linguistically into Greek and Aramaic speakers, the former dominated the latter culturally, and so the Greek-speaking hierarchy was able to establish or maintain liturgical uniformity, even when it replaced the Palestinian with the Byzantine rite."

141 Vgl. Burkitt, Lectionary system, 2.

142 Vgl. Tannous, Greek kanons, 163.

143 Vgl. ebd., 162: „The borrowing of Chalcedonian Greek kanons by the Syrian Orthodox… is one example of a larger phenomenon of interconfessional contact and cross-pollination that was characteristic of Middle Eastern Christian communities throughout late antiquity and the middle ages".

144 Vgl. Macomber, Origins, 241/242: "they followed this rite, however, in common with a part of the Monophysites, and this probably explains why they were influenced by them so strongly. This is manifested for the Mass in the adoption of numerous Syrian anaphoras…".

145 Vgl. Tannous, Greek kanons, 164: "Part of the story of the separation of the church of Syria into recognizably Chalcedonian and Miaphysite branches (and the subsequent separation of the Maronite and Rūm churches) is a liturgical one. More than doctrinal treatises written by religious elites… it was the evolution of different liturgies and different sets of liturgical commemorations that signaled the development of separate churches and communities."

146 Vgl. ebd.: "Similarity in liturgy no doubt facilitated movement of both people and liturgical material between the various competing confessions – similar liturgies meant that the experience of worshipping and communicating in a rival church would have been very familiar."

Die Liturgiereform, die zur Abwandlung des Jerusalemer Offiziums geführt hat, kann hinsichtlich der byzantinischen Kirche anhand von Quellen recht genau rekonstruiert werden. Hinsichtlich der syrisch-orthodoxen Kirche lässt sie sich nur als Reaktion auf ein außerkirchliches Ereignis und als spezifische Ausgestaltung von innerkirchlichen Motiven für die Entwicklung der eigenen Liturgie indirekt erschließen:

Während in der byzantinischen Kirche die Ereignisse im Heiligen Land des 7. Jahrhunderts zu einer byzantinisierenden Überformung der ursprünglichen Jerusalemer Liturgie führten, führten dieselben Ereignisse in der syrisch-orthodoxen Kirche zu einer Übernahme derselben Liturgie auf einem bestimmten Stand ihrer Entwicklung und zu deren Ausgestaltung als Instrument der kirchlich-kulturellen Selbstbehauptung. Dies war für die syrisch-orthodoxe Kirche in ihrer prekären Lage als kleine Minderheit zwischen zwei religiös-politischen Großmächten offensichtlich eine notwendige Überlebensstrategie. Das besonders einflussreiche Mönchtum, das in den liturgischen Reformen beider Kirchen eine wichtige Rolle spielte, übernahm für die syrisch orthodoxe Kirche die Funktion einer religiös-kulturellen Opposition, die mithilfe der syrischen Tradition die Ausbildung einer eigenen konfessionellen Identität beförderte. Dabei bezog es sich liturgisch auf seine kulturelle Hauptstadt Antiochien und hymnographisch auf sein geistliches Zentrum Edessa. Nach traditioneller Auffassung der syrisch-orthodoxen Kirche spielte Jakob von Edessa als hellenistisch gebildeter, aber fest in seiner aramäischen Kultur und im miaphysitischen Bekenntnis verwurzelter Bischof seiner Kirche in diesen Entwicklungen eine wichtige Schlüsselrolle. Wegen des zeitlichen Zusammentreffens von muslimischer Eroberung, beginnender liturgischer Byzantinisierung auf Seiten der byzantischen Kirche, religiös-kultureller Selbstbehauptung auf Seiten der syrisch-orthodoxen Kirche und der Zeit des Lebens und Wirkens dieses Kirchenführers kann der historischen Hypothese seiner Funktion als Redaktor des *Šḥimo* eine gewisse Plausibilität zuerkannt werden. Wichtiger noch als die Frage der Verfasserschaft des *Šḥimo* ist jedoch die Betrachtung der Zusammenhänge seiner liturgischen Entwicklung mit ihren historischen Rahmenbedingungen und den darin wirksamen innerkirchlichen Motiven, die hier dargestellt wurden.

3.3 Die Entstehung des *Šḥimo* als Buch

Die Entstehungsgeschichte des *Šḥimo* als alltägliches Gebetbuch der syrisch-orthodoxen Kirche ist historisch schwer greifbar, da es darüber in der Literatur nur wenige Aussagen gibt. Diese sind entweder sehr vage, oder sie sind zwar konkret, aber nicht nachprüfbar. Anton Baumstark erwähnt in seiner „Geschichte der Syrischen Literatur" (1922) am Rande, dass dem Bischof Jakob von Edessa „von dem gesamten jakobitischen Ferialbrevier (ohne Anhänge)… eine bestimmte „genaue Ordnung"… beigelegt" wird und verweist dazu auf zwei Handschriften aus dem 13. und dem 16. Jahrhundert[147]. In demselben Werk erwähnt Baumstark, dass im Jahr 785/86 Gesangstexte durch den Mönch *Dawid Bar Pawlos* in das Nachtgebet eingeführt „und andere liturgische Neuerungen" vorgenommen wurden, erläutert dies aber nicht näher[148]. Für den syrisch-orthodoxen Patriarchen Mor Aphrem I. Barsaum ist die

147 Vgl. Baumstark, Geschichte, 253.

148 Vgl. ebd., 272. *Dawid Bar Pawlos* hat dabei offensichtlich Hymnen des Severus von Antiochien ver-

Redaktion des *Šḥimo* durch Jakob von Edessa Ende des 7. Jahrhunderts eine feststehende Tatsache „gemäß einer in der Pariser Nationalbibliothek aufbewahrten Handschrift aus dem 15. Jahrhundert“[149]. Er hat zwei Druckauflagen des *Šḥimo* selbst herausgegeben (1913 in Mardin und 1936 in Jerusalem), und mit einem Vorwort zur Entstehungsgeschichte des *Šḥimo* versehen (beibehalten in den folgenden Ausgaben Beirut 1981 und Glane/Losser 1991, 1998, 1999 und 2016)[150]. Darin blickt er auf den ersten Druck in Mardin 1890 zurück[151] und begründet die Notwendigkeit einer neuen Ausgabe mit der mangelnden Übereinstimmung der nachgedruckten Ausgaben, die zu einer liturgischen Unordnung geführt hätte[152]. Seine Vorgehensweise beschreibt er so, dass er das *Šḥimo* auf der Grundlage eines Vergleichs mit neun alten Handschriften[153] sorgfältig herausgegeben habe. Eine von diesen Handschriften ginge auf einen Mönch mit Namen *Dawid Funikoyo*[154] im 15. Jahrhundert zurück, der Korrekturen am *Šḥimo* vorgenommen habe; welcher Art diese Korrekturen waren, erläutert Aphrem Barsaum allerdings nicht näher[155]. Seine eigene redaktionelle Tätigkeit beschreibt er so, dass er bestimmte Abschnitte des Nachtgebets (den ersten, zweiten und vierten

---

wendet, die er aus dem Kloster *Qennešrin* kannte; vgl. Brock, Art. ‘Dawid bar Pawlos’, in: GEDSH, 116: “in 785… he temporarily moved with others to a monastery on the Euphrates (evidently Qenneshre) and later brought back 170 *ma'nyoṯo* of Severus, adapting them for liturgical use in the east.”

149 Barsaum, Geschichte, 41. Es ist davon auszugehen, dass er sich hier auf dieselbe Handschrift bezieht wie Anton Baumstark. Vermutlich handelt es sich um eine unterschiedliche Benennung desselben Jahrhunderts.
Die traditionelle Ansicht von der Redaktion des *Šḥimo* durch Jakob von Edessa ist in der Syrisch-Orthodoxen Kirche allgemein verbreitet und findet sich zum Beispiel auch in einem Artikel über das *Šḥimo* in einer kirchlichen Zeitschrift (Edib Aydin, *Šḥimo*). Dort wird unter wörtlichem Bezug auf Mor Aphrem Barsaum der maßgebliche Beitrag des Jakob von Edessa zur Entstehung des *Šḥimo* behauptet und als Nachweis dafür die besagte Handschrift eines ܒܝܬ ܓܙܐ - *Beṯ Gazo* aus dem 15. Jh. in der Pariser Nationalbibliothek erwähnt. Der heutige Gebrauch des Gebetbuches wird in ununterbrochener Kontinuität auf diesen großen Gelehrten der Syrisch-Orthodoxen Kirche zurückgeführt (vgl. ebd., 46). Als Quellen für seine Zusammenstellung der Gebete des *Šḥimo* werden die Dichtungen der syrischen Kirchenväter Mor Ephräm, Mor Jakob von Serug, Mor Isaak von Antiochien, Mor Balai und Simon der Töpfer angegeben (ebd., 44/43).
In einem Aufsatz aus dem Jahr 2006 über die didaktische Bedeutung der Liturgie beschreibt Eugene Aydin, wie Jakob von Edessa gemäß der syrisch-orthodoxen Überlieferung Simon dem Töpfer begegnete, von dessen Gesängen beeindruckt war und sie in das von ihm komponierte *Šḥimo* mit aufnahm (vgl. ders., Rediscovering, 301).

150 Vgl. Barsaum (Hg.), *ktoḇo da-šḥimo*, 2.

151 Vgl. ebd., 7.

152 Vgl. ebd., 8.

153 Dabei handelt es sich nach seinen späteren Angaben um sieben Exemplare aus dem Mittelalter und um die beiden damaligen Ausgaben aus Mossul und Syrien; vgl. Barsaum, Geschichte, 41.

154 Laut GEDSH handelt es sich bei ihm um einen der prominentesten syrischen Autoren des 15. Jahrhunderts, der unter anderem *Mimre* und einige liturgische Gedichte geschrieben habe; vgl. Butts, Art. ‚Dawid Puniqoyo‘, in: GEDSH, 117.

155 Auch diese Angaben von der Überarbeitung und Herausgabe des *Šḥimo* durch Mor Aphrem Barsaum sind offensichtlich Allgemeingut in der Tradition der Syrisch-Orthodoxen Kirche; denn sie werden in dem bereits erwähnten Aufsatz in einer kirchlichen Zeitschrift bestätigt. Zu den unterschiedlichen Druckausgaben finden sich dort noch genauere Angaben über die jeweilige Höhe der Auflage (die mittelgroße von Mor Julius Čiček handgeschriebene Ausgabe aus dem Jahre 1981 mit 7000 und die neu gedruckte Kleinausgabe von 1991 mit 4000 Stück); letztere sei für den Gebrauch an kirchlichen Schulen gedruckt worden (vgl. Edib Aydin, *Šḥimo*, 42).

Qawmo) und Gebete der dritten, sechsten und neunten Stunde und des Schutzgebets (*Sutoro*) festgelegt habe. Auch habe er an verschiedenen Stellen einen zweiten Hymnus (je nach Gewohnheit verschiedener Gemeinden) zur Auswahl hinzugefügt[156]. Von einem früheren Vorgänger im Patriarchenamt, Ignatius Bar Wahib, berichtet Aphrem Barsaum, er habe die Anzahl der täglichen Stundengebete von 10 auf 7 herabgesetzt und die Anzahl der nächtlichen Dienste (*Tešmšoṯo*) auf vier festgelegt[157]. Auch die Themen dieser nächtlichen Dienste wurden von Bar Wahib bzw. von Aphrem Barsaum neu geordnet[158]. Ob die Gattungen und Themen der anderen Gebetszeiten auch neu geordnet wurden oder von Aphrem Barsaum hier nur aufgezählt werden, geht aus seiner Vorrede nicht eindeutig hervor. Andere Eigenschaften des *Šḥimo* gehen aber offensichtlich auf die Herausgeberschaft des Aphrem Barsaum zurück: die Stellung der Psalmen am Anfang eines Tagzeitengebets und die Anordnung der *Mawrbe* (Magnificat-Wechselgesänge) und anderer Gebete am Ende des Buches. Außerdem soll unter anderem auch die Zusammenstellung einiger Bruchstücke von *Boᶜwoṯo* (Bittgebete) des Jakob von Serug, von Ephräm dem Syrer und des Balai von Balš das Werk des Herausgebers sein[159]. Aphrem Barsaum hebt ausdrücklich hervor, dass noch viele weitere Gebetsgattungen des *Šḥimo* auf die Autorschaft dieser berühmten Dichter der syrischen Tradition zurückgehen. Neben ihnen erwähnt er auch Rabbula von Edessa, Simeon den Töpfer und andere Lehrer[160].

Auch wenn Mor Aphrem Barsaum bei seiner Edition des *Šḥimo* offensichtlich einige Eingriffe in dessen Ablauf vorgenommen hat, betont er dennoch die Übereinstimmung zwischen den ältesten und den neuesten Ausgaben. Als ältestes Exemplar erwähnt er einzelne „im Museum von Damaskus aufbewahrte Seiten“ einer Handschrift, die aus dem 8. Jahrhundert stammen soll. „Es finden sich darin nur geringfügige, auf einige Wörter beschränkte Unterschiede zu den heute noch gebräuchlichen Exemplaren.“ Ein Exemplar in Aleppo aus dem 14. Jahrhundert enthalte auch andere Strophen als die gegenwärtigen Ausgaben[161]. Die Angaben zu den verschiedenen Druckausgaben in ihren Vorworten und in der syrischen Literaturgeschichte widersprechen sich an zwei Stellen: So sei die zweite Ausgabe 1913 in Mosul (laut Vorwort in Mardin) und die dritte Ausgabe 1934 (laut Vorwort 1936) in Jerusalem gedruckt worden[162]. Da die Angaben im Vorwort von Aphrem Barsaum mit herausgegeben wurden und diese Ausgaben in der syrisch-orthodoxen Kirche bis heute in Geltung stehen, ist ihnen jedoch größeres Gewicht beizumessen. Diese Angaben zur Entstehungsgeschichte des *Šḥimo* werden von dem

---

156 Vgl. Barsaum (Hg.), *ktoḇo da-šḥimo*, 8.

157 Vgl. ebd., 9. Damit sind wahrscheinlich die vier *Qawme* des Nachtgebets gemeint. Ignatius Bar Wahib, der auch die Kanones neu geordnet habe, ist nach Angaben Aphrem Barsaums im Jahr 1333 verstorben. Er selbst hat sein Vorwort zur dritten Ausgabe im Jahr 1936, dem vierten Jahr seines Patriarchats, geschrieben (vgl. ebd., 6).

158 Vgl. ebd., 9/10: 1. der Gottesmutter, am Rüsttag (Freitag) dem Kreuz (zwischen Ostern und Kreuzauffindung) nach Bar Wahib; 2. den Heiligen, Propheten, Aposteln und Märtyrern; 3. der Buße oder den Verstorbenen; 4. dem Gedenken eines lokalen Heiligen.

159 Vgl. ebd., 10.

160 Vgl. ebd., 11. In seiner Literaturgeschichte erwähnt er außerdem auch noch Isaak (dabei handelt es sich um einen der beiden Isaaks von Edessa oder um Isaak von Amida; vgl. ders. Geschichte, 188) und Jakob von Edessa; vgl. ebd., 41.

161 Aphrem Barsaum, Geschichte, 41. Dabei handelt es sich möglicherweise um die Ausgabe 393 im Britischen Museum, für die Anton Baumstark das 13. Jahrhundert als Entstehungszeit angibt (vgl. ders., Geschichte, 253, Anm. 6).

162 Vgl. Barsaum, Geschichte, 41 und zum Vergleich *ktoḇo da-šḥimo*, 2.

syrisch-orthodoxen Musikwissenschaftler Gabriel Aydin weitgehend bestätigt. Er bezieht sich in seinen Angaben zum Teil auf die Aussagen Aphrem Barsaums im Vorwort des *Šḥimo* (2. Ausgabe Mardin 1913) und zum Teil auf die Aussagen in dessen syrischer Literaturgeschichte (3. Ausgabe Jerusalem 1934)[163]. Mor Aphrem I Barsaum gilt innerhalb der syrisch-orthodoxen Kirche schon allein aufgrund seines Amtes als höchste Autorität, sodass dort mit historisch-kritischen Nachfragen kaum zu rechnen ist.

Der indisch-orthodoxe Syrologe Baby Varghese verbindet seine konfessionelle Zugehörigkeit mit einer historisch-kritischen Betrachtungsweise, um auf diesem Wege ein wenig Licht in die Entstehung des syrisch-orthodoxen Stundengebets zu bringen. Dabei fokussiert er sich hinsichtlich des Stundengebets zwar auf das *Fenqiṯo*, aber er ordnet die Entstehung der unterschiedlichen Gebetsgattungen, aus denen auch das *Šḥimo* besteht, aus einer formgeschichtlichen Perspektive historisch ein[164]:

Die älteste Gebetsgattung des syrisch-orthodoxen Stundengebets seien die biblischen Psalmen, die schon zu Zeiten der Apostel und laut der *Didascalia Apostolorum* spätestens seit Ende des dritten Jahrhunderts ein wichtiges Element der Liturgie gewesen sind[165]. Ab dem vierten Jahrhundert sei der Psalter dann „the ideal hymnbook of the church" für fast alle liturgisch begangenen Anlässe gewesen[166], wie es auch die Pilgerin Egeria bezeugt[167]. Dieses Vorbild des kathedralen Stundengebets von Jerusalem sieht Varghese als einen möglichen Grund dafür an, dass im syrisch-orthodoxen Stundengebet der Gesang der Psalmen zugunsten des Gesangs von Hymnen reduziert wurde[168].

Die syrischen Hymnen der *Madroše* wurden schon früh zu Sammlungen zusammengefasst und so zu Grundbestandteilen des syrischen Stundengebets, die sich historisch einordnen lassen: Als eine dem Mor Ephräm zugeschriebene poetische Gattung lagen sie bereits im sechsten und siebten Jahrhundert als Sammlungen vor[169]. Die daraus gebildeten dialogischen *Sogyoṯo* wurden im zehnten Jahrhundert Bestandteil des *Fenqiṯo,* und die aus Teilen der *Madroše* zusammengesetzten *Seḇloṯo* (‚Leitern') waren mit ihren themenbezogenen Strophen Vorbild für die *Qole*, die schließlich zu Hauptbestandteilen des *Šḥimo* wurden[170]. Wann dies allerdings geschah, bleibt in den Ausführungen von Varghese offen.

Die als Antwortgesänge zu den Psalmen entwickelten *ᶜEnyone* müssen wegen ihrer liturgischen Funktion früh entstanden sein, liegen aber als Sammlungen erst zum Ende des ersten Jahrtausends vor[171].

In die syrische Liturgie haben auch zahlreiche ursprünglich griechische Hymnen Eingang gefunden, die im Laufe des sechsten und siebten Jahrhunderts ins Syrische übersetzt wurden.

163 Vgl. Aydin, Hymnal, 37.

164 Dieser formgeschichtliche Ansatz ist schon bei Anton Baumstark zu finden. Er geht davon aus, „daß ursprünglich so ziemlich für jede Gattung in Betracht kommender Texte eine eigene nach dem Kirchenjahr geordnete Sammlung bestand… Zeitlich gehören wohl alle diese Buchtypen noch dem ersten Jahrtausend und kaum erst dem Ende desselben an." (Vgl. ders., Festbrevier, 92/93).

165 Vgl. Varghese, History, 77.

166 Vgl. ebd.

167 Vgl. ebd., 78/79.

168 Vgl. ebd., 82.

169 Vgl. ebd.

170 Vgl. ebd., 83.

171 Vgl. ebd., 84.

Sie entstammten jedoch der miaphysitisch geprägten griechischsprachigen Tradition der syrischen Kirche von Antiochien und sollten offensichtlich nach der Vertreibung der syrisch-orthodoxen Christen durch den chalzedonensischen Kaiser Justinian im Jahr 518 einen Beitrag zur Erhaltung der syrisch-orthodoxen kirchlichen Tradition leisten[172]. So wurde die Sammlung griechischer Hymnen des Bischofs Severus von Antiochien aus dem sechsten Jahrhundert in den 20er Jahren des siebten Jahrhunderts durch den Bischof Paul von Edessa ins Syrische übersetzt – die sogenannten *Maᶜnyoṯo* – und in den 70er Jahren desselben Jahrhunderts durch den Bischof Jakob von Edessa für den liturgischen Gebrauch überarbeitet[173]. Auch diese *Maᶜnyoṯo* können als Quelle für die *Qole* des *Šḥimo* gelten; denn sie werden in späteren Handschriften zum Teil als *Qole* bezeichnet[174].

Die im siebten und achten Jahrhundert in Palästina entstandenen griechischen Kanones (mit hymnischen Strophen versehene biblische Oden) wurden Ende des achten Jahrhunderts im Kontext der melkitischen Tradition ins Syrische übersetzt und fanden auf diesem Wege auch Eingang in die syrische Liturgie[175]. Zu Bestandteilen des Stundengebets wurden sie vor allem im Rahmen des *Fenqiṯo*; dort tauchen sie nachweislich in Handschriften des zehnten Jahrhunderts auf[176]. Im *Šḥimo* kommen sie nur in Gestalt der *Mawrbe*, also der als *ᶜEnyone* gestalteten Magnificat-Varianten, vor. Für die Frage nach der historischen Einordnung der Gebetsgattungen des *Šḥimo* interessant ist allerdings die Feststellung, dass mit der Aufnahme der griechischen Kanones in die syrische Liturgie zugleich auch die Übernahme der modalen Differenzierung des Oktoechos einherging. Diese hat Varghese zufolge ihren Ursprung im achten Jahrhundert, enthält aber auch syro-palästinische Elemente, die historisch möglicherweise schon früher einzuordnen sind[177].

Die prosaische Gebetsgattung des *Sedro* – ein nicht unbedeutendes Element des syrisch-orthodoxen Stundengebets – ist Mitte des siebten Jahrhunderts entstanden[178]. Zusammen mit den ebenfalls prosaischen Gebetsgattungen der einleitenden *Ṣluṯo d-šuroyo*, des *ᶜEṭro* (Weihrauchgebet) und des abschließenden *Ḥutomo* bildet er nachweislich erst ab dem 11. Jahrhundert ein festes Gerüst für das Stundengebet[179]. Von diesen prosaischen Gebetsgattungen ist allerdings nur der *Sedro* ein fester Bestandteil des *Šḥimo*, sodass die Entstehung des *Šḥimo* auch schon seit dem Aufkommen der *Sedre* im siebten Jahrhundert denkbar ist.

Eine historische Einordnung der *Boʿuṯo*, einer im syrischen Stundengebet häufig verwendeten Gebetsgattung, ist aufgrund der Quellenlage nicht möglich. Es handelt sich um eine Ausprägung des syrischen *Mimro*, die (je nach Versmaß) den Autoren Ephräm, Jakob von Serugh oder Balai zugeschrieben wird[180]. Die gegenwärtige, eine Gebetszeit jeweils abschließende Funktion der *Boʿuṯo* soll eine spätere Entwicklung sein; denn in früheren Handschriften stehen

---

172 Vgl. ebd., 84.
173 Vgl ebd., 85.
174 Vgl. ebd., 86.
175 Vgl. ebd., 86.
176 Vgl. ebd., 87.
177 Vgl. ebd., 86/87. Siehe auch die wesentlich frühere Datierung der ersten nicht-musikalischen Elemente des *Oktoechos* durch Stig Simeon Frøyshov zwischen dem 4. und 6. Jahrhundert (vgl. ders., Early Development, 173).
178 Vgl. Varghese, History, 93
179 Vgl. ebd., 93/94.
180 Vgl. ebd., 96.

die *Boʿwoṯo* im Zusammenhang mit den *Qole*. Ursprünglich handelt es sich möglicherweise um Sammlungen von ausgewählten Hymnen des Ephräm bzw. des Jakob von Serugh, denen die dem Balai zugeschriebenen Hymnen später hinzugefügt wurden. Die ältesten Sammlungen solcher *Boʿwoṯo* (ab dem neunten Jahrhundert) sind inhaltlich deutlich auf die Buße ausgerichtet und haben dieser Gebetsgattung möglicherweise ihren Namen gegeben[181].

Die einleitenden und abschließenden Anrufungen der einzelnen Gebetszeiten (bei Varghese zusammengefasst unter dem Begriff *Qawmo*) werden zum ersten Mal im 13. Jahrhundert von Bar Hebräus ausdrücklich benannt[182], allerdings nur als Abschluss einer Gebetszeit. Einzelne Bestandteile des *Qawmo* werden aber auch schon früher im Zusammenhang mit dem Stundengebet erwähnt: das Trishagion im neunten und das Vaterunser in Verbindung mit dem Trishagion im achten Jahrhundert. Der heutige Brauch, den *Qawmo* zu Beginn und zum Abschluss einer Gebetszeit zu beten, sei eine spätere Entwicklung, die den ostsyrischen Brauch der Voranstellung des *Qawmo* mit aufgenommen habe[183].

Diese formgeschichtlich arbeitende Untersuchung der Gattungen des syrisch-orthodoxen Stundengebets durch Baby Varghese scheint eine erst allmähliche Entstehung seiner liturgischen Abfolge und eine uneinheitliche Überlieferung derselben nahezulegen, die erst durch die ab dem Ende des 19. Jahrhunderts entstandenen Druckausgaben des *Šḥimo* und des *Fenqiṯo* zum Abschluss gekommen ist[184]. Die erst relativ späte Entstehung von Sammlungen der untersuchten Gebetsgattungen (im neunten und zehnten Jahrhundert) schließt jedoch eine frühere Entstehung des syrisch-orthodoxen Stundengebets nicht aus, zumal seine Hauptgattungen (Psalmen, Hymnen – *Qole* und *Boʿwoṯo* – und *Sedre*) schon früher bestanden haben. Eine mögliche Redaktion des *Šḥimo* durch Jakob von Edessa Ende des siebten Jahrhunderts, wie sie von der syrisch-orthodoxen Tradition behauptet wird, bleibt von daher theoretisch denkbar. Der Textbestand des *Šḥimo* mag sich im Laufe der Jahrhunderte zwar verändert haben; aber wie George A. Kiraz in einer neueren Untersuchung gezeigt hat, ist davon auszugehen, dass das *Šḥimo* sowohl in seiner textlichen Grundstruktur als auch in seiner liturgischen Ausführung sehr stabil geblieben ist. Zu dieser Stabilität der Überlieferung haben nicht zuletzt deren ausschließlich mündlich tradierte Bestandteile einen wichtigen Beitrag geleistet[185].

---

181   Vgl. ebd., 97.
182   Gregor Bar Hebräus, Ethicon, Kap. I: On Prayer, Abschnitt 6, 15/16; zitiert bei: Varghese, History, 100/101.
183   Vgl. ebd., 101.
184   Vgl. ebd., 75.
185   Vgl. George A. Kiraz, Schema of the Syriac Šḥimo, in: Hugoye. Journal of Syriac Studies 25.2 (2022), 455-483.

4 Die Bedeutung der Poesie für den christlichen Glauben

4.1 Die theologische Bedeutung syrischer Poesie

Die liturgiegeschichtlichen Beobachtungen haben ein poetisches Profil des *Šḥimo* hervortreten lassen, das sich zwischen zwei Polen bewegt: der respektvollen Beibehaltung der biblischen Dichtung einerseits und der selbstbewussten Verwendung eigener kirchlicher Dichtung andererseits. Die biblischen Dichtungen der Psalmen und Cantica werden durch frei gedichtete responsorische Texte ergänzt, aber nicht ersetzt. Die Psalmen werden dem kathedralen Typus des Stundengebets entsprechend in der Regel nicht vollständig gelesen, sondern passend zur Tageszeit ausgewählt. Dadurch entsteht mehr Raum für die freie Hymnendichtung der eigenen kirchlichen Tradition. Aus den auf Ephräm den Syrer zurückgehenden Hauptgattungen syrischer Dichtung, dem *Madrošo* und dem *Mimro*, werden neue Gattungen entwickelt, die den überwiegenden Teil des Stundengebets ausmachen, vor allem der *Qolo* und die *Boʿuṯo*. Sie sind metrisch nach dem silbenzählenden Prinzip und nach den Wortbetonungen aufgebaut. Die rhythmische Gestaltung der Gesänge prägt auch die ihnen zugeordneten acht Kirchentonarten des *Oktoechos*.

Das poetische Profil des *Šḥimo* zeichnet sich also dadurch aus, dass die biblische Dichtung durch die eigene kirchliche Dichtung behutsam ergänzt wird, dass die kirchliche Dichtung aber auch den Raum einnimmt, der durch den selektiven Gebrauch der biblischen Dichtung entsteht. Dabei kommt die rhythmische Ausrichtung der syrischen Poesie zum Tragen und führt zu einer dementsprechenden Ausprägung des *Oktoechos*.

Die Fragestellung dieser Arbeit nach der Bedeutung der christlichen Poesie für das Leben der syrisch-orthodoxen Kirche geht davon aus, dass hinter diesem poetischen Profil des *Šḥimo* ein theologisches Konzept steht. Seine historischen Rahmenbedingungen weisen darauf hin, dass es auf dem Hintergrund der islamischen Eroberung des Heiligen Landes unter dem Einfluss des syrisch-orthodoxen Mönchtums und im Gegenüber zur byzantinischen Tradition als Ausdruck konfessioneller Selbstbehauptung entstanden ist. Im Folgenden soll dieses theologische Konzept inhaltlich dargestellt werden. Dazu werden zunächst Aussagen syrisch-orthodoxer Theologen herangezogen, die durch Aussagen westlicher Syrologen ergänzt werden. Insbesondere die Aussagen der syrisch-orthodoxen Theologen bewegen sich aufgrund der religiösen Verbundenheit mit ihrem Gegenstand im Bereich der persönlichen Glaubensüberzeugung auf der Grundlage der eigenen Tradition; aber auch bei den Aussagen der westlichen Syrologen handelt es sich um subjektive Einschätzungen der Bedeutung einer neu entdeckten, die eigene Erfahrung bereichernden kirchlichen Tradition.

Der ehemalige syrisch-orthodoxe Patriarch Mor Aphrem I. Barsaum hebt in seiner Geschichte der syrischen Literatur die didaktische Funktion des syrischen Kirchengesangs hervor, schreibt ihm aber auch eine ästhetische Funktion zu[1]. Die musikalische Gestalt der syri-

1 Vgl. Barsaum, Geschichte, 19: „Was die Dichtung betrifft, so wurde sie geschrieben, um den Gläubigen das religiöse Wissen zu veranschaulichen und mit ihren Melodien den Gebeten ein prachtvolles Gewand umzuhängen."

schen Dichtung sei von den Kirchenvätern bewusst zugelassen worden, um das Kirchenvolk vor dem Einfluss heidnischer und häretischer Irrlehren in Gestalt attraktiver Gesänge zu schützen, die Aufmerksamkeit im Gottesdienst zu fördern und die Lesungen und Gebete für das Kirchenvolk verständlich, einprägsam und ansprechend zu gestalten[2].

Der indisch-orthodoxe Syrologe Baby Varghese nennt ähnliche Eigenschaften und sieht in ihnen die Ursache für die Popularität der syrischen Hymnen: Durch die Hervorhebung biblischer Inhalte und der orthodoxen Lehre würden häretische Inhalte abgewiesen und den Gläubigen der wahre Glaube eingeprägt. Die einfachen und populären Melodien dieser Hymnen dienten jedoch in erster Linie nicht dem ästhetischen Empfinden, sondern sollten vor allem ein einheitliches Singen ermöglichen[3].

Die didaktische Funktion syrischer Poesie stellt auch der britische Syrologe Sebastian Brock heraus. Die anschauliche Darstellung biblischer Inhalte – insbesondere durch das akrostichisch angeordnete syrische Dialoggedicht *Sogiṯo* und das metrisch homogene Erzählgedicht *Mimro* – sieht er als vorbildlich an für die Verwendung in gegenwärtigen katechetischen Kontexten[4]. Darüber hinaus beschreibt er das syrische Lehrgedicht auch als ein eindrucksvolles Medium des theologischen Diskurses, das mehr auf bildhafte Anschaulichkeit als auf begriffliche Genauigkeit setzt und so ein Vorbild sei für die gegenwärtige Theologie[5].

Interessant in diesem Zusammenhang sind auch die Ausführungen des syrisch-orthodoxen Musikwissenschaftlers Gabriel Aydin zum Verhältnis von Wort, Klang und Glaube im syrischen Kirchengesang: Der Klang (*Qolo*) sei eine wesentliche Komponente des Kirchengesangs, die dem Wort (*Melṯo*) nachgeordnet sei und ihm Lebendigkeit und göttliche Kraft verleihe[6]. Durch die Mischung von ‚heiligem Text' („sacred text"; dazu gehörten neben den biblischen Texten auch die Aussprüche der syrischen Kirchenväter) und gesungener Dichtung entstehe ‚heiliger Gesang' („sacred chant")[7]. Er bilde eine Einheit von Wort und Klang, die untrennbar zusammengehöre und so zum Übermittler der christlichen Botschaft an die Gläubigen werde[8]. Die Musik sei Ausdruck des Wortes und nicht nur Ausschmückung[9]. Die mündliche Form der Tradierung des geistlichen Inhalts an die einfachen Leute in der Gestalt des geistlichen Gesangs habe seit den ersten Hymnen Ephräms des Syrers eine konstitutive

2 Vgl. Barsaum, Geschichte, 39. In einer syrisch-orthodoxen Kirchenzeitschrift heißt es dementsprechend, die Gebete des *Šḥimo* seien eine „gute, notwendige Quelle, um die Lehre und den Glauben der syrisch-orthodoxen Kirche zu lehren und zu erklären": ܡܒܘܥܐ ܐܢܝܢ ܛܒ ܐܠܨܝܐ ܠܡܠܦ ܘܠܡܣܬܟܠܘ ܝܘܠܦܢܐ ܘܗܝܡܢܘܬܐ ܬܪܝܨܬ ܫܘܒܚܐ ܕܥܕܬܐ ܣܘܪܝܝܬܐ - *mabʿo enen ṭab ʾolṣoyo l-malef wa-l-mestaḵlo yulfono w-haymnuṯo triṣaṯ šuḇḥo d-ʿito suryoyṯo*. (vgl. Edib Aydin, *Šḥimo,* 36).

3 vgl. Varghese, History, 82.

4 Vgl. Brock, Resource, 57: „…two other areas of early Syriac liturgical poetry which seem to me to have a good potential for use today in both religious education and catechetical instruction. These are, firstly, the many dialogue poems where biblical characters speak in alternate verses, highlighting some dramatic moment in the biblical narrative; and secondly, narrative poems, which retell important episodes in the Bible in an imaginative and lively way."

5 Vgl. ebd., 53/54.

6 Vgl. Aydin, Hymnal, 49: „One of the essential elements that render Syriac chant sacred and exceptional is, undoubtedly, the intermixture of the *meltho*, sacred "word" (text) with *qolo,* "tone" (sound or music). The sound/music is the second crucial component, after the text; it adds life and divine potency to the text."

7 Vgl. ebd., 49/50.

8 Vgl. ebd., 50.

9 Vgl. ebd.

Bedeutung gehabt und erfolge nach der Ordnung des Kirchenjahres[10]. Die kirchlichen Dichter der syrischen Tradition seien beim Verfassen ihrer Hymnen vom Heiligen Geist geleitet worden, und ihre Melodien gelten als vom himmlischen Gesang der Engel inspiriert. Von daher sei der Gesang immer eine spirituelle und zugleich eine ästhetische Erfahrung[11]. Hinzu komme die Einfachheit der syrischen Gesänge, die es allen Mitgliedern einer Gemeinde bzw. eines Klosters ermögliche, diese musikalisch-geistliche Erfahrung zu machen. Insbesondere die Gesänge des *Šḥimo* seien in ihrer Einfachheit dazu geeignet, vom Verstand jedes Menschen erfasst zu werden und sein Herz zu bewegen[12]. Aufgrund seines spirituellen Charakters sei der Kirchengesang konstitutiv für das Leben der christlichen Gemeinde: Er diene der gemeinsamen Anbetung und der Vermittlung theologischer Inhalte und so ihrem Auftrag eines öffentlichen Gottesdienstes in der Welt[13]. Insofern sei und bleibe der syrische Kirchengesang „the living embodiment of a greatly theological manifesto of the Syriac Orthodox faith"[14].

Im Vorwort zur neuen Ausgabe syrischer Hymnen von Gabriel Aydin bestätigt die amerikanische Syrologin Susan Ashbrook Harvey die geistlich-theologische Intention des syrischen Kirchengesangs: Die musikalisch-poetische Gestalt der Hymnen gäbe der kirchlichen Glaubenslehre eine wirksame Stimme, die von jedem Gläubigen verstanden werden könne[15]. Darüber hinaus verbinde der Vollzug des Kirchengesangs die Gläubigen miteinander und mit der gesamten Schöpfung – auch mit den himmlischen Wesen – im Lob Gottes[16].

In einer Monographie über die Bedeutung des Gesangs von Frauen in der syrischen Tradition hebt Susan Ashbrook Harvey die missionarische bzw. katechetische Funktion des Kirchengesangs besonders hervor: Die Darbietung biblischer Inhalte in Gestalt christlicher Hymnen durch Frauen- und Männerchöre habe der christlichen Unterweisung und dadurch dem Aufbau der christlichen Gemeinden gedient[17]. Ein Grund für die lebendige Darbietung biblischer Inhalte durch Chöre sei auch der Wettbewerb mit anderen Kirchen, Religionen und der römischen Kultur gewesen[18]. Insofern sei der öffentliche Gesang biblisch geprägter Hymnen im Wechsel zwischen Männern und Frauen als eine attraktive "performance" anzusehen, die den Gottesdienst für möglichst viele Menschen interessant und abwechslungsreich gestalten sollte[19]. Die metrische Form gab den Gesängen den Charakter einer "heightened speech", und in ihrem liturgischen Kontext bekamen die kirchlichen Gesänge so in der öffentlichen Wahrnehmung ein besonderes Gewicht[20]. Die beabsichtigte Wirkung der syrischen Hymnen auf die christlichen Gemeinden zielte aber auch auf das Gemeindeleben selbst: Die Beteiligung am öffentlichen Kirchengesang sollte den einzelnen Gläubigen als Glied einer

10 Vgl. ebd., 29.
11 Vgl. ebd., 50.
12 Vgl. ebd. unter Bezug auf Bar Salibi, Traktat gegen Rabban Ishoᶜ.
13 Vgl. ebd., 51.
14 Vgl. ebd.
15 Vgl. Ashbrook Harvey, Vorwort, in: Aydin (Hg.), Syriac Hymnal, 13.
16 Vgl. ebd.
17 Vgl. Ashbrook Harvey, Song and Memory, 17; vgl. ebd., 19: "Hymns and homilies were literary forms composed for public performance and participation. Their content was intended to educate, inspire, mold, and guide the larger Christian congregation."
18 Vgl. ebd., 20.
19 Vgl. ebd., 30.
20 Vgl. ebd. 22.

Gemeinschaft im Sinne des christlichen Glaubens prägen[21]. Dabei stand insbesondere der moralische Aspekt im Vordergrund: Die Glieder der christlichen Gemeinde wurden durch die kirchlichen Hymnen – nicht zuletzt aufgrund ihres inhaltlichen Schwerpunktes auf der Buße und ihrer sprachlichen Gestaltung in der Ich-Form – zu tugendhaften Bürgern erzogen[22]. Dabei dienten die Sängerinnen und Sänger der christlichen Hymnen als diejenigen, an denen Gott sein Werk der Erlösung exemplarisch vollzog[23].

4.2 Die hermeneutische Wirksamkeit syrischer Poesie

4.2.1 Die poetische Form und ihre Wirkung

Die theologische Bedeutung der syrischen Poesie wird im Wesentlichen realisiert durch die Form, in der ihr geistlicher Inhalt vermittelt wird. Dies geschah und geschieht, um den geistlichen Gehalt der poetischen Texte unmissverständlich festzuhalten und einprägsam zu tradieren[24]. Wie im Kapitel zur syrischen Metrik (2.2.2) bereits ausgeführt wurde, besteht diese Form in der Kombination aus einer vorgegebenen Anzahl von Silben und einer den Sinn der Worte herausstellenden Betonung derselben. Diese Betonungen wurden von Grammatikern der syrischen Tradition in Form von Akzenten beschrieben, die sowohl eine syntaktisch-gliedernde als auch eine hermeneutisch-deutende Funktion hatten[25]. Die Ausarbeitung des syrischen Akzentsystems wird vor allem Jakob von Edessa (7. Jh.) zugeschrieben[26], der die zu seiner Zeit bereits vorhandenen Akzente ergänzte und systematisierte[27]. Später wurde dieses Akzentsystem durch Elias von Ṭirhan (11. Jh.)[28] und Barhebräus (13. Jh.) in seiner Be-

21 Vgl. ebd. 69.

22 Vgl. ebd., 68.

23 Vgl. ebd., 92.

24 Vgl. Nieten, Akzentsystem, 199: „Dem richtigen Rezitieren kam eine so große Bedeutung zu, weil die Furcht bestand, dass durch den Akt des Lesens ein Text falsch verstanden oder auf unterschiedliche Art ausgelegt werden kann. Das Ziel war daher, die öffentliche Lesung im Gottesdienst so verständlich wie möglich zu gestalten, da die Bibel von den Laien nicht gelesen, sondern ausschließlich gehört wurde. Auch ist ein Text in Verbindung mit einer, durch Akzente geregelten, melodisch-rhythmischen Strukturierung für ein zuhörendes Publikum einprägsamer und kann somit besser im Gedächtnis bewahrt werden."

25 Vgl. Nieten, Metrum, 42.

26 Vgl. ebd., 56/57: „Jakob von Edessa... Sein Werk ist der größte Beitrag, der je zu den Akzenten geleistet wurde; es übertrifft sogar das des Barhebräus, welches im Vergleich dazu nur etwas mehr als eine Wiederholung von Jakobs Methode und mehr oder weniger eine Zusammenfassung ist."

27 Vgl. ebd., 57: „Jakob erweiterte das Akzentsystem, um seine Anwendung zu präzisieren. Dazu führte er neun weitere Akzente ein, wobei diese keine neuen Symbole erhielten, lediglich die Position der Punkte wurde erweitert und die Art ihrer Anwendung."

28 Vgl. ebd., 65: „"Individuelle Akzente" setzt er in Bezug zu Gefühlsregungen wie z.B.: *Metdammrånå* steht in Verbindung mit Erstaunen, gelegentlich Vorwurf gemischt mit Erstaunen; *Mnīḥånå* mit Hoffnungslosigkeit und Unterwerfung; *Zåwgå-ḡnibå* drückt Scham aus; *Råhtå* einen moderaten Vorwurf und *Pelgut-mqīmånå* ruft Furcht hervor." (unter Bezug auf Baethgen, Syrische Grammatik, 52ff und auf Segal, Diacritical Points, 144).

deutung für den inhaltlichen Gehalt der Texte[29] und für die emotionale Wirkung auf die Zuhörenden[30] zusammengefasst und entfaltet.

Die in diesem Kapitel oft zitierte Untersuchung der metrischen Gestalt des syrischen Kirchengesangs von Ulrike Nieten vertritt die These, dass sich das komplexe syrische Akzentsystem durch die mündliche Überlieferung im syrischen Kirchengesang erhalten habe[31]. Auch wenn die hermeneutische Funktion der Akzente in der Art und Weise des gesungenen Vortrags zum Ausdruck komme, bestehe dennoch kein direkter Zusammenhang zwischen einem bestimmten Akzent und einer ganz bestimmten Singweise[32]. An der Art der musikalischen Realisierung könnten zwar die Struktur eines Verses und die Hervorhebung einzelner Wörter erkannt werden, aber die Akzente könnten auf ganz unterschiedliche Weise musikalisch umgesetzt werden[33]. Folglich muss bei einer Interpretation der Gesänge immer neu nach einem Zusammenhang zwischen den Akzenten und der Gesangsweise hinsichtlich seiner emotionalen Bedeutung gesucht werden.

Die musikalischen Mittel, mit deren Hilfe die strukturierende und deutende Funktion der Akzente realisiert wird, sind zum einen rhythmischer und zum anderen melodischer Natur. Der Rhythmus eines poetischen Textes kommt durch die Kombination der Silbenzahl mit der Silbenbetonung zustande. Der poetischen Gattung entsprechend gibt es eine vorgegebene Anzahl von Silben pro Vers, und den Akzenten des Textes gemäß werden sie auf bestimmte Weise betont, oder sie bleiben unbetont. Je nach Kombination entsteht so ein anderer Rhythmus[34], der einen Vers auf bestimmte Weise strukturiert und einzelne seiner Worte herausstellt. Mit der rhythmischen Gestaltung der Verse verbunden ist deren melodische Ausführung, die durch Intervallsprünge bzw. durch Hoch- und Tieftöne einzelne Textstellen auf bestimmte Weise hervorhebt. Je nachdem, ob ein Kirchengesang der ost- oder der westsyri-

29 Vgl. Nieten, Metrum, 67: „Barhebräus, der wohl bedeutendste Grammatiker, gibt in seinem *Buch der Strahlen* eine detaillierte Analyse der Akzente. Er betont die Notwendigkeit der Akzente, der *Nīšē ḏ-puḥmē* ‚Sinne der Verhältnisse', da nur durch die von ihnen vorgeschriebene Modulation der Stimme der Gehalt des Textes hörbar wird. Auch kann ein Text durch ihr Fehlen missverstanden werden."

30 Vgl. ebd., 365: „In dieser Tradition steht auch Barhebräus, der, wie oben erwähnt, die acht Töne seiner Kirche als Mittel sieht, um Affekte zu erregen und die Menschen zur religiösen Hingabe fähig zu machen." (unter Bezug auf Barhebräus, Ethicon, 65ff, 76ff).

31 Vgl. Nieten, Metrum, 71: „Die durch Akzente geregelte Rezitation ist heute Teil der mündlichen Überlieferung. Die Sänger wissen, an welchen Textstellen sie pausieren müssen, und an welchen sie Betonungen (emphatische Akzente) oder Tonschritte bzw. Tonformeln (musikalische Akzente) anzubringen haben. Die Vortragsmanier soll den Text verdeutlichen bzw. auch inszenieren."

32 Vgl. Nieten, Metrum, 70: „Auch werden zur Textverdeutlichung z.B. bei Ausrufen, Fragen und Negationen oder Feststellungen, besonders bei Imperativen musikalische Manieren wie *Vibrato*, Deklamation, Emphase, Pronunctiatio und Tonwechsel angewandt, sowie spezielle Timbres, um Emotionen hervorzurufen... Dabei ist es natürlich nicht möglich, eine direkte Kohärenz zwischen Akzent und Vortragsmanier darzulegen, da sogar das Hebräische für einen Akzent mehrere Ausführungen kennt."

33 Vgl. ebd., 373: „Bezüglich der musikalischen Realisation ist eine gewisse Pluralität verschiedener Traditionsstränge gerade im Westsyrischen auszumachen. Generell aber waren sie insofern deskriptiv, als sie die Dichotomie oder Trichotomie eines Verses nach syntaktischen Gesichtspunkten festlegten und Worte oder Textsegmente herausstellten. Man kann ihnen aber keine musikalischen Parameter wie Tonhöhe, Skala, Rhythmus oder Intervallschritte zuschreiben."

34 Vgl. ebd., 262: „Das der syrischen Dichtung zugrunde liegende *silbenzählende Prinzip* muss als ein metrisch-rhythmisches System angesehen werden. Die Silbenzahl gibt primär eine Zeit vor, in der die Sprache mithilfe von Akzenten geregelt wird… So können Verse mit gleicher Silbenzahl durchaus eine vielfältige Rhythmisierung bzw. Textsegmentierung aufweisen."

schen Tradition angehört, haben die rhythmische und die melodische Gestaltung ein anderes Gewicht: In der ostsyrischen Tradition ist eine enge Verbindung zwischen den Wortakzenten und ihrer musikalischen Umsetzung erhalten geblieben, sodass die melodische Gestaltung der Betonungen in Verbindung mit der rhythmischen eine wichtige Rolle spielt[35]. Rhythmus und Melodie bilden hier eine Einheit, die eine rhetorische, den Text verdeutlichende Funktion hat[36]. In der westsyrischen Tradition, wo es zu einer Eingliederung der Gesänge in das (rhythmisch differenzierte) System des *Oktoechos* gekommen ist, steht dagegen die rhythmische Gestaltung im Vordergrund, – so sehr, dass sie die ursprüngliche Funktion der Akzente durch eigene Bedeutungsnuancen überlagert[37]. Gleichwohl spielt die melodische Gestaltung auch in den westsyrischen Gesängen eine wichtige Rolle; dort dient sie zum Beispiel der Variation melodischer Anfangs- und Schlussformeln[38], aber auch – ähnlich wie in der ostsyrischen Tradition – der Unterstreichung der syntaktischen Gliederung eines Verses durch die Fortsetzung mit einem Hoch- oder einem Tiefton[39].

Die rhythmische Überformung der Gebetstexte im Rahmen des westsyrischen Oktoechos wird dadurch erreicht, dass ihnen zusätzliche Silben hinzugefügt werden, die für sich genommen keine inhaltliche Bedeutung haben. Dabei kann es sich um Murmelvokale[40] oder um sogenannte ‚Nonsens-Silben' handeln[41]. Eine solche Hinzufügung von Silben ist in orienta-

35 Vgl. ebd., 367 „Während aber die rhetorisch herauszustellenden Worte oder Textsegmente im Ostsyrischen durch Akzente oder Hoch- bzw. Tiefton verdeutlicht werden, gestaltet sich deren Artikulation in den westsyrischen Gesängen auch mit phonetisch-rhythmischen Mitteln." - Ein Beispiel aus der Analyse eines ostsyrischen Troparions:
„In diesem Troparion… werden die zentralen Aussagen nicht nur durch expiratorische bzw. musikalische Akzente, wie Hochton *(ᶜEllåjå)* und Tiefton *(Taḥtåjå)* herausgestellt, sondern auch mit Hilfe musikalischer Mittel wie Intervallsprünge, die in diesem Sprechgesang besonders deutlich hervortreten" (Ebd., 170).

36 Vgl. ebd., 262/63: „Die Tatsache, dass in den Rezitationen sowohl musikalischer Akzent (Veränderung der Tonhöhe) als auch dynamischer Akzent (Druck, Veränderung des Schalls) zusammentreffen, d.h. in ein System gebracht werden, steht in Zusammenhang mit ihrer Funktion. Einerseits dienen sie der Betonung, andererseits aber auch der syntaktischen Gliederung und der rhetorischen Textherausstellung. Die Rhetorik integriert sich in das silbenzählende Prinzip. Aus rhetorischen Gründen können also innerhalb eines metrischen Schemas sowohl Betonungspositionen als auch der melodische Rahmen eines Verses verändert werden."

37 Vgl. ebd., 267: „Während aber die nicht-unierte ostsyrische (Apostolische und Katholische Assyrische) Kirche des Ostens ihre Gesänge keiner Schematisierung unterwarf, erfuhren die westsyrischen Melodien der Syrisch-Orthodoxen Kirche, sicherlich bedingt durch die enge Verbindung mit Byzanz, eine Eingliederung in ein Achttonsystem, welches *Oktoechos* genannt wird… Die Gesänge innerhalb des *Oktoechos* aber sind ausgeprägt rhythmisiert, sodass der Text, bzw. die Textstruktur, die Wortbetonung oder auch die Silbenlänge häufig nicht beachtet wird. Der Rhythmus dominiert über den Text. Somit treten syntaktische und rhetorische Akzente kaum in Erscheinung."

38 Vgl. ebd., 294.

39 Vgl. Nieten, Metrum, 319: „Die Abgrenzung der Sätze wird zusätzlich noch durch die Intonation wahrgenommen, d.h. der zweite Vers setzt eine kleine Terz tiefer ein, und der ihm folgende Vers der nächsten Strophe beginnt mit Hochton, d.h. eine Sekunde höher. Hier werden die Mittel angewendet, die von den Grammatikern für die Satzstrukturierung seit dem 8. Jh. gegeben wurden."

40 Vgl. ebd., 367.

41 Vgl. ebd., 356 (aus der Analyse eines *Qolo*): „Das metrische Grundschema wird im ersten Ton auf 7+7+7 Silben erweitert. Dies geschieht in diesem Segment nicht nur durch die aus dem Text gewonnenen Zusatzsilben, sondern am Ende werden noch zwei Nonsenssilben *(jeh-eh)* angehängt, um auf die Zahl von sieben Silben zu kommen."

lischen Kirchengesängen durchaus üblich, hat aber je nach religiöser Tradition eine unterschiedliche Funktion[42]. In der syrischen Tradition dient sie vor allem der Herausstellung bestimmter Bestandteile des Textes. Damit die vorgegebene Anzahl der Hebungen und Senkungen innerhalb eines Verses erhalten bleibt, werden bestimmte Silben zeitlich verkürzt, und so entsteht ein anderer Rhythmus[43]. Die kürzeren Silben werden dementsprechend mit kürzeren Notenwerten versehen, die aber im vorgegebenen Versmaß gesungen werden[44]. Dabei kommt es oftmals zu Tonwiederholungen[45]. Die so gebildeten Rhythmen geben den Gesängen jeweils einen eigenen Charakter: So kann die Hinzufügung besonders vieler Silben dem gesungenen Text beispielsweise einen deklamatorischen Charakter verleihen[46]. Der syrische Gelehrte Barhebräus hat im 13. Jahrhundert den acht rhythmisch geprägten Kirchentönen des *Oktoechos* Charaktereigenschaften zugeschrieben, die von syrisch-orthodoxen Christen sowohl im Nahen Osten als auch in der weltweiten Diaspora nach wie vor als allgemeingültig angesehen werden[47].

4.2.2 Veranschaulichung durch Textbeispiele

4.2.2.1 Zur Textauswahl

Das Ziel einer Interpretation von Textbeispielen aus dem *Šḥimo* ist es, aufzuzeigen, inwiefern die poetische Form eine Bedeutung für die Wirkung der Texte auf ihre Hörer hat. Die

42 Vgl. ebd., 204: „Diese Zusatzsilben erscheinen in der Musik des Orients häufiger. Es ist anzunehmen, dass sie in den verschiedenen Traditionen unterschiedlich angewendet wurden. Bei den Samaritanern z.B. haben sie meditativen Charakter, bei den Syrern jedoch besitzen sie verbindende, aber auch trennende Funktionen."

43 Vgl. ebd., 293/294: „Diese Silbenzahl, die erweitert werden kann, je nachdem wie viele Wortsilben herausgestellt werden, gibt das Grundmetrum an. Variativ ist die Silbenzahl, konstant sind die Hebungen und der Zeitrahmen, d.h. der zeitlich gemessene Rhythmus eines Halbverses. Das bedeutet, dass je nachdem, wie viele Silben eingesetzt werden, das Zeitmaß gewisser Silben gekürzt wird."

44 Vgl. ebd., 307/308: „Bedingt durch die Textherausstellung in Verbindung mit Zusatzsilben, zeigen die Verse unterschiedliche Silbenzahlen, die jedoch durch die rhythmische Unterteilung der Notenwerte – d.h. aus einer Achtelnote werden zwei Sechzehntelnoten – angeglichen werden. Das rhythmische Zeitmaß ist in allen Versen gleich, egal wie viele Zusatzsilben eingefügt werden."

45 Vgl. ebd. 355: „Rhythmisch bedeutet dies, dass auf die Zeitdauer einer Silbe zwei kommen, und in melodischer Hinsicht, dass die Formeln – sehr häufig durch Tonrepetition – verlängert werden."

46 Vgl. ebd., 308: „Es wird deutlich, dass gerade in den deklamatorischen Vortragsarten die Zahl der Zusatzsilben sehr hoch ist, da diese ja die Worte im Sinne der Textinterpretation besonders herausstellen sollen."

47 „Der 1. und der 5. Ton entwickeln Hitze und Feuchtigkeit, letztere ist aber im 1. Ton nur schwach, daher macht er freudig, sodass darin die Gesänge der Weihnachtszeit stehen. Den 5. Ton, der von immenser Hitze ist, verwendet man am Himmelfahrtstag. Der 2. und der 6. Ton bewirken Kälte und Feuchtigkeit, wobei diese im 2. Ton Demut hervorbringen lassen, daher stehen in ihm die Gesänge zur Taufe; die Feuchtigkeit des 6. Tons bringt zum Weinen, daher stehen in ihm die Melodien in den Tagen des Kummers, wie zum Beispiel in der Karwoche. Der 3. und der 7. Ton entwickeln Hitze und Trockenheit, diese ist im 3. Ton sehr ungestüm, deshalb gebraucht man ihn zum Fest der Darstellung Jesu im Tempel, da der alte Simeon zu Maria sagte: „Ein Schwert wird deine Seele durchbohren" (Luk. 2, 35). Der 7. Ton treibt die Hitze an, daher stehen in ihm die Gesänge des Pfingstfestes. Der 4. und der 8. Ton verstärken Kälte und Trockenheit und bewirken (im 4. Ton) auch Furcht. Daher stehen in diesem Ton die Melodien für Maria Verkündigung, da sie erschrak, als ihr der Engel die Geburt des Kindes verkündete. Dieser Ton macht auch demütig, und so wird er ebenso am Palmsonntag verwendet, an dem Jesus demütig auf einem Esel in Jerusalem einzog. Der 8. Ton beinhaltet Trockenheit und Bedrängnis, daher stehen in ihm die Melodien für die Märtyrer." (zitiert bei Nieten, Metrum, 273 nach Barhebräus, Ethicon, Bd. 1, 65ff und 76ff).

Interpretation hat also kein musikwissenschaftliches, auch nicht ein rein liturgiewissenschaftliches, sondern ein vorwiegend praktisch-theologisches Interesse: Wie wird der geistliche Inhalt durch die poetische Form transportiert?

Die musikwissenschaftlichen Untersuchungen der Gesänge des *Šḥimo* durch Helmut Husmann und Ulrike Nieten liegen mehrere Jahrzehnte auseinander und haben musikalische Aufzeichnungen zum Gegenstand, die von syrisch-orthodoxen Kantoren aus unterschiedlichen Schultraditionen gesungen wurden[48]. Hinzu kommt die durch die subjektive Wahrnehmung der Musikologen geprägte Transkription der Melodien in ein Notensystem, das zudem noch aus einer anderen musikalischen Tradition stammt. Es ist also nicht verwunderlich, dass dieselben Gebetstexte in ihrem Notenbild zum Teil erhebliche Unterschiede aufweisen. Es könnte also zurecht gefragt werden: „Wie wurde der Text denn nun genau gesungen?“. Aufgrund des hier vorliegenden praktisch-theologischen Interesses erscheint es aber als nicht notwendig, diese Frage zu beantworten. Es geht nicht darum, wie genau gesungen wurde bzw. wie gesungen wird. Auch in der Gegenwart ist gerade in der mittlerweile stark ausgeprägten Diaspora der syrisch-orthodoxen Kirche damit zu rechnen, dass man immer wieder auf unterschiedliche Singweisen stoßen wird. Es geht um die Wirkung von Gesängen, die bestimmten Gesetzmäßigkeiten unterliegen und auf unterschiedliche Weise ausgestaltet werden können. Um dies zu zeigen, erscheint es als ausreichend, einige repräsentative Beispiele für Gebetstexte des *Šḥimo* daraufhin zu untersuchen, mit welchen musikalischen Mitteln welche Wirkung erzielt wird. Während Helmut Husmann alle Texte des *Šḥimo* in Notenschrift transkribiert hat, hat Ulrike Nieten eine repräsentative Auswahl aus den im *Šḥimo* vertretenen Hauptgattungen der Gebetstexte getroffen. Da sie die Texte nicht nur – wie Husmann – in ihrer musikalischen Gestalt wiedergibt und gattungsgeschichtlich einordnet, sondern ihre rhythmisch-musikalische Gestalt auf ihre rhetorische Bedeutung hin untersucht, ist ihre Auswahl der Ausgangspunkt für die folgende theologische Interpretation der Gebetstexte[49].

4.2.2.2 Die Psalmen

4.2.2.2.1 Allgemeine Eigenschaften

Die aus mehreren Psalmen bestehende Psalmodie ܡܙܡܘܪܐ – *Mazmuro* wird in der syrischen Tradition – so wie Schriftlesungen an Sonn- und Feiertagen auch – in einem Rezitationston vorgetragen, der auf einem bestimmten Ton bleibt bzw. ihn mit geringen Tonabständen umspielt. An Wochentagen wird die Psalmodie allerdings nur gesprochen[50]. Bei der gesungenen Rezitation an Sonn- und Feiertagen kommen „Zäsuren und rhetorisch bedingte Wortheraus-

48 Die Aufzeichnungen von Helmut Husmann (erschienen 1969) gehen auf die Gesänge des damaligen Metropoliten von Damaskus Qurillaos Jaᶜqub Qas Görgös zurück (vgl. ders., Melodien 1969, Titelseite) und die Aufzeichnungen von Ulrike Nieten (Metrum, 2013) auf die des ehemaligen Metropoliten von Jerusalem „Dionysios Jajjawi, aus Mossul stammend“ und auf Gesänge und Hinweise von „Abunå [sic!] Murat Üzel, Syrisch-Orthodoxe Kirche zu Berlin, der im Kloster Zaᶜfarān/Ṭur Aḇdīn, der bedeutendsten Ausbildungsstätte seiner Kirche unterrichtet wurde“; dies., Metrum, ix.

49 Die mit Noten unterlegten Textbeispiele werden im Folgenden zwar von Ulrike Nieten übernommen, aber in der Übersetzung der Texte und der Schreibweise der Noten nach eigenem Ermessen leicht abgeändert. Dies wird in der Darstellung der Textbeispiele nicht jedes Mal wieder neu angemerkt.

50 Vgl. Nieten, Metrum, 280.

stellungen“ zum Ausdruck, die „auf eine tradierte Überlieferung zurückgreifen“[51]. Für den liturgischen Gebrauch der Psalmen im Rahmen des *Šḥimo* trifft dies zwar nicht zu, weil sie dort nicht gesungen werden; in Gestalt einer bestimmten Gattung werden die Psalmen aber auch im Rahmen des *Šḥimo* gesungen: als ܩܘܩܠܝܘܢ – *Quqaliyun*, einer Abfolge von vier aufeinanderfolgenden Psalmversen, die mehrmals durch ein „Halleluja“ unterbrochen werden[52]. Diese Gattung wird nach den Melodien des *Oktoechos* gesungen[53]. So wie auch in den Hymnen werden dabei die Psalmverse je nach Tonart in einem anderen Rhythmus vorgetragen, der durch die Einfügung von zusätzlichen Silben zustande kommt[54]. Um den Unterschied zwischen der normalen Rezitation der Psalmen und ihrem Gesang nach den Tönen des *Oktoechos* zu verdeutlichen, wird im Folgenden zunächst anhand eines Beispiels dargestellt, welche rhetorische Funktion die einfache Rezitation der Psalmen hat. So kommt die Wirkung der zusätzlichen Rhythmisierung durch die Töne des *Oktoechos* besser zum Vorschein.

4.2.2.2.2 Interpretation von Texten

4.2.2.2.2.1 Beispiel für ܡܙܡܘܪܐ *– Mazmuro: Psalm 141 aus dem Abendgebet für alle Tage*

Psalm 141 ist nicht nur in der syrischen, sondern auch in anderen kirchlichen Traditionen fester Bestandteil des Abendgebets[55]. Nach seinen beiden ersten Worten wird die ganze Psalmengruppe benannt: ܡܪܝܐ ܩܪܝܬܟ - *moryo qri<u>t</u>o<u>k</u>* in der syrischen (Ps. 141; 142; 119,105-108 und 117) und κύριε ἐκέκραξα in der byzantinischen Tradition (Ps. 141; 142; 129 und 117). Hinsichtlich der Singweise ist die syrische Psalmodie „mit den Lektionstönen des Gregorianischen Chorals“ vergleichbar, die ebenso bestimmte Anfangs- und Schlussbildungen („Initium bzw. Finalis“) durch Variation der Tonhöhe bzw. der Tonlänge aufweisen[56].

(syrischer Text)	**(Transliteration)**[57]	**(Übersetzung)**
ܡܪܝܐ ܩܪܝܬܟ ܐܬ ܥܢܝܢ	*moryo qritok at ʿnin*	Herr, ich rufe zu Dir; antworte mir!
ܨܘܬ ܡܠܝ ܘܩܒܠ	*ṣut melay w-qabel*	Höre meine Worte und empfange [sie]!
ܨܠܘܬܝ ܐܝܟ ܥܛܪܐ ܩܕܡܝܟ	*ṣlut ak ʿeṭro qdomayk*	Mein Gebet [sei] wie Weihrauch vor dir.
ܩܘܪܒܢܐ ܕܐܝܕܝ	*qurbono diday*	Das Opfer meiner Hände
ܐܝܟ ܩܘܪܒܢܐ ܕܪܡܫܐ	*ak qurbono d-ramšo*	[sei] wie das Abendopfer.
ܐܩܝܡ ܡܪܝܐ ܢܛܘܪܐ ܠܦܘܡܝ	*aqim moryo noṭuro l-fum*	Stelle, Herr, einen Wächter meinem Mund,
ܘܢܛܘܪܐ ܠܣܦܘܬܝ	*w-noṭuro l-sefwot*	und einen Wächter meinen Lippen!

51 Ebd. 276.

52 Vgl. Husmann, Melodien 1969, 191.

53 Vgl. Nieten, Metrum, 282. Gegen Husmann, der beim *Quqaliyun* „einfache psalmodische Rezitationsformeln“ ausmacht (ders., Melodien 1969, 191) und dabei offensichtlich die mehr rhythmischen als melodischen Unterschiede zwischen den Kirchentönen des *Oktoechos* übersieht (vgl. Nieten, ebd., 284, Anm. 656).

54 Auch wenn die Psalmen als zu rezitierende Lesungen nicht (wie die Hymnen) dem silbenzählenden Prinzip unterliegen, ist ihnen doch ein festes Zeitmaß vorgegeben. So kommt es bei Hinzufügung von Silben auch hier zu einer Veränderung des Rhythmus; vgl. Nieten, ebd., 284.

55 Vgl. Husmann, Melodien 1969, 186. Er nennt die maronitische, die ostsyrische, die armenische und die byzantinische Tradition. Die lateinische Tradition mit ihrer fortlaufenden Psalmlesung hat keine feste Psalmengruppe.

56 Vgl. Nieten, Metrum, 280.

57 Die Transliteration richtet sich nach dem Text der hier genutzten *Šḥimo*- Ausgabe; der Text unter den Noten richtet sich nach den Aufzeichnungen von Ulrike Nieten.

Schon durch die Wortwahl der syrischen wird im Vergleich zur hebräischen und griechischen Fassung von Psalm 141 (LXX: 140) der Charakter eines eindringlichen Gebetes deutlich: Während es in Vers 1 im hebräischen Text „eile zu mir“ und im griechischen „erhöre mich“ heißt, heißt es im syrischen Text: „antworte mir!“. Das folgende „höre (meine Worte)“ wird nochmals verstärkt durch die Aufforderung „empfange (sie)“ bzw. „nimm (sie) auf!“, während es an dieser Stelle im hebräischen und griechischen Text lediglich heißt „wenn ich Dich anrufe“ (wörtlich: „bei meinem Rufen zu Dir“). Das Aufheben der Hände (so im hebräischen und griechischen Text) wird im syrischen Text mit *Qurbono* (Opfer) übersetzt. Dies gibt der Gebetshaltung zusätzlich eine Bedeutung, die an die Darbringung des Weihrauchs im sonntäglichen Abendgebet erinnert.

In Noten gefasst sieht die syrische Fassung von Psalm 141,1-3 folgendermaßen aus:

Die den Psalmtext formenden musikalischen Merkmale beschränken sich hier auf geringe Abweichungen der Tonhöhe vom gleichbleibenden Lektionston, stellenweise auf Variationen der Tonlänge und auf die Verteilung der Wortbetonungen. Die Abweichungen der Tonhöhe dienen der Gestaltung des Initiums eines Psalmverses, markieren also den Beginn eines neuen Satzes[58]. Auch die Variationen der Tonlänge haben eine syntaktische Funktion: Sie markieren jeweils den Schluss eines Verses[59]. Die Wortbetonungen entsprechen zumeist der natürlichen Betonung eines Wortes, dienen aber auch der syntaktischen Gliederung eines Verses. Dies geschieht vor allem am Anfang und am Ende eines Satzes; bei langen Sätzen auch im Satz, um dessen einzelne Teile zu markieren[60]. Abweichend von der natürlichen Wortbetonung und ihrer syntaktischen Funktion wird allein die Anrede *Moryo* (HERR) gleich zweimal auf der ersten Silbe betont und dadurch besonders hervorgehoben[61]. Es ist also festzustellen, dass in diesem im Lektionston gesungenen Psalm die musikalischen Mittel vor allem die Funktion haben, seine syntaktische Gliederung und somit seine inhaltliche Aus-

58 Dass es sich einmal um eine fallende Terz und einmal um einen Wechselton im Abstand einer Sekunde handelt, hat vermutlich mit der unterschiedlichen Silbenzahl des Anfangswortes zu tun; vgl. Nieten, Metrum, 280.

59 Das Ende des dritten Verses wird zusätzlich durch eine Tonsenkung markiert; vgl. ebd.

60 Vgl. ebd. Dies ist insbesondere in den Versen 1a (*moryo qriṯoḵ…*) und 2b (*qurbono diday…*) der Fall.

61 Vgl. ebd.

sage zu verdeutlichen. Als interpretierendes Element tritt die hervorgehobene Anrede Gottes hervor, die den gesungenen Text als ein Gebet kennzeichnet, das in Ehrfurcht an Gott gerichtet ist. Wegen der die Psalmodie und das gesamte Abendgebet eröffnenden Funktion des Psalms 141 ist davon auszugehen, dass sich diese theologische Richtungsangabe auf das gesamte Abendgebet auswirkt.

4.2.2.2.2.2 Beispiel für ܩܘܩܠܝܘܢ - Quqaliyun: Psalm 103 aus dem Abendgebet für den 3. Tag

Als ܩܘܩܠܝܘܢ – *Quqaliyun* findet im *Šḥimo* unter anderem der Psalm 103 Verwendung. Wie bei dieser Gebetsgattung üblich, wird ein Abschnitt von vier Versen zitiert, die jeweils nach einer Vershälfte von einem Halleluja-Ruf unterbrochen werden. Die melodisch-rhythmische Darstellung dieses Psalmabschnitts durch Ulrike Nieten beschränkt sich auf Vers 1, da sich Melodie und Rhythmus in den folgenden drei Versen wiederholen[62]. Weil das *Quqaliyun* nach den Melodien des *Oktoechos* gesungen wird, werden im Folgenden die acht verschiedenen Versionen nach den Aufzeichnungen von Ulrike Nieten dargestellt und musikalisch-theologisch interpretiert. Bei dieser Gebetsgattung ist die rhythmische Variation die dominierende Form der poetischen Gestaltung; jeder Ton hat einen eigenen Rhythmus. Neben der rhythmischen gibt es je nach Kirchenton aber auch eine Variation durch melodische Figuren. Hinzu kommt die Herausstellung einzelner Worte des Textes durch die Betonung der jeweils ersten Silbe[63]. Wo in einer langen Silbenreihe nur wenige Betonungen vorhanden sind, bekommt der Text dadurch in der Regel einen deklamatorischen Charakter[64].

(syrischer Text)	**(Transliteration)**[65]	**(Übersetzung)**
ܒܪܟܝ ܢܦܫܝ ܠܡܪܝܐ	*barek nafš l-moryo*	Lobe, meine Seele, den Herrn –
ܗ	*h[aleluya, haleluya]*	Halleluja, Halleluja!
ܘܟܠܗܘܢ ܓܪܡܝ	*w-kulhun garmay*	und all meine Gebeine
ܠܫܡܗ ܩܕܝܫܐ	*la-šmeh qadišo*	seinen heiligen Namen!

ܪܟܢܐ ܩܕܡܝܐ - *Rekno qadmoyo* (erster Ton)

ba-rek nau-šil-mor-yo mor ha-le- lu- ya ha -le kul- hu-nə ga-rə-may la-šmeh qa-di-šo

Dieser Kirchenton zeigt sowohl in seinem Rhythmus als auch in seiner Melodie wenig Bewegung. Durch die Gleichförmigkeit der viermal vom Ton *f* zum Ton *d* abfallenden Melodie und des vorwiegenden Gebrauchs von Achtelnoten wirkt er ein wenig schwerfällig, aber auch gewichtig und feierlich. Die Betonungen auf der jeweils ersten Silbe heben die Worte hervor,

62 Vgl. ebd., 282, Anmerkung 650.
63 Vgl. ebd., 284.
64 Vgl. ebd., 285.
65 Die Transliteration richtet sich nach dem Text der hier genutzten *Šḥimo*- Ausgabe; der Text unter den Noten richtet sich nach den Aufzeichnungen von Ulrike Nieten.

die für die Aussage des Psalmverses wichtig sind: „Lobe… Seele… Herr… alles… meine… Name“. Eine Ausnahme bildet das Wort „heilig“, das auf der vorletzten und letzten Silbe jeweils eine Betonung erhält. Dies entspricht zum einen der natürlichen Paenultima-Betonung auf der vorletzten Silbe; durch die zusätzliche Betonung auf der letzten Silbe bekommt das Wort „heilig“ hier aber besonderes Gewicht. Ebenso besonders gewichtet wird das Wort „Herr“, was neben der Betonung auf der ersten Silbe vor allem durch die Wiederholung der Silbe *Mor* geschieht. Die Wortfolge *kulhunə garəmay* weist nur wenige Betonungen auf, wodurch sie einen deklamatorischen Charakter bekommt: wirklich „alle meine Gebeine“ – der ganze Mensch soll den heiligen Namen Gottes loben. Auch hier kommt die Ehrfurcht vor der Heiligkeit Gottes musikalisch hörbar zum Ausdruck. Der Aufruf zum Lob seines heiligen Namens wird der Gemeinde gewissermaßen rhythmisch eingeschärft.

ܪܟܢܐ ܬܪܝܢܐ - *Rek̲no trayono* (zweiter Ton)

Dieser Kirchenton wirkt durch den unvermittelten Gebrauch von Sechzehntelnoten eher leichtfüßig, und der Aufruf zum Lob Gottes bekommt einen zurückhaltend fröhlichen Charakter. Durch eine längere Viertelnote werden die beiden Satzteile „lobe, meine Seele, den Herrn“ und „alle meine Gebeine“ jeweils auf der letzten Silbe ‚abgebremst‘, also auf „mein (Herr)“ und auf „meine (Gebeine)“. Das persönliche Gegenüber des Gläubigen zu Gott scheint hier besonders hervorgehoben zu werden. Der Halleluja-Ruf bekommt in diesem Kirchenton einen jubelnden Charakter dadurch, dass die letzte Silbe mit einem auffälligen Hochton und einem Diphtong („au“) versehen wird. Im letzten Teil des Verses wird die Heiligkeit des Namens Gottes durch die Betonungen wieder besonders hervorgehoben. Der bewegte Gesang kommt hier durch langsamere Töne gewissermaßen wieder zur Ruhe. Ansonsten heben die Anfangsbetonungen weitere wichtige Worte hervor: „Lobe… Seele… Herr… alles… meine Gebeine“.

ܪܟܢܐ ܬܠܝܬܝܐ - *Rek̲no tlit̲oyo* (dritter Ton)

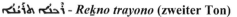

Durch diesen Kirchenton wird der lebendige und fröhliche Charakter des vorhergehenden noch einmal gesteigert: Die Sechzehntelnoten variieren mehrfach in ihrer Tonhöhe und umspielen dabei den Grundton *f* in bewegter Weise auf- und abwärts. Der Halleluja-Ruf wirkt durch die rhythmische (Synkope und Punktierung) und melodische Variation (Umspielen noch oben und unten) noch bewegter. Man kann sogar von einem melodischen und rhythmischen ‚Auf- und Abhüpfen‘ sprechen. Der jubelnde Charakter des „Halleluja“ wird durch die Einfügung der ‚Nonsens-Silbe‘ „yeh“ und den abschließenden Diphtong („yau“) noch weiter verstärkt, sodass er fast ekstatische Züge bekommt. Die schnellen Sechzehntelnoten werden abwechselnd betont, was neben der bereits bekannten Wortherausstellung eine rhythmisierende Wirkung hat. Die Gottesbezeichnung *Moryo* wird abgesehen von der Betonung beider Silben durch zwei vorausgehende Wechseltöne hervorgehoben, und auch das Prädikat „heilig“ ist wieder doppelt betont. Am Ende des Verses erfolgt eine feierlich wirkende Retardierung, die durch einen tieferliegenden Wechselton vorbereitet wird. Alles in allem steht der freudige Charakter des Gotteslobes im Vordergrund, er steht aber in Verbindung mit der Ehrfurcht vor Gottes Heiligkeit. Der fast ekstatische Charakter dieses Kirchentons wird stabilisiert durch einen regelmäßigen Rhythmus und ein bedächtiges Ausklingen mithilfe längerer Notenwerte.

ܪܟܢܐ ܪܒܝܥܝܐ - *Rekno rbiᶜoyo* (vierter Ton)

Dieser Kirchenton zeichnet sich dadurch aus, dass sich seine Melodie gleich zu Anfang zu einem relativ hohen Ton aufschwingt, was durch die sich beschleunigenden Notenwerte rhythmisch unterstützt wird. Es folgt ein erneuter, etwas langsamerer Anlauf zu derselben Tonhöhe. Diese erste Hälfte des Psalmverses ist mit nur wenigen Betonungen versehen, sodass die aufwärts gerichtete Melodieführung dominiert. Sie bringt in Verbindung mit dem Aufruf zum Lob Gottes freudige Zuversicht zum Ausdruck, was durch den darauffolgenden Halleluja-Vers (mit abschließendem Diphtong auf einem Hochton) unterstrichen wird. In der zweiten Hälfte des Psalmverses dominiert dagegen ein gleichmäßiger Rhythmus von jeweils einer betonten und einer unbetonten Silbe, der sein anfängliches Tempo gegen Ende verlangsamt. Die Aussagen dieser zweiten Vershälfte werden durch den Rhythmus auf unterschiedliche Weise verstärkt: „Alle meine Gebeine“ bekommt durch den schnellen Rhythmus einen beschwörenden Charakter und wird der Gemeinde so rhythmisch eingeschärft. „Seinen heiligen Namen“ bekommt durch die Verlangsamung ein größeres Gewicht und hebt durch die Betonungen wiederum die Heiligkeit des Namens Gottes besonders hervor. Insgesamt hat dieser Kirchenton so wie die beiden vorangehenden einen fröhlichen Charakter und verleiht damit der Aussage des Psalmverses eine ermunternde, aber auch eindringliche Wirkung.

ܪܟܢܐ ܚܡܝܫܝܐ - *Rekno ḥmišoyo* (fünfter Ton)

An den wenigen Stellen, an denen hier der Grundton verlassen wird, geschieht dies eher nach unten als nach oben. Die relative Gleichförmigkeit der Tonhöhe wird durch einen abwechslungsreichen Rhythmus (Wechsel von Viertel- und Achtelnoten, Verwendung von Punktierung und Synkopen) relativiert. Die größte Abweichung der Tonhöhe nach unten beträgt die einer Quarte, die nach oben dagegen die einer Sekunde. Durch diese melodische und rhythmische Gestaltung bekommt der Psalmvers einen ernsten, geradezu strengen Charakter, der auch durch die den Halleluja-Ruf betonenden Zusatzsilben nicht geschmälert wird. Die Betonungen sind recht sparsam verteilt und haben kaum eine wortherausstellende Funktion, sondern verleihen der Aussage des Verses einen deklamatorischen Charakter. Eine Ausnahme bildet wieder das letzte Wort „heilig", das mithilfe von zwei Betonungen hervorgehoben wird. Insgesamt ist aus diesem Kirchenton eine große Ernsthaftigkeit herauszuhören, die dem Lob Gottes eine gewisse Schwere verleiht und es so in einen Kontext hineinstellt, der nicht von Freude, sondern eher von Leid und Trauer geprägt ist. Zugleich steht der Schwere aber auch eine gewisse rhythmische Leichtigkeit entgegen. So erscheint das Lob des heiligen Namens Gottes als eine Tätigkeit des Menschen, die auch in Leid und Trauer möglich ist.

ܪܟܢܐ ܫܬܝܬܝܐ - *Rek̲no št̲it̲oyo* (sechster Ton)

Auch in diesem Kirchenton wird der Grundton relativ selten und im gleichen Maße verlassen wie im vorhergehenden fünften Ton: nach oben im Abstand einer Sekunde und nach unten im Abstand einer Quarte. Rhythmisch weist dieser sechste Ton schnellere Notenwerte und häufigere Betonungen auf als der fünfte. Dies ändert nichts an dem ernsten und strengen Charakter des gesungenen Verses, verleiht ihm darüber hinaus aber eine größere Eindringlichkeit; man könnte fast von einem trotzigen Charakter sprechen. Einzig und allein der Halleluja-Ruf in der Mitte des Verses verleiht ihm durch seine melodisch und rhythmisch abwechslungsreiche Gestaltung mit nur einer Betonung auf der letzten Silbe eine gewisse Leichtigkeit. Die Betonungen auf der jeweils ersten Silbe eines Wortes am Anfang und am Ende des Psalmverses heben jedes einzelne Wort hervor und tragen so zu dem bereits genannten eindringlich-trotzigen Charakter des Verses bei. Die eingeschobenen Zusatzsilben bewirken, dass die Melodie auf die besonders hervorgehobenen Worte *Mo-rə-yo* (Herr; alle drei Silben betont) und *Qa-di-i-šo* (heilig; nur mittlere Silbe betont und durch eine weitere synkopisch angeschlossene Note verlängert) gewissermaßen zuläuft. Auf diesen beiden Worten liegt offensichtlich der Schwerpunkt der Aussage. In der Strenge und Eindringlichkeit des gesungenen Psalmverses kann sich eine ernste Lebenssituation eines gläubigen Menschen widerspiegeln; der „Herr" bzw. die Anrufung seines „heiligen" Namens ist gewissermaßen der Ort, an dem jener im gesungenen Lob Zuflucht findet. Da, wo das Lob erklingt (im Halleluja), erfährt der bedrängte Mensch Erleichterung.

ܪܟܢܐ ܫܒܝܥܝܐ - *Rek̲no š̲biʿoyo* (siebter Ton)

In diesem Kirchenton liegt melodisch eine starke Spannung zwischen den beiden Tönen *fis* und *dis*, zwischen denen sich die Melodie hin und her bewegt und die beide gleichermaßen Gewicht haben. Anfangs steigt die Melodie zunächst langsam vom höheren zum tieferen Ton hinab, am Ende springt sie zwischen beiden Tönen hin und her. An einer Stelle in der Mitte des Psalmverses wird der tiefere Ton um einen weiteren Ton unterschritten. Die Betonungen liegen auf den langsameren Notenwerten, während die schnelleren Notenwerte die Melodie gewissermaßen auf die nächsten betonten Silben zulaufen lassen. Im ersten Teil des Psalmverses ist das angehängte Pronomen „meine" zusätzlich zu seinem Nomen („Seele") betont und wird dadurch besonders hervorgehoben. Außerdem wird auch hier das Wort „Herr" besonders herausgestellt, indem nach der betonten letzten Silbe *yo* die erste Silbe *Mor* noch einmal mit Betonung wiederholt wird. Im zweiten Teil des Psalmverses sind die Worte *Šmeh* (sein Name) und *Qa-di-šo* (heilig) durch Betonungen wiederum besonders herausgestellt; das Wort *Šmeh* zusätzlich durch einen vorausgehenden Tiefton und das Wort *Qa-di-šo* durch eine zweifache Betonung auf der ersten und dritten Silbe. Der Charakter dieses Kirchentons zeichnet sich insgesamt dadurch aus, dass er den gläubigen Menschen innerlich in Bewegung bringt; allerdings weniger in Richtung Freude, auch nicht in Richtung Trauer, sondern im Sinne einer hoffnungsvollen Erwartung. Da dieser Kirchenton im Vergleich zu den vorherigen besonders schnell gesungen wird, kann man sogar von einer gewissen Ungeduld sprechen. Das Lob Gottes, dessen heiliger Name auch hier besonders hervorgehoben wird, verweist die Seele des gläubigen Menschen in die Zukunft, von der sie Gutes zu erwarten hat.

ܪܟܢܐ ܬܡܝܢܝܐ - *Rek̲no tminoyo* (achter Ton)

Der achte Kirchenton hat einen sehr schlichten Charakter, da er sowohl mit Tonsprüngen als auch mit dem Wechsel von Notenwerten, ja selbst mit Betonungen sehr sparsam umgeht. Die geringe Anzahl der Betonungen, aber auch die gleichbleibende Tonhöhe verleihen dem Psalmvers einen besonders deklamatorischen Charakter; das Lob Gottes wird gewissermaßen beschwörend in die Welt hinausgerufen. Besonders herausgestellt sind wiederum die Worte *Mo-rə-yo* (Herr) und *Qa-di-šo* (heilig); das erste durch die auf die betonte letzte Silbe schnell zulaufenden Sechzehntelnoten und das zweite durch plötzliche Hochtöne und die Verlängerung der letzten betonten Silbe mithilfe einer weiteren synkopisch angeschlossenen Note. Die erwartungsvolle Ungeduld des siebten Kirchentones ist hier entweder wieder ganz zurückgenommen, oder sie ist in den melodisch gleichförmig und rhythmisch gleichmäßig auf den besonders herausgestellten heiligen Namen Gottes zulaufenden Wortsilben sogar besonders konzentriert. Das Lob des Namens Gottes ist offensichtlich auf die eine oder andere Weise für den gläubigen Menschen eine Hilfe, das Ausbleiben des erwarteten Heils zu ertragen. Zugleich wird diese erwartungsvolle Haltung auch im Lobgesang öffentlich demonstriert – offensichtlich, um auch andere Menschen dazu zu bewegen.

4.2.2.2.3 Ergebnisse

Die Untersuchung der beiden Psalmengattungen hat gezeigt, welche Bedeutung den Wortbetonungen und der rhythmischen und melodischen Gestaltung des Psalmengesangs jeweils zukommt:

Bei dem im schlichten Lektionston gesungenen ܡܙܡܘܪܐ – *Mazmuro* steht das angemessene Verständnis des Textes im Vordergrund. Durch die Betonung bestimmter Silben wird die syntaktische Struktur eines Verses verdeutlicht. Melodische Abweichungen vom Grundton und Varianten der Notenwerte haben ebenfalls eine syntaktische Funktion, da sie jeweils den Beginn bzw. das Ende eines Satzes anzeigen. Durch die vom Sprachrhythmus abweichende zusätzliche Betonung eines Wortes (*Moryo*) kann aber auch ein besonderer inhaltlicher Akzent gesetzt werden. Im Falle von Psalm 141 ist es die Charakterisierung der nachfolgenden Psalmodie als eindringliches Gebet zu Gott.

Das ܩܘܩܠܝܘܢ – *Quqaliyun* wird dagegen nach den acht Kirchentönen des *Oktoechos* gesungen, die sich vor allem durch ihren Rhythmus, aber auch durch melodische Varianten voneinander unterscheiden. Die Betonung von bestimmten Silben bekommt dabei eine etwas andere Funktion: Sie dient der Herausstellung bestimmter Worte und liegt zu diesem Zweck in der Regel auf der jeweils ersten Silbe eines Wortes. Das Vorhandensein von längeren Silbenreihen mit nur wenigen Betonungen ist ein Hinweis auf einen deklamatorischen Charakter des Verses. Durch das Einschieben von Zusatzsilben entstehen unterschiedliche Rhythmen und so eine größere Variation von Notenwerten. Dies hat zusammen mit der Melodieführung Auswirkungen, die über eine angemessene Verständlichkeit hinausgehen: Die hermeneutische Wirksamkeit dieser rhythmisch-melodischen Variationen zielt zum Beispiel auf eine höhere Aufmerksamkeit (so in dem feierlichen ersten und dem lebendigen zweiten Kirchenton), auf bestimmte Emotionen (Freude im dritten und vierten und Ernst bzw. Trauer im fünften und sechsten Kirchenton) oder auch auf eine bestimmte innere Haltung (Ungeduld bzw. Ausdauer im siebten und achten Kirchenton). Die Variation der Melodie ist stets am Grundton orientiert und weicht mehr oder weniger stark von ihm ab. Dementsprechend wird die emotionale Wirkung des Kirchentons in eine der soeben genannten Richtungen verstärkt.

Der geistliche Inhalt des Psalmverses (Aufruf zum Lob des heiligen Namens Gottes) bekommt durch die rhythmisch-melodische Variation eine jeweils andere emotionale Ausrichtung. Nonsenssilben haben dabei zum Teil eine verstärkende Funktion, insbesondere bei der ‚ekstatischen' Ausgestaltung des Halleluja-Rufs. Eine nicht unbedeutende Rolle dürfte in diesem Zusammenhang auch der liturgische bzw. lebensgeschichtliche Kontext des Psalmengesangs spielen: So können Feierlichkeit, Freude, Ernst und Erwartung jeweils mit bestimmten Kontexten (hohe Feste im Kirchenjahr wie Weihnachten und Ostern oder besondere Anlässe im Lebenslauf wie Taufe und Bestattung) korrespondieren, auf diese Weise in ihrer Wirkung verstärkt werden und den Aufruf zum Lob Gottes emotional ausrichten. Als gemeinsamer Grundzug der unterschiedlichen Bedeutungsnuancen des Psalmverses ist die Ehrfurcht vor der Heiligkeit Gottes zu beobachten, die dem einzelnen Gläubigen durch den rhythmisch-melodisch variierten Gesang nahegebracht werden soll.

4.2.2.3 Die Hymnen

4.2.2.3.1 Allgemeine Eigenschaften

Im syrischen Stundengebet überwiegt die Gattung der Hymnen gegenüber der Gattung der Psalmen; zu ihr gehören neben dem ܥܢܝܢܐ - *ʿEnyono* (Wechselgesang) und dem ܥܩܒܐ - *ʿEqbo* (Schlussvers) die ܒܥܘܬܐ - *Boʿuto* (Bittgebet) und der ܩܠܐ – *Qolo* (Hymnus)[66]. Die ersten beiden dieser vier Untergattungen können auch als Troparien bezeichnet werden, weil sie jeweils als Antwortgesänge auf einen Psalm bezogen sind: Die Verse des *ʿEnyono* werden im Wechsel zu den Versen eines Psalms gesungen, während sich die Verse des *ʿEqbo* an einen Psalm anschließen[67]. Hinsichtlich dieser Troparien enthält die musikalisch-rhythmische Untersuchung von Ulrike Nieten jeweils nur zwei Fassungen aus zwei verschiedenen Gesangstraditionen (Ṭur Abdin und Mosul)[68], aber keine nach den acht Kirchentönen differenzierte Darstellung. Das Interesse der Untersuchung liegt hinsichtlich der Troparien auch nicht in dieser Differenzierung, sondern in dem Nachweis der Beständigkeit der Akzente, die – im Gegensatz zu den melodischen Figuren – in beiden Fassungen gleich sind[69]. Den Angaben von Ulrike Nieten zufolge wird in beiden Gattungen sowohl durch die Melodie als auch durch die Betonungen lediglich die syntaktische Struktur der Strophen abgebildet[70]. Für die hier verfolgte Fragestellung nach der Bedeutung der poetischen Form für den geistlichen Inhalt eines Hymnus würde eine Interpretation dieser beiden Gattungen also nicht viel austragen.

Die *Boʿuto* und der *Qolo* zählen „zu den Hauptgattungen der westsyrischen liturgischen Gesänge“[71]. Beide unterliegen wie alle Hymnen dem silbenzählenden Prinzip und werden konsequent nach den acht Kirchentönen gesungen. Das silbenzählende Prinzip führt in Verbindung mit den acht Kirchentönen dazu, dass deren rhythmische Varianten deutlich hervortreten, weil durch das Einfügen von Zusatzsilben die vorhandenen Wortsilben gekürzt und auf die Hebungen des vorgegebenen Versmaßes verteilt werden[72]. Aufgrund ihres quantitativen Übergewichts im *Šḥimo* und wegen ihrer nach den acht Kirchentönen differenzierten Darstellung in Ulrike Nietens Untersuchung beschränkt sich die folgende theologisch-musikalische Interpretation auf diese hymnischen Hauptgattungen des syrisch-orthodoxen Stundengebets.

4.2.2.3.2 Interpretation von Texten

4.2.2.3.2.1 Beispiel für ܒܥܘܬܐ - Boʿuto: Bittgebet des Mor Balai aus dem Nachmittagsgebet für den 1. Tag

Die *Boʿuto* steht am Ende einer Gebetszeit und bildet ihren Abschluss. Obwohl diese Gattungsbezeichnung mit ‚Bittgebet‘ zu übersetzen ist, enthält die *Boʿuto* auch „Lob und religi-

66 Vgl. Nieten, Metrum, 302.
67 Vgl. ebd., 289. Ausnahmsweise kann sich auch der *ʿEnyono* an einem Stück einem Psalm anschließen; vgl. ebd.
68 Vgl. ebd., 294.
69 Vgl. ebd., 298.
70 Vgl. ebd., 294/298.
71 Ebd., 303.
72 Vgl. ebd., 293/294.

öse Betrachtung“[73]. Sie besteht in der Regel aus vier vierzeiligen Strophen, die immer dasselbe Versmaß aufweisen. Nach dem Versmaß werden sie *Mor Balay* (fünfsilbig), *Mor Aphrem* (siebensilbig) oder *Mor Yaᶜqub* (zwölfsilbig) zugeschrieben[74]. Hier handelt es sich um eine *Boᶜuṯo* zum Abschluss des Gebetes zur neunten Stunde des ersten Tages, also am Sonntagnachmittag. Sie wird *Mor Balay* zugeschrieben, hat also ein fünfsilbiges Versmaß. Da das Gebet zur neunten Stunde des ersten Tages in der liturgischen Praxis bereits Teil des Abendgebetes für den zweiten Tag, also den Montag, ist, ist es auch ein Bestandteil des alltäglichen *Šḥimo*.

(syrischer Text)	**(Transliteration)**[75]	**(Übersetzung)**
ܚܰܕܶܬ ܡܠܶܐ ܪ̈ܰܚܡܶܐ	*ḥadeṯ mle raḥme*	Erneuere, voll von Barmherzigkeit,
ܒܪܺܝܬܳܟ ܒܢܽܘܚܳܡܳܐ	*briṯoḵ b-nuḥomo*	Deine Schöpfung durch die Auferstehung,
ܠܥܰܒ̈ܕܰܝܟ ܘܣܳܓܽܘ̈ܕܰܝܟ	*l-ᶜaḇdayk w-sogudayk*	Deine Knechte und Deine Anbeter,
ܕܰܫܟܶܒܘ ܥܰܠ ܣܰܒܪܳܟ ܀	*da-škeḇ ᶜal saḇroḵ*	die in der Hoffnung auf Dich schlafen.
ܐܰܢܺܝܚ ܘܚܽܘܣܳܐ ܠܗܽܘܢ	*aniḥ w-ḥaso l-hun*	Bring zur Ruhe und verschone sie,
ܡܳܪܝܳܐ ܠܥܰܢܺܝ̈ܕܰܝܢ	*moryo l-ᶜanidayn*	Herr, unsere Entschlafenen,
ܕܰܫܟܶܒܘ ܥܰܠ ܣܰܒܪܳܟ	*da-škeḇ ᶜal saḇroḵ*	die in der Hoffnung auf Dich schlafen
ܘܚܳܝܪܺܝܢ ܠܡܶܐܬܺܝܬܳܟ ܀	*w-ḥoyrin l-meṯiṯoḵ*	und die ausschauen nach Deinem Kommen!

Bei dem Text handelt es sich um freie Dichtung, die durch biblische Aussagen inspiriert ist. In der Bitte um Erneuerung durch die Auferstehung (Christi) klingen die Bibelstellen Römer 6,4[76] und Philipper 3,10f[77] an, in dem Hinweis auf die Hoffnung der Entschlafenen 1. Korinther 15,20[78] und 1. Thessalonicher 4,13[79]. Die Bitte um Ruhe für die Verstorbenen erinnert an Hebräer 4,9f[80] und das Ausschauen auf das Kommen Christi an Jakobus 5,7[81]. Der Glaube an die Auferstehung Christi wird hier in erster Linie im Blick auf die eschatologische Hoffnung auf die Auferstehung der Toten hin entfaltet. Dabei wird durch die Sprache der Dichtung eine große Nähe zwischen den lebenden und den verstorbenen Gläubigen hergestellt, die Christus gemeinsam anbeten und auf die Erlösung der Schöpfung gemeinsam warten. Zugleich werden diese Aussagen mit den Themen Buße und Vergebung in Verbindung ge-

73 Nieten, Metrum, 303.

74 Vgl. ebd.

75 Die Transliteration richtet sich nach dem Text der hier genutzten *Šḥimo*- Ausgabe; der Text unter den Noten richtet sich nach den Aufzeichnungen von Ulrike Nieten.

76 „So sind wir ja mit ihm begraben durch die Taufe in den Tod, auf dass, wie Christus auferweckt ist von den Toten durch die Herrlichkeit des Vaters, so auch wir in einem neuen Leben wandeln“ (Lutherübersetzung 2017).

77 „Ihn möchte ich erkennen und die Kraft seiner Auferstehung und die Gemeinschaft seiner Leiden und so seinem Tode gleichgestaltet werden, damit ich gelange zur Auferstehung von den Toten“ (Übersetzung s.o.).

78 „Nun aber ist Christus auferweckt von den Toten als Erstling unter denen, die entschlafen sind“ (Übersetzung s.o.).

79 „Wir wollen euch aber, Brüder und Schwestern, nicht im Ungewissen lassen über die, die da schlafen, damit ihr nicht traurig seid wie die andern, die keine Hoffnung haben“ (Übersetzung s.o.).

80 „Es ist also noch eine Ruhe vorhanden für das Volk Gottes. Denn wer in seine Ruhe eingegangen ist, der ruht auch von seinen Werken so wie Gott von den seinen“ (Übersetzung s.o.).

81 „So seid nun geduldig, Brüder und Schwestern, bis zum Kommen des Herrn“ (Übersetzung s.o.).

bracht, indem um Erneuerung und Verschonung gebeten und an die Barmherzigkeit Gottes appelliert wird.

ܪܟܢܐ ܩܕܡܝܐ - *Rekno qadmoyo* (erster Ton)

Die vier Verse ähneln einander sehr stark, sowohl rhythmisch als auch melodisch. Bis auf eine Ausnahme in der dritten Silbe des zweiten Verses sind die Tonhöhen auf den betonten Silben immer dieselben, während die Länge der Töne jeweils variiert. Die letzten drei Silben eines jeden Verses setzen sich sowohl rhythmisch als auch melodisch vom vorangehenden Teil des Verses ab. Dies geschieht durch die Tonlänge der vorausgehenden viertletzten Silbe und durch den Quartsprung innerhalb der Schlussformel[82]. So bekommen die letzten Worte eines jeden Verses besonderes Gewicht: „durch die Auferstehung", „in der Hoffnung auf Dich", „unseren Entschlafenen", „nach Deinem Kommen". Diese Absetzung der letzten drei Silben eines jeden Verses überlagert das vorgegebene Versmaß von 5+5 Silben (ohne die Zusatzsilben) und macht daraus eine Gliederung von 7+3 Silben[83]. Die Einfügung von zusätzlichen Silben bewirkt darüber hinaus, dass die Betonung auf bestimmten Worten zu liegen kommt, die dadurch besonders herausgestellt werden[84]: „Erbarmen", „Dein (Geschöpf)", „schlafen", „sie", „Herr", „ausschauen". Silbenbetonungen haben hier außerdem auch eine syntaktische Funktion, da sie den Beginn und das Ende eines jeden Verses markieren. Vom Gesamtcharakter her wirkt dieser erste Kirchenton durch seinen schwerfälligen, gleichförmigen Rhythmus sehr bedeutungsschwer und verkündet gewissermaßen feierlich das, was die

---

82 Vgl. Nieten, Metrum, 307.
83 Vgl. Nieten, Metrum, 307.
84 Vgl. ebd.

Verse zu sagen haben: die Hoffnung der Verstorbenen auf die Auferstehung, die sich im Kommen Christi erfüllen wird.

ܪܟܢܐ ܬܪܝܢܐ - *Reḵno trayōnō* (zweiter Ton)

Auch für diesen Kirchenton gilt, dass die betonten Tonhöhen immer wieder dieselben sind und die Tonlängen nur geringfügig variiert werden. Dadurch bekommt der Gesang insgesamt einen eindringlichen Charakter. Die letzten drei Silben eines jeden Verses sind auch wieder durch eine eigene melodische Formel vom Rest des Verses abgesetzt[85] und werden dadurch hervorgehoben; – allerdings weniger stark als im ersten Ton, da der relativ schnelle Rhythmus gleichmäßig weiterläuft. Auffällig ist, dass fast jede erste Silbe eines Wortes betont wird, wodurch dieser Kirchenton einen deklamatorischen Charakter bekommt[86]. Auf diese Weise wird jedes Wort gleichermaßen herausgestellt. Die bereits unter dem ersten Kirchenton genannten letzten Worte eines jeden Verses bekommen durch die melodische Absetzung etwas mehr Gewicht als die anderen: „durch die Auferstehung", „in der Hoffnung auf Dich", „unseren Entschlafenen", „nach Deinem Kommen". Insgesamt hat dieser Kirchenton einen lebendigen und munteren Charakter, mit dem er die Hoffnung der Entschlafenen auf die Ankunft des Auferstandenen deutlich zum Ausdruck bringt. Darüber hinaus ist er offensichtlich darum bemüht, diese Hoffnung in den Gläubigen eindringlich hervorzurufen.

85 Vgl. Nieten, Metrum, 308.
86 Vgl. ebd.

ܪܟܢܐ ܬܠܝܬܝܐ - *Rek̲no tlit̲oyo* (dritter Ton)

Eine Gleichheit der vier Verse trifft in diesem Kirchenton in erster Linie auf die dreisilbige Schlussformel zu. Sie ist mit einer Ausnahme sowohl melodisch als auch rhythmisch identisch. Im zweiten Vers verläuft die Melodie ab der zweiten Vershälfte insgesamt eine Sekunde höher. Der Rest der Verse weist zwar nicht melodisch, aber doch rhythmisch größere Variationen auf und wirkt dadurch leichtfüßig bewegt, fast tänzelnd. Dazu trägt der Wechsel des Versmaßes von einer zunächst trochäischen zu einer jambischen Betonung zu Beginn des zweiten Verses[87] ebenso bei wie die dort erfolgte Erhöhung der Melodie um eine Sekunde nach oben. Der Tonambitus wird dadurch bis zu einer Sext ausgedehnt, was eine aufhellende Wirkung hat. Die dreisilbige Schlussformel ist außer durch ihre Gleichförmigkeit auch durch das direkte Aufeinanderfolgen zweier betonter Silben vom Rest des Verses abgegrenzt[88]. Durch diese melodisch-rhythmische Gestaltung im dritten Kirchenton wird die Hoffnung für die Verstorbenen auf die Auferstehung mit einer großen Freude und Leichtigkeit zum Ausdruck gebracht. Zugleich bleibt es bei der deutlichen Hervorhebung des Inhalts der Botschaft; die Heiterkeit der Melodie verselbständigt sich nicht gegenüber dem Text.

87 Vgl. Nieten, Metrum, 308.
88 Vgl. ebd.

ܪܟܢܐ ܪܒܝܥܝܐ - *Reḵno rḇiᶜoyo* (vierter Ton)

Dieser Kirchenton zeichnet sich durch Gleichmäßigkeit und Ruhe aus. Das hat verschiedene Ursachen: Zum einen sind die beiden Hälften eines jeden Verses sowohl rhythmisch als auch melodisch mit dem vorgegebenen Versmaß von 5+5 Silben deckungsgleich[89] und dadurch gleich lang; zum andern ist der erste Vers mit dem dritten und der zweite Vers mit dem vierten sowohl melodisch als auch rhythmisch vollkommen identisch. Die Melodie steigt im ersten bzw. dritten Vers langsam an und fällt im zweiten bzw. vierten Vers langsam wieder ab. Dabei wird der Tonambitus einer Quarte nicht überschritten. Trotzdem wirkt die Melodie nicht eintönig oder schwerfällig, sondern behutsam getragen. Der Schluss eines jeden Verses wird durch die unmittelbar aufeinanderfolgende Betonung der vorletzten und der letzten Silbe markiert[90]. Insgesamt scheint dieser Kirchenton den Inhalt der Verse eher behutsam zu erzählen als eindringlich einzuschärfen. Dazu trägt auch die Tatsache bei, dass der betonte Beginn eines jeden zweiten Versteiles an einer anderen Stelle liegt und so andere Worte – die Verben und ihre Akteure – hervorgehoben werden: „Dein Geschöpf", „schlafen", „Herr" und „schauen". Über dem Erzählen liegt insgesamt eine heitere Gelassenheit, so als würden die Entschlafenen selbst von ihrer Hoffnung auf die Auferstehung singen.

89 Vgl. Nieten, Metrum, 309.
90 Vgl. ebd.

ܪܩܢܐ ܚܡܝܫܝܐ - *Rekno ḥmišoyo* (fünfter Ton)

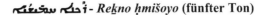

In diesem Kirchenton zeigt sich die Melodieführung wieder sehr gleichförmig; die Tonhöhen sind in jedem Vers an denselben betonten Stellen identisch. Nur die Tonlängen werden stellenweise variiert, indem Vierteltöne in Achteltöne aufgeteilt und die Wortsilben mithilfe von Zusatzsilben darauf verteilt werden. Im ersten Teil eines jeden Verses dominiert die hochgestellte Terz in Verbindung mit einer betonten Silbe, die durch zwei langsam aufsteigende Töne vorbereitet wird. Dadurch werden die Worte „erfüllt (von Barmherzigkeit)“, „(Deine) Anbeter“, „verschone (sie)“ und „(Hoffnung) auf (Dich)“ besonders herausgestellt. Im zweiten Teil eines jeden Verses dominiert der aus den jeweils drei letzten Silben bestehende Abschluss, der nicht so scharf gegenüber dem Rest des Verses abgegrenzt ist[91]. Dadurch werden wiederum die Worte „durch die Auferstehung“, „in der Hoffnung auf Dich“, „unseren Entschlafenen“ und „nach Deinem Kommen“ mehr herausgestellt als andere. Beim Übergang vom ersten zum zweiten Teil eines jeden Verses wechselt der Rhythmus von einer trochäischen zu einer jambischen Betonung[92]. Dadurch entsteht eine gewisse Bewegung in den ansonsten melodisch und rhythmisch recht gleichförmigen Versen. Insgesamt wirkt dieser Kirchenton sehr ernsthaft und eindringlich. Die inhaltliche Aussage der Verse, die Hoffnung der Entschlafenen auf die kommende Auferstehung, bekommt dadurch einen mahnenden Charakter: Die Lebenden sollen nach dieser Hoffnung streben und daran festhalten. Zugleich weisen die Wortbetonungen in den ersten Vershälften auf die Barmherzigkeit Gottes hin, der seine Anbeter vor dem zukünftigen Gericht verschont. So ist in diesen Versen also auch ein tröstlicher Zuspruch zu hören.

91 Vgl. Nieten, Metrum, 310.
92 Vgl. ebd.

ܪܟܢܐ ܫܬܝܬܝܐ - *Rek̲no š̲ṯiṯoyo* (sechster Ton)

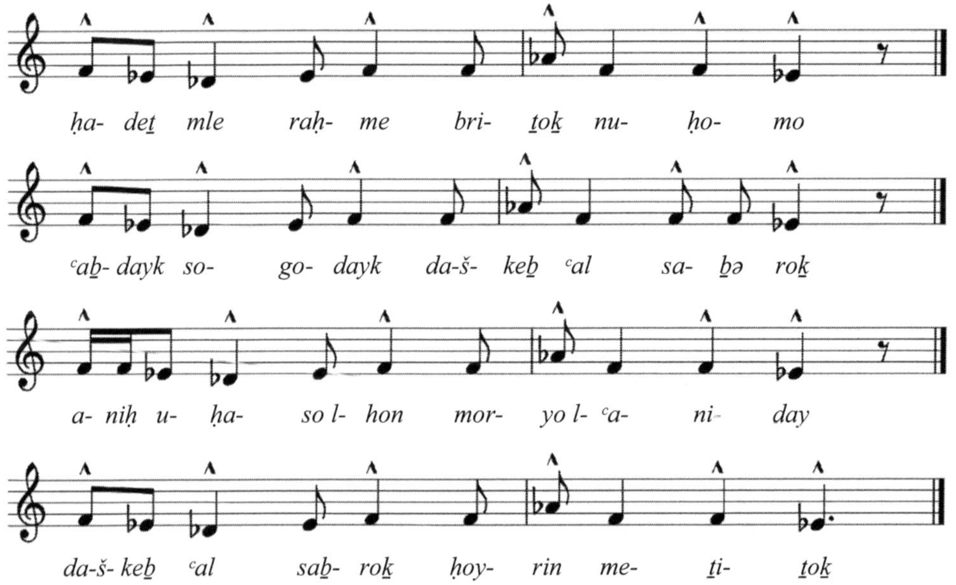

In diesem sechsten Kirchenton sind die Gleichmäßigkeit des vierten und die Ernsthaftigkeit des fünften Kirchentons miteinander kombiniert: Die melodische und rhythmische Gliederung jedes einzelnen Verses ist identisch mit der vorgegebenen 5+5-Gliederung des Versmaßes[93], sodass jeder Vers in zwei gleich große Hälften zerfällt. Die Silben sind, abgesehen von der Schlussbetonung eines jeden Verses, regelmäßig alternierend betont und weisen ungewöhnlich viele betonte Tonlängen auf, die sonst eher zur Markierung von Zäsuren verwendet werden[94]. Die melodische Gleichförmigkeit aller vier Verse wird nur gegen Ende des zweiten und zu Beginn des dritten Verses durch jeweils eine Halbierung eines Notenwertes rhythmisch variiert. Durch das Zusammenfallen der Betonung mit einem Tief- bzw. Hochton werden in jedem Vers jeweils zwei Worte besonders hervorgehoben: „erfüllt" und „Dein (Geschöpf) in Vers 1, „(Deine) Anbeter" und „schlafen" in Vers 2, „verschone" und „Herr" in Vers 3 und „(in der Hoffnung) auf (Dich)" und „schauen" in Vers 4. Die Hervorhebung durch Betonungen und Tonlängen ist also auf mehr Aussagen verteilt als in den anderen Kirchentönen. Das Erbarmen Gottes über seine entschlafenen Anbeter wird in seiner eschatologischen Dimension eindringlich erbeten und so den lebenden Anbetern deutlich vor Augen gestellt. Dies geschieht gleichwohl in einer ruhigen Ernsthaftigkeit.

93 Vgl. Nieten, Metrum, 310.

94 Vgl. ebd.

ܪܟܢܐ ܫܒܝܥܝܐ - *Rekno šbiʿoyo* (siebter Ton)

In diesem Kirchenton wird wiederum eine dreisilbige Schlussformel deutlich vom Rest eines jeden Verses abgesetzt und so besonders hervorgehoben. Dies geschieht jeweils durch einen Hochton, der – abweichend vom vorausgehenden jambischen Rhythmus – eine Betonung auf der ersten Wortsilbe trägt. Dadurch weicht die Melodie von der metrisch vorgegebenen 5+5-Gliederung ab[95]. Die melodische sowie die rhythmische Gestaltung der Verse weist mehr Varianten auf als in den meisten anderen Kirchentönen: So beginnen die Verse ab dem zweiten Vers einen ganzen Ton höher als im ersten Vers. Darüber hinaus wechselt der Rhythmus im ersten und im dritten Vers von einer trochäischen zu einer jambischen Betonung[96]; im zweiten und vierten Vers wird die jambische Betonung des dritten Verses kurz unterbrochen. Durch diese wechselnde melodische und rhythmische Gestaltung bekommt der siebte Kirchenton einen relativ unruhigen Charakter. Hinzu kommen die durch die Einfügung von Zusatzsilben hervorgerufenen schnelleren Tonfolgen, insbesondere im dritten und im vierten Vers. Die in den dreisilbigen Schlussformeln der vier Verse transportierte Hoffnung der Entschlafenen auf die Auferstehung bei der Wiederkunft Christi wird so mit einer großen Unruhe zum Ausdruck gebracht. Auch hier zeigt sich wieder so etwas wie eine ‚eschatologische Ungeduld', die den Verstorbenen durch die Lebenden in den Mund gelegt wird. Dazu passt die Gewohnheit der syrisch-orthodoxen Tradition, den siebten und achten Kirchenton sehr schnell zu singen.

95 Vgl. Nieten, Metrum, 310/311.
96 Vgl. ebd., 311.

ܪܟܢܐ ܬܡܝܢܝܐ - *Rekno tminoyo* (achter Ton)

Dieser Kirchenton wirkt im Vergleich zu den anderen Kirchentönen rhythmisch und melodisch sehr einfach. Die durchgehend alternierende Betonung ist – abgesehen von der jeweils letzten Silbe eines Verses – immer dieselbe und liegt ausnahmslos auf den langen Tönen[97]. Die Tonhöhen sind mit einer Ausnahme (zweite Silbe des ersten Verses) im ersten und dritten und im zweiten und vierten Vers dieselben. Die Gliederung durch Melodie und Rhythmus entspricht der metrisch vorgegebenen 5+5-Gliederung[98]. Darüber hinaus zeigt sich nach der Hälfte und am Ende der vier Verse eine stärkere Zäsur, die den gesamten Text in zwei größere zusammenhängende Abschnitte aufteilt. Dies geschieht jeweils durch eine betonte lange Note an besagten beiden Stellen, während am Ende des ersten und des dritten Verses nur eine unbetonte kurze Note vorhanden ist. Die Melodieführung im zweiten und vierten Vers zeigt mehr Tonsprünge nach unten und nach oben, überschreitet allerdings nicht den Tonambitus einer Quarte. Dadurch wirken diese beiden Verse etwas bewegter als die anderen beiden. Auf diese Weise werden die Aussagen vom „Schlafen der Anbeter in der Hoffnung auf Dich" und ihrem „Ausschauen nach Deinem Kommen" etwas mehr in den Fokus der Aufmerksamkeit gerückt. Insgesamt hat dieser Kirchenton in seiner Einfachheit, mit seinen betonten langen Noten und seinen Tonsprüngen einen sehr bestimmenden, ja trotzigen Charakter. Da auch er eher schnell gesungen wird, klingt auch in ihm die ‚eschatologische Ungeduld' des siebten Kirchentons an, die hier aber nicht so leichtfüßig, sondern eher etwas schwerfällig daherkommt.

97 Vgl. Nieten, Metrum, 311.
98 Vgl. ebd.

4.2.2.3.2.2 Beispiel für ܩܠܐ *– Qolo: Hymnus aus dem Vormittagsgebet für den 4. Tag*

Ein ܩܠܐ – *Qolo* ist ein vierstrophiger Hymnus ohne Refrain, dessen Strophen durch einen ܦܬܓܡܐ - *Fetgomo* (Vers) bzw. durch die beiden Teile der trinitarischen Doxologie (ܫܘܒܚܐ - *Šubḥo*: Ehre… und ܡܢ ܥܠܡ - *Men'olam*: von Ewigkeit…) voneinander getrennt sind. Der *Qolo* ist neben der ܒܥܘܬܐ - *Bo'uto* eine der Hauptgattungen des syrischen Stundengebets[99]. Anders als die *Bo'uto* kann der *Qolo* metrisch nicht nur von einem, sondern auch von mehreren verschiedenen Versmaßen bestimmt sein[100] und ist dadurch rhythmisch flexibler. Inhaltlich sind die Strophen eines *Qolo* bestimmten Themen zugeordnet: ܕܝܠܕܬ ܐܠܗܐ (*d-yoldat aloho*: der Gottesgebärerin), ܕܩܕܝܫܐ (*d-qadiše*: der Heiligen), ܕܬܝܒܘܬܐ (*datyobuto*: der Buße) und ܕܥܢܝܕܐ (*d-'anide*: der Verstorbenen); es können weitere Strophen hinzutreten. Hinsichtlich ihrer Singweise sind die *Qole* stets mit dem Hinweis auf eine Musterstrophe versehen, die in der Melodiensammlung des ܒܝܬ ܓܙܐ - *Bet Gazo* (Schatzhaus) enthalten ist. Bei dem vorliegenden Beispiel handelt es sich ebenfalls um eine solche Musterstrophe, und zwar gleich der ersten im *Bet Gazo*[101].

(syrischer Text)	**(Transliteration)**[102]	**(Übersetzung)**
ܙܕܩ ܕܢܗܘܐ	*zodeq d-nehwe*	Recht ist es, dass geschieht
ܕܘܟܪܢܐ ܠܡܪܝܡ	*dukrono l-maryam*	ein Gedenken an Maria,
ܐܡܗ ܕܒܪ ܐܠܗܐ	*emeh d-bar aloho*	der Mutter des Sohnes Gottes.

ܪܟܢܐ ܩܕܡܝܐ - *Rekno qadmoyo* (erster Ton)

Im ersten Kirchenton fällt hier in metrischer Hinsicht die Gleichförmigkeit der Silbenzahl auf: Der Vers besteht aus drei Teilen, die insgesamt aus sechzehn Silben bestehen, hier aber mithilfe von Zusatzsilben und zwei Nonsenssilben auf 3x7 Silben erweitert werden[103]. Diese Homogenität in der Silbenzahl ist für einen *Qolo* eher ungewöhnlich und hier offensichtlich beabsichtigt. In melodischer Hinsicht fällt auf, dass sich die Tonhöhe zu Beginn, in der Mitte und kurz vor Ende des Verses mit geringen Abweichungen auf gleichem Niveau befindet. Der zweite Versteil mit der Nennung des Namens der Gottesmutter und der Schluss des dritten Teils mit der Erwähnung Gottes werden durch auffällige Quartsprünge[104] bzw. durch einen Hochton im Terzabstand eingeleitet und dadurch besonders hervorgehoben. In rhythmischer Hinsicht gibt es zwischen den drei Versteilen einen Wechsel zwischen einem

99 Vgl. Nieten, Metrum, 302.
100 Vgl. Brock, Poetry, in: GEDSH, 334.
101 Vgl. Nieten, Metrum, 355/356.
102 Die Transliteration richtet sich nach dem Text der hier genutzten *Šḥimo*- Ausgabe; der Text unter den Noten richtet sich nach den Aufzeichnungen von Ulrike Nieten.
103 Vgl. Nieten, Metrum, 355/356.
104 Vgl. ebd., 356.

trochäischen und einem jambischen Rhythmus, während die drei letzten Silben durch zwei aufeinanderfolgende Betonungen vom Rest des Verses abgesetzt werden[105]. Die Betonungen sind insgesamt so verteilt, dass jedes Wort gleichermaßen durch eine Betonung hervorgehoben wird – abgesehen von *Maryam* (Maria) und *Aloho* (Gott), die jeweils durch zwei Betonungen herausgestellt werden. Insgesamt hat der erste Kirchenton hier einen sehr würdevollen Charakter, der durch seine melodische und rhythmische Gestaltung insbesondere der Gottesmutter und Gott selbst Würde verleiht. Die künstlich hergestellte Anzahl von 3x7 Wortsilben entspricht diesem Charakter aufgrund der symbolischen Bedeutung der Zahl 7 als Zahl der Vollkommenheit.

ܪܟܢܐ ܬܪܝܢܐ - *Rekno trayono* (zweiter Ton)

Der zweite Kirchenton weist hier melodische und rhythmische Ähnlichkeiten mit dem ersten Kirchenton auf, vor allem im zweiten und dritten Teil des Verses. Es gibt aber auch einige Unterschiede: Der erste Teil beginnt in rhythmischer Hinsicht so, wie der dritte Teil endet, nämlich mit zwei langsamen Notenwerten. In melodischer Hinsicht gibt es in diesem Kirchenton mehr Tonwechsel als im ersten: der erste Ton beginnt und der letzte Ton endet tiefer, die Melodie im ersten und dritten Teil geht bis zu einem ganzen Ton höher, und der rezitativisch gesungene zweite Teil liegt einen halben Ton höher als im ersten Kirchenton. Dadurch erscheint der zweite Kirchenton heller als der erste, hat aber zugleich auch Anteil an seinem würdevollen Charakter. Das wird neben den langsamen Notenwerten zu Beginn auch wahrnehmbar an den Tieftönen, mit denen nicht nur das erste (*Zodeq*) und das letzte Wort (*Aloho*), sondern auch die Zäsuren zwischen den drei Versteilen betont werden (zweite Silbe von *Nehwe* und *Maryam*)[106]. Die Notwendigkeit des Gedenkens der Gottesmutter wird hier auf würdevolle, aber zugleich auch lebendige Art und Weise hervorgehoben.

ܪܟܢܐ ܬܠܝܬܝܐ - *Rekno tliṯoyo* (dritter Ton)

Die aufhellende Wirkung durch höhere Tonlagen wird im dritten Kirchenton gegenüber dem zweiten noch gesteigert: Die Melodie beginnt auf einem höheren Niveau und enthält am Ende des ersten Versteiles einen auffälligen Hochton. Die Töne des zweiten Teils hüpfen gewissermaßen auf und ab, und erst im dritten Teil bewegen sie sich schließlich abwärts auf den tiefsten Ton zu. In rhythmischer Hinsicht wirkt dieser Kirchenton dagegen sehr ausgeglichen:

105 Vgl. ebd.
106 Vgl. ebd., 357.

Der Einschub einer Zusatzsilbe im ersten Teil führt dazu, dass die ersten beiden Worte *Zodeq* und *Nehwe* trotz des Hochtones gleichmäßig auf der ersten Silbe betont werden können. Die Worte für die Gottesmutter im zweiten Teil des Verses werden, verbunden mit langsamen Notenwerten, ebenfalls auf der ersten Silbe betont. Das Wort „Gott“ am Ende des dritten Teiles erhält sogar zwei Betonungen auf langen Notenwerten, allerdings nicht auf der ersten Silbe. Insgesamt erscheint dieser Kirchenton als sehr bewegt und lebendig, strahlt zugleich aber auch eine gewisse Ruhe aus. Der Aufruf zum Gedenken der Gottesmutter wird hier mit einer munteren Gelassenheit zum Ausdruck gebracht.

ܪܟܢܐ ܪܒܝܥܝܐ - *Reḵno rḇi^{c}oyo* (vierter Ton)

Im vierten Kirchenton überwiegt gegenüber dem dritten der ruhige Charakter. Der erste und dritte Versteil ist durch gleichmäßig betonte, lange und absteigende Töne bestimmt, die die damit verbundenen Worte als inhaltliche Schwerpunkte des Verses hervorheben: *Zodeq*, *Nehwe* und *Aloho*. Auch die Gottesmutter im zweiten Teil wird als Schwerpunkt hervorgehoben, indem die letzte Silbe von *Maryam* und die erste Silbe von *Emmeh* mit Hochtönen auf betonten Silben versehen werden. In rhythmischer Hinsicht besteht zwischen dem ersten und dritten Versteil einerseits und dem zweiten andererseits ein deutlicher Unterschied: gleichmäßig langsame Notenwerte stehen hier schnellen und wechselnden Notenwerten gegenüber. Die Betonungen sind insbesondere im zweiten Versteil sehr sparsam verteilt, wodurch der Kirchenton einen leicht deklamatorischen Charakter bekommt. Insgesamt wirkt der vierte Kirchenton zwar ziemlich bewegt, aber vor allem auch ruhig und gewissermaßen diszipliniert. Der Aufruf zum Gedenken der Gottesmutter bekommt hier den Charakter eines zwar freundlichen, aber auch deutlichen Appells.

ܪܟܢܐ ܚܡܝܫܝܐ - *Reḵno ḥmišoyo* (fünfter Ton)

Der fünfte Kirchenton bewegt sich melodisch in einem sehr engen Rahmen, ist aber zugleich rhythmisch sehr prägnant. Die Abweichungen vom Grundton, der während des zweiten Versteils um eine Terz angehoben wird, bewegen sich im Rahmen eines Tonabstands von einer Sekunde nach unten[107]. Ausnahmen bilden die letzte Silbe (*d-ḇar*) vor dem letzten Wort (*Aloho*)[108] und die letzte Silbe des letzten Wortes jeweils mit einem Hochton. Beide Hochtöne heben das Wort „Gott“ besonders hervor. Ein prägnanter Rhythmus wird dadurch erreicht,

107 Vgl. ebd., 358.
108 Vgl. ebd.

dass mit wenigen Ausnahmen eine betonte und zwei unbetonte Silben einander abwechseln[109]. Durch diese melodische und rhythmische Gestaltung bekommt der fünfte Kirchenton einen strengen, auffordernden Charakter. Die Erinnerung an die Notwendigkeit des Gedenkens der Gottesmutter geschieht hier im Sinne einer mahnenden Aufforderung an die Gläubigen.

ܪܟܢܐ ܫܬܝܬܝܐ - *Reḵno šṯiṯoyo* (sechster Ton)

Im sechsten Kirchenton gibt es nur geringe Abweichungen vom Grundton, der den ganzen Vers über gleichbleibt. Abgesehen von zwei Hochtönen und einem Tiefton bewegen sich diese Abweichungen im Rahmen einer Sekunde nach unten. Durch die beiden Hochtöne werden die Worte *Zodeq* und *Maryam* jeweils auf ihrer letzten Silbe besonders betont. Die rhythmischen Betonungen sind im ersten Teil des Verses regelmäßig alternierend, im zweiten Teil nur sehr spärlich[110] und im dritten Teil so verteilt, dass ausnahmsweise weniger das Wort „Gott“ als vielmehr das Wort „Sohn“ hervorgehoben wird[111]. Zum strengen Charakter des fünften Kirchentons kommt hier im sechsten Kirchenton eine gewisse Eindringlichkeit hinzu. Die unbedingte Notwendigkeit des Gedenkens der Mutter Jesu, des Sohnes Gottes, wird den Gläubigen gewissermaßen rhythmisch und melodisch eingeschärft.

ܪܟܢܐ ܫܒܝܥܝܐ - *Reḵno šḇi^{c}oyo* (siebter Ton)

Der siebte Kirchenton ist auch in diesem Beispiel von einer großen Unruhe geprägt. Es gibt kaum zwei gleiche Tonhöhen hintereinander, sondern die Töne springen in Terz-, Sekund- und Quartsprüngen auf und ab. Die Betonungen sind sparsam verteilt und geben dem Vers einen deklamatorischen Charakter[112]. Durch die zwei aufeinanderfolgenden Betonungen zu Beginn des dritten Versteiles werden die Worte ‚Sohn‘ (*d-ḇar*) und ‚Gott‘ (*Aloho*) gleichermaßen betont[113]. Bei *Aloho* kommt hinzu, dass dieses Wort am Schluss des Verses auf sechs Töne verteilt ist; allein die erste Silbe auf vier Töne. Die Benennung Gottes geschieht gewissermaßen auf eine ‚beschwörende‘ Art. Der Aufruf zum Gedenken der Gottesmutter erfolgt durch den Charakter dieses Kirchentons auf eine besonders dringliche Weise. Die Dringlichkeit wird dadurch unterstrichen, dass es sich ja um die Mutter des ‚Sohnes Gottes‘ handelt.

109 Vgl. ebd.
110 Vgl. ebd., 359.
111 Vgl. ebd.
112 Vgl. ebd., 359.
113 Vgl. ebd., 359/360.

ܪܟܢܐ ܬܡܝܢܝܐ - *Rekno tminoyo* (achter Ton)

Der achte Ton hat trotz seiner schnellen Notenwerte auch hier wieder einen sehr schlichten Charakter. Seine Melodie bewegt sich auf einem nur geringfügig variierten Grundton, der am Ende des ersten Versteiles angehoben und am Ende des dritten Versteiles wieder abgesenkt wird, um so die inhaltlichen Zäsuren zu markieren[114]. Die drei Versteile werden zusätzlich durch die Betonungen jeweils am Anfang und am Ende voneinander abgegrenzt, wobei „*Aloho*“ auf der ersten Silbe noch zusätzlich eine Betonung bekommt. Dadurch steht die dreigeteilte Aussage des Verses klar und deutlich im Raum. Verbunden mit der für den achten Ton üblichen schnellen Singweise klingt die Aufforderung zum Gedenken der Gottesmutter hier sehr bestimmend und scheint keinen Widerspruch zu dulden.

4.2.2.3.3 Vorläufige Ergebnisse zur Charakterisierung der Kirchentöne

Die musikalisch-theologische Interpretation von ausgewählten Psalmen und Hymnen des *Šḥimo* macht anschaulich, wie der geistliche Inhalt eines Textes durch seine musikalische Form vermittelt wird und sogar mit verschiedenen Bedeutungsnuancen versehen werden kann. Dabei steht die rhythmische Gestaltung des Textes im Vordergrund[115], während die melodische Gestaltung eine nachgeordnete Bedeutung hat. Das silbenzählende Prinzip mit seiner festgelegten Silbenzahl je nach Textgattung bildet gewissermaßen den zeitlichen Rahmen für die rhythmische Gestalt[116]. Innerhalb dieses Rahmens entsteht durch die Verteilung der Silbenbetonungen ein rhythmisches Muster, das den Text auf bestimmte Weise interpretiert[117]. Dadurch wird zum einen die syntaktische Struktur eines Verses verdeutlicht, zum anderen werden aber durch die Betonung bestimmter Silben auch bestimmte Worte besonders herausgestellt. Die melodische Gestaltung unterstützt diese syntaktische und wortherausstellende Funktion dadurch, dass bestimmte Silben mit Hoch- bzw. Tieftönen versehen werden. Diese rhythmische und melodische, die Texte interpretierende Gestaltung wird mithilfe der acht Kirchentöne noch einmal zusätzlich rythmisch überformt: Durch die Einfügung von zusätzlichen Silben entstehen neue rhythmische Muster, da die vermehrte Silbenanzahl mithilfe schnellerer Notenwerte auf die gleichbleibende Anzahl der Betonungen verteilt wird[118]. Diese rhythmischen Muster bewirken, dass ein Text nicht nur in seiner syntaktischen Struktur und seinen Aussageschwerpunkten, sondern auch mit einem bestimmten emotionalen Charakter zum Ausdruck kommt. Durch die Melodieführung kann dieser emotionale Charakter zusätzlich unterstützt werden. Je nach Kirchenton handelt es sich jeweils um einen anderen Charakter, sodass ein und derselbe Text abhängig von der Tonart, in der er gesungen wird, eine unterschiedliche emotionale Färbung bekommt[119].

---

114 Vgl. ebd., 360.
115 Vgl. ebd., 365.
116 Vgl. ebd., 366/367.
117 Vgl. ebd., 367.
118 Vgl. ebd., 293/294.
119 Vgl. Barsaum, Gebete, 104/105: „Für die kirchlichen Melodien existieren acht Arten von Melodien,

Die Eigenschaften der verschiedenen Kirchentöne werden nun aufgrund der gemachten Beobachtungen beschrieben, indem die an den Textbeispielen beobachteten Phänomene verallgemeinert werden:

ܪܶܟ݂ܢܳܐ ܩܰܕ݂ܡܳܝܳܐ - *Rekno qadmoyo* (erster Ton)

Der erste Kirchenton ist von einer gewissen Schwere bestimmt, die sowohl durch die Melodieführung als auch durch den Rhythmus zum Ausdruck kommt. Er ist melodisch und rhythmisch sehr gleichförmig und zeigt in beiderlei Hinsicht kaum Abwechslung. Die Betonungen, durch die bestimmte Worte besonders hervorgehoben werden, wirken eher schwerfällig und haben zum Teil einen deklamatorischen Charakter. Die Schwere dieses Kirchentons tendiert von ihrem emotionalen Charakter her allerdings nicht in Richtung Traurigkeit, sondern eher in Richtung Feierlichkeit. Er ist dazu geeignet, theologische Inhalte feierlich zu verkünden und wird nach Angaben syrisch-orthodoxer Christen dementsprechend auch für Themen wie das Wunder der Jungfrauengeburt und die gute Nachricht von der Geburt des Erlösers verwendet[120].

ܪܶܟ݂ܢܳܐ ܬܪܰܝܳܢܳܐ - *Rekno trayono* (zweiter Ton)

Der zweite Kirchenton wirkt rhythmisch und melodisch bewegter und dadurch lebendiger als der erste Kirchenton. Neben schnellen Tonfolgen erzeugen auch unvermittelt wechselnde Tonhöhen diesen Eindruck. Seine relative Leichtigkeit wird aber durch rhythmische und melodische Mittel wieder etwas gedämpft: langsame Notenwerte, eine relativ gleichförmige Tonfolge und eindringliche Betonungen sorgen dafür, dass die Leichtigkeit nicht überhandnimmt. Auf diese Weise können sich zum Beispiel ein jubelndes Halleluja und eine Betonung der Heiligkeit Gottes einander gegenüberstehen. Feierlicher Ernst und Lebendigkeit sind in diesem Kirchenton miteinander verbunden. Auch er wird nach Angaben syrisch-orthodoxer Christen wie der erste Kirchenton dazu verwendet, das Wunder der Jungfrauengeburt[121] und die Geburt des Erlösers zu verkünden – offensichtlich mit der Absicht, die Freude darüber auch in den Gläubigen hervorzurufen.

ܪܶܟ݂ܢܳܐ ܬܠܺܝܬܳܝܳܐ - *Rekno tlitoyo* (dritter Ton)

Der dritte Kirchenton hat einen sehr lebendigen und fröhlichen Charakter. Hinsichtlich der Melodie können die Töne auf- und abhüpfen oder bei einer Wiederholung derselben Tonfolge um einen Ton nach oben versetzt werden. Der Tonambitus ist relativ groß, und es können jubelnd klingende Zusatzsilben eingeschoben werden. Der Rhythmus wirkt durch schnelle Tonfolgen leichtfüßig bewegt und zeigt abwechslungsreiche Varianten. Durch einen Rhythmus-Wechsel von trochäischer zu jambischer Betonung kann dieser lebendige Charakter unterstützt werden. Bei aller Lebendigkeit findet eine Melodie auch in diesem Kirchenton gegen

---

die den Gedichten (Memre) angemessen sind. Wenn sie gesungen werden, üben sie einen großen Einfluß auf die Hörer aus. Sie dringen tief in ihr Herz ein und stimmen sie fröhlich. Andere wieder versetzen sie in Trauer. Wiederum andere flößen ihnen Mut ein, geben ihnen Hoffnung oder versetzen sie in Furcht und erfüllen sie mit Sehnsucht nach Gott. Sie erzeugen einen gewissen geistlichen Eifer bzw. spenden Freude. Andere wieder erfrischen das Herz und ermuntern die Hörer zur Gottesliebe und zum Gebet."

120 Vgl. auch Bubholz/Yalcin, Aramäer, 98.

121 Vgl. ebd.

Ende wieder zu einem Punkt zurück, wo sie durch gleichförmige Tonfolgen bzw. langsame Notenwerte zur Ruhe kommt. Durch Betonungen werden auch hier bestimmte Worte herausgestellt, sodass bei aller Lebendigkeit dennoch eine deutliche Botschaft zu hören ist. Nach Angaben syrisch-orthodoxer Christen wird dieser Kirchenton unter anderem dazu verwendet, um die Verehrung der Heiligen und das Glaubenszeugnis der Märtyrer zum Ausdruck zu bringen[122]. Diese Themen werden offensichtlich mit Freude und Lebendigkeit assoziiert, weil die entschlafenen Märtyrer und Heiligen der Anfechtung widerstanden haben und nun Teil der himmlischen Schar der Erlösten sind.

ܪܟܢܐ ܪܒܝܥܝܐ - *Reḵno rḇiʿoyo* (vierter Ton)

Im vierten Kirchenton ist die lebendige Leichtigkeit des dritten Kirchentons mit einer ruhigen Gleichmäßigkeit verbunden. Die Melodieführung kann durch Hochtöne eine freudige Zuversicht zum Ausdruck bringen, aber auch gelassene Ruhe durch gleichförmige Wiederholung. Der Wechsel zwischen schnellen und langsamen Notenwerten kann die gesungenen Worte eindringlich vermitteln, und auch der gleichmäßig alternierende Rhythmus trägt dazu bei. In der metrisch klarer gegliederten ܒܥܘܬܐ - *Boʿuṯo* kommt die Gleichmäßigkeit dieses Kirchentons stärker zum Tragen als in dem nicht durch die Metrik eingegrenzten ܩܘܩܠܝܘܢ – *Quqaliyun*: Metrische, rhythmische und melodische Gliederung sind hier deckungsgleich, und die einzelnen Verse sind paarweise sowohl melodisch als auch rhythmisch miteinander identisch. Bei aller Gleichmäßigkeit wirkt der vierte Kirchenton insgesamt nicht schwerfällig, sondern in Verbindung mit seiner Leichtigkeit behutsam getragen. Er wird nach den Angaben syrisch-orthodoxer Christen ebenso dazu verwendet, die Verehrung der Heiligen und das Glaubenszeugnis der Märtyrer zu thematisieren[123]. Von deren Zeugnis aus dem Jenseits wird gewissermaßen mit einer heiteren Gelassenheit erzählt.

ܪܟܢܐ ܚܡܝܫܝܐ - *Reḵno ḥmišoyo* (fünfter Ton)

Der fünfte Kirchenton zeichnet sich durch eine große Ernsthaftigkeit aus. Die melodische Tonfolge erzeugt diesen Eindruck dadurch, dass die Tonhöhe sehr gleichförmig ist und vor allem nach unten und kaum nach oben abweicht. Wo höhere Töne auftreten, dienen sie zur Herausstellung bestimmter Wortsilben. Die rhythmische Gestaltung zeigt durch den Wechsel von kurzen und langen Notenwerten mehr Varianten als die melodische und lockert dadurch die Gleichförmigkeit der Melodie etwas auf. Auch der Wechsel von einer trochäischen zu einer jambischen Betonung trägt zu dieser relativen Abwechslung bei. Insgesamt hat dieser Kirchenton einen ernsten und strengen Charakter, der durch den Rhythmus etwas abgemildert wird. Nach den Angaben syrisch-orthodoxer Christen wird er vor allem dafür verwendet, um Buße und Umkehr zu thematisieren[124]. Dabei soll die Freude als Wirkung der Buße unterschwellig mitschwingen.

ܪܟܢܐ ܫܬܝܬܝܐ - *Reḵno šṯiṯoyo* (sechster Ton)

Der sechste Kirchenton ist ebenso wie der fünfte von einer großen Ernsthaftigkeit geprägt, ist aber rhythmisch bewegter und wirkt dadurch besonders eindringlich. Die melodische Ge-

122 Vgl. ebd.
123 Vgl. auch ebd.
124 Vgl. ebd., 99.

staltung ist relativ gleichförmig und tendiert mehr nach unten als nach oben. Die Notenwerte sind oftmals ziemlich schnell, und es werden mehr Silben betont. Dadurch wird zum Teil jedes einzelne Wort herausgestellt. Sowohl lange Notenwerte als auch Hoch- und Tieftöne können die Silbenbetonungen unterstützen. In seiner Eindringlichkeit und Ernsthaftigkeit kann dieser Kirchenton nach Angaben syrisch-orthodoxer Christen ebenso dazu dienen, Buße und Umkehr zu thematisieren[125]. Dabei soll er weniger Freude als vielmehr Traurigkeit hervorrufen.

ܪܶܟܢܳܐ ܫܒ݂ܺܝܥܳܝܳܐ - *Rekno šbiᶜoyo* (siebter Ton)

Der siebte Kirchenton strahlt durch seine Tonsprünge und Notenwerte eine große Unruhe aus. Die Melodie springt ständig zwischen hohen und tiefen Tönen hin und her. Schnelle und betonte langsame Notenwerte wechseln einander ab, wobei die schnellen Töne auf die langsamen zulaufen und so die darauf gesungenen Wortsilben zusätzlich hervorheben. Sowohl rhythmisch (durch Rhythmuswechsel) als auch melodisch (durch wechselnde Tonhöhen) weist dieser Kirchenton viele Variationen auf. Die dadurch erzeugte Unruhe verleiht dem Kirchenton einen emotionalen Charakter, der als ‚ungeduldig' beschrieben werden kann. Nach den Angaben syrisch-orthodoxer Christen wird er zudem besonders schnell gesungen. Er wird zum Beispiel für die Erwartung der Wiederkunft Christi verwendet[126], sodass in diesem Zusammenhang von einer ‚eschatologischen Ungeduld' gesprochen werden kann, die durch diesen Kirchenton zum Ausdruck kommt.

ܪܶܟܢܳܐ ܬܡܺܝܢܳܝܳܐ - *Rekno tminoyo* (achter Ton)

Der achte Kirchenton hat durch seinen sparsamen Umgang mit Tonsprüngen, mit dem Wechsel von Notenwerten und mit Betonungen einen vergleichsweise schlichten Charakter. Die Tonlage wechselt fast ausschließlich zwischen zwei Tönen, die nur eine kleine Terz auseinanderliegen. Durch diese gleichbleibende Tonhöhe und die gleichmäßig alternierende Betonung auf langen Notenwerten bekommt der Kirchenton einen stark ausgeprägten deklamatorischen Charakter. Bestimmte Aussagen werden nicht nur durch die Betonungen, sondern auch durch vorausgehende schnellere Notenwerte und durch plötzliche Hochtöne besonders herausgestellt. Trotz seiner rhythmischen und melodischen Einfachheit wirkt dieser Kirchenton sehr bestimmend. Nach den Angaben syrisch-orthodoxer Christen wird er ebenso besonders schnell gesungen und für die Erwartung des Kommens Christi verwendet[127]. Die ‚eschatologische Ungeduld' kommt hier also weniger bewegt und leichtfüßig als vielmehr schwerfällig und bestimmend zum Ausdruck.

4.2.2.3.4 Beispiele für ܓܽܘܫܡܳܐ *– Gušmo*

Nach diesem Versuch einer Charakterisierung der acht Kirchentöne soll noch auf eine gesangliche Besonderheit des *Šḥimo* hingewiesen werden. Für seine häufigste Gattung, den *Qolo*, gibt es je nach Tageszeit unterschiedliche Singweisen: Zu den kleinen Gebetszeiten und im Nachtgebet wird er nach den ܬܡܳܢܶܐ ܩܺܝ̈ܢܳܬ݂ܳܐ – *Tmone Qinoto* („acht Tönen") gesungen, während er im Abend- und im Morgengebet nach einfachen Wochentagsmelodien

125 Vgl. ebd.
126 Vgl. ebd., wo von „eschatologische[n] Themen" die Rede ist.
127 Vgl. ebd., s.o.

gesungen wird, die ܓܘܫܡ̈ܐ *Gušme* („Körper") heißen[128]. Diese *Gušme* sollen auf Melodien zurückgehen, die älter sind als die klassischen *Qinoṯo*[129], in denen sich eine enge Verbindung zum natürlichen Sprachrhythmus erhalten haben soll[130]. Dementsprechend haben die *Gušme* im Gegensatz zu den rhythmisch überformten Melodien der acht Kirchentöne einen vergleichsweise schlichten Charakter. Sie werden auf Jakob von Edessa als Autor zurückgeführt, der sie für das einfache Stundengebet für die Wochentage komponiert haben soll. Nach Angaben syrisch-orthodoxer Christen sind die *Gušme* in der gegenwärtigen wöchentlichen Gebetspraxis sehr beliebt und werden zum Teil auch an den Sonn- und Feiertagen im Rahmen des *Fenqiṯo* gesungen, damit sie nicht in Vergessenheit geraten. *Gušme* sind zwar einfacher zu singen, werden aber immer seltener gesungen, weil Gemeindeglieder nur noch an den Wochenenden am Stundengebet, vor allem in Verbindung mit der sonntäglichen Anaphora, teilnehmen. Dieses ist dann durch die Ordnung des *Fenqiṯo* bestimmt und wird dementsprechend nach den acht Kirchentönen gesungen.

Ein als ܓܘܫܡܐ – *Gušmo* gesungener ܩܠܐ – *Qolo* ist nicht Gegenstand der hier zitierten metrischen Untersuchung von Ulrike Nieten. Da die *Gušme* (Plural) aber sowohl von ihrer Tageszeit (die großen Morgen- und Abendgebete) als auch von ihrer Gattung her (der *Qolo* zählt zu den Hauptgattungen des *Šḥimo*) häufig vorkommen und das *Šḥimo* daher stark prägen, sollen ihre rhythmischen und musikalischen Merkmale im Folgenden ebenfalls anhand von zwei Beispielen dargestellt und der so gesungene Text musikalisch-theologisch interpretiert werden. Zugrunde gelegt werden Aufnahmen des Priesters der syrisch-orthodoxen Gemeinde Mor Aphrem und Mor Theodoros in Gießen, Pfarrer Lahdo Aydin, zusammen mit seinem Sohn Afrem Aydin, die nach musikalischem Ermessen des Autors von ihm selbst in Noten transkribiert wurden.

4.2.2.3.4.1 Erster ܩܠܐ *– Qolo aus dem Abendgebet des zweiten Tages*

Es handelt sich hier um die erste Strophe eines *Qolo*, deren zwei Teile jeweils mit einem kurzen Vers eingeleitet werden. Auf sie folgt im *Šḥimo* die zweigeteilte kleine Doxologie mit den Anfangsworten ܫܘܒܚܐ - *Šuḇḥo*: Ehre (sei dem Vater usw.) und ܡܢ ܥܠܡ - *Menʿolam*: von Ewigkeit (zu Ewigkeit), die durch weitere Verse ergänzt werden. Dann folgen die weiteren Strophen, die wie üblich der Gottesmutter, den Heiligen, der Buße und den Verstorbenen gewidmet sind. Eingeleitet wird der *Qolo* mit Hinweisen zu seiner Gattung, zur Beispielmelodie („*qaḇeloy moran*") und zur Singweise (*Gušmo*).

128 Vgl. Husmann, Melodien 1969, 189.
129 Vgl. Husmann, Melodien 1971, 255.
130 Vgl. Nieten, Metrum, 368.

(syrischer Text)	(Transliteration)[131]	(Übersetzung)
ܩܠܐ ܒܩ	*Qolo b-q[olo]:*	(Hymnus nach der Weise:
ܩܒܠܝܗܝ ܡܪܢ	*qabeloy moran;*	Nimm ihn an, unser Herr!
ܓܘܫܡܐ ܬܠܝܬܝܐ	*gušmo tlitoyo*	Dritter *Gušmo.*)
ܦܬܓ	*fetg[omo]:*	Vers:
ܒܚܘܒܐ ܘܒܗܝܡܢܘܬܐ	*bhubo wa-bhaymonuto*	Mit Liebe und Glauben.
ܩܒܠܝܗܝ ܡܪܢ	*qabeloy moran*	Nimm ihn an, unser Herr,
ܠܦܝܪܡܐ ܗܢܐ ܡܢ ܐܝܕܝܢ	*l-firmo hono men idayn*	diesen Weihrauch von unseren Händen,
ܐܝܟ ܦܝܪܡܗ ܕܐܗܪܘܢ	*ak firmeh da-hrun*	wie Weihrauch des Aaron,
ܕܟܠܐ ܡܘܬܐ ܡܢ ܥܡܐ	*da-klo mawto men ᶜamo*	der abwendet den Tod von dem Volk.
ܫܒܚܘܗܝ ܟܠܗܝܢ ܐܡܘܬܐ	*šabhoy kulhen emwoto*	[Vers:] Lobt ihn, alle Völker!
ܦܝܪܡܐ ܕܩܪܒ ܠܟ.	*firmo d-qareb lok*	Der Weihrauch, den Dir darbringen
ܥܒܕܝܟ ܠܢܝܚܐ ܕܪܚܡܝܟ.	*ᶜabdayk la-nyoho d-rahmayk*	Deine Knechte zur Befriedung Deiner Gnade
ܢܗܘܐ ܠܚܘܣܢܢ.	*nehweh l-husonan*	gereiche zu unserer Verschonung
ܘܠܫܘܒܩܢܐ ܕܚܛܗܝܢ ܀	*wa-l-šubqono da-htohayn.*	und zur Vergebung unserer Sünden.

Inhaltlich inspiriert sind diese frei gedichteten Verse durch biblische Aussagen: Psalm 141, der zu Beginn eines jeden Abendgebetes gesungen wird, vergleicht das Gebet mit dem abendlichen Räucheropfer im Jerusalemer Tempel (siehe Vers 2). Es ist Aufgabe der Priester, das Räucheropfer stellvertretend für das Volk dem Gott Israels darzubringen, um Sühne für die begangene Schuld zu erwirken (vgl. z.B. Levitikus 6,7-11). Das Geschlecht der Priester wird auf Aaron, den Bruder des Mose, als dem ersten Priester des Volkes Israel zurückgeführt (vgl. Exodus 28,1-3). Da der Weihrauchritus nicht Teil des alltäglichen *Šhimo*, sondern nur der sonn- und feiertäglichen *Qurbono* (Opferung, also Eucharistie) und des *Fenkito* ist, bekommt das abendliche Gebet hier eine große Bedeutung: Es wird sozusagen dem priesterlichen Sühnopfer gleichgestellt.

Gesang:

bhubo abhemonuto (gesprochen)

131 Die Transliteration richtet sich nach dem Text der hier genutzten *Šhimo*- Ausgabe; der Text unter den Noten richtet sich nach den selbst gemachten Aufzeichnungen des Autors.

Interpretation:

Der einleitende Vers „durch Liebe und Glaube“ stellt die folgende Bitte zu Gott um Annahme des Gebetes als ein priesterliches Sühnopfer in einen christlichen Kontext: Die ‚Darbringung‘ des Gebetes geschieht in Liebe zu Gott und im Glauben an die Erlösung durch das Kreuz und die Auferstehung Jesu Christi. Unter dieser Überschrift wird das folgende Gebet zu einem Werk des Glaubens und nicht der Wiedergutmachung. Die nun folgenden beiden Verse bestehen jeweils aus vier Teilen, die durch melodische bzw. rhythmische Mittel voneinander abgegrenzt sind: Im ersten Vers stoßen zwischen dem ersten und zweiten und dem dritten und vierten Teil jeweils zwei betonte Silben aufeinander, im zweiten Vers zusätzlich noch zwischen dem zweiten und dritten Teil. Diese mittlere Nahtstelle wird im ersten Vers durch einen unbetonten Tiefton markiert. Eine solche Markierung durch einen Tiefton erfolgt im ersten Vers auch zu Beginn des vierten Teils und im zweiten Vers etwas verzögert nach Beginn des dritten Teils. Abgesehen von dieser syntaktischen Funktion bilden die Betonungen einen gleichmäßigen Rhythmus, der jede zweite Wortsilbe betont. In melodischer Hinsicht zeigt die Melodie einen recht kleinen Tonambitus: Die Abweichungen vom Grundton betragen in der Regel nur den Abstand einer Sekunde nach oben oder nach unten. Eine Ausnahme bildet der zweite Teil des zweiten Verses, in dem der Ton um eine Terz nach oben steigt, um dann aber bald wieder auf sein vorheriges Niveau abzusteigen. An dieser Stelle hellt sich der Gesang etwas auf und hebt die Aussage „zur Befriedung Deiner Gnade“ besonders hervor. Ansonsten hat der Gesang aufgrund seines gleichmäßigen Rhythmus und seiner gleichförmigen Melodie einen fast meditativen Charakter: Die Bitte um Annahme des Gebets und die dadurch bewirkte Vergebung der Sünden wird auf eine Art und Weise vorgebracht, die Gott versöhnlich stimmen und den Beter zur Ruhe bringen soll.

Zwischen beide Verse ist ein Aufruf zum Lob Gottes an alle Völker eingeschoben. Die Abwendung des gerechten Zornes Gottes durch das als ‚Abendopfer‘ verstandene Gebet ist hier Anlass dafür, allen Menschen diesen Weg zur Versöhnung mit Gott zu zeigen und sie in das Lob Gottes miteinzubeziehen.

Die schlichte und eingängige Singweise des *Gušmo* hat hier die Funktion, die syntaktische Gliederung der Verse und somit ihre inhaltliche Aussage klar herauszustellen. Dabei liegt der Schwerpunkt auf der mit Gott versöhnenden Wirkung des im Sinne eines Abendopfers dargebrachten Gebets. Abgesehen davon ist die einfache Melodie auch besonders eingängig und für ungeübte Beter leicht mitzusingen.

4.2.2.3.4.2 Zweiter ܩܠܐ *– Qolo aus dem Abendgebet des dritten Tages*

Es handelt sich hier nur um den ersten Teil der ersten Strophe dieses *Qolo*. Der einleitende Rahmenvers (*Fetgomo*) ist zitiert, während der den zweiten Teil einleitende Vers übersprungen wurde. Entsprechend der Gewohnheit, tageweise abwechselnd den ersten und den zweiten Teil eines Verses zu zitieren und den anderen zu überspringen (*Šuroyo* – Beginn und *Šulomo* – Abschluss), folgt auf diesen ersten Teil der ersten Strophe der erste Teil der nächsten Strophe, der mit dem ersten Teil der kleinen Doxologie (ܫܘܒܚܐ - *Šubḥo*: Ehre) überschrieben ist. Da sich die Singweise in den Strophen aber jeweils wiederholt, ist hier nur dieser erste Teil der ersten Strophe aufgezeichnet.

Der Titel der Musterstrophe und die ersten Worte des Hymnus sind identisch; es liegt also auch in diesem Fall die Musterstrophe selbst vor, die Teil der Melodiensammlung des ܒܝܬ ܓܙܐ - *Bet Gazo* ist. Es fällt auf, dass es je nach *Šḥimo*-Ausgabe unterschiedliche Angaben zur Singweise gibt: Nach der hier zitierten Ausgabe handelt es sich um eine *Gušmo*-Melodie, während es sich nach der Kleinausgabe des *Šḥimo* um den ܪܟܢܐ ܫܬܝܬܝܐ - *Rekno štitoyo*, also den sechsten Kirchenton handelt[132]. Auch wenn nur letztere Ausgabe dies bezeugt, ist wegen der mangelnden Kongruenz von melodischer und textlicher Gliederung (siehe unten) davon auszugehen, dass die Singweise des sechsten Kirchentons hier nachträglich durch die des sechsten *Gušmo* ersetzt worden ist. Was das für den Vortrag des Textes bedeutet, wird im Folgenden erläutert.

(syrischer Text)	**(Transliteration)**[133]	**(Übersetzung)**
ܩܠܐ ܕܬܪܝܢ	*Qolo da-tren*	(Zweiter *Qolo,*
ܒܩ̄ ܗܘܝ ܠܗ ܠܢܦܫܝ	*b-q[olo] hwi loh l-nafš*	nach der Weise: „Sei meiner Seele“,
ܓܘܫܡܐ ܫܬܝܬܝܐ	*gušmo štitoyo*	sechster *Gušmo*)
ܦܬܓ̄	*fetg[omo]:*	Vers:
ܡܪܝܐ ܐܠܗܐ ܕܦܘܪܩܢܝ	*moryo aloho d-furqon*	Herr Gott, mein Erlöser!
ܗܘܝ ܠܗ ܠܢܦܫܝ ܡܢܛܪܢܐ	*hwi loh l-nafš mnaṭrono*	Sei meiner Seele ein Beschützer,
ܡܪܝܐ ܐܠܗܐ	*moryo aloho,*	Herr, Gott;
ܕܒܝܢܬ ܦܚ̈ܐ ܕܪ̈ܓܝܓܬܐ	*d-baynot paḥe da-rgigoto*	denn zwischen den Fallen der Begierden
ܡܗܠܟ ܐܢܐ ܟܠ ܝܘܡ	*mhalek no kul yum,*	gehe ich den ganzen Tag (umher);
ܦܨܝܗ̇ ܠܢܦܫܝ ܡܢ ܫܘܪ̈ܥܬܐ	*paṣoh l-nafš men šurᶜoto,*	rette meine Seele vor Verfehlungen;
ܘܦܪܘܩܝܢܝ ܒܝܕ ܛܝܒܘܬܟ	*wa-fruqayn b-yad ṭaybutok*	und erlöse mich durch deine Gnade,
ܐܢܬ ܪܚܡ ܐ̱ܢܫܐ	*at roḥem nošo.*	der Du die Menschen liebst!

Auch dieser frei gedichtete Text ist inhaltlich inspiriert durch biblische Aussagen, insbesondere aus den Psalmen. Der einleitende Vers („Herr, Gott, mein Erlöser“) bildet die Überschrift, die in den folgenden Versen inhaltlich entfaltet wird. Die Aufforderung an Gott, Be-

132 Vgl. die Ausgabe des *Šḥimo* in: ܬܠܬܐ ܟܬܒܐ ܥܕܬܢܝܐ - *tloto ktobe ᶜidetnoye* (Drei kirchliche Bücher), 42. Vgl. auch die 4. Ausgabe des *Šḥimo*, Beirut 1981, 39 und die Ausgabe im ܒܝܬ ܓܙܐ ܪܒܐ - *Bet Gazo rabo*, Glane 1991, 36. In der Kleinausgabe des *Šḥimo*, Glane 2016, steht an dieser Stelle ܪܟܢܐ ܫܬܝܬܝܐ - *Rekno štitoyo* (sechster Ton), also einer der acht Kirchentöne (vgl. ebd., 84). Da hier die Singweise des *Gušmo* interessiert, wird auf die Variante der anderen Ausgaben zurückgegriffen. Der Text ist derselbe, und die andere Singweise ist nur an der Regieanweisung erkennbar.

133 Die Transliteration richtet sich nach dem Text der hier genutzten *Šḥimo*-Ausgabe; der Text unter den Noten richtet sich nach den selbst gemachten Aufzeichnungen des Autors.

schützer der eigenen Seele zu sein, erinnert an Psalm 97,10 („Der HERR bewahrt die Seelen seiner Heiligen; aus der Hand der Frevler wird er sie erretten") und an Psalm 121,7 („Der HERR behüte Dich vor allem Übel, er behüte Deine Seele"). Das Wort für ‚bewahren' (hebräisch שמר, syrisch ܢܛܪ) ist an allen genannten Stellen auf die Seele des Beters bezogen. Das Wort für ‚erretten' (hebräisch נצל, syrisch ܦܨܐ) bezieht sich in Psalm 97,10 allerdings auf gottlose Menschen, während es in der *Qolo*-Strophe auf mögliche Verfehlungen bezogen ist. Die Bewahrung der eigenen Seele durch Gott wird hier also als Bewahrung vor schuldhaftem Vergehen verstanden und somit spiritualisiert. Auch die „Fallen der Begierden" können als eine solche Spiritualisierung biblischer Aussagen verstanden werden: In Psalm 141,9 („Bewahre mich vor der Schlinge, die sie mir gelegt haben, und vor der Falle der Übeltäter") ist die Falle, vor der Gott den Beter bewahren soll, eine von gottlosen Menschen aufgestellte Falle. In der *Qolo*-Strophe hingegen handelt es sich um die eigenen Begierden. Es ist also eine Tendenz zu einer Spiritualisierung konkreter Gefahren zu innerseelischen Vorgängen zu beobachten. Eine gedankliche Verbindung zwischen der leiblichen und der seelischen Bedrohung, die in einer solchen Spiritualisierung zum Ausdruck kommt, findet sich z.B. auch in Psalm 38,7 („Ich gehe krumm und sehr gebückt; *den ganzen Tag gehe ich* traurig umher"; vgl. die Formulierung in der *Qolo*-Strophe), wo der Psalmbeter im Zusammenhang mit seiner körperlichen Krankheit auch seine persönliche Schuld beklagt. Auch die Bitte um Erlösung der eigenen Seele findet sich in den Psalmen sowohl im Zusammenhang mit der Beteuerung der eigenen Unschuld (Psalm 26,11: „Ich aber gehe meinen Weg in Unschuld. Erlöse mich und sei mir gnädig!") als auch im Bezug auf konkrete Feinde (Psalm 69,19: „Nahe dich meiner Seele und erlöse sie, erlöse mich um meiner Feinde willen"). Das Ergebnis einer Assoziation dieser beiden Psalmverse in der entsprechenden Bitte der *Qolo*-Strophe könnte eine gedankliche Verbindung im Sinne der oben erläuterten Spiritualisierung sein. Insofern können auch die Bedeutungsverschiebungen zwischen den biblischen Aussagen der Psalmen und der freien Dichtung des syrischen Stundengebets als durch die biblischen Psalmen selbst inspiriert angesehen werden.

Gesang:

moryo aloho d-furqon (gesprochen)

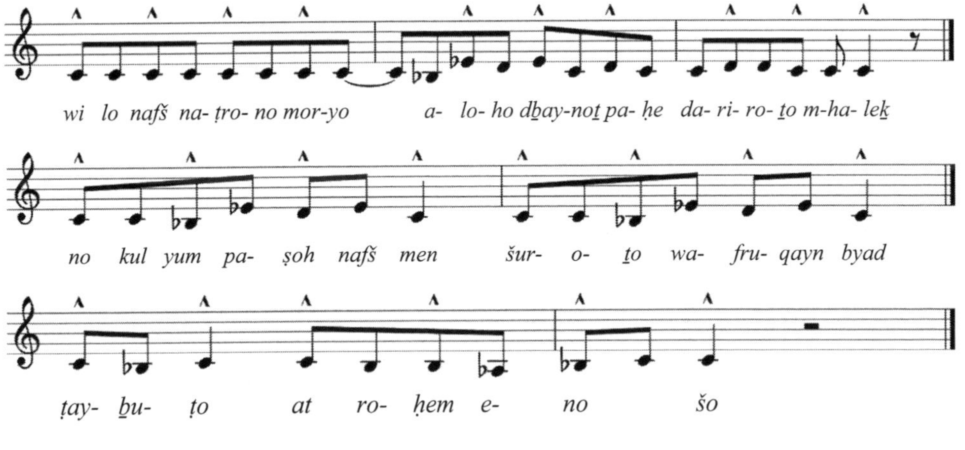

Interpretation:

Durch seine melodische und rhythmische Gliederung zerfällt der Gesang in drei größere Teile mit jeweils unterschiedlichem Charakter, die aber mit der inhaltlichen Gliederung des Textes nicht übereinstimmen. Durch die Zäsuren zwischen den drei Teilen des Gesangs wird jeweils eine zusammenhängende Aussage unterbrochen: „gehe / ich den ganzen Tag" und „erlöse mich durch / Deine Gnade". Dies ist offensichtlich eine Folge des Umstands, dass die Singweise nachträglich in die einer *Gušmo*-Melodie verändert wurde. Sie erfüllt hier anscheinend eine Funktion, die nicht in erster Linie an die Aussage des Textes gebunden ist. Die rhythmische Gliederung der Strophe wird dadurch erkennbar, dass jeweils am Ende und am Beginn einer Zeile betonte Wortsilben aufeinandertreffen. Die melodische Gliederung zeichnet sich dadurch aus, dass der Grundtton auf unterschiedliche Weise gebraucht, verlassen und umspielt wird: Im ersten Teil bleibt die Melodie zunächst auf demselben Ton, um dann in der zweiten Hälfte der Zeile durch einen unbetonten Tiefton und mehrere betonte Hochtöne davon abzuweichen, bevor sie sich wieder auf den Grundton einpendelt. Im zweiten Teil wird der Grundton zweimal hintereinander auf dieselbe Weise umspielt; sie entspricht der Tonfolge in der Mitte des ersten Teils und klingt schlicht und melodisch wie ein Kinderreim. Im dritten Teil schließlich weicht die Melodie nur noch nach unten vom Grundton ab – zunächst nur kurz im Abstand einer Sekunde und dann in einer längeren Schleife mit einem Abstand bis hin zu einer Terz – um dann am Ende wieder auf dem Grundton zu landen. Trotz dieser Dominanz der Melodie über den Text werden einzelne Worte dennoch musikalisch herausgestellt: Im ersten Teil wird das Wort *„Aloho"* (Gott) durch den leichten Tiefton abgesetzt und durch den ersten starken Hochton hervorgehoben. Außerdem erfährt das Wort *„dargigoṯo"* (der Begierden) einen Rhythmuswechsel von einem trochäischen zu einem jambischen Rhythmus, der dann aber schnell wieder beendet ist. Im dritten Teil wird das Wort *„Ṯayḇuṯoḵ"* (deine Gnade) durch das Aufeinanderfolgen zweier betonter Silben vom Rest des Verses abgesetzt, und das letzte Wort *„Nošo"* (Menschen) wird mit einer Zusatzsilbe versehen, indem die normalerweise stumme erste Silbe einen Vokal bekommt. Dieser Kunstgriff dient vermutlich weniger der Hervorhebung des Wortes als vielmehr dem eleganten rhythmisch-melodischen Ausklang des Verses. Die musikalischen Bezüge zum Inhalt der Strophe beschränken sich also auf die melodische Untermalung der Anrufung Gottes, die rhythmische Untermalung der Anfechtung durch die Begierden und die rhythmische Hervorhebung der Gnade Gottes. Der Beter steht vor seinem Gott und bewegt sich zwischen der eigenen Sünde und dessen rettender Gnade. Die schlichte und eingängige *Gušmo*-Melodie hat hier allerdings nicht die Funktion, die syntaktische Gliederung der Verse zu verdeutlichen. Stattdessen dient sie offensichtlich dazu, den Hymnus mit einer eingängigen Melodie zu versehen, die auch von ungeübten Gläubigen schnell mitgesungen werden kann und die dem Gedächtnis nachhaltig erhalten bleibt. Auch an diesem Umstand wird die katechetische Ausrichtung des syrischen Kirchengesangs deutlich erkennbar.

4.2.3 Zusammenfassung

Die hermeneutische Wirksamkeit syrischer Poesie wurde im zurückliegenden Kapitel 4.2 in ihren Gesetzmäßigkeiten dargestellt und anhand von Textbeispielen veranschaulicht. Es ist deutlich geworden, auf welche Weise der geistliche Inhalt der Texte durch seine poetische Form transportiert wird: In erster Linie geschieht dies durch die rhythmische Gestaltung der

Verse, was aber durch ihre melodische Gestaltung noch unterstützt wird. Diese rhythmisch-melodische Gestaltung kommt dadurch zustande, dass ein vorgegebenes Versmaß (also eine feste Anzahl von Silben) mit einer bestimmten Abfolge von Akzenten kombiniert wird. Diese mündlich überlieferten Akzente kommen beim gesanglichen Vortrag sowohl durch die Betonung bestimmter Wortsilben als auch durch deren Versehung mit Hoch- bzw. Tieftönen zum Ausdruck. Dadurch wird zum einen die syntaktische Struktur eines Verses verdeutlicht, indem Anfang und Ende einer Sinneinheit markiert werden, zum anderen wird dadurch auch bestimmten Worten besonderes Gewicht verliehen. Die auf diese Weise poetisch geformten Verse wurden in der Tradition der syrisch-orthodoxen Kirche zusätzlich in das System des syrischen *Oktoechos* eingegliedert, das in erster Linie rhythmisch differenziert ist. Gesangstechnisch geschieht dies durch den Einschub von Zusatzsilben, die auf den vorhandenen Rhythmus verteilt werden. Dadurch kommen rhythmische Varianten zustande, die den Inhalt der Verse mit zusätzlichen Bedeutungsnuancen emotionaler Art versehen[134]. Die musikalisch-theologische Interpretation von ausgesuchten Textbeispielen hat ergeben, dass es sich dabei zum Beispiel um eine erhöhte Aufmerksamkeit, um eine freudige oder auch ernste Stimmung und um eine verstärkte Erwartungshaltung im Blick auf die ‚letzten Dinge' im Zusammenhang mit der Wiederkunft Jesu handelt[135]. Diese Deutung entspricht den Angaben gegenwärtiger syrisch-orthodoxer Christen und ist notwendigerweise subjektiv. Ein Blick auf die traditionelle Deutung der acht Kirchentöne zeigt, dass diese auch keineswegs eindeutig und nicht ohne widersprüchliche Aussagen ist. So schreibt z.B. Aphrem I Barsaum in seiner „Geschichte der syrischen Wissenschaften und Literatur":

> „Priester Ja^{c}qub aus Mardin sagt in seinem Buch *Fürbitten der Priester* über die acht Melodien: „Die erste und fünfte für die Heiterkeit; die dritte und siebte für die Trauer; die vierte und achte für den heiligen Kampf und die zweite und sechste für die Demut"… seine Aussage bedarf der Überlegung, denn die Melodie der Demut ist die fünfte, sie wird in der Buß- und Fastenzeit verwendet, ebenso die vierte, die auch für das Fest Verkündigung der Jungfrau ist, die zweite und die sechste sind jedoch anspornend und aufmunternd, von diesen beiden findet die erste an Epiphanias und die zweite am Fest der Verklärung des Herrn Verwendung."[136]

Durch die Zuordnung bestimmter Kirchentöne zu bestimmten Festzeiten wird deren emotionale Bedeutung in einen liturgischen Kontext gestellt. So entsteht ein System von geistlichen Inhalten, die durch ihre poetische Form in einem bestimmten liturgischen Kontext vermittelt werden. Texte, die eine große Anzahl unbetonter Silben enthalten, bekommen dadurch einen deklamatorischen Charakter. Der Inhalt der Texte wird den Hörenden also eindringlich nahegebracht, was unabhängig von der emotionalen Bedeutung die katechetische Absicht syrischer Poesie deutlich hervortreten lässt.

---

134 Vgl. Mor Aphrem I Barsaum, Gebete, 104/105.

135 Jede dieser vier Grundstimmungen wird durch zwei Kirchentöne repräsentiert, die Ähnlichkeit mit den beiden benachbarten Kirchentönen haben. Dadurch entstehen Übergänge zwischen diesen vier Grundstimmungen, die zu Mischformen zwischen den vier Eigenschaften festlich, fröhlich, ernst und erwartungsvoll führen.

136 Vgl. Mor Aphrem I Barsaum, Geschichte, 40, Anm. 2.

Die Ausführungen zur hermeneutischen Wirksamkeit syrischer Poesie haben gezeigt, dass sowohl die musikalischen Werkzeuge als auch die Wirkungen andere sind, je nach dem, um welche Gebetsgattung es sich handelt. Die in einem schlichten Lektionston gesungene Psalmodie (ܡܙܡܘܪܐ – *Mazmuro*) verdeutlicht durch ihre musikalische Gestaltung fast ausschließlich die syntaktische Struktur und somit den inhaltlichen Sinn eines Psalmverses, indem sie den Anfang und das Ende einer Sinneinheit markiert. Beim ܩܘܩܠܝܘܢ – *Quqaliyun* handelt es sich um Psalmverse, die in den rhythmischen Variationen der acht Kirchentöne gesungen werden. Dabei werden über die syntaktische Gliederung hinaus einzelne Worte besonders herausgestellt und die Psalmverse dadurch eingehender interpretiert. Durch die Ausbildung rhythmischer Varianten kommen hier außerdem die Bedeutungsnuancen emotionaler Art zum Tragen, die durch den musikalischen Charakter der jeweiligen Kirchentöne vermittelt werden. Die melodische Gestaltung hat dabei eine unterstützende Funktion. Die musikalische Gestaltung der Hymnen erfolgt ebenso mithilfe der acht Kirchentonarten. Ihre musikalischen Eigenschaften zeigen Gemeinsamkeiten, die eine allgemeine Charakterisierung der Kirchentonarten ermöglichen. Es zeigt sich aber auch, dass die homogene Metrik einer ܒܥܘܬܐ - *Boᶜuṯo* zu einer stärker ausgeprägten Einförmigkeit der Gesänge in rhythmischer und in melodischer Hinsicht führt als beim metrisch vielfältigeren ܩܠܐ – *Qolo*. Die unterschiedliche Anzahl von Silben pro Vers innerhalb einer Strophe führt dort offensichtlich ähnlich wie beim metrisch noch weniger festgelegten ܩܘܩܠܝܘܢ – *Quqaliyun* zu einer größeren musikalischen Variation zwischen den acht verschiedenen Varianten einer Melodie.

Die schlichte und eingängige Singweise des *Gušmo* spielt in der Gesangstradition der syrisch-orthodoxen Kirche eine Sonderrolle: Sie hat zum einen – wie auch in der Psalmodie – die Funktion, die syntaktische Gliederung der Verse und somit ihre inhaltliche Aussage deutlich zu machen. Zum anderen soll sie aber auch durch ihre Eingängigkeit dazu dienen, dass selbst ungeübte Beter die Gebete leicht mitsingen und ihre Melodien besser im Gedächtnis behalten können. Diese ‚didaktische Funktion' der *Gušmo*-Melodien bekommt zum Teil ein so großes Gewicht, dass die Funktion der syntaktischen Gliederung dahinter zurücktritt.

Die hier beschriebenen musikalischen Werkzeuge und ihre hermeneutischen Wirkungen lassen die theologische Absicht erkennbar werden, die bereits beschrieben wurde und offensichtlich als Motiv hinter dem zuvor ausgearbeiteten poetischen Profil des *Šḥimo* steht: Die Orientierung am Rhythmus (insbesondere bei der Differenzierung der acht Kirchentöne in den Hymnen, aber auch bei der Verdeutlichung der syntaktischen Gliederung in der Psalmodie) und der selektive Gebrauch der Psalmen sind als Alleinstellungsmerkmale des *Šḥimo* offensichtlich dadurch zustande gekommen, dass das Motiv der öffentlichen und nachhaltigen Unterweisung im christlichen Glauben die musikalische und liturgische Gestaltung des Stundengebets bestimmt hat. Dass das aus der Jerusalemer Tradition übernommene kathedrale Stundengebet mit seiner tageszeitorientierten Psalmenauswahl im Gegensatz zu den Stundengebeten der anderen kirchlichen Traditionen nicht nach monastischem Vorbild durch den Gesang von weiteren Psalmen, sondern durch den Gesang von Hymnen der eigenen Tradition ergänzt wurde, ist offensichtlich diesem katechetischen oder auch volksmissionarischen Motiv geschuldet: Durch den Gesang von musikalisch eingängigen Melodien mit hermeneutisch eindeutigen Texten sollten das Kirchenvolk in seiner ganzen Breite und auch die nachfolgenden Generationen in der rechten Glaubenslehre unterwiesen werden. Diesem katechetischen Motiv untergeordnet ist ein ästhetisches Motiv, das dazu führte, dass der Gesang der kirchlichen Gebete gefällig und für die Gläubigen attraktiv gestaltet wurde. Es ist davon auszugehen, dass neben diesen volkmissionarischen Motiven auch das Motiv der konfessionellen Selbstbehauptung eine wichtige Rolle gespielt hat: In der Folge der islamischen Eroberung des Vorderen Orients, aber auch in der schon immer bestehenden Minderheitensituation – sei es unter byzantinischer oder islamischer Herrschaft oder auch später in der weltweiten Diaspora – sollte die eigene reiche hymnische Tradition erhalten bleiben. All diese Motive sind als Ursache dafür anzusehen, dass die hymnischen Gattungen im syrisch-orthodoxen Stundengebet in ihrer metrischen Vielfalt gegenüber den Psalmen ein so großes Übergewicht bekommen haben. Sie machen das *Šḥimo* zu einem gesungenen Katechismus der syrisch-orthodoxen Kirche für den Alltag der Gläubigen.

4.3 Die Bedeutung der sprachlichen Form für den christlichen Glauben

Das theologische Konzept, das hinter dem poetischen Profil des *Šḥimo* sichtbar geworden ist, soll nun in einen größeren theologischen Kontext gestellt und dadurch in seinen Konturen noch deutlicher werden. Dies geschieht zunächst durch eine Gegenüberstellung zu biblischen Aussagen, in denen sich Aspekte dieses theologischen Konzeptes wiederfinden. Sie können dazu beitragen, dass das theologische Konzept des *Šḥimo* als ein bedeutsamer Bestandteil der jüdisch-christlichen Tradition erkennbar wird.

4.3.1 Entsprechungen zu biblischen Aussagen

Die Auswahl der folgenden Bibeltexte ist unter der systematischen Fragestellung nach der Bedeutung der sprachlichen Form für die spirituelle Praxis des christlichen Glaubens erfolgt. Es geht dabei nicht um eine exegetische Herleitung des oben genannten theologischen Konzepts, sondern um eine schärfere Konturierung desselben mithilfe von biblischen Aussagen. Die Bibeltexte dienen hier gewissermaßen als ein Instrument zum Zweck einer deutlicheren Wahrnehmung.

4.3.1.1 Psalm 141,1+2 als Grundausrichtung für das kirchliche Gebet

Bibeltext:

מִזְמ֗וֹר לְדָ֫וִ֥ד יְהוָ֣ה קְ֭רָאתִיךָ ח֣וּשָׁה לִּ֑י הַאֲזִ֥ינָה ק֝וֹלִ֗י בְּקָרְאִי־לָֽךְ׃
תִּכּ֤וֹן תְּפִלָּתִ֣י קְטֹ֣רֶת לְפָנֶ֑יךָ מַֽשְׂאַ֥ת כַּ֝פַּ֗י מִנְחַת־עָֽרֶב׃[137]

Übersetzung:

Ein Psalm Davids. HERR, Dich habe ich gerufen; eile zu mir! Höre meine Stimme bei meinem Rufen zu Dir!
Mein Gebet möge gelten als Rauchopfer vor Deinem Angesicht, das Erheben meiner Hände als Abendopfer.

137 Text nach BHS, CD-Rom Bibel Edition der Deutschen Bibelgesellschaft.

Auslegung:

Als fester Bestandteil des Abendgebets der christlichen Kirchen hat Psalm 141 eine zentrale Bedeutung für das christliche Gebet. Auch im syrischen Stundengebet steht er ganz am Anfang des abendlichen ܡܰܙܡܽܘܪܳܐ – *Mazmuro* (Psalmodie). Die Überschrift ordnet ihn den Davidspsalmen zu. Auch wenn dessen Autorschaft nicht als historisch anzusehen ist, zeigt dies zumindest, dass es sich nach traditioneller Auffassung nicht um das Gebet eines Priesters, sondern um das eines Laien handelt[138]. Dieser Umstand ist für die Deutung der ersten beiden Psalmverse nicht uninteressant: Bei dem abendlichen Weihrauchopfer, mit dem das Gebet gleichgesetzt wird, handelt es sich offensichtlich nicht um das priesterliche Morgen- und Abendopfer (vgl. Ex. 30,7+8), sondern um das Speisopfer, das aus Mehl und etwas Öl bestand. Es konnte von jedem Israeliten dem Priester zur Darbringung übergeben werden (vgl. Lev. 2,1+2). Es handelt sich hier also um das Opfer bzw. das Gebet eines/einer einfachen Gläubigen. Es wendet sich in direkter Anrede an Gott und fordert seine Zuwendung geradezu ein („eile zu mir!“). Dabei verweist der/die Betende darauf, dass er/sie Gott bereits angerufen hat; das erfolgte Gebet wird also gewissermaßen als eine erbrachte Leistung angesehen, die eine Gegenleistung erfordert. Das ‚Medium‘, über das das Gebet Gott dargebracht wird, ist die eigene Stimme; sie bzw. das Rufen ist die hörbare Form, in der das Gebet zu Gott gelangt. Diese akustische Form des Gebets wird allerdings weiter eingekleidet in die bildhafte Form des Rauchopfers. Das mit dem abendlichen Speisopfer verbundene Aufsteigen des verbrannten Weihrauchs dient hier als Bild für den Vorgang des Betens: Das Gebet steigt unaufhaltsam auf vom irdischen Beter zum himmlischen Gott. Vor dessen Angesicht wird es sichtbar und riechbar, so dass er es wahrnehmen kann, ja wahrnehmen muss. Die mit dem Gebet verbundene Geste der erhobenen Hände unterstreicht den zielgerichteten Charakter des Gebets: So wie diese nähert sich der/die Beter/in seinem/ihrem Gott, so weit es nur möglich ist.

Zum einen wird hier die Richtung deutlich, in der sich der Vorgang des Betens bewegt: vom irdischen Beter hinauf zum himmlischen Gott. Der anabatische Charakter des Gebets steht hier also im Vordergrund. Zum anderen wird deutlich, dass es sich bei einem Gebet nicht nur um eine Ansammlung von Worten handelt, die einen bestimmten Inhalt zum Ausdruck bringen, sondern um etwas, was eine wahrnehmbare Form hat: zunächst einmal die akustisch hörbare menschliche Stimme, dann aber auch (auf der Bildebene) die Form des sichtbaren und sogar riechbaren Gedenkopfers, mit dem der Beter/die Beterin sich bei Gott in Erinnerung bringt. Letztlich erreicht das Gebet auf diese Weise die größtmögliche Nähe zu Gott, nämlich sein Angesicht. Die Form hat folglich eine konstituve Bedeutung für den gelungenen Vorgang des Betens.

4.3.1.2 Kolosser 3,16 als Motto für die liturgische Praxis

Bibeltext:

ὁ λόγος τοῦ Χριστοῦ ἐνοικείτω ἐν ὑμῖν πλουσίως, ἐν πάσῃ σοφίᾳ διδάσκοντες καὶ νουθετοῦντες ἑαυτούς, ψαλμοῖς ὕμνοις ᾠδαῖς πνευματικαῖς ἐν [τῇ] χάριτι ᾄδοντες ἐν ταῖς καρδίαις ὑμῶν τῷ θεῷ[139].

138 Vgl. Delitzsch, Die Psalmen, 796, Anm. 1.

139 Text nach NT Graece, bibeldigital der Deutschen Bibelgesellschaft.

Übersetzung:

Das Wort des Christus wohne in Euch reichlich [dadurch, dass Ihr] einander in aller Weisheit lehrt und zurechtweist, [indem Ihr] mit Psalmen, Lobgesängen und geistlichen Liedern in Anmut in Euren Herzen [für] Gott singt.

Auslegung:

Das Prädikat des Verses „wohne“ (Imperativ 3. Person Singular) bildet den Schwerpunkt der Aussage, auf die die übrigen Elemente des Verses bezogen sind: Das „Wort Christi“ ist das Subjekt, das wohnen soll, die Präposition „euch“ bezeichnet als Dativ-Objekt den Ort und das Adverb *„reichlich“* die Art und Weise, in der es dort wohnen soll. Von dieser Aussage wiederum sind die Partizipien „lehrend, zurechtweisend“ und „singend“ abhängig, die den Modus beschreiben, in dem dieses „reichliche Wohnen des Wortes Christi“ geschehen soll. Dieses Geschehen wird offensichtlich durch die drei Partizipien nach und nach entfaltet: Die Einwohnung des Wortes Christi geschieht durch Lehre und Ermahnung, und dies wiederum geschieht durch das gemeinsame Singen. Die Tatsache, dass das dritte Partizip nicht durch ein weiteres „und“ angeschlossen ist, lässt vermuten, dass es sich bei diesem Singen um eine weitere Explikation des Lehrens und Ermahnens handelt. Der adverbiale Zusatz „reichlich“ ist demnach dadurch bedingt, dass die Einwohnung des Wortes Christi durch das Lehren und Ermahnen auf dem Weg des Singens geschieht.

Der erste Teil des Verses erinnert an die Aussagen des Johannesprologs: Darin ist von der Inkarnation des Wortes Gottes in seinem einzigen Sohn Jesus Christus die Rede, welches auf diese Weise unter den Menschen wohnte: Καὶ ὁ λόγος σὰρξ ἐγένετο καὶ ἐσκήνωσεν ἐν ἡμῖν[140] – Das Wort wurde Fleisch und wohnte unter uns (Joh. 1,14). Dieses Geschehen der leiblichen ‚Einwohnung‘ Gottes bei den Menschen soll sich nun offensichtlich in der Gemeinschaft der Gläubigen fortsetzen, und das im Modus des Lehrens und Ermahnens auf dem Weg des Singens, und zwar reichlich. Es geht hier also um nicht weniger als um die Präsenz des menschgewordenen Gottes in seiner Gemeinde, die durch das Wirken des Heiligen Geistes gewährleistet wird. Dem Singen kommt dabei eine Bedeutung zu, die man als ‚sakramental‘ bezeichnen könnte: Die Gegenwart des verherrlichten Christus nimmt im Gesang der Gemeinde hörbar Gestalt an. Der Wortlaut von Kol. 3,16 kann also zurecht als „Einsetzungsworte der Kirchenmusik“ bezeichnet werden[141].

Hier wird jedoch nicht nur allgemein vom Singen gesprochen, sondern auch von bestimmten Liedgattungen, die dabei zu Gehör kommen: Psalmen, Hymnen und geistliche Lieder. Dabei handelt es sich um verschiedene Arten von Lobgesängen, die in ihrer Begrifflichkeit nicht trennscharf voneinander zu unterscheiden sind[142]. Aus der Perspektive der gegenwärtigen kirchenmusikalischen Praxis könnte es sich um eine Differenzierung zwischen biblischen Psalmen, traditionellen Hymnen und neu gedichteten geistlichen Liedern handeln[143]. Die Gestaltwerdung des Wortes Christi im Gesang der Gemeinde geschieht also in musikalisch-poetisch gestalteten Formen. Auch die Art und Weise des Singens in diesen poetischen Formen wird hier benannt: „mit Anmut“, was auch mit „Gnade“

140 Text ebd.
141 Jochen Arnold, Singen als Verkündigung, 23.
142 Vgl. Bartels, Art ᾠδή Gesang; in: Theologisches Begriffslexikon zum Neuen Testament, 910.
143 Vgl. Arnold, Singen als Verkündigung, 23.

oder mit „Dankbarkeit" übersetzt werden kann. Doch der elementare und profane Sinn des Wortes scheint hier der zutreffende zu sein: Es geht beim Singen von geistlichen Liedern nicht nur um ihren theologischen Inhalt, sondern auch um ihre ästhetische Form. Diese wird hier in einer gewissen Bandbreite entfaltet und beschreibt so das Spektrum der Gestaltwerdung des Wortes Christi im Gesang der Gemeinde.

4.3.1.3 2. Korinther 4,7 als hermeneutisches Grundprinzip für das kirchliche Handeln

Bibeltext:

Ἔχομεν δὲ τὸν θησαυρὸν τοῦτον ἐν ὀστρακίνοις σκεύεσιν, ἵνα ἡ ὑπερβολὴ τῆς δυνάμεως ᾖ τοῦ θεοῦ καὶ μὴ ἐξ ἡμῶν[144].

Übersetzung:

Wir haben aber diesen Schatz in tönernen Gefäßen, damit das Übermaß der Kraft [des] Gottes sei und nicht aus uns.

Auslegung:

Diese Aussage des Apostels Paulus scheint zunächst nichts mit der Ausgangsfrage nach der Bedeutung der sprachlichen Form für die spirituelle Praxis des christlichen Glaubens zu tun zu haben. Paulus spricht hier vom neuen Leben im Glauben an die Gerechtigkeit Gottes[145], welche im Kreuz und in der Auferstehung Jesu Christi offenbar geworden ist. Über diesen „Schatz" verfügt die christliche Gemeinde nicht anders als in „tönernen Gefäßen". Mit dieser bildhaften Redeweise beschreibt der Apostel den Umstand, dass die gute Nachricht von diesem neuen Leben – das Evangelium – der Gemeinde durch schwache und sterbliche Menschen vermittelt wurde und vermittelt wird. Damit meint er an erster Stelle sich selbst und begegnet so dem Anspruch der Gemeinde in Korinth, dass die Verkündigung eines Apostels von Zeichen und Wundern begleitet sein sollte und nicht – wie bei Paulus – mit Leid und Schwäche verbunden sein dürfte[146].

Dieses Bild von den zerbrechlichen Tongefäßen, in denen ein wertvoller Inhalt weitergegeben wird, lässt sich aber auch abstrahieren und ermöglicht so eine grundsätzliche Erkenntnis über das Verhältnis von Inhalt und Form im Kontext der Weitergabe des Glaubens: Den Inhalt gibt es nicht ‚an sich', sondern immer nur in einer konkreten Form, und diese Form ist geschöpflich und dadurch unvollkommen und endlich. Auch die Predigt des Evangeliums ist eine solche geschöpfliche Form, weil sie ja durch Menschen geschieht. Der λόγος τοῦ Χριστοῦ, der nach Kolosser 3,16 im Gesang der Gemeinde Gestalt annimmt, ist immer nur in einer konkreten Gestalt vorhanden und nicht anders zu haben: ob in der Gestalt der Predigt, der Taufe, des Abendmahls oder des Gemeindegesangs. Das bedeutet zum einen, dass keine dieser Formen höher zu bewerten ist als die anderen, weil es sich bei dieser Form vermeintlich um den „puren Inhalt" handele. Zum anderen bedeutet das aber auch, dass das Wort Christi der Gemeinde in den einzelnen Formen tatsächlich begegnet – wenn auch in einer durch ihre Geschöpflichkeit ‚gebrochenen' Art und Weise. Der Apostel Paulus erläutert schließlich den Sinn dieser durch die Form gebrochenen Vermittlung des geistlichen Inhalts: Dadurch soll

144 Text nach NT Graece, ebd.
145 Vgl. Friedrich Lang, Die Briefe an die Korinther, 280.
146 Vgl. ebd.

der göttliche Ursprung des neuen Lebens aus dem Glauben dauerhaft deutlich bleiben und verhindert werden, dass Menschen für sich in Anspruch nehmen, selbst dieser Ursprung zu sein. Es geht also um nichts weniger als um die bleibende Unterscheidung zwischen Gott und Mensch. Diesem Zweck dient letztlich auch der angemessene Umgang mit den konkreten Formen geistlichen Lebens in der Gemeinde, der sich sowohl ihres geistlichen Inhalts als auch ihrer Unvollkommenheit bewusst ist.

Für den Umgang mit den Formen der Weitergabe des Wortes Christi kann aus dieser Verhältnisbestimmung von Inhalt und Form Verschiedenes abgeleitet werden: zum einen die Schlussfolgerung, dass die sprachliche bzw. musikalische Form so gestaltet sein sollte, dass sie den Inhalt so authentisch wie möglich wiedergibt. Zum anderen kann daraus gefolgert werden, dass die sprachliche bzw. musikalische Form für den Adressaten so ansprechend und attraktiv wie möglich gestaltet sein sollte. Die erste Schlussfolgerung orientiert sich in erster Linie am Inhalt der Botschaft, die zweite vor allem an der Möglichkeit ihrer Rezeption durch die Hörenden. Beide Orientierungen haben in der christlichen Hymnologie je nach kirchlichem Kontext eine wichtige Rolle gespielt und sind dabei unterschiedlich gewichtet worden.

4.3.2 Impulse aus der abendländischen Hymnologie

Ausgehend von diesen biblisch bezogenen Überlegungen zur Bedeutung der poetischen Form für den christlichen Glauben soll der Horizont der Reflexion nun auf Impulse aus der abendländischen Hymnologie ausgeweitet werden. Dies geschieht zu dem Zweck, dass das zuvor anhand des Stundengebets der syrischen Tradition herausgearbeitete poetisch-theologische Profil sowohl in seiner Besonderheit als auch in seiner Vergleichbarkeit deutlicher erkennbar wird. Die Auswahl der Impulse geschieht in erster Linie nach dem Kriterium, inwiefern sich darin eine Verhältnisbestimmung von Inhalt und Form zeigt, die für den Kirchengesang der westlichen Kirchen prägend geworden ist. Insofern erheben die folgenden Ausführungen nicht den Anspruch, eine repräsentative Auswahl aus der vielfältigen abendländischen Hymnologie wiederzugeben. Sie dienen vielmehr als exemplarische Impulse; allerdings entstammen sie bewusst verschiedenen zeitlichen Epochen und konfessionellen Traditionen der abendländischen Kirchengeschichte.

4.3.2.1 Augustins ‚de musica' als Grundlage des lateinischen Hymnus

In die Anfangszeit der abendländischen Hymnologie fällt die musiktheoretische Schrift Augustins *‚de musica'* aus dem Jahre 389. Darin entfaltet Augustin in einem fiktiven Lehrgespräch zwischen Meister und Schüler seine grundsätzlichen Überlegungen zur Musiktheorie. Er beschreibt dabei unter anderem die theoretischen Grundlagen für die Ausbildung von Klängen und Rhythmen: Die kleinste rhythmische Einheit der Silbe bildet, wenn sie mit einer weiteren (kurzen oder langen) Silbe zusammengesetzt wird, die nächstgrößere Einheit des Fußes[147]. Mehrere solcher ‚pedes' bilden zusammen einen (beispielsweise jambischen) Rhythmus; ist der Rhythmus zeitlich begrenzt, kann man von einem Metrum sprechen. Ein Vers wiederum enthält „eine begrenzte Zahl von Füßen, die durch eine Zäsur zweigeteilt werden"[148]. Diese Beschreibung der Gesetzmäßigkeiten der rhythmisch geformten Verse eines Gesanges dient letztlich der Wirkung seiner inhaltlichen Botschaft. Nach einer Äuße-

147 Vgl. Berg, Spielwerk, 164.
148 Ebd., 167.

rung des Kirchenvaters in seinen ‚*Confessiones*' soll nicht das Singen an sich, sondern die gesungenen Worte sollen das Herz eines Menschen bewegen[149]. Der aus Rhythmus und Klang gebildete Gesang ist also kein Selbstzweck, sondern es geht um die Wirkung des Wortes. Eine zentrale Rolle beim Zusammenwirken von Rhythmus und Klang spielt für Augustin der Begriff der *concordia*, also des ‚Einklangs'[150]. Er kommt beispielsweise zum Ausdruck in den ausgewogenen Zahlenverhältnissen der rhythmisch geformten Verse eines von ihm komponierten Hymnus wie *„Deus, creator omnium"*[151].

Aufgrund der Gleichzeitigkeit der grundsätzlichen musikologischen Ausführungen Augustins mit der Entstehung lateinischer Hymnen, insbesondere durch die Hand des Bischofs Ambrosius von Mailand, kann vermutet werden, dass jene einem praktischen Zweck gedient haben: Die Hymnen des Mailänder Bischofs basierten höchstwahrscheinlich auf Vorbildern der ostkirchlichen Liturgie, die um ihrer Verständlichkeit willen mit lateinischen Texten versehen werden mussten. Die Ausführungen Augustins in seinem Werk *‚de musica'* könnten also als Anleitung für die „Abfassung liturgisch sangbarer lateinischer Texte" gedient haben[152].

4.3.2.2 Die poetische Form im gregorianischen Choral der westlichen Kirche

So wie der lateinische Hymnus steht auch der gregorianische Choral an einer Schnittstelle zwischen der Hymnologie des kirchlichen Westens und des kirchlichen Ostens. Aufgrund seiner musikalisch-rhythmischen Komplexität und seiner Zuordnung zu den acht Psalmtönen eignet er sich besonders gut zum Vergleich mit der musikalischen Tradition der syrisch-orthodoxen Kirche.

Innerhalb der westlichen Kirchen besagt der Begriff ‚Choral' in der römisch-katholischen Tradition etwas anderes als in der protestantischen: „Choral ist ein Sammelbegriff für die einstimmige, instrumentenfreie, weitestgehend diatonisierte und nach den sogenannten ‚Kirchentonarten' modal ausgerichtete musikalische Einkleidung der lateinischsprachigen liturgischen Texte der abendländischen katholischen Liturgien."[153] Der Choral wird gregorianisch genannt, weil er in seiner Entstehung auf Papst Gregor den Großen (590-604) zurückgeführt wird. Dies entspricht allerdings nicht den historischen Tatsachen: Der gregorianische Choral ist ein Ergebnis der karolingischen Liturgiereform ab der zweiten Hälfte des 8. Jahrhunderts[154], die sich einerseits nach dem römischen Vorbild richtete[155] und andererseits die liturgischen Gesänge den musikalischen Gepflogenheiten der fränkischen Kultur nördlich der

149 Vgl. ebd., 174. Vgl. Augustinus, Confessiones – Bekenntnisse. Lateinisch/Deutsch, übersetzt und herausgegeben u.a. von Kurt Flasch, Buch X, Kapitel XXXIII.50: „Verum tamen cum reminiscor lacrimas meas, quas fudi ad cantus ecclesiae in primordiis recuperatae fidei meae, et nunc ipsum cum moveor non cantu, sed rebus quae cantantur, cum liquida voce et convenientissima modulatione cantantur, magnam instituti huius utilitatem rursus agnosco. – Doch wenn ich an die Tränen denke, die ich damals in der Anfangszeit, als ich zu meinem Glauben zurückfand, beim Anhören der Kirchengesänge vergossen habe, und dass mich auch heute noch zwar nicht der Gesang selbst, wohl aber der Inhalt des Gesanges bewegt, dann muss ich doch den großen Nutzen des kirchlichen Gesangs anerkennen, vorausgesetzt, man singt diese Lieder mit klarer Stimme und passender Melodieführung."

150 Vgl. Berg, Spielwerk, 209.

151 Vgl. ebd., 208.

152 Vgl. Berg, Spielwerk, 173.

153 Bruno Stäblein, Art. Choral, in: MGG Bd. 2, Kassel 1952, 1266; zitiert bei Klöckner, Handbuch, 5.

154 Vgl. ebd., 52-54.

155 Vgl. ders., Wegweiser, 25.

Alpen anglich. Das Ergebnis war ein „Mischprodukt“ aus römischer Liturgie und fränkischem Gesang[156], das um der Autorität seines römischen Vorbildes willen zunächst ‚römischer‘ und dann schließlich ‚gregorianischer Choral‘ genannt wurde[157].

Überliefert ist der gregorianische Choral in Gestalt lateinischer Texte, die mit darüberstehenden Zeichen – den sogenannten ‚Neumen‘ – versehen sind. Dabei handelt es sich um kurze, gebogene Striche und Punkte, die man lange Zeit für die ersten Versuche einer Notenschrift gehalten hat. Wie die neuere Erforschung des gregorianischen Chorals jedoch herausgefunden hat, handelt es sich dabei um Zeichen, die die syntaktische Gliederung und den rhetorischen Vortrag der Texte anzeigen und so die „Dynamik und Agogik“ des Gesangs steuern sollen[158]. Ein besonders instruktives Beispiel für diese Funktion der Neumen ist der Codex 390/391 aus der Stiftsbibliothek des Klosters St. Gallen, der zu Beginn des 10. Jahrhunderts durch den Mönch Hartker verfasst wurde[159]. Die Interpretation dieser Zeichen in Verbindung mit den Texten ergab, dass es sich dabei nicht um Vertonungen von Worten handelt, sondern um rhetorische Anleitungen zur musikalisch-rhythmischen Wiedergabe des gläubig angeeigneten Textsinns[160]. Auch im Falle der Neumen geschah diese Verschriftlichung auf dem historischen Hintergrund, dass die bis dahin mündlich überlieferten liturgischen Gesänge in Vergessenheit zu geraten drohten[161]. Was durch die schriftliche Fixierung der Neumen allerdings festgehalten werden sollte, war nicht die Melodie, sondern der durch den Ausdruck des Singens vermittelte Sinn der gesungenen Texte[162]. In den auf diese Weise tradierten liturgischen Texten spiegelt sich nach Einschätzung von Godehard Joppich die altkirchliche Interpretation der biblischen Überlieferung wider[163]. Diese sollte durch die schriftliche Fixierung der Neumen der Nachwelt erhalten werden und nicht etwa die Melodie der Gesänge, die in den Klöstern ohnehin durch die tägliche Übung erhalten blieb.

Im Laufe der Jahrhunderte hat sich innerhalb der Tradition des Gregorianischen Chorals allerdings ein Wandel vollzogen: Die an der rhythmischen Betonung der Worte orientierte schriftliche Fixierung der Gesänge durch die ‚adiastematische Notation‘ (wörtlich: ohne (Ton-) Abstand), die den rhetorischen Sinn und die dementsprechende Dynamik des Gesangs darstellte, wurde abgelöst durch die ‚diastematische Notation‘, die „durch eine Kombination von Neumen… und… Linien“ die genauen Tonabstände und somit die Melodie eines Gesanges abbildete[164]. Die musikalische Aufmerksamkeit galt nun weniger dem Rhythmus und mehr der Melodie, die sich in einem bestimmten Klangraum bewegt. Dementsprechend wurden die Tonabstände in der musikalischen Theorie des Guido von Arezzo (ca. 992-1050) innerhalb klar begrenzter Klangräume genau definiert und den acht Psalmtönen des *Oktoechos* zugeordnet[165]. Diese acht Psalmtöne entsprechen formal den acht Kirchentönen des syrischen *Oktoechos*, sind aber in erster Linie nach ihrem melodischen Klang und nicht

156 Vgl. ders., Handbuch, 54.
157 Vgl. ders., Wegweiser, 30/31.
158 Vgl. Joppich, Gedanken, in: Ders., Cantate, 12.
159 Vgl. ebd., 11.
160 Vgl. ebd., 13.
161 Vgl. Joppich, Klangwort I, in: Cantate, 111.
162 Vgl. ebd., 112.
163 Vgl. ebd. 123.
164 Vgl. Klöckner, Handbuch, 81/82.
165 Vgl. hierzu die Darstellung von Klöckner, Handbuch, 70-72.

nach ihrer rhythmisch betonten Melodie definiert. Sie werden ebenfalls bestimmten Stimmungen wie zum Beispiel Traurigkeit, Zorn und Fröhlichkeit zugeordnet und wurden später in die klassischen Kirchentonarten (dorisch, phrygisch, lydisch und mixolydisch) überführt[166].

4.3.2.3 Die Bedeutung des gesungenen Wortes in der reformatorischen Bewegung

Die musikalische Konzentration auf den Wortsinn der liturgischen Texte in der westlichen Kirche überträgt sich in der Zeit der Reformation des 16. Jahrhunderts auf das Wort der Verkündigung. Das gesungene Wort soll der öffentlichen Proklamation des Evangeliums von der Rechtfertigung des sündigen Menschen durch den gnädigen Gott dienen. Dabei spielt der Gesang der Gemeinde eine wesentliche Rolle. Nicht ohne Grund kann die Reformation als eine „Singbewegung“ bezeichnet werden, die für die Konsolidierung des evangelischen Glaubens konstitutiv gewesen ist[167]. Durch das öffentliche Singen der Lieder Martin Luthers wurde in gewissem Sinne eine Form von ‚öffentlicher Theologie‘ betrieben[168]. Diese Verbindung von Musik und Theologie ist allerdings nicht als eine spezifische Eigenschaft der reformatorischen Kirchen anzusehen, sondern steht exemplarisch für „die allgemeinchristliche Verbundenheit von Glaube und Gesang“[169]. In der Theologie Martin Luthers spielt sie eine zentrale Rolle, wie man an seiner oft wiederholten Redewendung vom „Singen und Sagen“ des Evangeliums erkennen kann. Der Gesang ist das Medium, durch das das Evangelium Menschen erreicht und bei ihnen bleibt[170]. Der Gesang ist für die Bewegung der Reformation eine Form, in der das Evangelium allgemein wahrnehmbar und verstehbar wird[171]. Dabei kommt insbesondere die katechetische Funktion des Singens zum Tragen: Der Glaube an das Evangelium soll durch den Gesang gemeinsam eingeübt werden – eine Funktion, die ebenfalls die christlichen Kirchen über ihre konfessionellen Grenzen hinweg miteinander verbindet[172]. Eine besondere Stärke des Gesangs wird von Luther bewusst mit dieser katechetischen Zielsetzung eingesetzt: die Wirkung auf die Emotionen des einzelnen Menschen. Das gesungene Wort des Evangeliums ist insbesondere dadurch wirksam, dass es die menschlichen Affekte anspricht[173]. Zu diesem Zweck ist es wichtig, dass Wort und Ton eine Einheit bilden – eine Herausforderung für Martin Luther als Liederdichter und zum Teil auch als Komponisten[174]. Theologisch ging es Martin Luther um die Präsenz des biblischen Wortes in der Gemeinde, welche er sowohl in der Gestalt der Predigt als auch in der Gestalt des Gesangs als gegeben ansehen konnte[175]. Der musikalische Klang war für ihn gewissermaßen der ‚Leib des Wortes‘, durch den es sinnlich erfahrbar, emotional spürbar und geistig verstehbar wurde[176]. Ein herausragendes Beispiel für dieses biblische Wort in musikalischer Ge-

166 Vgl. Klöckner, Wegweiser, 93/94.
167 Vgl. Block, Verstehen, 13.
168 Vgl. ebd., 14.
169 Vgl. ebd., 15.
170 Vgl. ebd., 25.
171 Vgl. ebd., 26.
172 Vgl. ebd., 27.
173 Vgl. ebd., 45.
174 Vgl. ebd., 83.
175 Vgl. ebd., 86.
176 Vgl. ebd., 174/175.

stalt, das die Affekte des Menschen berührt und so in der Gemeinde gegenwärtig und wirksam ist, war für ihn der Gesang der Psalmen[177]. Aufgrund seiner monastischen Prägung war Martin Luther mit dem Psalmengesang des Stundengebets vertraut, ging dazu aber auf Distanz. Stattdessen dichtete er Lieder mit biblisch (auch durch die Psalmen) inspirierten Texten, die so zu Trägern der reformatorischen Botschaft wurden.

4.3.2.4 Die musikalische Gestaltung der Kantaten von Johann Sebastian Bach

In den Werken Johann Sebastian Bachs als eines Vertreters der Barockmusik kann man beobachten, wie musikalische Figuren bewusst eingesetzt werden, um gesungene Texte auszulegen und dadurch bestimmte Affekte zu erzeugen. Zu diesem Zweck konnte Bach auf eine zu seiner Zeit verbreitete „musikalische Figurenlehre" zurückgreifen[178]. Dieses musikalisch-theologische Anliegen knüpft an die Absicht der reformatorischen Bewegung des 16. Jahrhunderts an, Menschen durch die Verkündigung des Evangeliums in der Einheit von Wort und Klang zum Lob Gottes zu bewegen[179]. Der dabei dominierende Affekt ist die österliche Freude, die durch den Klang der vertonten Texte geweckt werden soll[180]. Neben der Freude können aber auch Trauer und Schmerz mit musikalischen Mitteln dargestellt werden. Diese werden zum Beispiel „durch ein *langsames Tempo, kleine Intervalle, starke Dissonanzen und dunkle Molltonarten* ausgedrückt und bewirkt", jene wird durch „ein *geschwindes Zeitmaß,* zuweilen auch der *tänzerische Dreiertakt, helle Tonarten* (z.B. C- oder D-Dur), *hohe Lage und eine festliche Besetzung* (z.B. mit Trompeten)" zum Ausdruck gebracht[181]. Die Funktionen der Deutung eines Textes und der Erzeugung entsprechender Affekte werden durch das Element der musikalischen Verzierung auf verschiedene Weise unterstützt[182]. Die verkündigende Funktion der Musik in der reformatorischen Bewegung wird in der Barockmusik also durch ein ästhetisches Element ergänzt, das ebenso wie in der Reformation auf die Affekte der Hörenden abzielt.

4.3.2.5 Die Bedeutung der Poesie in der niederländischen Kirchenlieddichtung

In der reformierten Tradition der Schweiz, wie sie auf den Genfer Reformator Johannes Calvin zurückgeht, spielt wegen ihrer konsequent biblisch bezogenen Frömmigkeit der Gesang der Psalmen eine zentrale Rolle. Folglich war und ist der ‚Genfer Psalter' für den Gesang der

---

177 Vgl. ebd., 153.

178 Vgl. Arnold, Kantaten, 31: „Dazu gehört auch eine Anknüpfung an die musikalische Figurenlehre des Barock, die bei Bach – noch mehr als bei Schütz – *im Dienste der Erzeugung musikalischer Affekte steht.* Musikalisch-rhetorische Figuren, die sich grob in *Satzfiguren, Melodiefiguren und Pausenfiguren* aufteilen lassen, gewinnen, sofern sie über die Funktion bloßen Schmucks hinausgehen, ihre Bedeutung im Zusammenhang der „elaborirung eines textes" [Anm.: Walther, Praecepta, 158], den sie auslegen und abbilden und damit die Hörer bewegen und berühren."

179 Vgl. Arnold, Kantaten, 75/76.

180 Vgl. Arnold, Kantaten, 77.

181 Ebd., 83.

182 Vgl. ebd., 89: „Die unterschiedlichen Theoretiker zwischen Frühbarock und Rokoko, von Burmeister bis Forkel, kommen also, zumal dann, wenn sie voneinander unabhängig schrieben, zu *durchaus unterschiedlichen Übertragungen rhetorischer Figuren in die Musik*, sodass sich allmählich ein zwar umfängliches, aber keineswegs homogenes Repertoire von Figuren entwickelte, das für die Komponisten *vielfältige Möglichkeiten der Textdeutung, der Affekterzeugung und des Schmuckes* bietet."

reformierten Gemeinde eine unverzichtbare Quelle[183]. In dieser reformierten Tradition steht der niederländische Dichter und Pfarrer Willem Barnard, der Mitte des 20. Jahrhunderts der niederländischen Kirchenlieddichtung entscheidende Impulse gegeben hat[184]. Dabei löst sich Willem Barnard allerdings mehr und mehr von seiner calvinistischen Prägung und kommt aufgrund unterschiedlicher theologischer und poetologischer Einflüsse zu außergewöhnlichen Erkenntnissen hinsichtlich der Wirkmächtigkeit des poetisch geformten Gemeindegesangs. Niederländische Kirchendichter wie Huub Oosterhuis, dessen Lieder Teil des Evangelischen Gesangbuchs deutscher Sprache geworden sind, verdanken Willem Barnard entscheidende Impulse[185].

Einen wichtigen Einfluss auf die Lieddichtung Barnards hatte die liturgische Spiritualität der anglikanischen Kirche, die Barnard bei einem Aufenthalt in England kennenlernte[186]. Ihr entstammt die Vorstellung von der christlichen Gemeinde als dem Leib Christi, in dem sich das biblische Wort inkarniert[187]. Sie taucht in den Lieddichtungen Barnards immer wieder auf. Er selbst gibt dem poetischen Werk des Dichters eine konstitutive Bedeutung für diese Inkarnation des göttlichen Wortes in der Gemeinde, indem er das dichterische Tun des Poeten in die Nähe des schöpferischen Handelns Gottes rückt[188]. Die Fleischwerdung des Wortes sieht er als ein durch den Heiligen Geist gewirktes sprachliches Geschehen an. Der Grundgedanke der Leiblichkeit des Wortes führt bei Barnard sogar dazu, dass er dieses sprachliche Geschehen der Dichtung im Sinne einer Inkarnation des Wortes als ein sakramentales Geschehen in Entsprechung zur Feier des Abendmahls verstehen kann[189]. Die Vorstellung von der Leiblichkeit des biblischen, insbesondere des alttestamentlichen Wortes, findet sich bereits vor Willem Barnard bei dem niederländischen Dichter Martinus Nijhoff[190], als dessen Schüler sich Barnard verstanden hat[191]. Anknüpfend an diesen in der Hebräischen Bibel verwurzelten poetisch-theologischen Ansatz hebt Barnard insbesondere den Gesang der Psalmen als ein inkarnatorisches Geschehen hervor. Das gesungene Gebet der Psalmen ist in Christus gewissermaßen Fleisch geworden, und indem die Gemeinde durch das Singen der

183 Vgl. Klöckner, Handbuch, 142.

184 Vgl. Pfirrmann, Freie Poesie, 14: „Willem Barnard, geboren 1920, auch bekannt unter dem Pseudonym Guillaume van der Graft, galt in den fünfziger Jahren als einer der talentiertesten Dichter des niederländischen Sprachbereichs... Kernstück von Barnards Werk sind jedoch seine Gedichte und Kirchenlieder... Aufgrund des Umfangs seiner Arbeit, ihres Facettenreichtums und vor allem wegen ihres hohen künstlerischen Niveaus kann Willem Barnard heute als einer der wichtigsten Exponenten der niederländischen Kirchenlieddichtung gelten."

185 Vgl. Pfirrmann, Freie Poesie, 30.

186 Vgl. ebd., 28.

187 Vgl. ebd., 71.

188 Vgl. ebd., 48: „Wie das fleischgewordene Wort in dieser Welt einwohnt, so wohnt das Wort in der Hand des dichterischen Ichs in seinem Leib. Das göttliche Wort inkarniert in dem dichterischen Ich... Schöpferisches Sprechen hat immer mit dem ersten, durch Gott gesprochenen Wort zu tun... Das schöpferische Wort sprechend repräsentiert der Dichter Gott selber in dieser Welt."

189 Vgl. ebd., 61/62: „Bei Barnard bezeichnet das *est* aus den sog. Einsetzungsworten des Abendmahls eine *poetische* Realität. Verschiedene Wirklichkeiten werden hier in einen assoziativen Zusammenhang gebracht. Die Fleischwerdung des Wortes, von der Barnard in Anspielung auf Joh 1,14 spricht, ist sprachliches Geschehen: Fleischwerdend ist das auferstandene Wort in der Feier des eucharistischen Mahles leiblich gegenwärtig."

190 Vgl. ebd., 109.

191 Vgl. ebd., 109/110.

Psalmen Leib Christi wird, steht sie sozusagen in leiblicher Verbindung zu den Psalmbetern des Volkes Israel, auch wenn sie dabei neu gedichtete Psalmlieder singt[192]. Die von Barnard gedichteten Kirchenlieder sind dementsprechend von der Sprache der biblischen Psalmen geprägt[193]. Die alttestamentlich geprägte Sprache der Lieddichtungen Barnards dient ihm allerdings auch dazu, neutestamentliche Inhalte zu transportieren: So kann ein mit alttestamentlichen Bildern angereichertes Lied von der Taufe zu einer sinnlich erlebbaren Tauferinnerung für die singende Gemeinde werden[194]. Dass die Sakramente des Abendmahls und der Taufe ein häufiges Motiv in der Kirchenlieddichtung Willem Barnards bilden, zeigt die quasi sakramentale Bedeutung, die er dem gedichteten Gesang gibt: Leser bzw. Gemeinde werden im leiblichen Sinne in das Geschehen mit hineingezogen, von dem die Dichtung handelt[195]. Bei diesem Vorgang spielt wie in den beschriebenen Epochen der Reformation und des Barock die Wirkung auf die menschlichen Affekte eine wichtige Rolle: Durch die sprachlich-poetischen Mittel sollen diese bewusst angesprochen werden, um die beteiligten Menschen zu berühren und innerlich zu bewegen[196]. Die zu diesem Zweck eingesetzte dichterische Sprache Barnards zeichnet sich allerdings durch eine ausgesprochene Einfachheit und Schlichtheit aus, die zum einen durch die Hebräische Bibel, zum anderen auch durch die Alltagssprache der Gegenwart geprägt ist[197]. Doch es ist vor allem auch die dichterische Qualität im Umgang mit Sprache, Klang und Rhythmus, die die innerlich bewegende und in ein leibliches Geschehen hineinziehende Wirkung der kirchlichen Dichtung Willem Barnards ausmachen[198].

Die Vorstellung von der Leiblichkeit des dichterischen Wortes bei Willem Barnard bedeutet für die kirchliche Liturgie, dass auch sie zu einem Teil des inkarnatorischen Geschehens wird: Der Heilige Geist bekommt durch den liturgischen Gesang der Gemeinde als deren Atem stimmhafte und somit leibliche Gestalt[199]. Dementsprechend erhebt Barnard an die gesungenen Worte der Liturgie den Anspruch, dass sie poetische Qualität haben müssen, um ihre Aufgabe erfüllen zu können. Die Alternative dazu wäre eine rein begriffliche Sprache, die aus der Sicht Barnards wirkungslos und deshalb tot ist[200]. So verbindet die Vorstellung Barnards von der Leiblichkeit des Wortes das biblische, das dichterische und das liturgische Wort in einem geistlichen Geschehen miteinander[201], das den hörenden Menschen emotional berührt und in einer leib-seelischen Weise mit hineinnimmt in das geistliche Geschehen, von dem es auf poetische Weise spricht. Diese schöpferische Poesie des Menschen hat ihren Ursprung im schöpferischen Handeln Gottes[202].

192 Vgl. ebd., 111: „Die Psalmen sind das Wort, das im Leben Jesu Fleisch wird. Jesus verkörpert die Lehre und das Gebet Israels… Nicht Christus ist die Mitte der Schrift, so Barnard, sondern die Psalmen… Die Kirche ist der Leib Christi, und sie vereinigt sich psalmsingend mit dem Ich des Beters Israels, mit dem auch Jesus sich vereinigt hat. Psalmsingend wird sie zum Leib Christi. Aus den alten Psalmen gehen neue Lieder hervor.“

193 Vgl. ebd., 112.

194 Vgl. ebd., 178-180.

195 Vgl. ebd., 196.

196 Vgl. ebd., 208/209.

197 Vgl. ebd., 213.

198 Vgl. ebd., 243/244.

199 Vgl. ebd., 256.

200 Vgl. ebd., 257.

201 Vgl. ebd., 292.

202 Vgl. ebd., 296: „Weil das Wort Fleisch geworden ist und Fleisch wird, wird das Fleisch der Menschen

4.3.2.6 Die Bedeutung von Klang und Sprache für die Öffentliche Theologie

Die Frage nach der Bedeutung poetisch geformter Sprache für die Kommunikation des Glaubens wird auch von der ‚Öffentlichen Theologie' gestellt, die seit den 1990er Jahren disziplinübergreifend „die gesellschaftliche Relevanz von theologischen Diskursen und die Verhandlung gesellschaftlich drängender Fragen in der Theologie" reflektiert[203]. Aus dieser theologischen Perspektive geht es bei der öffentlichen Wahrnehmung des Glaubens nicht nur um den sachlichen Inhalt, sondern auch um die überlieferte Form, in der er sich öffentlich darstellt[204]. Dabei ist unter anderem auch der musikalische Klang Gegenstand hermeneutischer Reflexion[205]. Form und Inhalt des Glaubens sind nicht voneinander zu trennen, sondern gehören gemäß dem „kognitionswissenschaftliche[n] Konzept der Verkörperung" zusammen[206]. Von daher muss in der öffentlichen Kommunikation des Glaubens nicht zwischen Form und Inhalt, sondern zwischen „diskursiven Formen" und „Dimensionen nichtdiskursiven Ausdrucks" unterschieden werden; jene sind in diese „eingebettet"[207]. Die nichtdiskursiven Formen wie zum Beispiel das hörbare Erklingen eines Chorals sind nicht nur ein äußerlicher Ausdruck eines innerlichen religiösen Empfindens, sondern können auch ein Wegbereiter dafür sein, dass ein solches inneres Empfinden von außen her ausgelöst wird[208]. Gleichwohl sind die diskursiven Formen der religiösen Kommunikation notwendig, damit die „affektive Wirkung" nichtdiskursiver Formen „semantisch vereindeutigt wird"[209]. Beide Formen ergänzen sich also gegenseitig in ihrer Wirkung auf die öffentliche Wahrnehmung von religiöser Kommunikation[210].

Der Klang von Musik wird so wie auch der Anblick eines Werkes der bildenden Kunst vor allem unter ästhetischen Gesichtspunkten wahrgenommen. Aus der Sicht der Öffentlichen Theologie ist „diese ästhetische Dimension… ethisch relevant"; denn die Auswahl dieser „ästhetischen Formen" ist Ausdruck ganz bestimmter „Lebensstile", die bestimmte Schichten der Gesellschaft ein- und andere wiederum ausschließen[211]. So wird öffentliches Handeln durch den Umgang mit Musik und Kunst im ethischen Sinne beeinflusst[212]. Folglich

---

Wort. Das göttliche Wort, der Logos, geht aller Dichtung voraus: In ihm liegt alle Ursprünglichkeit. Das dichterische Wort geht aus dem Schöpfungswort Gottes hervor, ist fleischgewordenes, fleischwerdendes Wort."

203 Vgl. Höhne, Florian: Art. "Öffentliche Theologie" (Version 1.0 vom 12.10.2017), in: Ethik-Lexikon, verfügbar unter: https://www.ethik-lexikon.de/lexikon/oeffentliche-theologie; zuletzt abgerufen am 01.07.2023.

204 Vgl. Wabel, Klingende Öffentliche Theologie?, in: Öffentliche Theologie, 17: „Die hier vorgestellte exemplarische Verortung öffentlicher Theologie *zwischen Klang und Sprache* fragt nach den *Weisen des Gegebenseins* von Religion und Theologie. Es gilt also, neben dem, *was* gesagt wird, auch darauf zu achten, *wie* es gesagt und gehört wird."

205 Vgl. ebd., 18.

206 Vgl. ebd., 26: „Das kognitionswissenschaftliche Konzept der Verkörperung zielt auf die Überwindung eines Dualismus von Körper und Geist. Das Geistige ist essentiell verkörpert; beide Dimensionen menschlicher Existenz sind von vielfältigen Wechselwirkungen gekennzeichnet."

207 Vgl. ebd., 27.

208 Vgl. ebd., 29: „Der Weg *von innen nach außen*, der Ausdruck, den ich für mein Erleben finde, ist immer schon vorbereitet durch einen Weg *von außen nach innen.*"

209 Vgl. ebd., 32.

210 Vgl. ebd., 33.

211 Vgl. Höhne, Ethik ästhetischer Formen, in: Öffentliche Theologie, 66.

212 Vgl. ebd., 51.

sieht es die Öffentliche Theologie unter anderem auch als ihre Aufgabe an, die Wirkung des musikalischen Klangs auf das öffentliche Leben wahrzunehmen und zu reflektieren.

Im Zuge dieser Reflexion über die öffentliche Wirksamkeit von Formen religiöser Kommunikation wird dem Hymnus besondere Aufmerksamkeit geschenkt: In ihm habe sich die menschliche Fähigkeit zur Imagination auf besondere Weise verkörpert; denn „der Hymnus stellt zugleich eine affektive Vertiefung und kognitive Überbietung des menschheitsspezifischen und religionsfundierenden Bildvermögens dar, das im Christentum besonders realisiert wird."[213] Die Besonderheit des Hymnus bestünde darin, dass er „eine besonders kunstvolle, bewusst gestaltete Form der Lautsprache" sei, die die menschliche Fähigkeit zur Imagination auf diese Weise „stilisiert". Dabei bilden im Klang des Hymnus „Musik und Laut… tonal, melodisch, rhythmisch und dynamisch… eine Einheit"[214]. Beim Singen eines Hymnus bekommt das Innerste eines Menschen „eine äußere Form…, bei der nicht einfach das Intime zum Vorschein kommt, sondern sich in der *doppelten Resonanz* von *Stimme* und *Klang*... allererst findet."[215]

4.3.3 Zusammenfassung

4.3.3.1 Die Bedeutung der poetischen Form für die abendländische Hymnologie

Die hier entfalteten Impulse aus verschiedenen Epochen der abendländischen Hymnologie zeigen, dass die poetisch-musikalische Form auch im Kirchengesang der westlichen Kirche eine wichtige Funktion für die Vermittlung seines geistlichen Inhaltes hat. Nach Augustinus soll sie vor allem dazu dienen, dass der biblische Inhalt eine ihm angemessene Wirkung auf die Hörenden zeigt. Seinen musiktheoretischen Ausführungen zufolge orientiert sich die poetische Form am sprachlichen Inhalt eines Hymnus. Diese Ausrichtung auf den Wortsinn der gesungenen Texte ist als grundsätzliches Merkmal der Kirchenmusik in den Kirchen sowohl der östlichen als auch der westlichen Tradition anzusehen: Die musikalische Form dient dem worthaften Inhalt[216]. In der westlichen Tradition geschah die musikalische Vermittlung des Wortes jedoch zunächst vorwiegend auf dem Wege der meditativen Vertiefung in Gestalt des Gregorianischen Chorals, der seinen Sitz im Leben in der monastischen Praxis des Stundengebets mit ihrer täglichen Einübung in das biblische Wort hat[217]. Dem entspricht die Tatsache, dass das Stundengebet der westlichen Kirche mit seiner vollständigen Verwendung der biblischen Psalmen aus dem Orient nicht die kathedrale, sondern die monastische Aus-

213 Krüger, Hymnus, in: Öffentliche Theologie, 70.

214 Ebd., 85.

215 Vgl. Polke, Verkörperungen, in: Öffentliche Theologie, 100.

216 Vgl. Totzke, Beiträge, 231: „Alle östliche Kirchenmusik, sowohl die einstimmige der Griechen, Araber, Syrer etc. wie auch die mehrstimmige der Russen, Serben etc. ist AUS DEM WORT erwachsen und infolgedessen bei der Wiedergabe auch von dort her zu gestalten. Sie ist „Musik der Textaussprache" (Jammers)." Irenäus Totzke bezieht sich hier ohne Angabe einer schriftlichen Quelle auf den Musikwissenschaftler Ewald Jammers (1897-1981).

217 Vgl. Joppich, Choral, in: Gregorianik, 145: „der Text, den es singend vorzutragen gilt, ist Heilige Schrift, d.h. nach christlichen Verständnis Worte, die nicht von Menschen, sondern von Gott stammen. Seit den Anfängen des Mönchtums im 4. Jahrhundert war es eines der Hauptziele mönchischen Lebens, sich unablässig in das Wort Gottes „einzuüben" (lat. *meditari*), d.h. die heiligen Schriften möglichst auswendig zu lernen, das Wort Gottes ständig auf den Lippen, im Mund und im Herzen zu tragen, um ganz von ihm erfüllt zu werden."

prägung des Stundengebets übernommen hat. Die monastische Prägung des abendländischen Kirchengesangs ist also als eine wesentliche Ursache für seine vorwiegend meditative Vermittlung des biblischen Wortsinns anzusehen. In der Zeit der karolingischen Liturgiereform erfuhr sie einen erneuten Aufschwung, da die Klöster Träger dieser Reform waren[218]. So wurde die abendländische Hymnologie in ihren Anfängen durch die monastische Meditation des biblischen Wortes besonders geprägt.

Die Verschiebung der musikalischen Aufmerksamkeit von der rhythmischen Betonung zum melodischen Klang im Gregorianischen Choral um die Jahrtausendwende entspricht einem grundsätzlichen Unterschied, der zwischen dem orientalischen und dem abendländischen Kirchengesang besteht: In der linearen Musikauffassung des Orients (basierend auf kleinschrittigen Tonfolgen) spielte der Rhythmus eine viel größere Rolle. Diese Musikauffassung gelangte über Italien in den Bereich des abendländischen Kulturraums, wo sich eine räumliche Musikauffassung (basierend auf größeren Intervallen) entwickelte, in der der Rhythmus eine geringere Rolle spielte[219]. Dementsprechend wurden die Neumen, die anfangs noch als ein *„in Schrift geronnenes Dirigat"*[220] zum Zweck der richtigen Betonung der Worte anzusehen sind, auch nach und nach zu Notenzeichen, die die genauen Tonabstände angeben. Die ursprüngliche Bedeutung der Neumen als ‚Dirigierzeichen' spiegelt sich in der noch heute im Kirchengesang der koptischen Kirche zu beobachtenden Art und Weise wider, den Gesang durch Handzeichen anzuleiten[221].

Ob nun linearer musikalischer Klang mit rhythmischer Gestaltung im Osten oder rhythmische Betonung mit räumlich-musikalischer Gestaltung im Westen – beides steht für die Form, in der der geistliche Inhalt transportiert wird. Im monastischen Stundengebet, das für die westliche Kirche prägend geworden ist, dient diese Übermittlung des geistlichen Inhalts der Meditation des biblischen Wortes, während sie im kathedralen Stundengebet Jerusalems, wie es sich in der syrisch-orthodoxen Tradition erhalten hat, in erster Linie der Unterrichtung der Gemeinde im wahren Glauben diente. Diese katechetische Bedeutung des Gemeindegesangs stand in der Hymnologie der westlichen Kirche aufgrund ihrer monastischen Prägung zunächst nicht im Vordergrund, kam aber überall dort wieder zur Geltung, wo der Gesang von frei gedichteten Hymnen durch die Gemeinde an Bedeutung gewann; also anfäng-

---

218 Vgl. Klöckner, Handbuch, 49.

219 Vgl. Klöckner, Handbuch, 55/56: „WALTER vermutet sicherlich zu Recht, dass sich die Musik des östlichen Mittelmeerraums maßgeblich auf die Musikauffassung Italiens im 6. bis 8. Jahrhundert ausgewirkt bzw. mit dieser übereingestimmt haben könnte… Die fränkische Musikwahrnehmung war hingegen mehr intervallisch angelegt; die Differenz besteht also zwischen linearer und räumlich-diatonischer Melodiebildung: „Unter einer *linearen* Musikauffassung verstehen wir eine Musikauffassung, die vornehmlich, und zwar durch kleinschrittige Umspielungen strukturell wichtiger Töne, Mikrointervalle und das geringe Auftreten von Intervallsprüngen, auf das Erfassen einer wenig plastisch ausgeprägten Melodielinie hin orientiert ist. Eine *räumliche* Melodieauffassung hingegen betont die häufiger […] auftretenden und strukturprägenden Intervallsprünge. Dadurch wird in der räumlichen Auffassung suggeriert, dass zwischen den einzelnen Tönen des Sprungintervalls noch andere, nicht aktuell genutzte Töne liegen, also ein ‚räumlicher' Tonvorrat vorhanden ist, der virtuell ‚mitgehört' werden kann."" (ebd. zitiert aus: Michael Walter, Grundlagen der Musik des Mittelalters. Schrift – Zeit – Raum, Stuttgart 1994, 51).

220 Klöckner, Handbuch, 82.

221 Vgl. Totzke, Beiträge, 221.

lich in den lateinischen Hymnen des 4. Jahrhunderts und spätestens dann seit der reformatorischen Singbewegung des 16. Jahrhunderts.

Wie der Gregorianische Gesang als „erklingendes Wort" zu verstehen ist[222], so wird in der Reformationszeit die Verkündigung des Evangeliums durch den Gesang der Gemeinde zum klingenden Wort[223]. Die menschliche Stimme wird zur Form, in der das Evangelium Gestalt bekommt, ja gewissermaßen „Fleisch wird"[224]. Auf welche Weise die Gestaltwerdung des Evangeliums sich im poetischen Sinne vollzieht, wird von den Reformatoren nicht weiter reflektiert. Sie geschieht durch den Gesang der Gemeinde, der sich entsprechend der hymnologischen Tradition der westlichen Kirche in erster Linie in einem melodisch gestalteten Klangraum bewegt. Die katechetische Funktion, die die poetische Form in der syrisch-orthodoxen Tradition hat, wird hier vom räumlichen Klang des durch die Gemeinde gesungenen Wortes der Verkündigung ausgeübt.

Die Barockmusik steht mit ihrem auf die Emotionen der Hörenden ausgerichteten Anliegen, geistliche Texte musikalisch zum Sprechen und durch Verzierungen zur Wirkung zu bringen[225], auch in einer gewissen Nähe zum poetisch-theologischen Konzept der syrisch-orthodoxen Tradition. Dort haben die musikalischen Verzierungen im Rahmen der Varianten des *Oktoechos* ebenfalls die Funktion, die am Gesang Beteiligten emotional zu bewegen; diese Varianten sind allerdings in erster Linie rhythmischer Natur. Das Ansprechen menschlicher Affekte spielte schon in der Reformation eine wichtige Rolle; in der Barockmusik wurde es durch musikalische Mittel noch verstärkt. Auf diese Weise nähert sich das musikalisch-theologische Konzept der reformatorisch geprägten Hymnologie der Barockmusik dem poetisch-theologischen Konzept der syrisch-orthodoxen Kirche an, auch wenn beide Traditionen zeitlich und räumlich weit auseinanderliegen und jeweils andere poetisch-musikalische Mittel verwenden.

Mit seiner von der Leiblichkeit des Wortes her gedachten Auffassung von der Bedeutung des geistlichen Singens entfernt sich Barnard von der vorwiegend auf geistige Vorgänge ausgerichteten calvinistischen Tradition, auch wenn er durch seine Betonung der konstitutiven Bedeutung des Heiligen Geistes für dieses leibliche Geschehen[226] pneumatologisch an Calvin anknüpft. Das gedichtete Lied wird für ihn allerdings – völlig untypisch für das theologische Denken der reformierten Tradition – zu einer konkreten Gestalt dessen, was er glaubt. Inhalt und poetische Form des Glaubens sind für Barnard nicht voneinander zu trennen[227]. In diesem

222 Vgl. Klöckner, Handbuch, 7.

223 Vgl. Reich, Evangelium, 14.

224 Vgl. Reich, Evangelium, 17: „Singen ist „Zeugnis", weil durch die singende Stimme „das Wort" „Fleisch" wird. Es gewinnt Gestalt im Menschen und für Menschen. Es geht ein in Zeit und Raum. Es wird sinnenhaft erfahrbar, es wird „gehört". Singen bringt „das Wort" in die Welt."

225 Vgl. Arnold, Kantaten, 90: „Musikalisch-rhetorische Figuren… sind Bausteine in einem Ensemble „sprechender Musik", deren ganzheitliches Prinzip es ist, Inhaltliches darzulegen und abzubilden, aber auch Affekte auszudrücken und zu wecken. Es geht darum, *Menschen auf diese Weise ganzheitlich musikalisch zu affizieren, d.h. nicht nur intellektuell zu belehren, sondern auch emotional zu bewegen und zu erfreuen."*

226 Vgl. Pfirrmann, Freie Poesie, 238: „Gottes Geist atmend wird die singende Gemeinde zum Leib Christi. Der ganze Leib der Auferstehungsgemeinde wird wie der des ersten Adam von Gottes Atem durchdrungen."

227 Vgl. ebd., 95: „Der Glaube… findet bei Barnard seine Gestalt in Dichtung und Gesang… Dichtung und Gesang sind nicht der Ausdruck eines Glaubens, sondern seine Form selber: Die Glaubensinhalte sind

Zusammenhang kommt die sakramentale Bedeutung des poetisch geformten Kirchengesangs bei Barnard zum Tragen, die biblisch an die Aussagen von Kolosser 3,16 anknüpfen kann.

Die systematisch-theologische Reflexion der Wirkung des gesungenen kirchlichen Hymnus durch die öffentliche Theologie knüpft an die Bedeutung des Gemeindegesangs in der reformatorischen Bewegung des 16. Jahrhunderts an und bewegt sich ebenso wie diese im Rahmen der musikalisch-theologischen Ausrichtung der Hymnologie der westlichen Kirchen seit dem 4. Jahrhundert. Sie reflektiert weniger die musikalisch-poetische Art und Weise, sondern vielmehr die Auswirkungen der musikalisch erklingenden Texte auf das öffentliche Leben. Dabei schenkt sie der Zusammengehörigkeit sowohl von Form und Inhalt als auch von ästhetischer und ethischer Dimension des gesungenen Kirchenliedes besondere Aufmerksamkeit. Form und Inhalt werden als eine Einheit angesehen, die sowohl ästhetisch als auch ethisch wirksam ist.

4.3.3.2 Hymnologische Zusammenhänge zwischen Ost- und Westkirche

Das poetisch-theologische Profil des syrisch-orthodoxen Stundengebets hat gezeigt, dass in erster Linie das einfache Volk mithilfe der Gesänge im rechten Glauben unterwiesen werden soll. Die metrische Form der zu diesem Zweck frei gedichteten Hymnen erfuhr eine Überformung durch die in erster Linie rhythmisch differenzierten acht Kirchentöne, um auf diese Weise nicht nur auf das sachliche Verstehen, sondern auch auf das emotionale Empfinden der am Gesang Beteiligten einzuwirken. Dieses poetisch-theologische Profil steht in Verbindung mit der kathedralen Form des Stundengebets, die sich hinsichtlich der Verwendung poetischer Gattungen dadurch auszeichnet, dass sie nur auf eine enge Auswahl biblischer Psalmen entsprechend der jeweiligen Tageszeit zurückgreift und sich ansonsten frei gedichteter Hymnen bedient. Diesem poetisch-theologischen Konzept steht in der westlichen Kirche das Konzept des Gregorianischen Chorals gegenüber: In der abendländischen Tradition des frühen Mittelalters dient der musikalische Klang dazu, das biblische Wort meditierend in seiner durch die Kirchenväter überlieferten theologischen Bedeutung wahrzunehmen. Dieses poetisch-theologische Konzept steht in Verbindung mit der monastischen Form des Stundengebets, die in erster Linie Wert auf die Meditation des biblischen Wortes in Gestalt der Psalmen legt und diese innerhalb von kurzer Zeit vollständig liest.

Beide Konzepte stehen jedoch keineswegs für die Gesamtheit ihrer östlichen bzw. westlichen kirchlichen Traditionen; denn ihnen stehen innerhalb ihres jeweiligen kulturellen Kontextes auch andere poetisch-theologische Konzepte gegenüber: Im Bereich der orientalischen Kirchen ist es das monastisch geprägte Konzept der koptischen Tradition, das – ebenso wie das spätere und offensichtlich davon inspirierte Konzept der römischen Tradition – vor allem den Sinn des gesungenen biblischen Wortes meditativ erfassen will[228]. Im Bereich der westlichen Kirchen steht dem monastischen Konzept das bereits mit der lateinischen Hymnendichtung des 4. Jahrhunderts einsetzende Bestreben gegenüber, der Gemeinde geistliche Inhalte durch öffentlichen Gesang zugänglich zu machen. Die Einbeziehung des einfachen Vol-

von den poetischen Formen nicht loszulösen."

228 Vgl. Kuhn, Melodien, 206: „Die Vocalisen sind eine Art Kadenzen, da sie eine Erweiterung und Verstärkung eines Teiles einer Hymne sind. Es sind zudem Momente der Meditation, der Besinnung und des Gebetes… Vocalisen dienen zur Verstärkung der Kraft eines Wortes… So werden auch koptische Vokalisen erlebt, als Momente der Meditation."

kes in das musikalisch-geistliche Geschehen geschieht im östlichen und westlichen kirchlichen Kontext allerdings mit jeweils anderen musikalischen Mitteln: In der syrisch-orthodoxen Tradition wird die dem orientalischen Kulturraum eigene rhythmische Grundorientierung dahingehend ausgestaltet, dass die am Wortsinn orientierte Metrik durch rhythmische Muster überformt wird und so eine ästhetisch-gefällige und emotional ansprechende Gestalt bekommt. Eine solche Einbeziehung des einfachen Kirchenvolks durch musikalische Mittel ist in den abendländischen Kirchen des Westens nicht in gleichem Maße zu beobachten wie in der orientalischen Tradition der syrisch-orthodoxen Kirche: Die lateinische Hymnendichtung des 4. und der Gemeindegesang der Reformation des 16. Jahrhunderts bewegen sich der westlichen Hymnologie entsprechend in einem klanglichen Tonraum, der den Inhalt der Gesänge veranschaulichen soll; diese musikalische Grundorientierung wird in der Barockmusik dahingehend ausgestaltet, dass der geistliche Inhalt mithilfe von melodischen Figuren vermittelt wird. Eine vergleichbar einprägsame Wirkung wie die der rhythmisch variierten Gesänge der syrisch-orthodoxen Kirche wird dadurch allerdings nicht erreicht.

4.3.3.3 Die Bedeutung der poetischen Form für die Wirkung kirchlicher Gesänge

Der Vergleich der hymnologischen Traditionen der Ost- und der Westkirchen zeigt, dass an ihrem Beginn jeweils eine andere kirchliche Prägung stand: die kathedrale Prägung der Jerusalemer Tradition des Ostens (fortgesetzt in der syrisch-orthodoxen Tradition) einerseits und die monastische Prägung der Kirchen des Westens (inspiriert durch die koptische Tradition und ausgestaltet in der römischen Tradition, insbesondere im Gregorianischen Choral) andererseits. Zur kathedralen Prägung gehört im Wesentlichen das katechetische Motiv der Unterweisung der Gemeinde im wahren Glauben, dem das ästhetische Motiv der musikalischen Verzierung durch Rhythmus bzw. Melodie untergeordnet ist. Zur monastischen Prägung gehört im Wesentlichen das Motiv der meditativen Wahrnehmung des biblischen Wortes, das die musikalischen Mittel der rhythmischen Betonung und der melodischen Gestaltung dazu gebraucht, um den Wortsinn der gesungenen Texte herauszustellen. Die jeweils verwendeten musikalisch-poetischen Mittel bilden in jedem Falle die Form, in die der geistliche Inhalt gefasst ist – oder mit Worten aus 2. Korinther 4,7 gesprochen: den „Schatz in irdenen Gefäßen". Wie bereits Augustin in seinen musiktheoretischen Ausführungen festgestellt hat, bilden Form und Inhalt eine Einheit zum Zweck der Wahrnehmung ihrer Botschaft, und auch die systematisch-theologische Reflexion der öffentlichen Theologie sieht dem „kognitionswissenschaftliche[n] Konzept der Verkörperung"[229] entsprechend die Einheit von Form und Inhalt als untrennbar an. Die Ausführungen des Dichters und Theologen Willem Barnard zur ‚Leiblichkeit des Wortes', die dem gemeinsamen Singen gedichteter Texte eine quasi sakramentale Bedeutung zumisst, zeigt, dass im Umgang mit geistlichen Texten hinsichtlich der Verhältnisbestimmung von Form und Inhalt auch die konfessionstheologischen Abgrenzungen zwischen lutherischer (an der Form orientierter) und reformierter (am Inhalt orientierter) Tradition überwunden werden können: Der geistliche Inhalt braucht eine geschöpfliche Gestalt, damit er sinnlich wahrgenommen und von Mensch zu Mensch weitergegeben werden kann. Nicht zuletzt bedeutet dies eine Entlastung für den einzelnen Menschen, der als leibseelische Einheit auf den Umgang mit sprachlichen, musikalischen und bildhaften Formen angewiesen ist, um sich geistliche Inhalte frei aneignen und sie mit anderen teilen zu kön-

229 Vgl. Wabel/Höhne/Stamer, Klingende Öffentliche Theologie?, in: Öffentliche Theologie, 26.

nen[230]. Der traditionell protestantischen Betonung auf die Innerlichkeit und der dementsprechenden Abwertung äußerer Formen ist entgegenzuhalten, dass äußere Formen viel besser als innere Regungen eines Menschen imstande sind, geistliche Inhalte zu bewahren und zu vermitteln[231]. Die Form trägt den Inhalt. Auf welche Weise dies geschieht, hängt ab von der ‚Zielgruppe': Die monastische Gemeinschaft der Klöster wird durch die am Wortsinn orientierte poetische Form auf dem Wege der Meditation erreicht, die Gemeinschaft der Gläubigen in den Gemeindekirchen durch die auf die katechetische Vermittlung der Glaubenslehre ausgerichtete Form des frei gedichteten Hymnus auf dem Weg der Verkündigung. Das dem syrisch-orthodoxen Stundengebet zugrundeliegende poetisch-theologische Konzept folgt dem letzteren Modell. Sie kann den anderen kirchlichen Traditionen des Westens und des Ostens als ein vorbildliches Beispiel dafür dienen, wie die Gemeinschaft der Gläubigen in den Gesang der Kirche und in den dadurch vermittelten Glauben an das Evangelium einbezogen werden kann.

230 Vgl. Steffenski, Spiritualität, 28: „Der Mensch erbaut sich nicht nur von innen nach außen. Er wird auch von außen nach innen gebaut. Der Geist kommt nicht mit sich selber aus, und er lässt sich nicht in die Innerlichkeit verbannen. Was nicht nach außen dringt; was nicht Form, Aufführung, Geste, Inszenierung, Haus und Figur wird, bleibt blass und ist vom Untergang bedroht."

231 Vgl. ebd., 29: „Der Mensch spielt sich nicht nur in seinem Inneren ab. Er ist auch Leib, und seine Seele tritt als Form, Figur und Geste nach außen. Sie spielt sich außen ab."

5 Der Gebrauch von christlicher Poesie im Leben der Kirche

5.1 Die kirchliche Praxis der syrisch-orthodoxen Kirche

5.1.1 Die liturgisch-katechetische Praxis zwischen Tradition und Moderne

Mit dem *Šḥimo* ist aus syrisch-orthodoxer Sicht nach wie vor der Anspruch verbunden, dass es auch in den Gemeinden der Diaspora regelmäßig von allen Gläubigen in Gebrauch genommen wird. Eine Abhandlung des ehemaligen Patriarchen und Fachmanns für syrische Handschriften Mor Aphrem I. Barsaum (gest. 1957) zum Gebet der syrisch-orthodoxen Kirche, die unter anderem ins Deutsche übersetzt wurde[1], sieht sowohl die Kleriker als auch die Laien in der Pflicht, sich täglich im Stundengebet zu üben[2]. Allerdings wird dort auch die üblich gewordene Regelung erläutert, dass die sieben Gebetszeiten für die Laien zu zwei täglichen Stundengebeten am Morgen (Nacht-, Morgen-, Vormittags- und Mittagsgebet) und am Abend (Nachmittags-, Abend- und Schutzgebet zur Nacht) zusammengefasst werden[3]. Die Kirche gilt als regulärer Ort des Stundengebets. Andere Orte für das Gebet sind jedoch möglich, und bei versäumten Gebetszeiten können diese nachgeholt werden[4]. An den Ausführungen Barsaums wird allerdings auch indirekt deutlich, dass das Gebet der Laien an den normalen Wochentagen keineswegs mehr die Regel ist: So wie ihm zufolge die Eucharistie im Idealfall täglich zu feiern ist, faktisch aber an den Sonn- und Feiertagen gefeiert wird[5], so erfolgen nach Aussage syrisch-orthodoxer Kleriker auch die zusammengefassten Gebetszeiten nur in Verbindung mit Sonn- und Feiertagen, also am Samstagnachmittag und am Sonntagmorgen. In der Fastenzeit sollen sie allerdings möglichst an jedem Tag der Woche gebetet werden[6]. Die sogenannten ‚Dienste', also die sich stets wiederholenden Anrufungen zu Be-

1 Die kanonischen Gebete von Mor Ignatius Aphrem I Barsaum. Aus dem Arabischen und dem Syrischen übersetzt von Amill Gorgis und George Toro, Warburg 1999. Es existieren Nachdrucke sowohl der arabischen (*al-tuhfah al-ruhiya*, republished by Gregorios Yohanna Ibrahim, Aleppo 2001) als auch der syrischen Fassung (ܟܬܒܐ ܕܣܝܡܬܐ ܪܘܚܢܝܬܐ ܥܠ ܨܠܘܬܐ ܩܢܘܢܝܬܐ - *ktoḇo d-simto ruḥonoyṯo ʿal ṣluṯo qonunoyṯo:* Buch des geistlichen Schatzes der kanonischen Gebete, 2019). Außerdem gibt es eine englische Übersetzung mit Zitaten in syrischer Sprache: The Spiritual Treasure on Canonical Prayer. Translated from Arabic and Syriac into English by Rev. Fr. Joseph Tarzi, Burbank, California, 1999.

2 Vgl. Barsaum, Gebete, 33. In einer Übersetzung des *Šḥimo* ins Deutsche aus dem Jahr 1995 (allerdings in seiner indischen Fassung) werden nur das Abend- und das Morgengebet als „Gemeindegottesdienste" charakterisiert, die auch Laien geläufig seien und von syrisch-orthodoxen Familien auch im häuslichen Bereich gefeiert würden; vgl. Madey, Stundenlob, 6/7.

3 Vgl. Barsaum, Gebete, 22. Auch eine Abhandlung über das *Šḥimo* in einer syrisch-orthodoxen Kirchenzeitschrift aus dem Jahr 2001 stellt fest, dass in der syrisch-orthodoxen Kirche bis zum gegenwärtigen Zeitpunkt mit dem *Šḥimo* in der zu zwei Gebetszeiten zusammengefassten Weise gebetet wird (vgl. Aydin, *Šḥimo*, 46).

4 Vgl. Barsaum, Gebete, 55.

5 Vgl. ebd., 29.

6 Vgl. ebd., 55.

ginn und am Ende einer Gebetszeit, gelten als eine Art ‚Minimalprogramm', das von jedem Gläubigen – ob Kleriker oder Laie – praktiziert werden soll[7].

Auch einer Ausgabe syrischer Hymnen aus dem Jahr 2018 zufolge sind die dort ausgewählten traditionellen Gesänge – unter anderem auch aus dem *Šḥimo* – in der Diaspora der syrischen Community nach wie vor bekannt, beliebt und in Gebrauch[8]. Ihre moderne Notation und Übersetzung sollen dazu dienen, die Botschaft der Gesänge der gegenwärtigen Gemeinde und in ihr besonders der jungen Generation begreifbar zu machen[9]. Das gemeinsame Singen der traditionellen Gesänge durch Gläubige verschiedener Generationen und Gemeinden soll dazu führen, dass der dadurch vermittelte Glaube der syrisch-orthodoxen Kirche die syrische Community in der Diaspora vereint und in ihrer Spiritualität fördert[10]. Diese hohe Erwartung an die geistlich auferbauende Wirkung der syrischen Gesänge ist verbunden mit dem Bewusstsein, dass diese ebenso wie die syrische Sprache einen wesentlichen Teil der Identität der syrischen Community ausmachen[11]. Den Gebrauch der syrischen Sprache beim liturgischen Singen sollen die Gemeinden der syrisch-orthodoxen Kirche in viel höherem Maße beibehalten haben als die anderen Kirchen der syrischen Tradition[12]. Die geistlich auferbauende Wirkung der syrischen Gesänge sei sogar davon abhängig, dass sie in der syrischen Originalsprache, der Sprache Jesu, seiner Mutter und der Apostel, gesungen würden[13]. Auf diese Weise würde die liturgische Tradition der syrisch-orthodoxen Kirche und der darin enthaltene Glaube von ihren Anfängen an bis heute getreu überliefert[14].

Dass die syrische Sprache für den Gesang der Psalmen und Hymnen als unersetzlich angesehen wird, ist allerdings eine neuere Entwicklung, die erst aufgrund der Bedingungen der Diaspora stattgefunden hat. Noch in den 30er Jahren des 20. Jahrhunderts war es im nordirakischen Mosul üblich, Hymnen in arabischer Sprache in den liturgischen Gesang der syrischen Christen mit aufzunehmen. Der Grund dafür war schlicht und einfach, dass die syrische Kirchensprache von immer weniger syrischen Christen verstanden wurde, die wie die meisten Bewohner des Vorderen Orients mit der arabischen Sprache aufwuchsen. Die Sprache der Bevölkerungsmehrheit wurde adaptiert, um der eigenen kirchlichen Tradition Geltung zu verschaffen[15]. Dieser Prozess fiel vielen syrischen Christen nicht leicht, da sie durch die

7 Vgl. ebd., 24.

8 Vgl. Aydin, Hymnal, 14/15.

9 Vgl. ebd., 17.

10 Vgl. ebd., 18: "The Syriac Music Institute is confident that through this hymnal the bonds of our Syriac faith will unite the Syriac community. With God's help, this hymnal can be an integral part of private and collective libraries and a manual for spiritual growth for the Syriac people, particulary for those of us who live in the diaspora."

11 Vgl. ebd.

12 Vgl. ebd., 28.

13 Vgl. ebd., 67: "Attempt to chant the chants in their original language (in Syriac as opposed to in translation) as much as you can, to obtain the highest spiritual entity embedded in the hymns, for the Syriac Orthodox Church employs the Aramaic language, which Christ, his mother, the apostles, and all Syriac Church forefathers spoke."

14 Vgl. ebd., 50.

15 Vgl. Dinno, Christians, 269/270: "Part of the development envolved increasing the Arabic content in the liturgy in many of the Syrian Orthodox churches of Iraq and in Greater Syria, where the majority, even those from Tur Abdin, did not understand Syriac, but were increasingly conversant in Arabic. The introduction of Arabic hymns in the early 1930s in Mosul… was part of this effort, which presented the congregation with the opportunity of participating in a tongue they understood, a matter that rendered church attendance more meaningful."

arabisch sprechende Mehrheit auch immer wieder Diskriminierung und Verfolgung zu erleiden hatten[16]. Bis zu diesem Zeitpunkt war der liturgische Gebrauch der syrischen Sprache für die syrischen Christen allerdings noch eine selbstverständliche Gegebenheit gewesen. Durch den Wegzug vieler syrischer Christen nach Europa, Amerika und Australien änderte sich das Verhältnis zur eigenen christlichen Tradition jedoch grundlegend, sodass es in der durch die westliche Kultur geprägten Diaspora zu verstärkten Versuchen kam, die syrische Sprache wiederzubeleben[17]. Die traditionelle Sprache und Liturgie der syrischen Kirche wurde jetzt zu einem Element, das einerseits für die gemeinsame Identität stand und andererseits durch die Dominanz der westlichen Kultur bedroht war. Umso stärker begann man daran festzuhalten, dass die syrische Liturgie unbedingt auch in der syrischen Sprache zu singen sei. Das Leben in der Diaspora ist für die syrischen Christen also ein erhebliches Spannungsfeld zwischen der Erhaltung der eigenen Tradition einerseits und der notwendigen Anpassung an die Bedürfnisse der jungen Generation andererseits. Hinzu kommt das Bedürfnis nach ökumenischer Begegnung mit anderen christlichen Kirchen[18], welche für die syrischen Christen als kleine Minderheit schlicht und einfach eine Notwendigkeit darstellt. Allerdings kommt es dabei für sie als orientalisch geprägte Christen auch immer wieder zu Enttäuschungen, weil sie feststellen müssen, dass das religiöse Interesse in den westlichen Gesellschaften (auch unter Kirchenmitgliedern) nicht so stark ausgeprägt ist, wie es ihrer Erwartung entsprechen würde. Insofern ist die Erhaltung der eigenen kirchlichen Tradition für die syrischen Christen unter den Bedingungen der Diaspora eine große Herausforderung, die nicht leicht zu bewältigen ist[19]. Sie wird vor allem in der Aufgabe gesehen, die junge Generation an der liturgischen Praxis zu beteiligen; zu diesem Zweck werden Veränderungen dieser Praxis durchaus als Notwendigkeit angesehen. Sie müssten aber von einer breiten Mehrheit der syrischen Community in der Diaspora mitgetragen und vorangetrieben werden[20]. Ansonsten könnte es sein – und danach sieht es zunehmend aus – dass die Erhaltung der syrischen Sprache und Liturgie mehr und mehr zu einer Spezialaufgabe für syrische Gelehrte und Mönche wird und so für die Mehrheit der syrischen Christen an Bedeutung verliert. Es wird nicht zu Unrecht befürchtet, dass das Aramäische als lebendige Sprache ausstirbt[21] – ebenso wie das

16 Vgl. ebd., 270.

17 Vgl. ebd., 299: "In the diaspora, a growing trend to promote Syriac revival appeared in the latter decades of the twentieth century in Western Europe, particularly in Sweden, Germany and Benelux, where most of the immigrants settled... This trend towards revival was also manifested in the large number of students of immigrant parents who pursued Syriac studies in European universities."

18 Vgl. ebd., 304.

19 Vgl. ebd., 311: "The primary challenge to Syrian Orthodoxy, as well as to other Syriac traditions in the diaspora, is how to preserve the Syriac culture, the hallmark of the Syriac liturgical tradition, in the most societies. What contributes to this challenge is the discovery – and in many cases the shock – by the newcomers that, contrary to traditional expectations, the recipient societies, though nominally Christian, are no longer religiously inclined and that in many of these countries the majority no longer identifies itself with Christianity."

20 Vgl. ebd., 312: "With the increasingly dire prospects for a continued existence in the homeland, attention naturally turns to a future in the diaspora with all the challenges imposed on Church and community in preserving the Syriac tradition. Success in this requires considerable efforts on the part of all Syriac churches to implement changes, not least in their liturgical practices, to meet modern challenges to create bonds between the church and the younger generation, without whose active participation cultural continuity could hardly be assured."

21 Vgl. ebd.

Altsyrische als Liturgiesprache der syrischen Kirchen und mit ihr die syrische Poesie mit ihren metrisch geformten Gebetsgattungen und rhythmisch gesungenen Hymnen. Es stellt sich also die Frage, inwiefern die Bedeutung der syrischen Poesie für das Leben der syrisch-orthodoxen Kirche – also das Thema dieser Arbeit – von der Erhaltung und Überlieferung dieser Gesänge in Ihrer syrischen Sprache abhängig ist. George Anton Kiraz zufolge ist die Tatsache, dass sich die syrische Dichtung nur schwer in andere Sprachen übersetzen lässt, der Grund dafür, dass die liturgischen Texte der syrisch-orthodoxen Kirche in der Diaspora nach wie vor in altsyrischer Sprache gelesen werden[22].

5.1.2 Versuche zur Erhaltung der kirchlichen Praxis in der Diaspora

5.1.2.1 Übersetzungen

5.1.2.1.1 Übersetzungen der Gebetstexte des Šḥimo

Der größte Teil der syrisch-orthodoxen Christen lebt mittlerweile in der Diaspora und somit in einem anderen sprachlichen Kontext als in den historischen Siedlungsgebieten im Grenzgebiet zwischen Syrien, dem Irak und der Türkei. Die nachfolgenden Generationen wachsen nun mit Englisch, Deutsch, Schwedisch, Niederländisch oder Französisch als Muttersprache auf. Damit auch sie mit ihrer liturgischen Tradition vertraut bleiben, wurde unter anderem auch das *Šḥimo* in verschiedene europäische Sprachen übersetzt. Eine Abhandlung in einer syrisch-orthodoxen Kirchenzeitschrift über das *Šḥimo* aus dem Jahr 2001[23] zählt die zu dieser Zeit vorhandenen Übersetzungen auf:

Im Jahre 1910 wurde eine Übersetzung in die drawidische Sprache Malayalam, also im Kontext der malankarischen Tradition, gedruckt, die in den Jahren 1974 und 1998 überarbeitet und neu herausgegeben wurde[24]. Von dieser Übersetzung heißt es, dass mit ihr auch in den syrischen Kirchentönen gesungen werden könne[25]. Von daher ist es offensichtlich mög-

---

22 Vgl. George A. Kiraz, Schema of the Syriac Šḥimo, in: Hugoye. Journal of Syriac Studies 25.2 (2022), 455-483.

23 Vgl. Edib Aydin, *Šḥimo.*

24 Vgl. Aydin, *Šḥimo*, 38. Eine Aussage des Autors der deutschen Übersetzung der indischen Fassung aus dem Jahre 1995 deutet darauf hin, dass das *Šḥimo* bereits Ende des 19. Jahrhunderts in der Sprache Malayalam gebetet wurde; vgl. Madey, Stundenlob, 3: „So ist es beispielsweise seit dem vergangenen Jahrhundert notwendig geworden, daß die zahlenmäßig größte kirchliche Gemeinschaft syrischer Tradition, die in Indien beheimatet ist, ganz gleich, ob sie dem ostsyrischen oder dem syro-antiochenischen Ritus folgt, für ihr offizielles liturgisches Gebet im allgemeinen die Landessprache *Malayalam* angenommen hat."
Mittlerweile gibt es aus der malankarischen Tradition Kurzfassungen des *Šḥimo*, die vor allem der jüngeren Generation den Zugang zum Stundengebet erleichtern sollen: eine Fassung in englischer Sprache, erstmals herausgegeben in den USA 1993 und erneut herausgegeben in Indien 2000 (Rajan, prayer book), enthält die klassischen sieben Gebetszeiten in Kurzform für nur einen Tag. Eine andere Fassung in deutscher Sprache, herausgegeben in Deutschland 2012 (Tamcke, Gebetbuch), enthält nach einer Einführung den einleitenden „Qauma" (ebd., 21), ein Morgen- und ein Abendgebet, die aus ausgewählten Bestandteilen des *Šḥimo* zusammengesetzt sind, ein „Gebet vor dem Schlafengehen" (ebd., 51) sowie weitere Gebetstexte und einige Cantica. Die Psalmodie entspricht weitgehend der des *Šḥimo*.

25 Vgl. Aydin, *Šḥimo,* 38: ܘܡܥܒܪܢܘܬܐ ܗܕܐ... ܡܨܝܐ ܓܝܪ ܕܬܬܩܢܩܢ ܥܠ ܩܝܢܬܐ ܣܘܪܝܝܬܐ. – *w-maᶜḇronuṯo hode… meṣyo ger d-ṯeṯqanqan ᶜal qinoṯo suryoyṯo*: „Diese Übersetzung… kann auch in den syrischen Kirchentönen gesungen werden."

lich, dass die syrische Singweise in ihrer poetischen Form über sprachliche Grenzen hinweg erhalten und auch in einer anderen Sprache ausgeführt werden kann.

Eine erste Übersetzung des *Šḥimo* ins Arabische wurde 1965 in Beirut herausgegeben, eine überarbeitete Fassung im Jahr 1994. Sie sei in einer einfachen Sprache geschrieben, die für die Gläubigen verständlich sei. Die Notwendigkeit einer arabischen Übersetzung wird damit begründet, dass der Inhalt für das arabisch sprechende syrische Volk allgemein verständlich und dadurch für die syrischen Christen zugänglich sein soll, damit diese bei ihrer Kirche blieben[26]. Hier geht es offensichtlich weniger um die Erhaltung der poetischen Sprachgestalt, als vielmehr um die Überlieferung des geistlichen Inhalts der Gebete des *Šḥimo*.

In der maronitischen Kirche hat man sich offensichtlich zu einem sprachlichen Kompromiss entschlossen: Eine Ausgabe mit der Bezeichnung ܫܚܝܡܬܐ - *Šḥimto*, erarbeitet durch eine liturgische Kommission in Kaslik im Libanon (erstmals herausgegeben im Jahr 1986, zum zweiten Mal 1991) enthält Gebete und Hymnenstrophen nach dem Kirchenjahr in arabischer, tägliche Gebete und Hymnen dagegen in syrischer Sprache; zusätzlich ist diese Ausgabe mit Illustrationen und für bestimmte Gesänge auch mit Noten versehen[27].

Aus dem Bereich der malankara-orthodoxen Kirche in Indien gibt es englische Übersetzungen des dort gebräuchlichen *Šḥimo*. Die erste dieser Art wurde von Bede Griffiths, einem Mönch des Kurisumala-Ashram im indischen Kerala, verfasst[28]. Nach dessen Angaben ist es ein Ziel dieser Ausgabe, dass sie vom syrisch-orthodoxen und vom syrisch-katholischen Zweig der syro-malankarischen Kirche Indiens gemeinsam (also ökumenisch) in Gebrauch genommen wird[29]. Zum ersten Mal erschien sie im Jahr 1965[30]; eine nachgedruckte Ausgabe aus dem Gorgias-Verlag in den USA erschien 2005. Diese Übersetzung wird als ‚elegant' (ܣܩܝܠܬܐ - *saqilto*) beschrieben, da sie die poetische Form und den ursprünglichen Sinn der Gebetstexte bewahre[31]. Dieses positive Urteil entspricht dem Selbstverständnis des Autors, der in der Einleitung seine Bewunderung für die poetische Schönheit der syrischen Gebetstexte und sein Bemühen um dessen Erhaltung zum Ausdruck bringt[32]. Dies kann als ein Hinweis darauf gesehen werden, dass es auch in einer europäischen Sprache möglich ist, den Inhalt der syrischen Gebetstexte samt ihrer poetischen Form zu erhalten und zu überliefern.

26 Vgl. ebd., 38/37.
27 Vgl. ebd., 39.
28 Es gibt eine überarbeitete Ausgabe dieser englischen Übersetzung von Francis Acharya, der zusammen mit Bede Griffiths zu den Gründern des Kurisumala-Ashram gehörte, aus dem Jahr 1983 unter dem Titel „A Weekly Celebration of the Economy of Salvation", die den ersten Band der Serie „Prayer with the Harp of the Spirit. The Prayer of Asian Churches" bildet. Sie übernimmt Elemente aus der hinduistischen Tradition und lässt dafür Teile des syrischen Textes wegfallen (vgl. Aydin, Rediscovering, 302). Sie nimmt aber auch den byzantinischen Licht-Hymnus in englischer Sprache („Joyous light") wiederum in das Abendgebet auf (vgl. G. Nedungatt SJ, in: Acharya, Prayer, Vorwort, xi bis xiii).
29 Vgl. Griffiths, Book of Common Prayer, Introduction, III.
30 Vgl. Aydin, Rediscovering, 302.
31 Vgl. Aydin, *Šḥimo*, 39.
32 Vgl. Griffiths, Common Prayer, XII: "The meditation on the mysteries of faith seems to awake in these writers (who were mostly monks) an inexhaustible flow of poetry, which is both profoundly theological and astonishingly original. It is hoped that this rendering of them into English will not have emptied them of this rare poetic beauty."

Von der deutschen Übersetzung des *Šḥimo* durch Johannes Madey aus dem Jahr 1995 heißt es, sie sei von der oben genannten englischen Übersetzung abhängig und stimme mit dem syrischen Vorbild überein[33]. Sie beruht ebenfalls auf der Fassung, die in den syro-malankarischen Kirchen Südwestindiens verbreitet ist[34] und wurde nach dem Zeugnis des Autors auf Wunsch des leitenden Bistums der syrisch-orthodoxen Kirche für die Kirchen in der mitteleuropäischen Diaspora erstellt[35]. Der Autor begründet die Notwendigkeit dieser Übersetzung mit der schwindenden Kenntnis der syrischen Sprache in der jüngeren Generation und sieht sie als eine „seelsorgliche Notwendigkeit" an[36]. Darüber hinaus verbindet er mit der Übersetzung des *Šḥimo* die Hoffnung, dass sie auch der ökumenischen Begegnung zwischen den östlichen und westlichen Kirchen dienen könne[37]. Der Sinn dieser Übersetzung wird folglich in erster Linie in der Überlieferung des geistlichen Inhalts der Gebetstexte gesehen, nicht ihrer poetischen Form.

Erwähnt wird auch eine französische Übersetzung des *Šḥimo* durch Mönche des Ordens der kleinen Brüder Jesu. Eine gedruckte Ausgabe davon gäbe es bislang nicht, aber sie würde erwartet[38]. Mittlerweile gibt es eine französische Übersetzung als Textdatei ohne Angaben über ihre Herkunft[39]. Für die syrisch-orthodoxe Community in Schweden existiert eine syrisch-schwedische zweisprachige Ausgabe des *Šḥimo*[40], und für das Abendgebet des *Šḥimo* gibt es im Rahmen einer Disseration eine italienische Übersetzung[41].

5.1.2.1.2 Vereinfachungen des syrischen Stundengebets im religionspädagogischen Kontext

Im Jahre 2009 ist eine gekürzte Fassung des syrisch-orthodoxen Stundengebets in syrischer, türkischer und deutscher Sprache erschienen, die sich offensichtlich in erster Linie an die syrisch-orthodoxen Christen in der Diaspora richtet, die aus dem in der Südost-Türkei gelegenen Ṭur Abdin stammen. Sie geht nach Angaben des Herausgebers auf eine Zusammenfassung und Übersetzung des *Šḥimo* ins Türkische durch einen syrisch-orthodoxen Diakon in der Türkei zurück und wurde von dem herausgebenden syrisch-orthodoxen Diakon Josef Önder in Deutschland um eine deutsche Übersetzung ergänzt[42]. Diese Kurzversion besteht vor allem aus den einleitenden Gebeten des *Šḥimo*, die am Beginn einer jeden Gebetszeit stehen: das trinitarische Votum mit Bekreuzigung, das Sanctus, das Trishagion, das Kyrie, das Gloria und das Vaterunser. Diese Elemente bilden zusammen eine Einheit, die ܬܫܡܫܬܐ – *tešmešto*: ‚Dienst' genannt wird. Eine Gebetszeit besteht aus mehreren solcher Dienste, die

33 Vgl. Aydin, *Šḥimo*, 39.
34 Vgl. Madey, Stundenlob, 4.
35 Vgl. ebd., 3.
36 Vgl. ebd.
37 Vgl. ebd., 8.
38 Vgl. Aydin, *Šḥimo*, 39.
39 COMMUN DU BREVIAIRE DE LITURGIE SYRIENNE (ohne weitere Angaben) in der «Bibliografía sobre el Rito Siro-Occidental» unter http://lexorandies.blogspot.com/2011/10/bibliografia-sobre-el-rito-siro.html vom 05.10.2011, zuletzt abgerufen am 28.06.2023.
40 ܫܚܝܡܐ - *Shimo* – Veckobönebok enligt den Syrisk-ortodoxa kyrkan av Antiokia, hg. vom „Syrisk-ortodoxa Kyrkans Ungdomsförbund – SOKU" und der „Syrisk-ortodoxa patriarkatets ställföreträdarskap i Sverige – SOK", Übersetzung der syrischen Ausgabe von 1981 durch Johan Andersson, Schweden 1996.
41 N. Semaan: La preghiera vespertina feriale nella tradizione siro-antiochena, Roma 2003.
42 Vgl. Önder, Gebetszeiten, 165.

außer den genannten Elementen bzw. an ihrer Stelle aber auch noch andere Elemente enthalten können:

Abendgebet:

- 1. Dienst mit trinitarischem Votum, Sanctus, Trishagion, Kyrie, Gloria und Vaterunser
- 2. Dienst mit Trishagion, Kyrie, Gloria und Vaterunser
- 3. Dienst mit Trishagion, Kyrie, Gloria und Vaterunser
- 4. Dienst mit Vergebungsbitte an Jesus Christus[43], Trishagion, Kyrie, Gloria und Vaterunser
- 5. Dienst mit Trishagion, Kyrie, Gloria und Vaterunser
- 6. Dienst mit Psalm 91 und 121, Psalmengebet des Severus von Antiochien, Lobpreis der Herrlichkeit Christi (ܒܪܝܟ ܗܘ ܐܝܩܪܗ ܕܡܪܝܐ - *brik-u iqoreh d-moryo*: „Gepriesen sei die Herrlichkeit des Herrn"), Vaterunser, Nizänum und Ave Maria

Schutzgebet:

- 1. Dienst mit trinitarischem Votum, Sanctus, Trishagion, Kyrie, Gloria und Vaterunser
- 2. Dienst mit Psalm 91 und 121, Psalmengebet des Severus von Antiochien, Lobpreis der Herrlichkeit Christi (s.o.), Vaterunser, Nizänum und Ave Maria

Nachtgebet:

1. Dienst mit trinitarischem Votum, Sanctus, Trishagion, Kyrie, Gloria und Vaterunser
2. Dienst mit Lobpreis der Herrlichkeit Christi (s.o.) und Vaterunser
3. Dienst mit Lobpreis der Herrlichkeit Christi (s.o.), Vaterunser, 3x Halleluja mit „Ehre sei dir Gott" und „Ehre der Dreifaltigkeit"
4. Dienst mit erweitertem Gloria, Vergebungsbitte an Jesus Christus (s.o.), Trishagion, Kyrie, Gloria, Vaterunser, Nizänum und Ave Maria

Morgengebet:

- 1. Dienst mit trinitarischem Votum, Sanctus, Trishagion, Kyrie, Gloria und Vaterunser
- 2. Dienst mit Lobpreis der Herrlichkeit Christi (s.o.) und Vaterunser
- 3. Dienst mit Lobpreis der Herrlichkeit Christi (s.o.), Vaterunser, 3x Halleluja mit „Ehre sei dir Gott" und „Ehre der Dreifaltigkeit"
- 4. Dienst mit erweitertem Gloria, Vergebungsbitte an Jesus Christus (s.o.), Trishagion, Kyrie, Gloria, Vaterunser
- 5. Dienst mit Trishagion, Kyrie, Gloria und Vaterunser
- 6. Dienst mit „Es ist gut, dem Herrn zu danken" (ܛܒ ܠܡܘܕܝܘ ܠܡܪܝܐ - *ṭob l-mawdoyu l-moryo*), Trishagion, Kyrie, Gloria und Vaterunser
- 7. Dienst mit Trishagion, Kyrie, Gloria und Vaterunser
- 8. Dienst mit Trishagion, Kyrie, Gloria und Vaterunser
- 9. Dienst mit Trishagion, Kyrie, Gloria und Vaterunser

---

43 Wortlaut im Deutschen: „Unser Herr Jesus Christus, verschließe uns nicht die Tür zu deinem Erbarmen. Herr, wir bekennen, dass wir Sünder sind, vergib uns. Aus Liebe bist du von deiner [himmlischen] Wohnung zu uns herabgestiegen. Durch deinen Tod hast du unseren Tod vernichtet, vergib uns." (Önder, Gebetszeiten, 171).

- 10. Dienst mit Hymnus des Severus von Antiochien, Trishagion, Kyrie, Gloria, Vaterunser, Nizänum und Ave Maria

Gebet zur dritten Stunde:
- 1. Dienst mit trinitarischem Votum, Sanctus, Trishagion, Kyrie, Gloria und Vaterunser
- 2. Dienst mit Trishagion, Kyrie, Gloria, Vaterunser, Nizänum und Ave Maria

Mittagsgebet:
- 1. Dienst mit trinitarischem Votum, Sanctus, Trishagion, Kyrie, Gloria und Vaterunser
- 2. Dienst mit Trishagion, Kyrie, Gloria und Vaterunser
- 3. Dienst mit Trishagion, Kyrie, Gloria und Vaterunser
- 4. Dienst mit Trishagion, Kyrie, Gloria und Vaterunser
- 5. Dienst mit Trishagion, Kyrie, Gloria und Vaterunser
- 6. Dienst mit Trishagion, Kyrie, Gloria, Vaterunser, Nizänum und Ave Maria

Gebet zur neunten Stunde:
- 1. Dienst mit trinitarischem Votum, Sanctus, Trishagion, Kyrie, Gloria und Vaterunser
- 2. Dienst mit Trishagion, Kyrie, Gloria, Vaterunser, Nizänum und Ave Maria

Abgesehen von den mehrfachen Wiederholungen der einleitenden liturgischen Bestandteile fällt an dieser Kurzfassung des syrisch-orthodoxen Stundengebets auf, dass bestimmte Elemente des Nachtgebets in das Abend- und das Morgengebet übernommen wurden: der Lobpreis der Herrlichkeit Christi in beide Gebetszeiten und das dreifache Halleluja mit dem Lobpreis der Dreifaltigkeit (die hier ebenfalls Bestandteile des Nachtgebets sind) in das Morgengebet. Die Psalmen 91 und 121 und das Psalmengebet des Severus von Antiochien, die sonst ausschließlich Bestandteile des Schutzgebetes zur Nacht sind, sind hier auch Teil des Abendgebets. Ansonsten wurden drei weitere Gebetstexte in die Kurzfassung aufgenommen: die Vergebungsbitte an Jesus Christus in das Abend- und das Morgengebet, das Dankgebet „Es ist gut, dem Herrn zu danken“ und der Hymnus des Severus von Antiochien, jedoch nur in das Morgengebet. Das Morgengebet hat mit zehn ‚Diensten‘ den größten Umfang, und die drei kleinen Gebetszeiten zum Schlafengehen (Schutzgebet) und zur dritten und zur neunten Stunde haben den geringsten Umfang (jeweils zwei Dienste). Das Mittagsgebet hat mit sechs ‚Diensten‘ denselben mittelgroßen Umfang wie das Abendgebet, während das Nachtgebet mit vier ‚Diensten‘ im Vergleich zum *Šḥimo* relativ kurz ist.

Der Sinn dieser Kurzfassung des *Šḥimo* besteht darin, dass es den syrisch-orthodoxen Christen auch unter den Lebensbedingungen der Diaspora möglich sein soll, sich in einer regelmäßigen Gebetspraxis zu üben, die von der traditionellen Gebetsweise geprägt ist. Unter Beibehaltung des überlieferten Umfangs des *Šḥimo* sei dies nur noch wenigen Menschen in besonderen Lebenssituationen möglich[44]. Nicht zuletzt soll diese Kurzfassung des Stundengebets als eine Anleitung für die christliche Erziehung von Kindern und Jugendlichen im Sinne der syrisch-orthodoxen Tradition dienen, aber auch von denen in Gebrauch genommen werden, die diese Gebetspraxis als Erwachsene kennenlernen wollen[45]. Diese religionspäda-

44 Vgl. Önder, Gebetszeiten, 165.
45 Vgl. ebd., 165/166.

gogische Absicht setzt offensichtlich in erster Linie auf eine rituelle Einübung einfacher liturgischer Texte, auch in der syrischen Sprache, in Verbindung mit der vertrauten Sprache der Diaspora, nicht aber auf eine Tradierung der Gebetstexte in der für sie bedeutsamen poetischen Form. Es stellt sich die Frage, ob damit dem Zweck des *Šḥimo,* ein gesungener Katechismus der einfachen Leute zu sein, ausreichend Genüge getan wird.

Zehn Jahre später (2019) hat derselbe Autor Josef Önder ein erstes Gebetbuch für Schüler*innen herausgegeben, das zusammen mit einem zweiten Gebetbuch im Jahr 2020 neu herausgegeben wurde und für den Gebrauch im syrisch-orthodoxen Religionsunterricht bestimmt ist. Beide Bände enthalten eine elementare Einführung zum Sinn des Betens insbesondere für Kinder und Jugendliche sowie eine Anleitung, wie die Grundgebete der syrisch-orthodoxen Tradition – trinitarisches Votum, Sanctus, Trishagion, Kyrie, Gloria, Vaterunser und Ave Maria (im ersten Band auch (nizänisches) Glaubensbekenntnis) – in syrischer Sprache und mit den dazugehörigen Gesten (Bekreuzigung, Verneigung) zu beten sind[46]. Der erste Band enthält – jeweils auf Syrisch und auf Deutsch – fünf ausgewählte Bittgebete aus dem *Šḥimo* sowie eine Auswahl von sechs biblischen Psalmen, zum größten Teil aber Gebete, die von Kindern und Jugendlichen selbst geschrieben und vom Autor ins Syrische übersetzt worden sind. Ein weiterer Abschnitt des ersten Bandes enthält Gebete aus der monastischen Tradition der syrisch-orthodoxen Kirche und aus der Feder des Autors, die „wie ein Leitfaden im täglichen Tagesablauf – vom Aufstehen bis zum Schlafengehen – gebetet werden" können[47]. Der zweite Band enthält in erster Linie Gebete aus der monastischen Tradition sowie biblische Psalmen und Lesungen, die für jede der traditionellen Gebetszeiten eines jeden Wochentages jeweils als ein Eröffnungs- und als ein Abschlussgebet in syrischer und in deutscher Sprache aufgeführt sind. Aus der Einleitung beider Bände geht hervor, dass die aufgeführten Gebete im praktischen Gebrauch jeweils durch die oben genannten Grundgebete eingerahmt sein sollen: trinitarisches Votum, Sanctus, Trishagion, Kyrie, Gloria und Vaterunser gehen voraus, und das Ave Maria beschließt das Gebet. Dazwischen werden die neu formulierten bzw. die kirchlich überlieferten Gebete gesprochen[48]. Auf diese Weise wird der tradierte liturgische Rahmen des Stundengebets also sowohl mit frei formulierten und gegenwartsbezogenen als auch mit traditionellen Gebetstexten aus der biblischen und der monastischen Tradition kombiniert. Diese Ausgaben von Gebetbüchern für Schüler*innen sind also ein Versuch, die traditionelle Gebetspraxis der syrisch-orthodoxen Kirche mit den gegenwärtigen Lebensbedingungen von Kindern und Jugendlichen in Verbindung zu bringen. Das, was dabei vom überlieferten *Šḥimo* erhalten bleibt, sind allerdings nur einzelne Gebetstexte in syrischer Sprache und der liturgische Rahmen der Grundgebete, nicht aber der breit gefächerte theologische Inhalt und die poetischen Formen des syrisch-orthodoxen Stundengebets, mithilfe derer ihr geistlicher Inhalt transportiert wird. Dem Erhalt der traditionellen Gebetspraxis in vereinfachter Form und in syrischer Sprache steht also der Verzicht auf einen großen Teil der poetisch geformten Texte des *Šḥimo* gegenüber. Der religionspädagogische Gewinn wiegt aber möglicherweise mehr als der poetologisch-theologische Verlust, da die Gebetstexte des *Šḥimo* ohne diesen Erhaltungsversuch in der Diaspora – außer in einigen Pries-

46 Vgl. Önder, Spiritualität, 1-20. Vgl. ders., Orientierung, 1-16.
47 Vgl. ders., Spiritualität, 12.
48 Vgl. ebd. und ders., Orientierung, 12.

ter- und Diakonenfamilien und im monastischen und akademischen Kontext – ansonsten unweigerlich dem Schicksal des Vergessenwerdens anheimfallen würden.

5.1.2.1.3 Übersetzung des Šḥimo im Sinne einer kosmischen Spiritualität

Seit kurzem gibt es eine Interlinearübersetzung, in der der Text der syrisch-orthodoxen Fassung des *Šḥimo* Wort für Wort mit einer darunterliegenden Übersetzung ins Englische versehen ist. Sie beruht auf einer Online-Ausgabe des *Šḥimo*, die vom Übersetzer um die (in den gedruckten Ausgaben nicht aufgeführten) Texte des Mittagsgebetes erweitert wurde. Sie folgt an vielen Stellen der englischen Übersetzung der syro-malankarischen Fassung des *Šḥimo*, basiert vom Textumfang her aber auf der syrisch-orthodoxen Fassung, die sich nach Angaben des Autors nicht unwesentlich von der syro-malankarischen Fassung unterscheidet[49]. Der Autor dieser philologisch sehr sorgfältigen und drucktechnisch sehr aufwändigen Interlinearübersetzung richtet sich mit seinem Werk allerdings nicht nur an die syrisch-orthodoxe Community in der Diaspora, sondern ganz allgemein an religiöse Menschen, die an einer an der Natur orientierten Spiritualität interessiert sind. In seiner Einleitung betont er, dass das tägliche Stundengebet sowohl im natürlichen Lauf von Sonne und Mond als auch in der biblisch-theologischen Tradition des christlichen Glaubens verankert sei[50]. Bei letzterer handele es sich vor allem um die an den biblischen Evangelien orientierte Erzählung vom Leiden, Sterben und Auferstehen Jesu Christi, die in Gestalt der ‚kleinen Gebetszeiten' zur dritten, sechsten und neunten Stunde des Tages in den Rahmen der ‚großen Gebetszeiten' zum Sonnenuntergang und Sonnenaufgang eingebettet sei[51]. Das syrisch-orthodoxe Stundengebet verbinde die beiden Dimensionen der Natur und des Glaubens auf eine Weise miteinander, die die religiöse Erfahrung einer Begegnung zwischen Himmel und Erde ermögliche. Diese ganzheitliche religiöse Erfahrung werde allerdings durch die Entkoppelung der Gebetszeiten von ihrer natürlichen Tageszeit, wie sie durch die Zusammenfassung auf eine morgendliche und eine abendliche Gebetszeit erfolgt sei, gemindert. Dadurch würde das Stundengebet zu einem Kompendium von Gebeten, das deren religiösen Inhalt nur rational wahrnehmen, aber nicht mehr ganzheitlich erleben lasse[52]. Eine Gebetspraxis gemäß den ursprünglich vorgesehenen Zeiten des Tages lasse den Beter hingegen eine ganz besondere religiöse Erfahrung zwischen Himmel und Erde machen[53].

Eine Verbindung mit der zeitlichen Orientierung des täglichen Gebets am Auf- und Untergang der Sonne und an den biblisch bezeugten Stunden des Todestages Jesu kann aufgrund der traditionellen Gebetszeiten rein formal gesehen werden; aber die Einordnung dieses Phänomens in eine allgemein-religiöse ‚kosmische Spiritualität' erscheint – nüchtern betrachtet – doch als sehr abstrakt. Abgesehen davon stellt sich die Frage, warum diese besondere reli-

49 Vgl. Bousquet, Twilights, 89.

50 Vgl. ebd., 12: „One peculiar aspect of this tradition is particularly precious: the fact that the prayer cycle of this tradition is anchored not only in the scriptural and theological tradition of the Christian faith but also anchored in the cycles of nature that we all experience each day of our lives."

51 Vgl. ebd., 57.

52 Vgl. ebd., 13/14.

53 Vgl. ebd., 58: "the man who undertake[s] to led his life be paced by this tradition, for a limited period of the entirety of the remaining days on earth, may be able to link this prayer cycle and his experience of the play of the skies, thereby deepening the grounding of this liturgical cycle in the truth of the experience of the earth and the skies."

giöse Erfahrung ausgerechnet mit dem Stundengebet der syrisch-orthodoxen Kirche in Verbindung stehen soll, zumal andere kirchliche Traditionen dieselben Gebetszeiten aufweisen. Den Ausführungen des Autors scheint ein zwar christlich gefärbtes, aber eher allgemeinreligiöses Weltbild zugrunde zu liegen, das gewisse esoterische Züge trägt. Ähnlich klingende Aussagen in der Einführung zur Übersetzung des syro-malankarischen *Šḥimo* durch Bede Griffiths[54] lassen vermuten, dass jenes durch einen Aufenthalt des Autors im südwestindischen Kurisumala-Ashram in Kerala inspiriert sein könnte. Diese Interlinearübersetzung soll offensichtlich in erster Linie eine religiöse Botschaft vermitteln, die weniger an den poetisch geformten Gesängen des *Šḥimo*, als vielmehr an einem esoterischen Weltbild orientiert ist.

5.1.2.2 Notation des Gesangs

Die gedruckten Ausgaben des *Šḥimo*, ja selbst die Melodiensammlung des *Beṯ Gazo* werden ausschließlich in Textform und ohne Noten herausgegeben[55]. Ein Erlernen der Singweise der liturgischen Texte geschieht also nach wie vor durch das Hören und Nachsingen der liturgischen Gesänge. Dies funktioniert zwar bislang auch unter den Lebensbedingungen der Diaspora, da die entsprechenden Gemeinden nach wie vor über Priester und Diakone verfügen, die in ihrer jeweiligen Gesangstradition geschult sind und dieses Wissen im Rahmen des kirchlichen Unterrichts an jüngere Gemeindeglieder weitergeben. Aber diese Praxis setzt voraus, dass die syrisch-orthodoxen Gemeinden als in sich homogene Einheiten unter der geistlichen Leitung eines Klerikers über Generationen hinweg unter den Bedingungen der westlichen Kultur bestehen bleiben – eine Voraussetzung, von der man nicht mit Sicherheit ausgehen kann. Je nach regionaler Herkunft gibt es innerhalb der syrisch-orthodoxen Community unterschiedliche Gesangsschulen, die sich im Falle der Migration nicht unbedingt an ein und demselben Ort wieder zusammenfinden müssen. Auch unter syrisch-orthodoxen Christen gibt es also nicht unbedingt eine einheitliche Gesangstradition. Hinzu kommt die Notwendigkeit der ökumenischen Begegnung, die auch mit gemeinsamen liturgischen Feiern oder im Einzelfall mit einem gegenseitigen liturgiewissenschaftlichen Austausch verbunden sein kann. Ein gegenseitiges Vor- und Nachsingen erscheint zu diesem Zweck nicht gerade als die angemessene Vorgehensweise. Und schließlich kann nicht selbstverständlich davon ausgegangen werden, dass ein erwachsener syrisch-orthodoxer Christ mit Interesse an seiner ihm nicht mehr vertrauten liturgischen Tradition sich im Rahmen einer Katechese von einem Kleriker seiner Kirche in der traditionellen Singweise schulen lässt. Wenn also der Anspruch aufrechterhalten werden soll, dass das syrisch-orthodoxe Stundengebet nicht nur eine Angelegenheit der Kleriker, sondern auch der Laien sowie liturgisch interessierter Gläubiger anderer Konfessionen ist, erscheint es als ein dringendes Desiderat, dass die liturgischen Texte so herausgegeben werden, dass auch ein nicht geschulter Mensch sich ihre Singweise selbständig aneignen bzw. sich darin üben kann. Dazu ist es notwendig, dass die syrischen Ge-

54 Vgl. Griffiths, Common Prayer, XII: "Each of these hours has its own particular theme or themes and the sense of the natural background of Morning, Evening or Night is often present and often calls forth the most charming poetry. Thus the natural and the supernatural world are marvellously blended and the great virtue of this prayer is that it gives a sense of wholeness."

55 Vgl. neben den gebräuchlichen Ausgaben des *Šḥimo* die große Ausgabe des *Beṯ Gazo* aus dem Jahr 1992 und dessen kleine Ausgabe aus dem Jahr 2015, die als Melodiensammlungen ausschließlich aus Texten bestehen.

sänge nicht nur als Texte, sondern auch mit Noten herausgegeben werden. In den vergangenen Jahrzehnten sind bereits verschiedene Versuche in dieser Hinsicht gemacht worden, die im Folgenden beschrieben und hinsichtlich ihrer Nützlichkeit für die oben beschriebenen Zwecke des gemeinsamen und individuellen Erlernens der syrisch-orthodoxen Gesangstradition unter den Bedingungen der westlichen Kultur beurteilt werden sollen.

5.1.2.2.1 Notation des Šḥimo und des Beṯ Gazo durch Heinrich Husmann

Ein Versuch von Seiten der westlich geprägten Musikwissenschaft, die syrisch-orthodoxe Gesangstradition in musikalischer Notenschrift zu fixieren, wurde in den Jahren 1969 (für das *Šḥimo*) und 1971 (für das *Beṯ Gazo*) von Heinrich Husmann unternommen. In der Einleitung seines Werkes blickt er auf einen früheren Versuch des französischen Liturgiewissenschaftlers Jules Jeannin aus den Jahren 1925/28 zurück, der sich für seine Darstellung der syrischen Gesänge allerdings auf eine Ausgabe der mit Rom unierten syrisch-katholischen Kirche bezieht. Da es Husmann zufolge nicht unerhebliche Unterschiede zwischen diesen beiden syrischen Gesangstraditionen gibt, hält er eine eigene Darstellung der syrisch-orthodoxen Gesänge für notwendig[56]. Im Gegensatz zu Jeannin zieht Husmann es vor, den syrischen Text in lateinische Buchstaben zu übertragen, um so die darüberstehenden musikalischen Noten von links nach rechts schreiben zu können. Ein Lesen der Noten in Verbindung mit der syrischen Schrift von rechts nach links hält er für einen europäischen Leser für nicht zumutbar[57]. Die Gesänge werden in seiner Ausgabe entsprechend ihrer Abfolge im *Šḥimo* präsentiert, und zwar nach der ihm vorliegenden, im Jerusalemer Markus-Kloster gedruckten 3. Auflage aus dem Jahr 1936[58]. In seiner ebenfalls mit musikalischen Noten versehenen Darstellung der Gesänge des *Beṯ Gazo* werden regionale Abweichungen der Singweise eines *Qolo* berücksichtigt, indem sie ‚synoptisch' untereinander abgedruckt sind[59]. Zusätzliche Zeichen werden nur im Rahmen der transliterierten syrischen Texte verwendet, um die Aussprache zu verdeutlichen, nicht aber in den musikalischen Noten. Die Ausgabe Husmanns beschränkt sich also in musikalischer Hinsicht auf die Darstellung von Tonhöhen und Notenwerten und lässt Betonungen und rhythmische Besonderheiten der Gesänge außer Acht.

5.1.2.2.2 Notation des Beṯ Gazo unter musikalischer Leitung von Nuri Iskandar

Bereits im Jahre 1930 hatte eine syrisch-orthodoxe Synode im Kloster Mor Mattai (im heutigen Nordirak) beschlossen, dass die Gesänge ihrer kirchlichen Tradition aufgezeichnet werden sollten, und es gab erste Anfänge, dieses Vorhaben zu verwirklichen. Eine umfassende Aufnahme der syrisch-orthodoxen Gesänge des *Beṯ Gazo* erfolgte dann aber erst ab dem Jahr 1960, zunächst durch den späteren Patriarchen *Yaᶜqub̠* III in New Jersey in den USA[60]. In den 60er Jahren folgten weitere Aufnahmen in Aleppo in Syrien unter der fachkundigen Begleitung des syrisch-orthodoxen Musikers Nuri Iskandar[61]. Nach einer weiteren Unterbre-

56 Vgl. Husmann, Melodien 1969, Vorwort, V.
57 Vgl. ebd., Vorwort, VI.
58 Vgl. ebd., 179.
59 Vgl. Husmann, Melodien 1971, 159ff.
60 Vgl. Tarzi, Introduction, in: Iskandar, Beth Gazo, ١٣٣ (133).
61 Vgl. ebd., ١٣٤ (134).

chung wurde das Projekt der Aufnahme und Aufzeichnung der syrischen Gesänge in Noten in den 90er Jahren durch den inzwischen entführten und nach wie vor vermissten syrisch-orthodoxen Metropoliten von Aleppo, Mor Gregorius Yohanna Ibrahim, vollendet[62]. Im Jahr 2012 wurde auf dieser Grundlage eine vollständige Ausgabe der Gesänge des *Beṯ Gazo* durch den Gorgias-Verlag in den USA herausgegeben. Sie ist mit einem Vorwort des Mor Gregorius Yohanna Ibrahim über die syrische Kirchenmusik in arabischer Sprache versehen, welches auch einen Abschnitt über das *Šḥimo* enthält[63]. Dass die Aufzeichnung der Gesänge nach der Gesangstradition von Edessa erfolgte, wird durch den Herausgeber damit begründet, dass diese durch ihre besondere rhythmische Ausprägung ihre ursprüngliche Gestalt weitgehend erhalten hätten[64]. Die Texte sind in syrischer Schrift geschrieben, und die darüberstehenden Noten müssen entsprechend von rechts nach links gelesen werden. Der Sinn des Projektes besteht darin, dass das reiche Erbe der Melodien der syrischen Gesänge schriftlich fixiert und so vor der Auslöschung durch das Vergessen bewahrt werden soll[65]. Eine Besonderheit des syrischen Gesangs kommt in der Notation dadurch zum Ausdruck, dass die musikalischen Vorzeichen zum Teil durchgestrichen und mit kleinen Zahlen versehen sind, um so den Grad der Tonabstände (kleiner als ½ Ton) darzustellen. Mittel zur Darstellung der Betonungen und der rhythmischen Besonderheiten der gesungenen Texte finden sich in dieser Art der Notation allerdings auch nicht.

5.1.2.2.3 Herausgabe eines syrischen Gesangbuchs durch Gabriel Aydin

Eine Herausgabe syrischer Gesänge mit Noten in Gestalt eines allgemein gebräuchlichen Gesangbuchs für syrisch-orthodoxe Gemeinden in der Diaspora ist im Jahr 2018 durch den syrisch-orthodoxen Kirchenmusiker und Leiter des ‚Syriac Music Institute' in den USA, Gabriel Aydin, erfolgt. Dieses Gesangbuch enthält eine Auswahl verschiedener Gattungen syrischer Gesänge aus den traditionellen liturgischen Büchern des *Šḥimo*, des *Fenqiṯo* und des *Beṯ Gazo*, die nach den Themen des Kirchenjahres geordnet sind[66]. Der Autor verweist darauf, dass es bereits zuvor Zusammenstellungen syrischer Hymnen gegeben habe, die aber hinsichtlich der Abfolge des Kirchenjahres nicht vollständig gewesen seien[67]. Die Auswahl der Gesänge richtet sich neben ihrem thematischen Bezug zum Kirchenjahr auch danach, ob sie einen dazu passenden Kirchenton aufweisen. Darüber hinaus sollen sie eingängig, der

62 Vgl. ebd., ١٣٥ (135).

63 مار غريغوريوس يوحنا ابراهيم, متروبوليت حلب, الموسيقي السريانية – *mar griguryus yuhanna ibrahim, mitrubulit halab, al-musiqi al-suryaniyah* (Mor Gregorius Johanna Ibrahim, Metropolit von Aleppo, Die Syrische Musik), in: Iskandar, Beth Gazo, ١-٩٤ (1-94), Kapitel ܫܚܝܡܐ الاشحيم - *al-ašhim / šḥimo*, ٣١-٣٥ (31-35).

64 Vgl. ebd., ١٣٠ (130): "Their performance is characterized by precision in keeping the rhythm… Accuracy in keeping the rhythm has also the advantage of facilitating, in general, learning these tunes and passing them with relative fidelity from generation to generation. This by no means means that the Edessan music has survived in its original form without undergoing any change."

65 Vgl. ebd., ١٣٣ (133).

66 Vgl. Aydin, Hymnal, 14 und 15.

67 Vgl. ebd., 14: „In the last century, however, church fathers began to form hymnbooks through both collecting chants from the existing chant repertory found in various liturgical books and by composing new ones modeled on the existing ones. These previous hymnbooks, however, do not have chants assigned to most Sundays after Easter until the Consecration of the Church. This hymnal, *Zmirotho d-ᶜito b-Noṭa*, seeks to address this absence by introducing chants for all cycles throughout the liturgical year, especially the cycles after the eighth Sunday of Easter: the Middle, Latter, and General Sundays."

Gemeinde bekannt und beliebt sein[68]. Die Darstellung der Gesänge erfolgt auf eine Art und Weise, die den durch die westliche Kultur geprägten syrisch-orthodoxen Christen in der Diaspora einen möglichst einfachen Zugang zu den traditionellen Gesängen ermöglichen soll: Die syrischen Texte stehen, umgeschrieben in lateinische Buchstaben, unter den Noten, die von daher nach westlicher Gewohnheit von links nach rechts gelesen werden können. Unter dem Notensystem ist der Liedtext nochmals in syrischer Schrift und lateinischer Umschrift nebeneinander abgedruckt, und darunter befindet sich außerdem noch eine englische Übersetzung[69]. Die Noten sind mit einem Violinschlüssel und zum Teil mit durchgestrichenen Vorzeichen versehen, die mit einer Zahl den Grad der Mikrotonalität angeben. Zum Zweck der sprachlichen Gliederung sind die Texte unter den Noten mit den syrischen Satzzeichen : und ܀ in roter Farbe versehen, zum Zweck der musikalischen Gliederung stehen über den Notenlinien ebenfalls in roter Farbe die syrischen Buchstaben ܫ für *Šuroyo* (Beginn), ܡ für *Meṣʿoyo* (Mitte) und ܫܠ für *Šulomo* (Schluss). Mit dieser Kombination aus niederschwelliger Textdarstellung und liturgischer Einordnung sowie musikalischer Gliederung der Gesänge nach kirchlicher Tradition verbindet der Autor die Hoffnung, dass das geistliche Leben der Diaspora-Gemeinden durch den Kirchengesang gefördert wird und das liturgische Erbe der syrisch-orthodoxen Kirche erhalten bleibt[70]. Das syrische Gesangbuch soll die mündliche liturgische Tradition der syrisch-orthodoxen Kirche in eine dauerhafte schriftliche Form überführen und so letztlich einen Beitrag leisten zur Erhaltung der Identität der syrisch-orthodoxen Community in der Diaspora[71].

5.1.3 Kritische Anfragen und konstruktive Vorschläge

Die syrisch-orthodoxe Kirche hat ihren Klerikern und Gläubigen ein reiches liturgisches Erbe hinterlassen. Unter den Lebensbedingungen der Diaspora, die von der westlichen Kultur geprägt sind, stellt die Erhaltung dieses Erbes eine große Herausforderung dar. Das liegt nicht nur an der Dominanz der westlichen Kultur, sondern auch an der poetischen Gestalt, in der das liturgische Erbe der syrisch-orthodoxen Kirche überliefert wurde. Sie stellt an die Beibehaltung der liturgischen Praxis ganz besondere Ansprüche:

- In ihrem kathedralen Charakter ist die Ausübung des Stundengebets – zumindest theoretisch – darauf ausgerichtet, dass nicht nur die Kleriker, sondern alle Gläubigen aktiv daran beteiligt sind. Die Tatsache, dass sich dieser Anspruch unter den Bedingungen der westlichen Bildungs- und Arbeitswelt kaum aufrechterhalten lässt, hat bereits zu weitgehenden Kompromisslösungen wie der Zusammenfassung der Gebetszeiten auf ein Abend- und ein Morgengebet am Wochenende geführt.
- Die sprachliche Gestalt des Stundengebets (Altsyrisch) stellt für die Gläubigen der syrisch-orthodoxen Kirche in der Diaspora eine immer größer werdende Hürde dar, weil sie nicht mehr so selbstverständlich wie die vorangegangenen Generationen in ihren mesopotamischen Siedlungsgebieten mit der liturgischen Sprache ihrer Kirche aufwachsen, sondern diese erst mühsam erlernen müssen.

68 Vgl. ebd. 14.
69 Vgl. ebd., 17.
70 Vgl. ebd., 17.
71 Vgl. ebd., 18.

- Die poetisch-musikalische Gestalt des Stundengebets führt dazu, dass die liturgisch-katechetische Praxis der syrisch-orthodoxen Kirche nach wie vor nicht nur an die altsyrische Sprache, sondern auch an die mündliche Weitergabe ihrer Singweise durch gesangskundige Kleriker gebunden ist. Es stellt sich die Frage, ob und inwiefern die Praxis des Stundengebets sich unter den Bedingungen einer modernen Lebensweise mit ihrer Tendenz zur religiösen Individualisierung auf diese Weise authentisch und nachhaltig aufrechterhalten lässt.

Die beschriebenen Übersetzungen und Notationen des *Šḥimo* sind zu verstehen als Versuche, das liturgische Erbe der syrisch-orthodoxen Kirche zu verstehen, zu vermitteln und so für die Zukunft zu erhalten. Zu diesem Zweck sind sie jedoch nur in begrenztem Maße geeignet, und zwar aus folgenden Gründen:

- Die Übersetzungen in gegenwärtige Landessprachen sind offensichtlich darum bemüht, der Nachwelt die geistlichen Inhalte der syrischen Hymnen zu erhalten, nicht aber ihre musikalisch-poetische Form. Eine Ausnahme bilden anscheinend die Übersetzungen aus der syro-malankarischen Tradition in die Sprachen Malayalam und Englisch, die nach Einschätzung von syrisch-orthodoxer Seite die poetische Gestalt der Gebetstexte bewahrt haben. Doch auch diese Übersetzungen sind weder mit Noten noch mit Betonungszeichen versehen, sodass Aussprache und Singweise nur mündlich vermittelt werden können. Die Kurzfassung des Stundengebets auf Syrisch, Türkisch und Deutsch von Josef Önder verzichtet zwar weitgehend auf die poetischen Texte, vermittelt aber durch ihre ritualisierende Konzentration auf die Anfangs-und Schlussgebete zumindest ein gewisses Maß an emotionaler Vertrautheit mit der eigenen liturgischen Tradition. Dies erscheint aus katechetischer Perspektive sinnvoller als eine bloß inhaltliche Wiedergabe in der Landessprache, die man nur kognitiv zur Kenntnis nehmen kann.
- Die bisherigen Notationen der syrischen Gesänge des *Šḥimo* und des *Bet̲ Gazo* sind vor allem zu dem Zweck entstanden, dass durch sie die syrische Singweise vor ihrem Untergang durch das Vergessen bewahrt werden soll. Dies geschah jeweils mit einer unterschiedlichen Motivation: Die Notationen von Heinrich Husmann erfolgten aus einem westeuropäisch geprägten musikwissenschaftlichen Interesse an den Melodien der syrisch-orthodoxen Kirche heraus und beschränkten sich auf die Notation aufgezeichneter Gesänge mit den Mitteln der europäischen Notenschrift. Die Notation der Gesänge des *Bet̲ Gazo* unter der musikalischen Leitung von Nuri Iskandar geschah offensichtlich in erster Linie zu dem Zweck, die traditionellen Gesänge in Text und Melodie um der eigenen Tradition willen für die Nachwelt zu erhalten, wobei auch die melodische Besonderheit der Mikrotonalität Berücksichtigung fand. Die Neuausgabe eines syrischen Gesangbuchs durch Gabriel Aydin verfolgt darüber hinaus auch noch ein liturgiedidaktisches Interesse: Die Gesänge sind nach der Abfolge des Kirchenjahres geordnet und in einen jeweils dazu passenden Kirchenton gesetzt. Auch ist die textliche und musikalische Gliederung der Gesänge gekennzeichnet. Die Besonderheiten einer Kirchentonart sind aber auch nur mit den Mitteln der europäischen Notenschrift, also durch Tonhöhe (auch mikrotonal) und Notenwert, nicht aber durch Betonungszeichen wiedergegeben. Von allen drei Notationen kommt das syrische Gesangbuch von Gabriel Aydin dem Zweck der didaktischen Vermittlung der syrischen Gesänge zwar am nächsten, sie enthält aber als Auswahl auch nur einen kleinen Teil der Gebetstexte des *Šḥimo*.

Folglich gibt es bislang keine Ausgabe des *Šḥimo*, die den syrisch-orthodoxen Christen in der Diaspora das Stundengebet ihrer eigenen Tradition als Buch so vermittelt, dass sie es sowohl sprachlich als auch musikalisch ohne größere Hürden verstehen und eigenständig gebrauchen können. Damit das *Šḥimo* aber als ein ‚gesungener Katechismus' in der für ihn so bedeutsamen poetischen Gestalt auch unter den religiös individualisierten Lebensbedingungen der Diaspora erhalten und in Gebrauch bleibt, erscheint es als eine dringende Notwendigkeit, eine Ausgabe zu erstellen, die bestimmten Anforderungen gerecht wird:

– *Die Ausgabe sollte sprachlich und musikalisch niederschwellig und für Ungeübte leicht nutzbar sein.*

  Wegen der Bedeutsamkeit der altsyrischen Sprache für die liturgische Tradition der syrisch-orthodoxen Kirche erscheint es als nicht ratsam, in einer übersetzten Fassung gänzlich auf die traditionelle Sprache zu verzichten. Nach dem Vorbild des ‚Syriac Hymnal' von Gabriel Aydin wäre es also eine Möglichkeit, die syrischen Texte des *Šḥimo* vollständig und in der traditionellen Abfolge in lateinischer Umschrift unter die Noten zu setzen und darunter eine Übersetzung in der jeweiligen Landessprache abzudrucken. Dies würde allerdings trotzdem eine umfassende Kenntnis der altsyrischen Sprache voraussetzen, weil das Stundengebet dann nach wie vor nur in dieser Sprache gesungen werden könnte.

  Eine radikale Alternative dazu wäre eine ‚poetische Übersetzung' der syrischen Texte in die jeweilige Landessprache, die versucht, die Gesetzmäßigkeiten der syrischen Poesie auf eine Sprache der Gegenwart zu übertragen. Bei der Übersetzung in die drawidische Sprache Malayalam soll dies gelungen sein, und auch die englische Übersetzung aus dem Bereich der syro-malankarischen Kirchen durch Bede Griffiths soll die poetische Form bewahrt haben. Vergleichbar wäre ein solches Vorhaben mit dem der sogenannten ‚Deutschen Gregorianik', die die lateinischen Gesänge des Gregorianischen Chorals in die deutsche Sprache übertragen und dabei die musikalischen Gesetzmäßigkeiten der Gregorianik bewahrt hat. Diesem Konzept liegt die Überzeugung zugrunde, dass der gregorianische Choral nicht an die lateinische Sprache gebunden, sondern als Vorbild dafür zu verstehen ist, wie geistliche Texte in musikalischer Form auch in anderen Sprachen zum Klingen gebracht werden können[72].

  Ein ‚goldener Mittelweg' könnte der des sprachlichen Kompromisses sein, den die maronitische Kirche gegangen ist: Im maronitischen ܫܚܝܡܬܐ - *Šḥimto* sind die täglichen Gebete und Hymnen auf Altsyrisch unter Noten gesetzt, während die nicht so häufig verwendeten Texte nach dem Kirchenjahr auf Arabisch und ohne Noten abgedruckt sind. So prägen sich die syrischen Texte durch die tägliche (oder wöchentliche) Wiederholung in Verbindung mit den Melodien auch denen ein, die der altsyrischen Sprache nicht mächtig sind, während die selteneren Texte in der vertrauten Landessprache gebetet werden können. Einem begrenzten Verlust an syrischer Poesie stünde so ein Gewinn hinsichtlich des

72 Vgl. Joppich, Klangwort II, in: Cantate, 156: „Wenn das, …worin das Wesen des Gregorianischen Chorals zu bestehen scheint, wirklich so ist, dann würde der Satz des Konzilsdokuments *„Die Kirche betrachtet den Gregorianischen Choral als den der Römischen Liturgie eigenen Gesang"…* zu verstehen sein… als vorwärts schauende, um die römisch-katholische Liturgie besorgte Aufforderung und Ermunterung, das Wort Gottes in der Zukunft auch in der Vielfalt der Sprachen „in gregorianischem Geist" singend zu verkünden."

niederschwelligen Gebrauchs des *Šḥimo* gegenüber. Um die Noten besser lesen zu können, könnten die syrischen Texte zusätzlich in lateinische Schrift umgeschrieben werden. Eine Kennzeichnung der sprachlichen und musikalischen Gliederung der Gesänge nach dem Vorbild des ‚Syriac Hymnal' von Gabriel Aydin wäre zudem hilfreich, um so den Sinn der poetischen Texte besser erfassen zu können.

– *Eine Ausgabe sollte die Einheit von Sprache und Poesie bewahren und verständlich vermitteln.*
Abgesehen von der genannten Kennzeichnung der sprachlichen und musikalischen Gliederung der Gebetstexte wäre es für einen ungeübten, der altsyrischen Sprache nicht mächtigen Beter notwendig, dass die syrischen Texte (am besten in lateinischer Umschrift) nicht nur mit Noten, sondern auch mit Betonungszeichen versehen werden. So wäre der sprachliche und musikalische Rhythmus der Texte besser nachvollziehbar, und die emotionale Wirkung der syrischen Poesie käme zum Tragen. Ein Vorbild dafür könnten die beispielhaften Notationen syrischer Hymnen von Ulrike Nieten in ihrer Abhandlung über „Struktur und Metrum in den syrisch-aramäischen Psalmen und Hymnen" sein, wo über den Noten Akzentzeichen an der Stelle von rhythmischen Betonungen stehen. Noten mit gleichem Notenwert sind dort nicht (wie z.B. mehrere Sechzehntelnoten mit zwei durchgehenden Doppelbalken) zusammengebunden, sondern stehen jeweils mit einem entsprechenden Fähnchen einzeln für sich, sodass die gesungenen Silben optisch gut auseinandergehalten werden können. Sprachlich-musikalische Zäsuren sind mit einem Häkchen markiert. So sind nicht nur die Tonhöhe und der Notenwert, sondern auch der sprachlich-musikalische Rhythmus für einen ungeübten Sänger ablesbar und nachvollziehbar. Eine gesangliche Hinführung und Begleitung durch einen kundigen Kleriker und ein gemeinsam betendes Singen wären zwar nach wie vor sinnvoll und wünschenswert, aber eine umfassende Kennzeichnung von Text, Melodie und Rhythmus könnte das Erlernen und Ausüben des Stundengebets in ganz unterschiedlichen Situationen (auch außerhalb eines gemeindlichen Kontextes) ermöglichen. Letztlich sollen die Gebetstexte nicht nur kognitiv erfasst, sondern in ihrer poetischen Gestalt auch emotional erfahren werden. Ansonsten ginge eine wesentliche Eigenschaft der syrischen Gebetspoesie verloren.

Hinsichtlich des praktischen Umgangs mit dem *Šḥimo* ergeben sich aus den bereits beschriebenen Beobachtungen zu den veränderten Lebensbedingungen in der Diaspora außerdem folgende Überlegungen:

– Das Stundengebet wird in der syrisch-orthodoxen Kirche auf dem liturgiegeschichtlichen Hintergrund seiner kathedralen Prägung als ein Gebet der ganzen Gemeinde verstanden, das in seiner Ausübung nicht auf Mönche bzw. Nonnen oder Kleriker beschränkt ist. Diesem ehrenwerten Anliegen steht die Tatsache gegenüber, dass die Mitglieder der syrisch-orthodoxen Gemeinden in der Diaspora Teil der dortigen Bildungs- und Arbeitswelt geworden sind und deshalb während der Woche normalerweise keine Zeit dafür aufbringen können. Dieser Umstand sollte nicht durch ein idealisierendes Festhalten an dem traditionellen Anspruch einer Beteiligung aller Gemeindeglieder übergangen werden. Dass das Stundengebet auch exemplarisch von einigen wenigen ausgeübt werden kann, während sich andere je nach Möglichkeit stellenweise ‚einklinken' können, könnte ein hilfreicher Gedanke sein. In der Gemeinschaft des Leibes Christi müssen nicht alle alles in gleichem Maße tun. So etwas wie ein ‚stellvertretendes Beten' muss nicht das Privileg monastisch lebender Menschen sein, sondern kann auch als eine sinnvolle Aufgabe einzelner Kleriker und Laien angesehen werden.

- Das Stundengebet lebt normalerweise davon, dass es täglich zu bestimmten Zeiten des Tages ausgeübt wird. Eine solche Praxis ist im Rahmen eines klösterlichen Lebens möglich, nicht aber in einem von Familie und Beruf geprägten Alltag. Die Art und Weise, wie kirchliches Leben in der westlich geprägten Welt in Anspruch genommen wird, könnte auch für die Praxis des Stundengebetes wegweisend sein: Ein Mitbeten zu besonderen Anlässen im Jahres- oder Lebenslauf, also zu den kirchlichen Feiertagen und an den Wendepunkten des Lebens, schafft Raum für die persönliche Erbauung sowie für die Vergewissserung der religiösen und sozialen Zugehörigkeit. Die Freiheit zu einem punktuellen Ein- und Aussteigen in bzw. aus der regelmäßigen Gebetspraxis der eigenen Kirche kann auch eine klare Identifizierung mit und eine dauerhafte Bindung an die eigene kirchliche Tradition bewirken. Dazu müsste eine Ausgabe des *Šḥimo* aber nicht nur im sprachlichen und musikalischen Sinne niederschwellig gestaltet, sondern auch an den besonderen Ereignissen des Jahres und des Lebens orientiert sein. Insofern erscheint es als sinnvoll, in eine volksnahe Ausgabe des Stundengebets neben Elementen des alltäglichen *Šḥimo* zum Beispiel auch solche des sonn- und feiertäglichen *Fenqiṯo* oder der Liturgie der kirchlichen Feste *Mᶜadᶜdono*[73] aufzunehmen. Ein syrisch-orthodoxes Gebetbuch für ein christliches Leben in der Diaspora sollte sich in seinem Umfang weniger an den traditionell überlieferten liturgischen Büchern, sondern mehr an den Themen und Anlässen des gegenwärtigen Lebens orientieren[74].

5.2 Schlussfolgerungen für das kirchliche Leben in der Ökumene

5.2.1 Die gemeinsame Herausforderung

Die kirchlichen Traditionen des Ostens wie des Westens stehen im Kontext der westlichen Kultur des 21. Jahrhunderts vor den gleichen Herausforderungen: Um ihrer Identität willen müssen und wollen sie die christliche Überlieferung und die ihnen je eigene Glaubensweise nicht nur erhalten, sondern auch an die kommenden Generationen weitergeben. Das geschieht in diesem Kontext für beide kirchlichen Traditionen unter sich wandelnden Bedingungen, die an die Weitergabe der christlichen Überlieferung besondere Anforderungen stellen. Diese Bedingungen werden oft als ‚Säkularisierung' bezeichnet und dadurch als eine Abnahme von Religiosität charakterisiert. Nach neueren religionssoziologischen Erkenntnissen handelt es sich aber in Wirklichkeit nicht um eine ‚Säkularisierung', sondern um eine „religiöse Individualisierung"[75]. Religiosität ist nach wie vor vorhanden und lebendig, aber

73 ܟܬܒܐ ܕܡܥܕܥܕܢܐ. ܠܦܘܬ ܛܟܣܐ ܕܥܕܬܐ ܣܘܪܝܝܬܐ ܬܪܝܨܬ ܫܘܒܚܐ ܕܐܢܛܝܘܟܝܐ - *ktoḇo da-mᶜadᶜdono. lfuṯ teḵso d-ᶜito suryoyṯo triṣaṯ šuḇḥo d-antioḵya* (Buch der Festzeiten. Gemäß der Ordnung der Syrisch-Orthodoxen Kirche von Antiochien), Glane/Losser, 2013.

74 Vgl. Aydin, Rediscovering, 305: „The liturgy should be adapted to the needs and current situations of the faithful. It would help immensely if there were abridged versions of liturgical books arranged for the practical use of the faithful in their daily life."

75 Vgl. EKD, Bildung, 14/15: „Auch eine Säkularisierung im Sinne des Religionsverlusts sowie einer immer mehr schwindenden Bedeutung von Religion im Leben der einzelnen Menschen wird heute in der

sie ist aufgrund der allgemeinen Tendenz, alles den eigenen individuellen Bedürfnissen anzupassen, nicht mehr unbedingt an traditionelle Vorgaben wie Lehrinhalte, Personen und Institutionen gebunden. Dies erschwert den christlichen Kirchen die Aufgabe, den Inhalt ihrer Überlieferung so zu vermitteln, dass er von den verschiedenen Generationen überhaupt wahrgenommen und dann auch verstanden und als lebensrelevant empfunden werden kann. Damit verbunden ist die Schwierigkeit, dass eine Teilnahme am gemeinschaftlichen religiösen Leben und Lernen keineswegs mehr als selbstverständlich gelten kann[76]. Eine solche Teilnahme gilt aber nach wie vor in allen Kirchen als konstitutiv für die Weitergabe ihrer Glaubensinhalte an die jeweils jüngere Generation, wie z.B. im Kindergottesdienst bzw. in der Sonntagsschule und im Kirchlichen Unterricht – in welcher Form auch immer er stattfindet. Verbunden mit dieser Form der Weitergabe religiöser Inhalte ist nach wie vor die Tatsache, dass diese Tätigkeit mehr oder weniger an kirchliche Amtspersonen gebunden ist und von daher einen Kontakt zu ihnen voraussetzt. Auch diese Voraussetzung ist im Kontext der westlichen Kultur nicht mehr unbedingt gegeben. Eine wirksame Realisierung des kirchlichen Bildungsauftrages macht es einerseits notwendig, solche vorhandenen Barrieren bei der Vermittlung religiöser Inhalte abzubauen, andererseits aber auch, das eigene religiöse Profil beizubehalten. Die christlichen Kirchen stehen also in einem Spannungsfeld zwischen religiöser Identität einerseits und gesellschaftlicher Relevanz andererseits[77].

Eine weitere Herausforderung für die Weitergabe religiöser Inhalte durch die christlichen Kirchen besteht in der Verwendung der Kommunikationsmedien: Die traditionelle Bindung der kirchlichen Kommunikation an das geschriebene und an das gesprochene bzw. gesungene Wort steht in Spannung zu dem „Wandel der Leitmedien, der als Übergang vom Wort zu den Wörtern und Bildern in den Massenmedien und als Aufwertung populärer Kultur beschrieben wird."[78] Es steht keineswegs fest, wie sich diese mediale Veränderung auf lange Sicht auf die religiöse Bildung von Kindern und Jugendlichen auswirken wird. Die christlichen Kirchen nutzen bei ihren katechetischen Aktivitäten zwar bildorientierte populäre Medien; aber auch dabei stehen sie in dem oben bereits beschriebenen Spannungsfeld von „Identität und Relevanz"[79]. Im Kontext dieser Untersuchung der Bedeutung der Poesie für das kirchliche Leben stellt sich die Frage, wo und wie die Traditionen der östlichen und westlichen Kirchen in dieser Hinsicht voneinander lernen und so den genannten Herausforderungen wirksam begegnen können.

---

sozialwissenschaftlich-empirischen Religionsforschung nicht mehr angenommen. Als Signatur der Zeit gilt vielfach die religiöse Individualisierung – nicht als Individuation, wie sie von manchen Psychologien als Form der persönlichen Reifung gefordert wird, sondern als Auflösung verbindlicher religiöser Vorgaben für das Individuum. In dem Maße, in dem Religion zu einem individuellen Projekt der Lebensgestaltung wird, verändert sich Religion in nachhaltiger Weise… Auch im Bereich der Kirche, so wird nun den einzelnen Kirchenmitgliedern häufig bewusst, fallen die von der Kirche vertretenen Auffassungen einerseits und die individuellen Glaubensüberzeugungen andererseits nicht ohne Weiteres zusammen."

76 Vgl. ebd., 15/16: „Für kirchliches Bildungshandeln erwächst aus dem Religionswandel die grundlegende Schwierigkeit, die mit dem evangelischen Bildungsverständnis verbundenen Inhalte so verständlich zu machen, dass sie sich Kindern, Jugendlichen oder Erwachsenen als für ihr eigenes Leben bedeutsam erschließen. Im Einzelnen geht es um ein Wahrnehmungsproblem, ein Sprachproblem sowie um ein Partizipationsproblem."

77 Vgl. ebd., 16/17.

78 Ebd., 23.

79 Vgl. ebd., 24.

5.2.2 Die Frage der allgemeinen Beteiligung

Das Stundengebet der syrisch-orthodoxen Kirche ist mehr als in den anderen kirchlichen Traditionen mit dem Anspruch verbunden, dass generell alle Gemeindeglieder daran beteiligt sind. Dieser Anspruch geht zurück auf seinen ausgeprägten kathedralen Charakter, den es sich – anders als die Stundengebete der anderen christlichen Kirchen – vollständig erhalten hat. In der westlichen Kirche lässt sich das syrisch-orthodoxe Stundengebet in seiner poetischen Gestalt am ehesten mit dem gregorianischen Choral vergleichen: Die enge Verbindung zwischen Wort und Ton, die Ausdruck findet in der Orientierung des Gesangs am sprachlichen Rhythmus und an der Betonung der Texte, aber auch die Anwendung eines Systems von acht verschiedenen Singweisen machen beide Gesangstraditionen miteinander vergleichbar. Die aktive Beteiligung am Stundengebet der Kirche hat sich in beiden Traditionen allerdings unterschiedlich entwickelt: Während das syrisch-orthodoxe Stundengebet zumindest noch bis zum Beginn der Diaspora ein Gebet der ganzen Gemeinde war, wurde das lateinische Stundengebet von Anfang an in erster Linie von der monastischen Gemeinschaft getragen, und die Gemeinde der Gläubigen hat sich davon nach und nach entfremdet. Damit ist den einfachen Gläubigen aber nicht nur eine liturgische Gewohnheit, sondern auch ein wesentliches Element der westlich geprägten Spiritualität verlorengegangen; denn der gregorianische Gesang biblischer Texte kann „mit Fug und Recht als *die* abendländische liturgische Meditationsform schlechthin bezeichnet werden“[80]. Die Entfremdung davon hat abgesehen von der monastischen Ausprägung des westlichen Stundengebets auch ganz profane Ursachen: Ein wichtiger Faktor bei der Entfremdung der Laien vom kirchlichen Stundengebet war zum einen das Beibehalten der lateinischen Sprache in der Fränkischen Kirche, was den kirchlichen Laien eine aktive Beteiligung erschwerte. Ein weiterer Grund war aber auch die Tatsache, dass die Bevölkerung des Frankenreiches in erster Linie von der Landwirtschaft und dementsprechend von einem Tagesrhythmus geprägt war, der eine regelmäßige Beteiligung der arbeitenden Bevölkerung am Stundengebet verhinderte[81]. Folglich wurde das Stundengebet zu einer Angelegenheit des Klerus. Die Priester bekamen eine tragende Rolle für die Feier der Liturgie, die den Laien nicht mehr zugemessen wurde. Für den priesterlichen Stand wurde wiederum das Mönchtum zum prägenden Vorbild und somit auch die Verpflichtung, das Stundengebet täglich zu beten. So wurde das Stundengebet schließlich zum Gegenstand der Pflichterfüllung des einzelnen Priesters[82]. Damit die Priester dieser Verpflichtung leichter nachkommen konnten, entstand eine handliche Ausgabe, mit der sie auch im Haus und unterwegs das Stundengebet jederzeit beten konnten: das „Brevier“[83]. Hinter dieser ‚Delegation‘ des Stundengebets an die Priester stand die Vorstellung eines stellvertretenden Betens des einzelnen Priesters für die Gemeinde. Eine Folge davon war, dass die Stundengebete von ihrer jeweiligen Tageszeit losgelöst und an einem Stück gebetet werden konnten, um die

80 Lumma, Liturgie, 83/84.

81 Vgl. ebd., 56: „Mit dem Erstarken der fränkischen Kirche… ist das Christentum nun endgültig in einem Volk angekommen, für das die lateinische Sprache eine fremde Kultsprache ist, die nur noch Gelehrte beherrschen… Obendrein findet sich im Raum nördlich und westlich der Alpen eine sehr weitläufige, landwirtschaftlich geprägte Sozialstruktur vor. Anders als in den Stadtgemeinden des Mittelmeerraumes würde eine allmorgendliche und allabendliche liturgische Zusammenkunft das wirtschaftliche Leben zum Zusammenbruch führen.“

82 Vgl. ebd., 57.

83 Vgl. ebd., 58.

tägliche Gebetspflicht so besser erfüllen zu können[84]. Es kam sogar dazu, dass das Beten des Breviers als eine bezahlte Dienstleistung von anderen ausgeübt werden konnte[85]. Als Ersatz für das verlorengegangene Stundengebet entstanden andere Gebetsformen, die für die römisch-katholische Spiritualität eine wichtige Bedeutung bekamen: das Rosenkranz- und das Angelusgebet[86]. In der ‚Liturgischen Bewegung' der 1920er Jahre wurde das Stundengebet von gebildeten Laien als „der ursprüngliche Normalfall des Gemeindegottesdienstes" wiederentdeckt[87], was Auswirkungen bis in die Gegenwart hinein hat (vgl. z.B. die evangelische ‚Berneuchener Bewegung'). Seit dem zweiten Vatikanischen Konzil wird das Stundengebet in Gestalt der *Liturgia Horarum (LH)* auch in der römisch-katholischen Kirche wieder den Laien zur aktiven Teilnahme empfohlen, wobei seine Durchführung für die Kleriker nach wie vor verpflichtend ist[88]. Eine Verwendung der LH als Liturgie für das Stundengebet macht allerdings nur dann Sinn, wenn das Stundengebet auch täglich verrichtet wird; ansonsten bleibt den Beteiligten die „innere Logik" der Textauswahl verschlossen[89]. Insofern ist die LH für ein normales Gemeindeglied nicht unbedingt als Grundlage für eine in der Regel eher sporadische Beteiligung am Stundengebet geeignet[90]. Ein Zurückgewinnen der gemeinsamen Feier des Stundengebets wäre allerdings wünschenswert; denn es bildet in seiner Durchführung das Wesen des Kircheseins ab: Schon in seiner äußeren Form ist es ein gemeinsames Stehen vor Gott, und durch das wechselseitige einander-Zusingen der Psalmverse ist es ein gegenseitiges Verkündigen des Wortes Gottes[91]. Damit es wieder zu einer Angelegenheit der ganzen Gemeinde werden kann, müssten die kathedralen Elemente des Stundengebets (Sinnlichkeit, Zeitbezogenheit und Gemeinsamkeit) wieder in den Vordergrund gestellt werden, ohne das monastische Motiv der meditativen Wahrnehmung des biblischen Wortes außer Acht zu lassen[92]. Dadurch würde sich die Gemeinde im gemeinsamen Gebet aus der Abhängigkeit von ordinierten Theolog*innen bzw. geweihten Priestern lösen und auch im Blick auf den theologischen Nachwuchsmangel in ihrer spirituellen Praxis eigenständiger werden[93].

5.2.3 Die Zusammengehörigkeit von Form und Inhalt in der poetischen Sprache

Ein wesentliches Element des kathedralen und somit gemeindebezogenen Charakters des syrischen Stundengebets ist seine poetische Form, die in der Vielfalt ihrer Gattungen, im sprachlichen Rhythmus der besonders zahlreichen Hymnen und in dessen rhythmisch-musikalischer Überformung durch das System der acht Kirchentöne zum Ausdruck kommt. Diese

84 Vgl. ebd.
85 Vgl. ebd., 59.
86 Vgl. ebd.
87 Vgl. ebd., 65.
88 Vgl. ebd., 75.
89 Vgl. ebd., 77.
90 Vgl. ebd., 78.
91 Vgl. ebd., 85/86.
92 Vgl. ebd., 115: „Monastisch zu beten heißt, das Wort Gottes so nahe wie nur irgend möglich auf sich zukommen zu lassen… Die kathedrale Gebetsform ist demgegenüber die sinnlichere, leiblichere. Sie akzentuiert die Zeit- und Naturerfahrung – und hier besonders die Schwellen am Übergang vom Tag zur Nacht und von der Nacht zum Tag. Kathedrale Liturgie ist primär als Gemeinschaftserfahrung gedacht. Sie will ansprechend, ja mitreißend sein, sie will mit intuitiv zugänglicher Ästhetik den ganzen Menschen, also Leib und Seele zugleich erreichen."
93 Vgl. ebd., S. 118.

poetische Form des gesungenen Stundengebets soll in ihrer ästhetischen und katechetischen Funktion im Blick auf die beteiligte Gemeinde sowohl anziehend wirken als auch den orthodoxen Glaubensinhalt nachhaltig vermitteln. In dieser Eigenschaft hebt sich die syrische Gesangstradition von den kirchlichen Traditionen des Westens besonders deutlich ab, was die Frage aufwirft, ob und inwiefern sie dadurch einen Beitrag zur Bewältigung der allgemeingesellschaftlichen Herausforderung der religiösen Individualisierung leisten kann.

Die Bedeutung der poetischen Form für das Leben der syrisch-orthodoxen Kirche wurde im Rahmen der vorliegenden Untersuchung insbesondere an der Verwendung der acht Kirchentöne deutlich. Ein solches Achttonsystem gibt es, wie bereits ausgeführt wurde, neben anderen kirchlichen Traditionen auch in der Gesangstradition der westlichen Kirche: Es sind die acht Psalmtöne in der römischen Gregorianik. Die Achttonsysteme der verschiedenen kirchlichen Traditionen sind in ihrer Achtzahl nur formal vergleichbar, nicht aber inhaltlich in ihren musikalischen Eigenschaften[94]. In der Kirchenmusik der syrisch-orthodoxen Kirche spielt das Achttonsystem bis heute eine bedeutende Rolle, während es in den westlichen Kirchen nur noch in der Gregorianik und somit in einem vergleichsweise kleinen Teil des kirchenmusikalischen Spektrums von Bedeutung ist. Dies ist nicht nur der unterschiedlichen Entwicklung der Musikgeschichte in der östlichen und westlichen Kultur des Mittelmeerraumes geschuldet, sondern auch der Bindung des Kirchengesangs an die jeweilige traditionelle Kirchensprache: Während in der syrisch-orthodoxen Kirche nach wie vor vorwiegend auf Altsyrisch gesungen wird, spielt das Lateinische im Kirchengesang der westlichen Kirchen nur noch eine untergeordnete Rolle. An den Beispielen zur Übersetzung des *Šḥimo* ist deutlich geworden, dass die poetische Form der Gebetssprache bei der Übersetzung in eine Alltagssprache der Gegenwart zumeist verlorengeht. Ausnahmen bilden für das syrische Stundengebet Übersetzungen aus der malankarischen Tradition, und für das lateinische Stundengebet bildet eine solche Ausnahme die sogenannte ‚Deutsche Gregorianik'. Dieses Bemühen um den Gesang der Psalmen nach den musikalischen Gesetzmäßigkeiten der Gregorianik und zugleich in deutscher Sprache ist eine jüngere Entwicklung der letzten Jahrzehnte. Die lateinische Sprache besaß für die gregorianische Singweise der Psalmen ebenfalls eine konstitutive Bedeutung, und die im Laufe der Jahrhunderte geschaffene Einheit von Wortbetonung und musikalischem Klang musste erst einmal auf die Eigenart der deutschen Sprache übertragen werden. Die damit verbundene Übersetzungsarbeit geschah im Wesentlichen durch das Benediktinerkloster Münsterschwarzach unter Federführung von Godehard Joppich. Dabei wurden insbesondere die unterschiedlichen Betonungseigenschaften der deutschen und lateinischen Sprache beachtet[95]. Interessanterweise berief sich der römisch-katholische Initi-

94 Vgl. Klöckner, Handbuch, 63: „Die Franken übernahmen (höchstwahrscheinlich mit dem wissenschaftlichen Rahmen der *Septem Artes liberales*) auch das System des Oktoechos; es half ihnen, die Melodien zu ordnen und zu memorieren… Melodisch haben diese beiden Seiten des Oktoechos (byzantinisch/fränkisch-gregorianisch) jedoch nichts miteinander gemein: Das System verbindet, die musikalische Alterität trennt."

95 Vgl. Reich, Evangelium, 30/31: „…daß Gregorianik nichts anderes ist und nichts anderes sein will als lebendig erklingendes Wort. Kein Ton in der Gregorianik ist ohne Beziehung zum Wort. Da die deutsche Sprache eine gegenüber der lateinischen völlig andere Melodie- und Klanggestalt hat, die zu einem großen Teil davon herrührt, daß im Deutschen – anders als im Lateinischen – Sinnakzent und Wortakzent immer identisch sind, stellte sich nun die Aufgabe, eine völlig neue deutsche Psalmodie zu schaffen: neu gegenüber der bisherigen katholischen lateinischen, aber auch neu gegenüber der bisherigen evangeli-

ator dieses Übersetzungsprojekts auf den Reformator Martin Luther, der sich im Jahr 1525 in seiner Schrift „Wider die himmlischen Propheten, von den Bildern und Sakrament" kritisch zu Übersetzungen von Gesängen aus dem Lateinischen ins Deutsche geäußert hatte, die die Einheit zwischen Wortbetonung und musikalischem Rhythmus nicht beachteten[96]. Bei ihm führte diese Erkenntnis allerdings nicht zu einer Reform des gregorianischen Gesangs, sondern zu einer äußerst produktiven Dichtung von deutschen Kirchenliedern für die versammelte Gemeinde, die er zum Teil aus lateinischen Hymnen der Alten Kirche übersetzte. Die Bezeichnung ‚Choral' ging demzufolge vom gregorianischen Gesang auf das deutsche Kirchenlied über[97], und der lateinische gregorianische Gesang trat immer mehr in den Hintergrund[98]. Insofern hat das Kirchenlied gewissermaßen – auch wenn der gregorianische Gesang in den Kirchen beider Konfessionen in geringerem Maße weiterhin praktiziert wurde – das Erbe als Träger der poetischen Sprache in ihrer Bedeutung für das kirchliche Leben angetreten. Seine Dichtung und Komposition erfolgen nach poetisch-musikalischen Gesetzmäßigkeiten, die den Text nicht mehr wie in der römischen Gregorianik verschiedenen Klangräumen zuordnen, sondern in erster Linie auf den rhythmischen Gleichklang von Wort und Melodie bedacht sind. Doch auch diese poetisch-musikalische Gestalt transportiert auf ihre Weise den geistlichen Gehalt der Texte. Dass die poetische Form für den Gebrauch geistlicher Texte von hoher Bedeutung ist, gilt also unabhängig von der jeweiligen kirchlichen Tradition. Dieser Umstand ist unter anderem daran erkennbar, dass auch in den weniger an liturgischen Formen orientierten reformatorischen Kirchen beispielsweise Gebetssammlungen in poetisch geformter Sprache entstanden, die selbst in der stark am subjektiven Empfinden des/der Einzelnen orientierten pietistischen Tradition Verwendung fanden[99]. Der niederländische Kirchenlieddichter Willem Barnard hat die geistliche Wirkung der poetischen Gestalt des Kirchenliedes auf eindrucksvolle Weise beschrieben und ihr dabei eine quasi sakramentale Bedeutung zugemessen, die für das Dasein der Kirche als Teil des Volkes Gottes von konstitutiver Bedeutung sei. Dass sich Barnard zufolge im gemeinsamen Gesang durch die Verbindung von poetischer Sprache und musikalischem Klang eine Gemeinschaft bildet, die über die Grenzen von Raum und Zeit hinausreicht, kann als ein wirksames Mittel zur Bewältigung der Herausforderung durch die religiöse Individualisierung und den medialen Wandel angesehen werden; denn auf diesem Wege wird so etwas wie die ‚Gemeinschaft der

---

schen deutschen. Diese Arbeit ist zum wesentlichen Teil in Münsterschwarzach geleistet worden. Sie trägt ihre Früchte längst nicht nur im Bereich der katholischen Kirche, sondern auch überall in der evangelischen Kirche, wo man sich um Wiedergewinnung lebendigen Psalmengesangs müht."

96 Vgl. WA 18, 123, 19-24: „Ich wolt heute gerne eyne deutsche Messe haben, Ich gehe auch damit umbe, Aber ich wolt ja gerne, das sie eyne rechte deutsche art hette, Denn das man den latinischen text verdolmetscht und latinischen don odder noten behellt, las ich geschehen, Aber es laut nicht ertig noch rechtschaffen. Es mus beyde text und notten, accent, weyse und geperde aus rechter mutter sprach und stymme komen, sonst ists alles eyn nachomen, wie die affen thun."

97 Vgl. Klöckner, Handbuch, 142: „„Choral" hieß aber ab jetzt und hier das Kirchenlied, das mit der Reformation zum liturgisch gleichberechtigten Faktor avancierte und nicht zuletzt auch aus katechetischen Gründen gefördert wurde, „damit das Wort Gottes auch durch den Gesang unter den Leuten bleibt"." (ebd. übersetzt aus einem Brief Luthers an Spalatin von 1523: „Consilium est, exemplo prophetarum & priscorum patrum Ecclesie psalmos vernaculos condere pro vulgo, id est spirituales cantilenas, quo verbum dei vel cantu inter populos maneat." (WA, Briefwechsel 3, 220).

98 Vgl. Klöckner, Handbuch, 142.

99 Vgl. Budde, Tagzeiten, 119.

Heiligen‘ mithilfe einer bildhaften und emotional bewegenden musikalischen Sprache konkret erfahrbar. Die Betonung der öffentlichen Wirksamkeit des Kirchengesangs durch die ‚öffentliche Theologie‘ unterstreicht, dass es sich dabei nicht um ein rein innerkirchliches, sondern auch um ein gesellschaftlich wahrnehmbares und relevantes Geschehen handelt. Öffentlicher poetisch geformter Kirchengesang leistet einen wesentlichen Beitrag zum Auftrag der Kirchen, ihr Glaubenszeugnis an die nächsten Generationen weiterzugeben. Der poetisch geformte, rhythmisch ausgeprägte Gesang der syrisch-orthodoxen Tradition, der auf eine aktive Beteiligung der ganzen Gemeinde abzielt, kann in dieser Hinsicht als ein Vorbild gelten, an dem sich andere kirchliche Traditionen orientieren und in ihrer Praxis ausrichten können.

Welche poetische Form einem geistlichen Text gegeben wird, ist zum einen eine Frage der kulturellen Prägung, zum andern aber auch eine Frage des angemessenen Zusammenklingens von poetischer Form und sprachlichem Inhalt. Der Sinn und damit auch die Wirkung eines geistlichen Textes hängt nicht nur an seiner inhaltlichen Bedeutung, sondern auch an seinem sprachlich-musikalischen Klang; ja, der Sinn kommt durch den Klang erst vollständig zum Ausdruck. Das gilt schon für das Sprechen eines poetisch geformten Textes und erst recht für das Singen[100]. Von daher ist auf die poetisch-musikalische Gestaltung geistlicher Texte, die im öffentlichen Kirchengesang zum Klingen kommen, große Sorgfalt zu legen.

Der poetisch-musikalische Klang eines Textes ist aber nicht nur für das praxisbezogene Handeln der Kirche, sondern auch für die theoretische Reflexion seiner theologischen Aussage von großer Bedeutung; denn die poetische Redeweise macht deutlich, dass es in einem geistlichen Text weniger um sachliche Fakten, sondern um Sprechakte geht, die auf Personen bezogen sind. Insofern kann Theologie auch als „Praxis des hörend-singenden Einübens“ von Texten betrieben werden[101]. Auf diese Weise kann der Umgang mit geistlich-poetischen Texten auch eine Brücke zwischen Theologie und Spiritualität sein, die im Bereich der westlichen Kirchen alles andere als selbstverständlich ist: Die poetische Form von Texten mit geistlichem Inhalt ist ein wichtiger Schlüssel nicht nur zu deren angemessenem Verständnis, sondern auch zu der geistigen und geistlichen Wirklichkeit, die sich darin abbildet. So wie die poetische Sprache in der syrisch-orthodoxen Kirche ganz selbstverständlich als Trägerin ihrer Spiritualität fungiert[102], so könnte und sollte sie auch in den westlichen Kirchen noch

100 Vgl. Reich, Evangelium, 34: „Wort ist Sinn, der im Betonen erklingt. Ich erfahre, wie Sinn sich verändert, je nachdem, wie einzelne Silben und Wörter ‚gewichtet‘ werden oder welchen Raum ich ihnen lasse… Im Unterschied zum stillen Lesen der Worte oder zur wissenschaftlichen Arbeit an ihnen erfahre ich beim erprobenden Sprechen, daß Sinn nicht einfach fertig gegeben ist und ich ihn nur verstehen muß, sondern daß Sinn im Erklingen und durch das Erklingen gebildet wird. Gegenüber dem bloßen Sprechen erfahre ich darüber hinaus dann beim Singen, daß die Melodiegestalt der Antiphon und der Modus in seiner charakteristischen Prägung dem erklingenden Wort eine zusätzliche Sinn-Dimension erschließen.“

101 Vgl. Reich, Evangelium, 47: „Was könnte es für die wissenschaftliche Theologie bedeuten, wenn sie bezogen würde und eingebettet wäre in eine kontinuierliche Praxis der Beschäftigung mit biblischer Sprache, die nicht nur im Übersetzen, historischen Erforschen, Exegisieren und Interpretieren bestünde, sondern die zugleich eine Praxis des hörend-singenden Einübens wäre? Es wäre Einübung in eine Sprache, für die es unverzichtbar ist, poetisch zu reden, wenn sie von Gott redet – eine Sprache, die keine Abstrakta kennt – eine Sprache, für die es keine wissenschaftliche Erkenntnis gibt, die nicht auf Person bezogen ist.“

102 Vgl. Bubholz/Yalcin, Aramäer, 196: „Die Sprache des Glaubens ist aus Sicht der Aramäer genuin poetische Sprache. Die Poesie des Glaubens… erschließt die Welt und bildet zugleich ein Fenster zur

mehr und viel bewusster als bisher als Medium geistlichen Lebens entdeckt und in Gebrauch genommen werden.

5.2.4 Die katechetische Bedeutung des Kirchengesangs

Bei der Herausarbeitung des poetisch-theologischen Profils des *Šḥimo* ist deutlich geworden, dass die ausgiebige Verwendung von frei gedichteten Hymnen, ihre sprachlich-musikalische Gestaltung nach den Gesetzmäßigkeiten der syrischen Metrik und deren musikalisch-rhythmische Überformung durch das System der acht Kirchentöne neben einer ästhetischen vor allem eine katechetische Funktion haben: Der orthodoxe Glaubensinhalt soll der singenden Gemeinde ästhetisch vermittelt und rhythmisch eingeprägt werden. Dass der Rhythmus bei der katechetischen Vermittlung des Glaubens durch liturgischen Gesang eine wesentliche Rolle spielt, entspricht dem Selbstzeugnis von Vertretern der syrisch-orthodoxen Kirche[103]. Gegenwärtige Kirchenlehrer (*Malfone*) sprechen bezüglich der acht Kirchentöne auch nicht von verschiedenen ‚Tonarten', sondern von verschiedenen ‚Rhythmen', die anhand ihrer Beispielmelodien aus dem *Beṯ Gazo* eingeübt und repetiert werden und so jedem unterrichteten Gemeindeglied aus dem Gedächtnis zur Verfügung stehen. Mithilfe dieser vorwiegend rhythmischen Systematik wird das liturgische Repertoire und damit auch die Glaubenslehre der eigenen kirchlichen Tradition an die nächste Generation weitergeben. Die poetische Struktur der rhythmisch gesungenen Verse soll neben der Einprägsamkeit auch dafür sorgen, dass sich der Inhalt im Zuge der mündlichen Tradierung wenig verändert, sondern mit der Tradition in Überstimmung bleibt[104].

Die gemeinsame Übung des Stundengebets hat grundsätzlich in allen kirchlichen Traditionen unter anderem auch eine katechetische Funktion für die christliche Gemeinde; das liegt bereits in seiner Entstehung begründet: Das Stundengebet entstand „aus der Verbindung" der täglichen Gebetspraxis Einzelner und der Versammlung der Gemeinde zu katechetischen Zwecken, die ab dem 4. Jahrhundert praktiziert wurde[105]. Diese Eigenschaft des Stundengebets, ein ‚gesungener Katechismus' für die christliche Gemeinde zu sein, ist an dem kathedral ausgeprägten poetisch-theologischen Profil des *Šḥimo* nach wie vor deutlich erkennbar. In der westlichen Kirche dagegen geriet die katechetische Funktion des Stunden-

---

transzendenten Dimension… Die „Poesie des Glaubens" erhellt christliche Existenz und verleiht ihr eine spirituelle Dimension."

103 Vgl. Iskandar, Beth Gazo, ١٣٠ (130): „In the Middle Eastern music, keeping an accurate rythm is of utmost importance. As a matter of fact, and in contrast to Byzantine music, rhythm is a main feature of Middle Eastern music… Music that does not have distinct musical sentences and rhythm is difficult to memorize."

104 Vgl. Bubholz/Yalcin, Aramäer, 75/76: „Im Orient wurde früher viel auswendig gelernt. Die Struktur des Aramäischen war dabei behilflich. Denn Aramäisch ist eine Sprache voller Poesie. Zumeist wird Auswendigzulernendes in Versform gebracht... Denn ein Gedicht lässt sich nicht so leicht verändern, ohne den Rhythmus oder den Reim zu zerstören."

105 Vgl. Budde, Tagzeiten, 49/50: „Man kann deshalb von einer ‚doppelten Wurzel' der Tagzeitenliturgie sprechen: Auf der einen Seite entwickelt sich die Praxis täglicher Gebete des einzelnen Gläubigen, die von physischem Beisammensein unabhängig ist und letztlich auch bleibt. Auf der anderen Seite etablieren sich tägliche Zusammenkünfte, deren Sinn zunächst gar nicht vorrangig im Gebet, sondern in der Katechese gesehen wurde. Erst aus der Verbindung von beidem, die sich seit dem 4. Jahrhundert vollzog, entsteht jenes System täglicher Gottesdienste, das heute mit dem Begriff ‚Tagzeitenliturgie' benannt wird."

gebets aufgrund seiner vorwiegend monastischen Ausprägung eine Zeit lang in den Hintergrund, blieb allerdings in der altkirchlichen Hymnendichtung (z.B. durch Bischof Ambrosius von Mailand) und in daran anknüpfenden freien Kirchenlied-Dichtungen erhalten. In der Reformationszeit des 16. Jahrhunderts wurde die katechetische Funktion des Gemeindegesangs und auch des Stundengebets durch den Theologen und Dichter Martin Luther wieder deutlich herausgestellt und im Rahmen des Gottesdienstes, aber auch in darüber hinaus gehenden katechetischen Zusammenhängen bewusst in Gebrauch genommen. Das Stundengebet sollte dazu dienen, die Gläubigen mit der Heiligen Schrift vertraut zu machen[106]. In den evangelischen Kirchen wird das Stundengebet mittlerweile aber nur noch selten praktiziert. Es ist zwar Bestandteil des Evangelischen Gesangbuchs, wird aber – wenn überhaupt – nur noch in evangelischen Einkehrhäusern in einer meist vereinfachten Form gebetet und gesungen. Ausnahmen bilden geistliche Gemeinschaften, die sich entweder im Rahmen von Kommunitäten wie z.B. der Jesusbruderschaft Gnadenthal, der Christusbruderschaft Selbitz oder der Communität Casteller Ring oder in regionalen Konventen nichtkommunitärer Gemeinschaften wie z.B. der Michaelsbruderschaft oder der Gemeinschaft Sankt Michael im Stundengebet üben. Seit einigen Jahren gibt es die Initiative ‚Ökumenisches Stundengebet e.V.' – ein Zusammenschluss von Gebetsgruppen in Katholischen und Evangelischen Kirchengemeinden und von kirchlichen Einrichtungen, die in der Praxis des Stundengebets eine Möglichkeit sehen, Gottesdienste und Andachten unabhängig von konfessionsspezifischen Barrieren und pfarramtlichen Zuständigkeiten in einer niederschwelligen Form zu feiern.

Wo das wechselseitige Singen von Psalmen und Hymnen praktiziert wird, zeigt sich nach wie vor die glauben- und gemeindebildende Wirkung dieser Praxis. Durch das aktive Singen der Psalmen werden die Beteiligten mit dem Inhalt des Glaubens vertraut, und es entsteht ein hohes Maß an Gemeinsamkeit: Es führt zu einer persönlichen Identifizierung mit dem Glaubensinhalt und zu einem verstärkten Bewusstsein der Zusammengehörigkeit als Gemeinschaft der Gläubigen. Nicht zuletzt wegen dieser glauben- und gemeindebildenden Wirkung war der Gemeindegesang schon bei den Auseinandersetzungen mit Häretikern in der Alten Kirche ein von beiden Seiten wertgeschätztes Instrument der Verbreitung der jeweils eigenen Lehrmeinung[107]. Vorformulierte Gebetstexte dienten bereits im 3. und 4. Jahrhundert dazu, der Gemeinde den rechten Glauben zu vermitteln[108]. Von dieser liturgisch-katechetischen Praxis der Alten Kirche sind in den Kirchen der Gegenwart der Gemeindegesang und die (mehr oder weniger gesungene) Liturgie übriggeblieben. Beides ist in der Regel von der Begleitung durch geschulte Kirchenmusiker*innen und ordinierte Pfarrer*innen / berufene Prädikant*innen bzw. geweihte Priester / berufene Gemeindereferent*innen abhängig. Eine Wiederaufnahme der

---

106 Vgl. Budde, Tagzeiten, 59: „Martin Luther… Für ihn war es nun das erklärte Ziel der Tagzeiten, dass die Gläubigen durch tägliche Übung in der Schrift kundig würden… Durch diese Fokussierung auf ihre didaktische Funktionalität wurden die Tagzeiten im Luthertum zu einer liturgischen Fortsetzung des Bibelunterrichts bzw. in ihrer Zuspitzung sogar des Lateinunterrichts."

107 Vgl. Budde, Tagzeiten, 62: „Der Gehalt der (Psalm-) Texte wird also intensiver wahrgenommen und bereitwilliger aufgenommen, wenn man sie selbst singt. Gerade die Technik des abwechselnden Singens erfordert einen hohen Grad an Aufmerksamkeit für das Geschehen als Ganzes, die wenigstens zum Teil auch dem gesungenen Inhalt zugutekommt… Diese ‚didaktische' und zugleich ‚unifizierende' Funktion des Singens bestimmte den gesamten Wettstreit der Orthodoxie mit den Arianern um die populäreren Lieder."

108 Vgl. ebd., 118.

gemeindlichen Praxis des Stundengebets könnte wegen seiner glaubenvermittelnden und gemeinschaftsbildenden Wirkung ein Beitrag zur Erhaltung bzw. Entstehung einer Kirche sein, die auch über ihre institutionellen und konfessionellen Grenzen hinaus öffentlich wahrnehmbar ist.

Literatur

Quellen und Übersetzungen

Bibelausgaben

NOVUM TESTAMENTUM GRAECE, ed. Kurt Aland et alii post Eberhard et Erwin Nestle, Deutsche Bibelgesellschaft, 26. Auflage, 4. revidierter Druck, Stuttgart 1981.

תורה נביאים וכתובים. BIBLIA HEBRAICA STUTTGARTENSIA, ed. K. Elliger et W. Rudolph, Editio minor, Deutsche Bibelgesellschaft, 2. Auflage, Stuttgart 1984.

ܕܝܬܝܩܐ ܚܕܬܐ ܕܡܪܢ ܝܫܘܥ ܡܫܝܚܐ – *ditiqo ḥdato d-moran yešuaᶜ mšiḥo* (Neues Testament unseres Herrn Jesus Christus). SÜRYANİCE İNCİL VE MEZMURLAR. Syriac NT and Psalms, ed. by United Bible Societies, Stuttgart 1985.

Biblia Hebraica Stuttgartensia, CD-ROM Bibel Edition, hg. von der Deutschen Bibelgesellschaft, Stuttgart 2002.

Novum Testamentum Graece, bibeldigital, hg. von der Deutschen Bibelgesellschaft, Stuttgart 2008.

Die Bibel nach Martin Luthers Übersetzung. Lutherbibel revidiert 2017 mit Apokryphen, hg. von der Evangelischen Kirche in Deutschland, Stuttgart 2017.

Gebetbücher

ܫܚܝܡܐ. ܨܠܘܬܐ ܕܫܒܬܐ ܫܚܝܡܬܐ ܠܦܘܬ ܛܟܣܐ ܕܥܕܬܐ ܣܘܪܝܝܬܐ ܕܐܢܛܝܘܟ ܬܪܝܨܬ ܫܘܒܚܐ. ܚܬܘܡܐ ܪܒܝܥܝܐ ܐܛܦܐ - *šḥimo. ṣlawoṯo d-šaḇto šḥimto l-fuṯ teḵso d-ʿito suryoyṯo d-antiuḵ triṣaṯ šuḇḥo. ḥtomo rḇioyo 1981* (Das Einfache. Die Gebete der einfachen Woche nach der Ordnung der Orthodoxen Syrischen Kirche von Antiochien, vierte Druckausgabe, [Beirut] 1981).

ܟܬܒܐ ܕܨܠܘܬܐ ܕܫܒܬܐ ܫܚܝܡܬܐ ܕܡܬܟܢܝܐ ܫܚܝܡܐ - *ktoḇo da-ṣlawoṯo dšaḇto šḥimto d-meṯkne šḥimo* (Buch der Gebete der einfachen Woche, genannt *Šḥimo*), in: ܬܠܬܐ ܟܬܒ̈ܐ ܥܕܬܢܝ̈ܐ - *tloṯo ktoḇe ᶜideṯnoye* (drei kirchliche Bücher), hg. von Isḥoq Bar Musa Esen, Verl bei Bielefeld 2002.

ܟܬܒܐ ܕܨܠܘܬܐ ܕܫܒܬܐ ܫܚܝܡܬܐ ܕܥܕܬܐ ܩܕܝܫܬܐ ܣܘܪܝܝܬܐ ܬܪܝܨܬ ܫܘܒܚܐ ܕܐܢܛܝܘܟܝܐ. ܚܬܘܡܐ ܬܡܝܢܝܐ ܒܒܝܬ ܦܪܣܐ ܕܒܪ ܥܒܪܝܐ ܒܕܝܪܐ ܕܡܪܝ ܐܦܪܝܡ ܣܘܪܝܝܐ. ܗܘܠܢܕܐ 2016 - *ktoḇo da-ṣlawoṯo d-šaḇto šḥimto d-ʿito qadišto suryoyṯo triṣaṯ šuḇḥo d-antioḵya. ḥtomo tminoyo b-ḇeṯ parso d-ḇar ʿeḇroyo b-dayro d-mor afrem suryoyo. holando 2016:* Buch der Gebete der einfachen Woche der heiligen Syrisch-Orthodoxen Kirche von Antiochia. Achte Druckausgabe im Verlag Bar Hebräus im Kloster Mor Ephräm des Syrers, [Glane/Losser] Holland 2016.

Acharya, Francis: Prayer with the Harp of the Spirit. The Prayer of Asian Churches, Volume I, A Weekly Celebration of the Economy of Salvation. Evening Prayer, Night Vigil, Morning Prayer for Sunday and each Day of the Week. Translated from the Original Syriac and Adapted with Seeds of the Word from the Spiritual Heritage of India, Vagamon (Kerala, India) 1983.

Madey, Johannes (Hg.): S'HIMO oder das Stundenlob der Syro-Antiochenischen Kirche an Wochentagen, Kottayam/Kerala 1995.

ܫܚܝܡܐ - Shimo – Veckobönebok enligt den Syrisk-ortodoxa kyrkan av Antiokia, hg. vom „Syrisk-ortodoxa Kyrkans Ungdomsförbund – SOKU" und der „Syrisk-ortodoxa patriarkatets ställföreträdarskap i Sverige – SOK", Übersetzung der syrischen Ausgabe von 1981 durch Johan Andersson, Schweden 1996.

Rajan, Fr. K. Mani (Hg.): The Prayer Book of the Syrian Orthodox Church, First Publication in 1993 by: St. Mary's Jacobite Syrian Orthodox Church, Downey USA, First Indian Publication in 2000 by: Cheeran Kurian Trust, Cheerans, Kochi (India).

Semaan, N.: La preghiera vespertina feriale nella tradizione siro-antiochena, Bibliotheca „Ephemerides liturgicae", Subsidia 127, Edizioni liturgiche, Roma 2003.

Griffiths, Bede: The Book of Common Prayer of the Syrian Church. Translated into English by Bede Griffiths, Monk of Kurisumala Ashram, Vagamon Kerala 1965, Reprint Piscataway USA 2005.

Önder, Josef: ܥܕܢ̈ܐ ܕܨܠܘܬܐ ܠܦܘܬ ܡܫܠܡܢܘܬܐ ܕܥܕܬܐ ܣܘܪܝܝܬܐ ܬܪܝܨܬ ܫܘܒܚܐ ܕܐܢܛܝܘܟ - *ᶜedone da-ṣlu̱to l-fu̱t mašlmonu̱to d-ᶜito suryoy̱to triṣa̱t šuḇḥo d-antiuḵ*. Süryani Ortodoks Kilisesinde DUA VAKİTLERİ. DIE GEBETSZEITEN. Nach dem Ritus der Syrisch-Orthodoxen Kirche von Antiochien, Glane/Losser 2009.

COMMUN DU BREVIAIRE DE LITURGIE SYRIENNE (ohne weitere Angaben), aufgelistet in der „Bibliografía sobre el Rito Siro-Occidental (5)" vom 5.10.2011 unter http://lcxorandies.blogspot.com/2011/10/bibliografia-sobre-el-rito-siro.html, zuletzt abgerufen am 28.06.2023.

Paulos Mar Gregorios: Gebetbuch für junge Menschen. Gebete aus der indischen syrisch-orthodoxen Tradition, hg. von Martin Tamcke, Studien zur Orientalischen Kirchengeschichte, hg. von Martin Tamcke, Band 42, Berlin 2012.

ܒܝܬ ܓܙܐ ܪܒܐ ܕܩܝ̈ܢܬܐ ܕܥܕܬܐ ܣܘܪܝܝܬܐ ܬܪܝܨܬ ܫܘܒܚܐ ܕܐܢܛܝܘܟ. ܡܦܚܡ ܥܠ ܢܘܣܟ̈ܐ ܣܘܪ̈ܝܝܐ ܥܬܝ̈ܩܐ ܘܒܚܝ̈ܪܐ. ܚܬܡܐ ܩܕܡܝܐ ܒܡܛܒܥܬܐ ܕܒܪ ܥܒܪܝܐ ܕܕܝܪܐ ܕܡܪܝ ܐܦܪܝܡ ܣܘܪܝܝܐ، ܗܘܠܢܕܐ 1992 - *be̱t gazo rabo d-qino̱to d-ᶜito suryoy̱to triṣa̱t šuḇḥo d-antiuḵ. mfaḥem ᶜal nusḵe suryoye ᶜatiqe w-ḇaḥire. ḥtomo qadmoyo b-maṭeḇᶜ̱to d-ḇar ᶜeḇroyo d-dayro d-mor afrem suryoyo, holando 1992*, Beth Gazo. Schatzbuch der Melodien der Syrisch-Orthodoxen Kirche von Antiochien. Verglichen mit alten und geprüften syrischen Handschriften. Erste Druckausgabe durch die Druckerei Bar Hebräus des Klosters Mor Ephräm des Syrers, [Glane/Losser] Holland 1992.

ܫܒܝܬܐ ܕܕܝܪ̈ܝܐ ܥܡ ܡܙܡܘܪ̈ܐ ܕܕܘܝܕ ܢܒܝܐ. ܐܟ ܛܘܟܣܐ ܕܕܝܪ̈ܬܐ ܕܥܕܬܐ ܣܘܪܝܝܬܐ ܬܪܝܨܬ ܫܘܒܚܐ ܕܐܢܛܝܘܟ. ܚܬܡܐ ܩܕܡܝܐ. ܡܛܒܥܬܐ ܕܒܪ ܥܒܪܝܐ ܕܕܝܪܐ ܕܡܪܝ ܐܦܪܝܡ ܣܘܪܝܝܐ. ܗܘܠܢܕܐ 1993 - *šḇito d-dayroye ᶜam mazmure d-dawid nḇiyo. ᵓaḵ tukoso d-dayro̱t d-ᶜito suryoy̱to triṣa̱t šuḇḥo d-antiuḵ. ḥtomo qadmoyo. maṭeḇᶜ̱to d-ḇar ᶜeḇroyo d-dayro d-mor afrem suryoyo. holando 1993:* Gefangenschaft der Mönche mit Psalmen des Propheten David. Nach der Ordnung der Klöster der Syrisch-Orthodoxen Kirche von Antiochien, erste Druckausgabe, Druckerei Bar Hebräus des Klosters Mor Ephräm des Syrers, [Glane/Losser] Holland 1993.

Iskandar, Nuri: The Beth Gazo in Musical Notation According to the School of Edessa. Musical Notation by Nuri Iskandar. Introduction by Gregorios Yohanna Ibrahim, Piscataway USA 2012.

ܟܬܒܐ ܕܡܥܕܥܕܢܐ ܠܦܘܬ ܛܟܣܐ ܕܥܕܬܐ ܣܘܪܝܝܬܐ ܬܪܝܨܬ ܫܘܒܚܐ ܕܐܢܛܝܘܟܝܐ. ܒܝܬ ܦܪܣܐ ܕܒܪ ܥܒܪܝܐ ܕܕܝܪܐ ܕܡܪܝ ܐܦܪܝܡ ܣܘܪܝܝܐ. ܗܘܠܢܕܐ .2013 - *kto̱bo da-mᶜadᶜdono lfu̱t te̱kso d-ᶜito suryoy̱to triṣa̱t šuḇḥo d-antioḵya. be̱t parso d-ḇar ᶜeḇroyo d-dayro d-mor afrem suryoyo. holando 2013*. The Book of the Church Festivals. According to the Ancient Rite of the Syrian Orthodox Church of Antioch. Bar-Hebraeus Press 2013, [Glane/Losser] Holland 2013.

ܒܝܬ ܓܙܐ ܕܢܥܡܬܐ ܕܥܕܬܐ ܣܘܪܝܝܬܐ ܬܪܝܨܬ ܫܘܒܚܐ ܕܐܢܛܝܘܟܝܐ - *be̱t gazo d-neᶜmo̱to d-ᶜito suryoy̱to triṣa̱t šuḇḥo d-antioḵya:* Schatzhaus der Melodien der Syrisch-Orthodoxen Kirche von Antiochia, Glane/Losser 2015.

Abhandlungen

Amar, Joseph P.: A Metrical Homily on Holy Mar Ephrem by Mar Jacob of Sarug. Critical Edition of the Syriac Text. Translation and Introduction, Patrologia Orientalis, Tome 47, Fascicule 1, No. 209, Turnhout/Belgique 1995.

Ders.: The Syriac Vita Tradition of Ephrem the Syrian, Corpus Scriptorum Christianorum Orientalium (CSCO) Vol. 629, Scriptores Syri, Tomus 242, Louvain 2011.

Ders.: The Syriac Vita Tradition of Ephrem the Syrian, translated by Joseph P. Amar, CSCO Vol. 630, Scriptores Syri, Tomus 243, Louvain 2011.

Barhebräus: Ethicon, hg. von H. B. Teule, 2 Bde., Leuven 1993 (CSCO 534-535, Syr. 218-219).

Bar Salibi: Traktat gegen Rabban Isho[c], auf Syrisch herausgegeben und ins Englische übersetzt von Alphons Mingana (Woodbroke Studies Vol. 1), Cambridge 1927.

Röwekamp, Georg: Egeria. Itinerarium. Reisebericht. Mit Auszügen aus: Petrus Diaconus, de locis sanctis. Die Heiligen Stätten, übersetzt und eingeleitet von Georg Röwekamp unter Mitarbeit von Dietmar Thönnes, Fontes Christiani. Zweisprachige Neuausgabe christlicher Quellentexte aus Altertum und Mittelalter, Band 20, Egeria. Reisebericht. Lateinisch – Deutsch, Freiburg 1995.

D. Martin Luthers Werke. Kritische Gesamtausgabe, 18. Band, Weimar 1908.

D. Martin Luthers Werke. Kritische Gesamtausgabe. D. Martin Luthers Briefwechsel, 3. Band 1523-1525, Weimar 1933.

Sekundärliteratur

Albert, Micheline: Langue et Littérature Syriaques, in: Micheline Albert et alii: Christianismes Orientaux. Introduction à l'Étude des Langues et des Littératures. Initiations au Christianisme Ancien, Paris 1993, 297-375.

Arnold, Jochen: Von Gott poetisch-musikalisch reden. Gottes verborgenes und offenbares Handeln in Bachs Kantaten, Arbeiten zur Pastoraltheologie, Liturgik und Hymnologie, hg. von Eberhard Hauschildt et alii, Band 57, Göttingen 2009.

Ders.: „Wer singt, verkündigt doppelt" – Singen als Verkündigung heute, in: Peter Bubmann / Konrad Klek (Hg.), „Ich sing dir mein Lied". Kirchliches Singen heute. Analysen und Perspektiven, München 2017, 20-37.

Ashbrook Harvey, Susan: Song and Memory. Biblical Woman in Syriac Tradition, The Père Marquette Lecture in Theology 2010, Milwaukee 2010.

Assemanus, Josephus Simonius: Bibliotheca Orientalis Clementino-Vaticana. Tomus Primus. De Scriptoribus Syris Orthodoxis, Romae MDCCXIX, Nachdruck hg. von Joseph-Marie Sauget, Hildesheim 1975.

Assemanus, Josephus Simonius: Bibliotheca Orientalis Clementino-Vaticana. Tomus Secundus. De Scriptoribus Syris Monophysitis, Romae MDCCXXI, Nachdruck hg. von Joseph-Marie Sauget, Hildesheim 1975.

Aydin, Edib: ܡܠܦܢܐ ܐܕܝܒ ܐܝܕܝܢ ❖ ܫܚܝܡܐ ܟܬܒܐ ܕܨܠܘ̈ܬܐ ܕܫܒܬܐ ܫܚܝܡܬܐ – *malfono edib aydin, Šḥimo: ktobo da-ṣlawoto d-šabto šḥimto* (Lehrer Edib Aydin, *Šḥimo*: Buch der Gebete der einfachen Woche), in: ܚܛܐ. ܡܓܠܬܐ ܕܣܦܪܝܘܬܐ ܣܘܪܝܝܬܐ. ܫܢܬܐ. ܓ. ܡܢܝܢܐ. ܗ. ܟܢܘܢ ܐܚܪܝ، ܒܐ - *ḥeṭo. magloto d-sefroyuto suryoyto, šato 3, menyono 5, konun ḥri 2001* (Weizenkorn. Journal der Syrischen Literatur, Jahr 3, Nummer 5, Später Konun [Januar] 2001), 46-35.

Aydin, Eugene: Rediscovering the Didactic and Missiological Aspects of Liturgy for Today, in: Worship Traditions in Armenia and the Neighbouring Christian East. An International Symposium in Honor of the 40th Anniversary of St Nersess Armenian Seminary, ed. by Roberta R. Ervine, New York 2006, 297-306.

Aydin, Gabriel: ܙܡܝܪ̈ܬܐ ܕܥܕ̈ܬܐ ܒܢܘܛܐ ܠܦܘܬ ܟܘܪܟܐ ܫܢܬܢܝܐ ܕܥܕ̈ܬܐ ܣܘܪܝܝܬܐ ܕܐܢܛܝܘܟܝ. - *zmiroto d-ʿito b-noṭa l-fut krukyo šatnoyo d-ʿito suryoyto d-antiuk* (Gesänge der Kirche in Noten nach dem Jahreskreis der Syrischen Kirche von Antiochien), SYRIAC HYMNAL. According to the Rite of The Syriac Orthodox Church of Antioch, Edited, Compiled, and Notated by Gabriel Aydin, Cumberland USA, 2018.

Baethgen, Friedrich: Syrische Grammatik des Mar Elias von Tirhan, Leipzig 1880.

Barṣaum, Mor Ignatios Aphrem I.: Geschichte der syrischen Wissenschaften und Literatur. Aus dem Arabischen übersetzt von George Toro und Amill Gorgis, Wiesbaden 2012.

Ders.: ܣܝܡܬܐ ܪܘܚܢܝܬܐ ܕܥܠ ܨܠܘܬܐ ܩܢܘܢܝܬܐ - *simto ruḥonoyto d-ᶜal ṣluto qonunoyto.* Die kanonischen Gebete von Mor Ignatius Aphrem Barsaumo I., Patriarch von Antiochien und dem ganzen Osten und Oberhaupt der Universal-Syrisch-Orthodoxen Kirche (1887 – + 1957). Aus dem Arabischen und dem Syrischen übersetzt von Amill Gorgis und George Toro. Herausgegeben und veröffentlicht durch + Erzbischof Dionysios Isa Gürbüz, Patriarchalvikar der Erzdiözese der Syrisch-Orthodoxen Kirche von Antiochien in Deutschland, Kloster St. Jakob von Sarug, Warburg 1999.

Ders.: ܣܝܡܬܐ ܪܘܚܢܝܬܐ ܕܥܠ ܨܠܘܬܐ ܩܢܘܢܝܬܐ - *simto ruḥonoyto d-ᶜal ṣluto qonunoyto.* التحفة الروحية في الصلاة الفرضية - *al-tuhfah ᵓal-ruhiya fi al-salat al-fardiyah* (geistlicher Schatz des kanonischen Gebets), by H.H. Patriarch Mor I. Ephrem Barsoum of Antioch, republished by Gregorios Yohanna Ibrahim, Metropolitan of Aleppo, Aleppo – Syria 2001.

Ders.: ܣܝܡܬܐ ܪܘܚܢܝܬܐ ܕܥܠ ܨܠܘܬܐ ܩܢܘܢܝܬܐ - *simto ruḥonoyto d-ᶜal ṣluto qonunoyto.* Die Kanonischen Gebete. Von Mor Ignatius Aphrem I. Barsaum, Patriarch von Antiochien und dem ganzen Osten und Oberhaupt der Universal-Syrisch-Orthodoxen Kirche (* 1887 – + 1957). Aus dem Arabischen und dem Syrischen übersetzt von Amill Gorgis und George Toro. Herausgegeben und veröffentlicht durch Erzbischof Dionysios Isa Gürbüz, Patriarchalvikar der Erzdiözese der Syrisch-Orthodoxen Kirche von Antiochien in Deutschland, Kloster St. Jakob Von Sarug, Warburg 1999, Online-Ausgabe vom 15.04.2006, verfügbar unter: https://www.academia.edu/25142889/DIE_KANONISCHEN_GEBETE, zuletzt abgerufen am 28.06.2023.

Ders.: ܟܬܒܐ ܕܣܝܡܬܐ ܪܘܚܢܝܬܐ ܥܠ ܨܠܘܬܐ ܩܢܘܢܝܬܐ. ܣܝܡ ܠܡܪܝ ܐܝܓܢܐܛܝܘܣ ܐܦܪܝܡ ܐ ܕܒܝܬ ܒܪܨܘܡ. ܦܛܪܝܪܟܐ ܕܐܢܛܝܘܟܝܐ ܘܕܟܠܗ ܡܕܢܚܐ. ܐܬܛܒܥ ܒܢܦܩܬܐ ܕܓܒܪܝܐܝܠ ܝܠܓܢ 2019. - *ktobo d-simto ruḥonoyto ᶜal ṣluto qonunoyto. sim l-mor ignatius afrem I. d-bet barṣum. patriarko d-antiokya wa-d-kuleh madnḥo. etḥatem b-nafiqoto d-gabriel yalgen 2019* (Buch des geistlichen Schatzes der kanonischen Gebete. Verfasst von Mor Ignatius Afrem I. des Hauses Barsaum. Patriarch von Antiochien und dem ganzen Osten. Gedruckt unter Herausgabe des Gabriel Yalgen, [Göteborg] 2019.

Ders.: ܣܝܡܬܐ ܪܘܚܢܝܬܐ ܕܥܠ ܨܠܘܬܐ ܩܢܘܢܝܬܐ - *simto ruḥonoyto d-ᶜal ṣluto qonunoyto.* The spiritual treasure on canonical prayer, By Mor Ignatius Ephrem Barsoum, Patriarch of Antioch and all the East, Translated from Arabic and Syriac into English by Rev. Fr. Joseph Tarzi, published by the Archdiocese of the Syrian Orthodox Church in the Western United States, Burbank California 1999.

Bartels, K.H.: Artikel ᾠδή – Gesang, in: Theologisches Begriffslexikon zum Neuen Testament, hg. von Lothar Coenen et alii, 1. Sonderausgabe 1993, 9. Auflage der Gesamtausgabe, Wuppertal 1971, 909-911.

Baumstark, Anton: Das „syrisch-antiochenische" Ferialbrevier, in: Der Katholik. Zeitschrift für katholische Wissenschaft und kirchliches Leben, hg. von Johann Michael Raich, 1902 – 82. Jahrgang – II, 3. Folge – XXVI. Band, Mainz 1902, 401-427 und 538-550, und in: Der Katholik (s.o.), 1903 – 83. Jahrgang – I, 3. Folge – XXVII. Band, Mainz 1903, 43-54.

Ders.: Festbrevier und Kirchenjahr der syrischen Jakobiten. Eine liturgiegeschichtliche Vorarbeit auf Grund hslicher Studien in Jerusalem und Damaskus, der syrischen Hsskataloge von Berlin, Cambridge, London, Oxford, Paris und Rom und des unierten Mossuler Festbrevierdruckes, in: Studien zur Geschichte und Kultur des Altertums, hg. von E. Drerup, H. Grimme und J. P. Kirsch, 3. Band, 3.-5. Heft, Paderborn 1910.

Ders.: Das christlich-aramäische und das koptische Schrifttum, in: Die christlichen Literaturen des Orients, Band I, Leipzig 1911.

Ders.: Nichtevangelische Syrische Perikopenordnungen des ersten Jahrtausends. Im Sinne vergleichender Liturgiegeschichte untersucht von Anton Baumstark, Nachdruck der ersten Auflage 1921, Liturgiewissenschaftliche Quellen und Forschungen, hg. von Odilo Heiming, Heft 15, Münster 1972.

Ders.: Geschichte der syrischen Literatur mit Ausschluß der christlich-palästinensischen Texte, Bonn 1922, Nachdruck Berlin 1968.

Ders.: Vom geschichtlichen Werden der Liturgie, Ecclesia Orans. Zur Einführung in den Geist der Liturgie, hg. von Ildefons Herwegen, zehntes Bändchen, erste bis fünfte Auflage, Freiburg 1923.

Ders.: Denkmäler der Entstehungsgeschichte des byzantinischen Ritus, in: Oriens Christianus. Halbjahreshefte für die Kunde des christlichen Orients, hg. von Anton Baumstark, dritte Serie, zweiter Band, 24. Jahrgang, Leipzig 1927, 1-32.

Ders.: Nocturna Laus. Typen frühchristlicher Vigilienfeier und ihr Fortleben vor allem im römischen und monastischen Ritus, Liturgiewissenschaftliche Quellen und Forschungen Heft 32, aus dem Nachlass herausgegeben von Odilo Heiming, Nachdruck der 1957 erschienenen Ausgabe, Münster 1967.

Berg, Stefan: Spielwerk. Orientierungshermeneutische Studien zum Verhältnis von Musik und Religion, Religion in Philosophy and Theology, ed. Ingolf U. Dalferth, Vol. 60, Tübingen 2011.

Bettiolo, Paolo: Syriac Literature, in: Patrology. The Eastern Fathers from the Council of Chalcedon (451) to John of Damascus (+ 750), hg. von Angelo di Berardino, English translation by Adrian Walford, Cambridge 2006, 407-490.

Bickell, Gustavus: Conspectus rei Syrorum literariae. Additis notis bibliographicis et excerptis anecdotis, Theissing 1871.

Bieritz, Karl-Heinrich: Liturgik, Berlin 2004.

Block, Johannes: Verstehen durch Musik: Das gesungene Wort in der Theologie. Ein hermeneutischer Beitrag zur Hymnologie am Beispiel Martin Luthers, Mainzer Hymnologische Studien Band 6, hg. von Hermann Kurzke, Tübingen 2002.

Bousquet, Antón: ܒܝܢܬ ܡܓܗܐ - ܡܥܒܪܢܘܬܐ ܕܨܠܘܬܐ ܕܫܒܬܐ ܫܚܝܡܬܐ ܒܠܫܢܐ ܐܢܓܠܝܐ - *baynot̲ maghe - maᶜb̲ronut̲o daṣlawot̲o d-šab̲to šḥimto b-lašno angliyo*. Between the Twilights. An Interlinear Translation of the Syriac Orthodox Breviary, koadig.wordpress.com 2019.

Brock, Sebastian P.: Poetry and Hymnography (3): Syriac, in: The Oxford Handbook of Early Christian Studies (OHECS), ed. by Susan Ashbrook Harvey and David Hunter, Oxford 2009, 657-671.

Ders.: The Harp of the Spirit. Poems of Saint Ephrem the Syrian, 3rd enlarged edition, Cambridge 2013.

Ders.: Artikel 'Dawid bar Pawlos', in: Gorgias Encyclopedic Dictionary of the Syriac Heritage (GEDSH). With contributions by seventy-six scholars, ed. by Sebastian P. Brock, Aaron M. Butts, George A. Kiraz und Lucas Van Rompay, Piscataway USA 2011, 116-117.

Ders.: Artikel 'Liturgy', in: GEDSH (s.o.), 248-251.

Ders.: Artikel ‚Poetry', in: GEDSH (s.o.), 334-336.

Ders.: VI. Syriac and Greek Hymnography: Problems of Origin, abgedruckt in: Ders., Studies in Syriac Christianity. History, Literature and Theology, Hampshire 1992, aus: Studia Patristica XVI, ed. E. A. Livingstone, Texte und Untersuchungen 129, Berlin 1985, 77-81.

Ders.: Syriac Liturgical Poetry – A Resource for Today, in: The Harp. A Review of Syriac and Oriental Studies, Vol. VIII + IX, July 1995-1996, 53-66.

Ders.: A Brief Outline of Syriac Literature, *Moran Etho* – 9, ed. by St. Ephrem Ecumenical Research Institute, Kottayam 1997.

Ders.: From Ephrem to Romanos. Interactions between Syriac and Greek in Late Antiquity, Aldershot Hampshire 1999, 139-151.

Brockelmann, Carl: Die syrische und die christlich-arabische Litteratur, in: Geschichte der christlichen Litteraturen des Orients, hg. von C. Brockelmann, Die Litteraturen des Ostens in Einzeldarstellungen, bearbeitet von C. Brockelmann et alii, 7. Band, 2. Abteilung, Nachdruck der Originalausgabe Leipzig 1909, Leipzig 1972.

Ders.: Syrische Grammatik. Mit Paradigmen, Literatur, Chrestomathie und Glossar, unveränderter Nachdruck von 1960, Leipzig 1981.

Bubholz, Georg / Yalcin, Augin: Aramäer. Integration im Westen, Impulse aus dem Osten, Würzburg 2021.

Budde, Achim: Gemeinsame Tagzeiten. Motivation – Organisation – Gestaltung, Praktische Theologie heute, hg. von Gottfried Bitter e.a., Band 96, Stuttgart 2013.

Ders.: Der Sieg des Rituals über die Improvisation. Spontaneität und Vorschrift im Gebet der Alten Kirche, in: Blue Church. Improvisation als Klangfarbe des Evangelischen Gottesdienstes, hg. von Uwe Steinmetz und Alexander Deeg, Beiträge zu Liturgie und Spiritualität, hg. vom Liturgiewissenschaftlichen Institut der VELKD, Band 31, Leipzig 2018, 19-50.

Burkitt, Francis Crawford: The Early Syriac Lectionary System, From the Proceedings of the British Academy, Vol XI, ed. by Humphrey Milford, London 1923.

Ders.: The Old Lectionary of Jerusalem, in: The Journal of Theological Studies 24 (96), Oxford 1923, 415-424.

Butts, Aaron M.: Artikel 'Dawid Puniqoyo', in: GEDSH (s.o.), 117.

Chabot, Jean Baptiste: Littératures Chrétiennes de l'Orient. Littérature Syriaque, Paris 1934.

Cody, Aelred OSB: L'office divin chez les Syriens Jacobites. Leurs Eucharisties épiscopales et leur rite de pénitence. Description des cérémonies, avec notes historiques, in: Proche-Orient Chrétien (POC), Tome XIX, Jerusalem 1969, 293-319.

Ders.: The Early History of the Octoechos in Syria, in: East of Byzantium. Syria and Armenia in the Formative Period. Dumbarton Oaks Symposium 1980, ed. Nina G. Garsoïan, Thomas F. Mathews and Robert W. Thomson, Washington DC 1982, 89-114.

Corcoran, James A.: The Syriac Ferial Office; in: The American Catholic Quarterly Review, Vol. 3, Philadelphia 1878, 427-454.

Cumant, Micheline: La Musique du Rite Syriaque. Histoire de l'Eglise Syriaque et de sa Musique. Analyse Musicale, printed by Amazon Italia Logistica S.r.l., Torrazza Piemonte (TO), Italy.

Delitzsch, Franz: Die Psalmen, Nachdruck der 5. Auflage Leipzig 1894, Gießen 1984.

Dinno, Khalid S.: The Syrian Orthodox Christians in the Late Ottoman Period and Beyond. Crisis then Revival, Gorgias Eastern Christian Studies Vol. 43, ed. George Anton Kiraz e.a., Piscataway NJ USA 2017.

Duval, Rubens: La littérature syriaque. Des origines jusqu'a la fin de cette littérature après la conquête par les Arabes au XIIIe siècle. Étude historique des différents genres la littérature religieuse et ecclésiastique, l'historiographie, la philisophie, la philologie, les sciences et les traductions, suivie de notices biographiques sur les écrivains. Avec un index bibliographique et général troisième édition, revue et augmentée, Amsterdam, réimpression 1970 de l'édition Paris 1907.

Ders.: Traité de grammaire syriaque, Paris 1881.

EKD, Kirchenamt der (Hg.): Kirche und Bildung. Herausforderungen, Grundsätze und Perspektiven evangelischer Bildungsverantwortung und kirchlichen Bildungshandelns. Eine Orientierungshilfe des Rates der Evangelischen Kirche in Deutschland (EKD), Gütersloh 2009.

Ewald, H: Abhandlungen zur orientalischen und biblischen Literatur, Göttingen 1832.

Evangelische Michaelsbruderschaft (Hg.): Evangelisches Tagzeitenbuch, Göttingen, 6. überarbeitete Auflage 2020.

Floros, Constantin: Gesang zum Lobpreis Gottes. Die Musik der Ostkirche, in: Ernst Benz / Hans Thurn / Constantin Floros: Das Buch der heiligen Gesänge der Ostkirche, Hamburg 1962, 143-174.

Frøyshov, Stig Simeon R.: The Early Development of the Liturgical Eight-Mode System in Jerusalem, in: St Vladimir's Theological Quarterly, ed. by Paul Meyendorff, Vol. 51, No. 2-3, Liturgy, New York 2007, 139-178.

Galadza, Daniel: Liturgy and Byzantinisation in Jerusalem, Oxford Early Christian Studies, ed. by Gillian Clark and Andrew Louth, Oxford 2018, Paperback 2019.

Ders.: Various orthodoxies. Feasts of the incarnation of Christ in Jerusalem during the first Christian millennium, in: Prayer and Worship in Eastern Christianities, 5th to 11th Centuries, ed. by Brouria Bitton-Ashkelony and Derek Krueger, London and New York 2017, 181-209.

Gerhards, Albert / Kranemann, Benedikt: Einführung in die Liturgiewissenschaft, Darmstadt 2006.

Grethlein, Christian: Abriß der Liturgik. Ein Studienbuch zur Gottesdienstgestaltung, 2. überarbeitete Auflage, Gütersloh 1991.

Habil, Menzer: La Théologie du Salut Selon le Cycle Hebdomadaire Syro-Antiochien. Étude Historique et Théologique, Paris 2013.

Hage, Wolfgang: Das orientalische Christentum, Die Religionen der Menschheit, Band 29.2, Stuttgart 2007.

Hannick, Christian: Art. ‚Byzantinische Musik', in: Die Musik in Geschichte und Gegenwart (MGG). Allgemeine Enzyklopädie der Musik, zweite neu bearbeitete Ausgabe, hg. von Ludwig Finscher, Sachteil 2 Böh-Enc, Kassel 1995, 288-310.

Heiming, Odilo: Syrische ʿEnîânê und Griechische Kanones. Die Hs. Sach. 349 der Staatsbibliothek zu Berlin. Untersucht von Dr. P. Odilo Heiming, Münster 1932.

Heinz, Andreas: Feste und Feiern im Kirchenjahr nach dem Ritus der Syrisch-Orthodoxen Kirche von Antiochien (*Mᶜadᶜdono*), SOPHIA. Quellen östlicher Theologie, hg. von Andreas Heinz, Band 31, Trier 1998.

Höhne, Florian.: Art. "Öffentliche Theologie" (Version 1.0 vom 12.10.2017), in: Ethik-Lexikon, verfügbar unter: https://www.ethik-lexikon.de/lexikon/oeffentliche-theologie, zuletzt abgerufen am 28.06.2023.

Ders.: Prophetenrufe und Königsbilder. Anregung zu einer Ethik ästhetischer Formen im Horizont Öffentlicher Theologie, in: Öffentliche Theologie zwischen Klang und Sprache. Hymnen als eine Verkörperungsform von Religion, hg. von Thomas Wabel, Florian Höhne und Torben Stamer, Öffentliche Theologie, hg. von Heinrich Bedford-Strohm und Wolfgang Huber, Band 34, Leipzig 2017, 41-68.

Hölscher, Gustav: Syrische Verskunst, Leipziger Semitistische Studien, Neue Folge Band V, hg. von B. Landsberger und H. H. Schaeder, Nachdruck von 1932, Leipzig 1968.

Hoyland, Robert: Jacob and Early Islamic Edessa, in: Jacob of Edessa and the Syriac Culture of His Day, ed. by Bas ter Haar Romeny, Monographs of the Peshitta Institute Leiden. Studies in the Syriac Versions of the Bible and their Cultural Contexts, ed. by R. B. ter Haar Romeny e.a., Volume 18, Leiden 2008, 11-24.

Husmann, Heinrich: Die Melodien der Jakobitischen Kirche. Transkribiert und herausgegeben von Heinrich Husmann. Die Melodien des Wochenbreviers (ŠḤĪMTĀ). Gesungen von Qurillāos Jaᶜqub Kas Görgös, Metropolit von Damaskus, Österreichische Akademie der Wissenschaften. Philosophisch-Historische Klasse. Sitzungsberichte, 262. Band, 1. Abhandlung, Veröffentlichungen der Kommission für Musikforschung, hg. von Erich Schenk, Heft 9, Wien 1969.

Ders.: Die Melodien der Jakobitischen Kirche. Transkribiert und herausgegeben von Heinrich Husmann. Die Qāle Gaoānāie des Beit Gazā. Gesungen von Archidiakon Asmar der Kathedrale Beirut, Österreichische Akademie der Wissenschaften. Philosophisch-Historische Klasse. Sitzungsberichte, 273. Band, 4. Abhandlung, Veröffentlichungen der Kommission für Musikforschung, hg. von Erich Schenk, Heft 13, Wien 1971.

Ders.: Hymnus und Troparion. Studien zur Geschichte der musikalischen Gattungen von Horologion und Tropologion, in: Jahrbuch des Staatlichen Instituts für Musikforschung Preußischer Kulturbesitz 1971, Berlin 1972, 7-86.

Ders.: Syrischer und byzantinischer Oktoechos. Kanones und Qanune, in: Orientalia Christiana Periodica (OCP), Volumen XLIV, Fasciculus I, Rom 1978, 65-73.

Jeannin, Jules / J. Puyade / A. Chibas-Lasalle: Mélodies syriennes et chaldéennes recueillies, Band 1: Mélodies liturgiques syriennes, Paris 1925.

Jarjour, Tala: Sense and Sadness. Syriac Chant in Aleppo, New York 2018.

Jeffery, Peter: The Earliest Octōēchoi. The Role of Jerusalem and Palestine in the Beginnings of Modal Ordering, in: Ders. (Hg.): The Study of Medieval Chant. Paths and Bridges, East and West. In Honor of Kenneth Levy, Woodbridge 2001, 147-209.

Joppich, Godehard: Cantate canticum novum. Gesammelte Studien anlässlich des 80. Geburtstages von Godehard Joppich, Münsterschwarzach, 2. Auflage 2013.

Ders.: Gregorianik in Geschichte und Gegenwart. Eine Lehrschau von Godehard Joppich, Münsterschwarzach, 4. Auflage 2015.

Kiraz, George Anton: Schema of the Syriac *Šḥimo*, in: Hugoye. Journal of Syriac Studies 25.2 (2022), 455-483, https://hugoye.bethmardutho.org/article/hv25n2kiraz vom 23.08.2022, zuletzt abgerufen am 03.07.2023.

Klöckner, Stefan: Handbuch Gregorianik. Einführung in Geschichte, Theorie und Praxis des Gregorianischen Chorals, Regensburg, 2. Auflage 2010.

Ders.: Kleiner Wegweiser durch den Gregorianischen Choral, Münsterschwarzach, 1. Auflage 2015.

Krueger, Derek: The transmission of liturgical joy in Byzantine hymns for Easter, in: Prayer and Worship in Eastern Christianities. 5th to 11th Centuries, ed. by Brouria Bitton-Ashkelony and Derek Krueger, London and New York 2017, Paperback 2019, 132-150.

Krüger, Malte Dominik: Musikalisch religiös. Der Hymnus als komplexe Verkörperung des Bildvermögens, in: Öffentliche Theologie zwischen Klang und Sprache. Hymnen als eine Verkörperungsform von Religion, hg. von Thomas Wabel, Florian Höhne und Torben Stamer, Öffentliche Theologie, hg. von Heinrich Bedford-Strohm und Wolfgang Huber, Band 34, Leipzig 2017, 69-87.

Kuhn, Magdalena: Koptische liturgische Melodien. Die Relation zwischen Text und Musik in der koptischen Psalmodia, Orientalia Lovaniensia Analecta 197, Leuven 2011.

Lang, Friedrich: Die Briefe an die Korinther. Übersetzt und erklärt von Friedrich Lang, Das Neue Testament Deutsch (NTD), hg. von Gerhard Friedrich und Peter Stuhlmacher, Teilband 7, Göttingen, 16. Auflage 1986.

Lange, Christian / Pinggéra, Karl (Hg.): Die altorientalischen Kirchen. Glaube und Geschichte, Darmstadt 2010.

Leeb, Helmut: Die Gesänge im Gemeindegottesdienst von Jerusalem (vom 5. bis 8. Jahrhundert), Wiener Beiträge zur Theologie, Band XXVIII, hg. von der Katholisch-Theologischen Fakultät der Universität Wien, Wien 1970.

Louth, Andrew: Art. ‚Trishagion', in: Theologische Realenzyklopädie (TRE) Bd. XXXIV, Berlin / New York 2002, 121-124.

Lumma, Liborius Olaf: Liturgie im Rhythmus des Tages. Eine kurze Einführung in Geschichte und Praxis des Stundengebets, Regensburg 2011.

Macomber, William F. S.J.: A Theory on the Origins of the Syrian, Maronite and Chaldean Rites, in: Orientalia Christiana Periodica (OCP) 39, Rom 1973, 235-242.

Mateos, Juan S.I.: Les matines chaldéennes, maronites et syriennes, in: Orientalia Christiana Periodica (OCP) Volumen XXVI, Rom 1960, 51-73.

Merx, A.: Historia artis grammaticae apud Syros, Leipzig 1889.

Meyer, Wilhelm: Gesammelte Abhandlungen zur mittellateinischen Rhythmik, Band II, Berlin 1905.

McGuckin, John A.: Poetry and Hymnography (2): The Greek World, in: The Oxford Handbook of Early Christian Studies (OHECS), ed. by Susan Ashbrook Harvey and David Hunter, Oxford 2009, 641-656.

Meßner, Reinhard: Einführung in die Liturgiewissenschaft, 2. überarbeitete Auflage, Paderborn 2009.

Moberg, Axel: Buch der Strahlen. Die grössere Grammatik des Barhebräus. Übersetzung nach einem kritisch berichtigten Texte mit textkritischen Apparat und einem Anhang: zur Terminologie, Einleitung und zweiter Teil, Leipzig 1907.

Nieten, Ulrike Rebekka: Struktur und Metrum in den syrisch-aramäischen Psalmen und Hymnen, Semitica et Semitohamitica Berolinensia (SSHB), hg. von Rainer Voigt, Band 12, Aachen 2013.

Dies.: Byzantinischer und syrischer Oktoechos, in: Geschichte, Theologie, Liturgie und Gegenwartslage der syrischen Kirchen. Beiträge zum sechsten deutschen Syrologen-Symposium in Konstanz, Juli 2009, hg. von Dorothea Weltecke, Göttinger Orientforschungen I. Reihe: Syriaca Bd. 40, hg. von Martin Tamcke, Wiesbaden 2012, 115-125.

Dies.: Das syrisch-aramäische Troparion: Eine Gattung zwischen Psalm und Hymnus, in: Syrische Studien. Beiträge zum 8. Deutschen Syrologie-Symposium in Salzburg 2014, orientalia – patristica – oecumenica, hg. von Dietmar W. Winkler, Vol. 10, Wien 2016, 341-349.

Dies.: Das syrische Akzentsystem und seine Bedeutung für die Rezitation, in: Geschichte, Theologie und Kultur des syrischen Christentums. Beiträge zum 7. Deutschen Syrologie-Symposium in Göttingen, Dezember 2011, hg. von Martin Tamcke und Sven Grebenstein, Göttinger Orientforschungen, I. Reihe: Syriaca, hg. von Martin Tamcke, Band 46, Wiesbaden 2014, 199-207.

Dies.: Art. ‚Syrische Kirchenmusik', in: Die Musik in Geschichte und Gegenwart (MGG). Allgemeine Enzyklopädie der Musik, zweite neu bearbeitete Ausgabe, hg. von Ludwig Finscher, Sachteil 9 Sy - Z, Kassel 1998, 185-200.

Dies.: Art. ‚Kirchenmusik, orientalische', in: Kleines Lexikon des Christlichen Orients, 2. Auflage des Kleinen Wörterbuches des Christlichen Orients, hg. von Hubert Kaufhold, Wiesbaden 2007, 229-237.

Nikolakopoulos, Konstantin: Orthodoxe Hymnographie. Lexikon der orthodoxen hymnologisch-musikalischen Terminologie, Liturgische Texte und Studien Band 2, Schliern bei Köniz 1999.

Önder, Josef (Hg.): Auf dem Weg zum Beten. Syrisch-Orthodoxe Religionslehre. ܒܐܘܪܚܐ ܕܨܠܘܬܐ. ܝܘܠܦܢܐ ܬܘܕܝܬܢܝܐ ܕܥܕܬܐ ܣܘܪܝܝܬܐ ܬܪܝܨܬ ܫܘܒܚܐ ܕܐܢܛܝܘܟܝ – *b-ʾurḥo da-ṣluṯo. yulfono tawdiṯonoyo d-ʿito suryoyṯo triṣaṯ šuḇḥo d-antiuḵ*, Band 1: ܪܘܚܢܝܘܬܐ ܕܛܠܝܐ ܘܥܠܝܡܐ - *ruḥonoyuṯo da-ṭloye wa-ʿlayme*. Spiritualität von Kindern und Jugendlichen, Band 2: ܫܒܝܠܐ ܪܘܚܢܝܐ ܠܟܠ ܝܘܡ - *šḇilo ruḥonoyo l-ḵul yum*. Geistliche Orientierung für jeden Tag, Glane/Losser 2020.

Ders.: Die Syrisch-Orthodoxen Christen. Zwischen Orient und Okzident, Glane/Losser 2013.

Onasch, Konrad: Lexikon Liturgie und Kunst der Ostkirche unter Berücksichtigung der Alten Kirche, Berlin/München, 1. Auflage 1993.

Payne Smith, Jessie (Hg.): A Compendious Syriac Dictionary. Founded upon the Thesaurus Syriacus of R. Payne Smith, Eugene (Oregon) 1999.

Pfirrmann, Maria: Freie Poesie und gottesdienstliche Lieder. Zum Verhältnis von Bibel, Liturgie und Dichtung im frühen Werk von Willem Barnard (Guillaume van der Graft), Veröffentlichungen zur Liturgik, Hymnologie und theologischen Kirchenmusikforschung, hg. von Martin Rößler und Jürgen Henkys, Band 36, Göttingen 2001.

Polke, Christian: Vom Schrei der Klage und dem Jubel vor Glück. Verkörperungen religiösen Sinns diesseits und jenseits rationaler Diskurse, in: Öffentliche Theologie zwischen Klang und Sprache. Hymnen als eine Verkörperungsform von Religion, hg. von Thomas Wabel, Florian Höhne und Torben Stamer, Öffentliche Theologie, hg. von Heinrich Bedford-Strohm und Wolfgang Huber, Band 34, Leipzig 2017, 89-109.

Randhofer, Regina: Antiochias Erbe. Die Gesänge der syro-antiochenischen Kirche, in: Antike Welt. Zeitschrift für Archäologie und Kulturgeschichte 4, 29. Jahrgang 1998, 311-324.

Dies.: Psalmen in einstimmigen vokalen Überlieferungen. Eine vergleichende Untersuchung jüdischer und christlicher Traditionen, Teil 1, Europäische Hochschulschriften, Reihe XXXVI. Musikwissenschaft, Bd. 131, Frankfurt am Main 1995.

Reich, Christa: Evangelium: klingendes Wort. Zur theologischen Bedeutung des Singens, hg. von Christian Möller in Verbindung mit der Hessischen Kantorei, Stuttgart 1997.

Salvesen, Alison: Jacob of Edessa's Life and Work: A Biographical Sketch, in: Jacob of Edessa and the Syriac Culture of His Day, ed. by Bas ter Haar Romeny, Monographs of the Peshitta Institute Leiden. Studies in the Syriac Versions of the Bible and their Cultural Contexts, ed. by R. B. ter Haar Romeny, Volume 18, Leiden 2008, 1-10.

Dies.: Art. Yaʿqub of Edessa, in: Gorgias Encyclopedic Dictionary of the Syriac Heritage (GEDSH). With contributions by seventy-six scholars, ed. by Sebastian P. Brock et alii, Piscataway USA 2011, 432-433.

Schmidt-Lauber, Hans-Christoph: Begriff, Geschichte und Stand der Forschung, in: Handbuch der Liturgik. Liturgiewissenschaft in Theologie und Praxis der Kirche, hg. von Hans-Christoph Schmidt-Lauber und Karl-Heinrich Bieritz, Göttingen/Leipzig, 2. Auflage 1995, 15-39.

Segal, J. B.: The Diacritical Points and the Accents in Syriac, London Oriental Series 2, London 1953.
Stäblein, Bruno: Art. ‚Choral', in: MGG Bd. 2, Kassel und Basel 1952, 1266-1303.
Steffenski, Fulbert: Schwarzbrot-Spiritualität, Stuttgart 2005.
Taft, Robert S.J.: The Liturgy of the Hours in East and West. The Origins of the Divine Office and Its Meaning for Today, Second Revised Edition, Collegeville 1993.
Ders.: Anton Baumstark's Comparative Liturgy Revisited, in: Acts of the International Congress. Comparative Liturgy Fifty Years after Anton Baumstark (1872-1948). Rome, 25.-29. September 1998, ed. by Robert F. Taft, S.J. & Gabriele Winkler, Rom 2001, Orientalia Christiana Analecta (OCA) 265, 191-232.
Ders.: How Liturgies Grow: the Evolution of the Byzantine "Divine Liturgy", in: Orientalia Christiana Periodica (OCP) Volumen XLIII, Fasciculus II, Rom 1977, 355-378.
Ders.: The Byzantine Office in the Prayerbook of New Skete: Evaluation of a Proposed Reform, in: Orientalia Christiana Periodica (OCP) Volumen XLVIII, Fasciculus I, Rom 1982, 336-370.
Tannous, Jack: Greek kanons and the Syrian Orthodox liturgy, in: Prayer and Worship in Eastern Christianities, 5th to 11th Centuries, ed. by Brouria Bitton-Ashkelony and Derek Krueger, London and New York 2017, Paperback 2019, 151-180.
Thurn, Hans: Die Hymnentexte. Eingeleitet und übertragen von Hans Thurn, in: Ernst Benz / Hans Thurn / Constantin Floros: Das Buch der heiligen Gesänge der Ostkirche, Hamburg 1962, 39-140.
Totzke, Irenäus: Dir singen wir. Beiträge zur Musik der Ostkirche, Gesammelte Schriften Band 1, St. Ottilien 1992.
Urbina, Ignatius Ortiz de, S.I.: Patrologia Syriaca. Altera editio emendata et aucta, Romae 1965.
Varghese, Baby: The Early History of the Syriac Liturgy. Growth, Adaption and Inculturation, Göttinger Orientforschungen, I. Reihe: Syriaca, hg. von Martin Tamcke, Band 62, Wiesbaden 2021.
Vogel, Ingrid: Art. ‚Das Stundengebet', in: Handbuch der Liturgik. Liturgiewissenschaft in Theologie und Praxis der Kirche, hg. von Hans-Christoph Schmidt-Lauber und Karl-Heinrich Bieritz, Göttingen/Leipzig, 2. Auflage 1995, 271-293.
Vogt, Matthias: Christen im Nahen Osten. Zwischen Martyrium und Exodus, Darmstadt 2019.
Wabel, Thomas / Höhne, Florian / Stamer, Torben: Klingende Öffentliche Theologie? Plädoyer für eine methodische Weitung, in: Öffentliche Theologie zwischen Klang und Sprache. Hymnen als eine Verkörperungsform von Religion, hg. von Thomas Wabel, Florian Höhne und Torben Stamer, Öffentliche Theologie, hg. von Heinrich Bedford-Strohm und Wolfgang Huber, Band 34, Leipzig 2017.
Walther, Johann Gottfried: Praecepta der musicalischen Composition, Weimar 1708.
Walter, Michael: Grundlagen der Musik des Mittelalters. Schrift – Zeit – Raum, Stuttgart und Weimar 1994.
Werner, Eric: The Sacred Bridge. The Interdependence of Liturgy and Music in Synagogue and Church during the First Millenium, Volume II, New York 1984.
Wolfram, Gerda: Art. 'Oktoechos', in: Die Musik in Geschichte und Gegenwart (MGG). Allgemeine Enzyklopädie der Musik, zweite neubearbeitete Ausgabe, hg. von Ludwig Finscher, Sachteil 7 Mut-Que, Kassel 1997, 613-616.
Woolfenden, Gregory W.: Daily Liturgical Prayer. Origins and Theology, Liturgy, Worship and Society Series, ed. by Dave Leal e.a., 2. Aufl., New York 2016.
Wright, William: A Short History of Syriac Literature, Amsterdam 1966.
Zerfass, Rolf: Die Schriftlesung im Kathedraloffizium Jerusalems, Liturgiewissenschaftliche Quellen und Forschungen, hg. von Odilo Heiming, Heft 48, Münster 1968.

Göttinger Orientforschungen. I. Reihe: Syriaca

Herausgegeben von Martin Tamcke

63: Martin Tamcke (Hg.)

Frauen in den christlich-orientalischen Kulturen

Beiträge aus einem Intensivseminar der Orientalischen Kirchengeschichte in Göttingen am 16.4.2021

2022. 120 Seiten, br
170x240 mm
ISBN 978-3-447-11829-3
⊙E-Book: ISBN 978-3-447-39273-0
je € 39, – (D)

Die Stellung der Frauen in den christlich-orientalischen Gesellschaften unterlag vielfältigem Wechsel. Einblicke in das Auf und Ab in Geschichte und Gegenwart – für ein breiteres Publikum gedacht – gibt der Sammelband eines Intensivseminars am Lehrstuhl für Orientalische Kirchengeschichte an der Georg-August-Universität Göttingen. Die Beiträge von Martin Tamcke (Einleitung), Cornelia Schlarb (Vielfalt am Anfang), Kai Merten (Kreuz Jesu in äthiopischer Tradition), Diradur Sardaryan (Frau in armenischer Kirche), Renate Kreile (Christliche Frauen im modernen Vorderen Orient), Andreas Pflitsch (Etel Adnan), Sally Azar (Frauen in Lutherischer Kirche in Jordanien und im Heiligen Land), Viola Raheb (Frauen als theologische und ökumenische Akteurinnen im Nahen Osten) und Dagmar Heller (Die Frage der Frauenordination in den orthodoxen Kirchen) behandeln ein weites Spektrum der Thematik. Ergänzt werden die Beiträge um eine englischsprachige Abhandlung im Anhang („We Choose Abundant Life. Christians in the Middle East: Towards Renewed Theological, Social, and Political Choices“) von den vorwiegend libanesischen Autor/innen: Souraya Bechealany, Khalil Chalfoun, Gabriel Alfred Hachem, Najla Kassab, Assaad Elias Kattan, George Jabra Al-Kopti, Michel Nseir, Mitri Raheb, Ziad El Sayegh, Emilie Tannous und Rouphael Zgheib, das von historischen Detailfragen bis zu Beiträgen gegenwärtig aktiver Frauen aus dem christlich-orientalischen Kontext reicht und sowohl theologische Grundfragen verhandelt als auch Versuche zur Korrektur herkömmlicher Sichtweisen bietet.

64: Ilija Jovic

Geevarghese Mar Osthathios

A Lifetime of Answering Social Questions

2022. 172 pages, 6 ill., pb
170x240 mm
ISBN 978-3-447-11917-7
⊙E-Book: ISBN 978-3-447-39340-9
each € 48,– (D)

Geevarghese Mar Osthathios (1918–2012) was a South Indian Orthodox theologian whose theological reflections are a unique combination of Protestant principles and Orthodox ethos. His life and work contextually occupy a significant place in the development of the Malankara Orthodox Syriac Church. In addition, his preoccupation with missionary work in Indian conditions has been intertwined with ecumenical currents of the second half of the 20th century.

The central expression of his theology lies in the Trinity as for him Trinity has relational implications on socio-political level, its relevance and the applicability as a critique of societal systems of governing. Therefore, the book by Ilija Jovic deals with the focal points of his Trinitarian theology, missiological as well as ecumenical perspectives and their social consequences. Moreover, by determining and critically examining Mar Osthathios argumentation that structuring of society should be based on the model of the Trinity, Jovic's study takes precedent in giving concern to social challenges within the Oriental Orthodox Theology.